U0119154

極端的年代(下)

變動中的世界

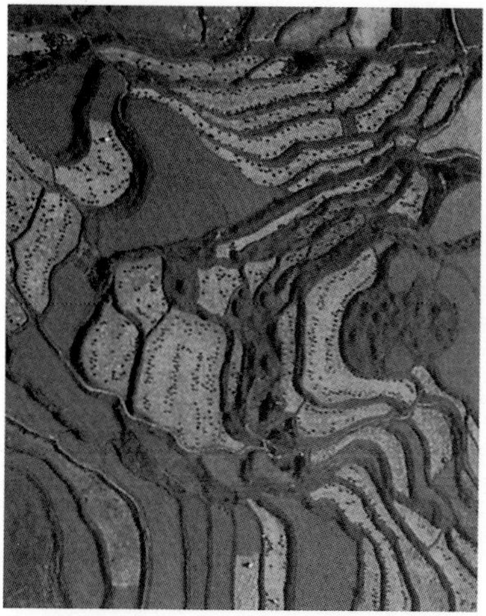

昨日的舊圖形：中國貴州谷地的梯田。(Comstock)

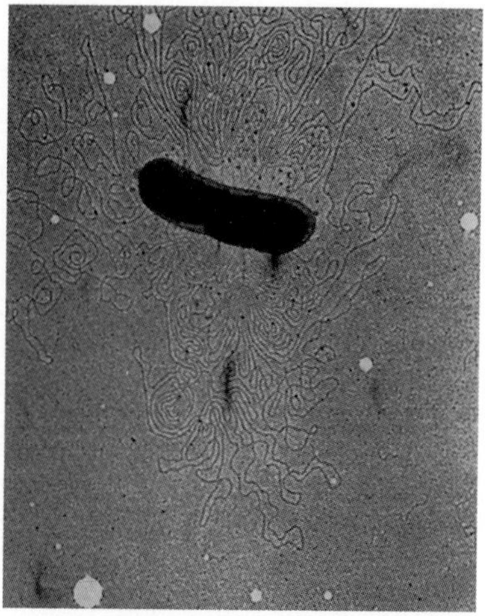

今日的新景觀：電子顯微鏡下放大五萬五千倍的大腸桿菌，正在吐出它的染色體。(Science Photo Library)

從舊到新

持續了八千年方告結束的世界：以牛犁田的中國農夫。(Robert Harding)

新舊世界兩相逢：西柏林的土耳其移民夫婦。(Magnum)

移民：一九五〇年代，西印度群島的人民滿懷希望地來到倫敦。(Hulton Deutsch)

難民：世紀末的非洲。(Gideon Mendel／Network)

都市生活：舊貌——印度亞美達巴得。(Robert Harding)

都市生活：新景——美國芝加哥。
(Robert Harding)

都市生活：地下速寫——東京新宿上下班的尖鋒時刻。(Rex Features)

交通運輸：鐵路，十九世紀的遺產——德國奧格斯堡鐵道。(Comstock)

交通運輸：內燃機引擎於二十世紀高唱凱歌——德州休士頓的高速公路、汽車及污染一景。(Magnum)

飛越地球之外的交通：一九六九年首次登陸月球。(Hulton Deutsch)

從人力到機器

生產線上的人們：一九三〇年代德州阿馬里歐某罐頭工廠。(FPG／Robert Harding)

了無人跡的生產線：英國丹支內核能發電廠。(Rex Features)

以往由人工負責生產的地區：北英格蘭密德斯堡工業盡去的荒涼景象。(Magnum)

日常生活的革新

廚房裏的革命：電冰箱。
(Robert Harding)

起居室裏的革命：電視機。(Robert Harding)

蛻變後的購物方式：超級市場。(Rex Features)

蛻變後的娛樂方式：體積縮小、攜帶方便的隨身聽。(Robert Harding)

統治者的轉變

舊政權，平民版：一九三七到四〇年的英國首相張伯倫，正愉快地享受釣魚之樂。(Popperfoto)

舊政權，軍裝版：印度末代總督，榮封蒙巴頓伯爵的路易斯。(Hulton Deutsch)

新政權，作爲革命者的領袖：一九一七年列寧在卡車上演說。(Hulton Deutsch)

新政權，作爲革命者的領袖：一九三一年甘地步出倫敦東端一處移民聚居區，前去與英國政府談判。(Rex Features)

個人崇拜：聖像般的統治者

蘇聯「鋼人」史達林。(FPG International／Robert Harding)

一九三九年希特勒壽誕遊行。(Hulton Deutsch)

中國的「毛主席」：普普大師沃荷彩筆下的毛澤東。
(Bridgeman Art Library)

伊朗革命領袖柯梅尼：其遺體於安葬前在德黑蘭供人瞻仰。
(Magnum)

反叛者的遞嬗

一九一七年後，叛逆的藝術家：諷刺大家葛羅茲以嬉笑怒罵之筆，大宰德國統治階級。

一九三〇年代，普羅階級：英國船塢工人在倫敦遊行。(Hulton Deutsch)

一九六〇年代，學生分子：加州柏克萊反戰示威。注意其中女性的突出衆多。
(Magnum)

前瞻

世紀告終：征服世界聲言。

一九九一年波灣戰後。(Magnum)

自由市場之後：無家可歸的流浪漢。(Rex Features)

自由前夕：一九九四年的南非，排隊等候投票的長龍。(Rex Features)

一九一四與一九九四：一次大戰爆發八十年後的薩拉耶佛。(Popperfoto)

歷史選書15

二十世紀史

極端的年代（下）

1914-1991

AGE OF EXTREMES

The Short Twentieth Century 1914-1991

著／艾瑞克・霍布斯邦
(Eric J. Hobsbawm)
譯／鄭明萱

AGE OF EXTREMES
Copyright © 1994 by E. J. Hobsbawm
Chinese translation copyright © 1996 by Rye Field Publications,
a division of Cité Publishing Ltd.
Published by arrangement with E. J. Hobsbawm and David Higham Associates
through Bardon-Chinese Media Agency
All rights reserved.

歷史選書15

極端的年代：1914—1991【下】

AGE OF EXTREMES

The Short Twentieth Century 1914-1991

◉著者……………………艾瑞克．霍布斯邦（E. J. Hobsbawm）
◉譯者……………………鄭明萱
◉編輯委員………………詹宏志 盧建榮 陳雨航 吳莉君
◉責任編輯………………吳莉君

◉編輯總監………………劉麗真
◉總經理…………………陳逸瑛
◉發行人…………………涂玉雲
◉出版……………………麥田出版
城邦文化事業股份有限公司
台北市100台北市中山區民生東路二段141號5樓
電話：(02)25007696 傳眞：(02)25001966
部落格：http://blog.pixnet.net/ryefield
◉發行……………………英屬蓋曼群島商家庭傳媒股份有限公司城邦分公司
台北市民生東路二段141號11樓
書虫客服服務專線：02-25007718．02-25007719
24小時傳眞服務：02-25001990．02-25001991
服務時間：週一至週五09:30-12:00．13:30-17:00
郵撥帳號：19863813 戶名：書虫股份有限公司
讀者服務信箱E-mail：service@readingclub.com.tw
歡迎光臨城邦讀書花園 網址：www.cite.com.tw

◉香港發行所……………城邦（香港）出版集團有限公司
香港灣仔駱克道193號東超商業中心1樓
電話：(852) 25086231 傳眞：(852) 25789337
E-mail：hkcite@biznetvigator.com

◉馬新發行所……………城邦（馬新）出版集團【Cite(M)Sdn. Bhd.(458372U)】
11, Jalan 30D/146, Desa Tasik,
Sungai Besi, 57000 Kuala Lumpur, Malaysia.
電話：(603) 90563833 傳眞：(603) 90562833

◉印刷……………………宏玖國際有限公司

◉初 版 一 刷 1996年11月1日
◉初版十二刷 2011年 5 月1日

ISBN 978-957-708-450-7（下冊）
ISBN 978-957-708-448-4（一套）
定價：NT$380元
著作權所有．翻印必究 Printed in Taiwan.

目錄

【上冊】

導讀：跨越國界、擁抱俗眾的大歷史敘述——歷史是可以這樣寫的　盧建榮　ix
前言與謝語　xix
鳥瞰這個世紀　003
第一部■大災難的時代
第一章　全面戰爭的時代　031

第二章　世界大革命　079
第三章　經濟大恐慌　125
第四章　自由主義垮台了　159
第五章　共禦強敵　211
第六章　一九一四至四五年的藝術　265
第七章　帝國告終　299

第二部■黃金時期

第八章　冷戰年代　337
第九章　黃金年代　385

【下冊】

第十章　社會革命
——一九四五到一九九〇　433
第十一章　文化革命　481
第十二章　第三世界　517
第十三章　「實存社會主義」　557

第三部■天崩地裂

第十四章　危機二十年　601
第十五章　第三世界與革命　643
第十六章　社會主義告終　685

第十七章　前衛已死
——一九五〇年後的藝術　739
第十八章　魔法師與徒弟
——自然科學門派　773
第十九章　邁向新千年　825
引用書目　863
延伸閱讀　899
索引

二十世紀史

極端的年代(下)

1914-1991

AGE OF EXTREMES

The Short Twentieth Century 1914-1991

第十章
社會革命
一九四五到一九九〇

莉莉：我奶奶老愛跟我們談大蕭條的日子如何如何。書報雜誌上也常有這一類的話題。
羅伊：他們老是喜歡告訴我們說，我們應該慶幸自己有飯吃，有這個那個的。因爲話說三〇年代呀，他們總是愛跟我這麼說，大家都快餓得活不下去了，又沒有工作，又這個那個的老一套。
巴奇：我從來沒有不景氣過，所以我才不在乎它怎樣呢。
羅伊：照我們聽的那一套，你不會喜歡活在那個時代的。
巴奇：反正，我又不活在那個時候。

——美國廣播名人暨作家特爾克（Studs Terkel, *Hard Times*, 1970, pp.22–23）

（戴高樂將軍）上台之際，全法國共有一百萬部電視機。……及至他退隱之時，全法國已經有一千萬部電視機了。法國這個國家就好像在做娛樂事業一般；可是昨天的戲院之國，與今日的電視之國，卻完全是兩碼子事。

——德布雷（Regis Debray, 1994, p.34）

1

每當人類遇到前所未曾經驗過的新事物之際，雖然他們完全不能理解，更看不出其中的所以然來，卻往往搜索枯腸，想要爲這未知的現象找出一個名目。就在本世紀的第三季裡，我們可以看到西方的知識分子正陷入如此的困境之中。一切新名詞當中，都少不了一個「後」（after）字，通常是以拉丁字衍生的同義字「後」（post）字出之。幾代以來，用以釐定二十世紀人類生活精神領域的各式各樣名詞，便紛紛被冠上了一個「後」字。於是這個世界，以及其所有的相關層面，成爲後工業（post-industrial）、後帝國（post-imperial）、後現代（post-modern）、後結構主義者（post-structuralist）、後馬克思主義者（post-Marxist）、後古騰堡（post-Gutenberg）、後這後那，凡事皆後。這些加在字首的綴字，就像喪禮一般，正式承認了一代一事的死亡。但是對於死後來生的性質，眾人卻不但缺乏共識，甚至根本不能確定。人類歷史上變化最劇、最速、也最爲普遍的一場社會大變革，便在這樣一種氣氛之下，進入了身歷其境當代思維者的意識深處。這場變革轉型的記錄，即是本章的主旨。

綜觀這場社會轉型的最大特色，便在其前所未有的高速度與普世性。誠然，在此之前，已開發的國家——就實際意義而言亦即中西歐及北美地區，以及其他地區儼然世界驕子的少數富貴中人——長久以來，便已經生活在經常的變化之中，在他們的世界裡，科技不斷蛻變，文化不斷更新。對這一類人口而言，進一步的全球性大變革，不過加速並加強他們原已熟悉的變化腳步罷了。說起來，一九三〇年代中期的紐約客，豈不便已仰首瞻望著那座高度傲視全球的摩天大樓——帝國大廈(Empire State Building, 1934)？帝國大廈穩坐世界第一樓的寶座，直到一九七〇年代才被取而代之——而挑戰者的高度，也不過多出區區三十幾公尺而已。因此，物質成長的量變，到底對生活造成何等質變？這個問題不但要經過好一段時間方引起世人注意，更遑論如何去有效測量其中的程度了。而此種迷茫現象，即使在前述的優越地區也不例外。但在全球性的層次上，這番變動卻突如其來，宛如地震似地排山倒海襲至。因爲在一九五〇年代之際，百分之八十的人類突然結束了中古時代的生活。更確切的形容是，世人在一九六〇年代，開始**感受**到中古時代的確壽終正寢了。

就許多層面觀之，當場親身經歷這種種蛻變之人，往往無法掌握其中變化的全面意義。因爲這些經驗對他們本身而言，僅屬於漸進式片斷性的變化，正如同在個人生活當中，無論發生多麼巨大的變化，但在變化發生的當時，卻很少將其視爲影響整個人生的大變革。一個鄉下人決定進城找工作了，此事在他的心靈裡面，比之從軍，或與兩次大戰中戰時經濟生活對英德兩國男女的影響衝擊比較，在變化上又有什麼更持久的意義呢？他們進城之際，心中不曾打算此去永遠改變生活方式，雖然在事實上卻是如此結果。當局者迷，只有在局外之人每隔一段時間重返前者生活的場景之際，才能感受出其中變化的巨大。即以西班牙東岸大城瓦倫西亞（Valencia）爲例，筆者上一次見到此地係於一九五〇年代初期，及至一九八〇年代初，這方地面已經發生了多麼巨大的變化？想想看西西里地方一名一九五〇年代的農民流氓，服刑數十年後出獄，重返巴勒摩之地。只見當年的鄉間，已在都市房地產開發之下變得面目全非，眞有著恍如隔世之感。「以前的葡萄園，現在全都變成堂皇的大建築了。」這位老兄滿臉迷茫，不敢相信的神情，對我大搖其頭。世界變化之速，連歷史的時間之流，也得用更短的間隔來量度了。不到十年之間（一九六二—七一），遠離城郊的庫斯科（Cuzco，位於祕魯）地區已經變成兩個世界：十年前，那裡的印第安人原本都穿著傳統服飾，十年後卻都已改穿歐式洋服。一九七〇年代末期，墨西哥某小鎮市場上的眾家攤販，紛紛使用日製的小型計算機爲客人結帳，十年之前，根本還沒有半個當地人聽過此物呢。

於是一九五〇年以來，世人便生活在如此高速的歷史變化之中。各位讀者只要年紀不甚老大，並在各處經常有一定程度的走動，便可以感到此中經驗的獨特。自一九六〇年代之後，西方年輕人更發現如今前往第三世界旅行一事，不但變爲可行，更成爲一種時尚。此時若欲觀察全球事相的蛻變，只需睜大一雙開通的眼睛即可。然而作爲史家，卻不可以片段的印象及零星的見聞爲滿足——不管這些印象見聞的意義多麼重大——必須一一深入記錄，並予釐清方可。

本世紀下半期中變化最巨大，影響最深刻的社會變革，首推傳統小農的死亡，這項變化，永遠切斷了我們與過去血脈的連結。自從新石器時代以來，絕大多數人類都依土地或水面爲生，地上的禽畜、水裡的魚蝦，供應了人類的生機不絕。即使在工業化的國家裡面，甚至進入二十世紀，農牧人口仍然在就業人數中佔有極高的比例，只有英國一地除外。記得在筆者的學生時代，也就是一九三〇年代，小農階級遲遲不去的現象，往往被人用來反駁馬克思的預言——他認爲小農必將從地上消逝。即使到了二次大戰前夕，農漁業人口低於總人口百分之二十的國家，英國除外，全球也只找得出一個比利時而已。甚至連美國與德國這兩大經濟強國——當時世界上工業化最徹底的兩個國家——其農業人口雖然已呈穩定性的下降，此時卻仍佔總數的四分之一左右。法國、瑞典、奥地利三國的比例，更在百分之三十五及四十之間。至於其他猶屬落後的農業地區——以歐洲國家爲例，保加利亞及羅馬尼亞——每五名居民裡面，就約有四名依然靠土地爲生。

現在再來看看二十世紀第三個四分一的年代，情況全然改觀了。一九八〇年代初期，每百名英國人或比利時人當中，只有區區不到三名仍然從事農業方面的生產。因此對一名普通的英國佬而言，在他每天的生活裡面，碰上一位一度在印度或巴基斯坦務農之人的機會，遠比碰上曾在英國本土務農者的比率爲高。這種景象實在不足爲奇。而美國境內農牧人口的數目，也不斷下降至相同的比例。不過由於長久以來，美國務農的人數本來就在急遽減少，此刻的超低數字自然也就無甚驚人。相形之下，在勞動人口中佔有如此稀少比例的美國農人，卻能夠生產出難以估計的糧食產量，氾濫美國本土及世界各地，才是最令人驚詫不已的事實。回到一九四〇年代之際，沒有人能預想到及至一九八〇年代初期，凡是在「鐵幕」邊界以西的國家，已經沒有一國仍有百分之十以上的人口在從事農業——只有愛爾蘭共和國，以及伊比利半島上的西葡兩國除外(愛爾蘭的比例也只比這個數字稍高而已)。但是即使在一九五〇年農業人口約爲半數的西班牙及葡萄牙，三十年後的此刻，也分別劇降爲百分之十四點五及十七點六。此中意義，不言可喻。西國的農民人數，在一九五〇年後的二十年間減半；葡國則在一九六〇年後的二十年間走上同一途徑(ILO, 1990, Table 2A; FAO, 1989)。

種種數字比率，實在令人咋舌。即以日本爲例，農業人口從一九四七年的百分之五十二點四，急速降落而爲一九八五年的百分之九。換句話說，這段時間等於一名年輕士兵由二次大戰的戰場歸來，到他由平民就業生涯上退休之際的長度。再看看芬蘭的一位小姑娘——這是筆者親聞的一個眞實人生故事——生下來是農家之女，第一次婚姻也嫁作農人之婦；但是在她中年歲月方始之際，卻已經徹底改頭換面，變成一名世界都會性的知識分子及政治人物。回到一九四〇年間，當她父親在那個寒冷的冬天對俄作戰不幸犧牲，留下孤兒寡婦嗷嗷無所依靠之際，全芬蘭猶有百分之五十七的人口從事農林牧工作。待到她四十五歲之時，這個比例卻已經不到百分之十了。個人生涯與國家走向，兩相對照，芬蘭人由農牧始，終而卻進入一個完全相異的生活環境，也就實在不足爲奇了。

於是在這些於工業化大道上一路往前猛衝的國家裡，馬克思的預言似乎終於實現了；也就是工業化的結果，果然使得小農階級一掃而空。但是眞正令人驚奇的發展，卻發生在其他顯然遠遠落後的國家裡面，因爲它們的農業人口，也同樣出現空前的下降趨勢——這些國家貧窮落後已極，聯合國不得不千方百計想出種種名目稱呼，用以美飾它們貧窮落後的狀態。就在那些「前途光明遠大」的左派年輕分子，一口一聲引用毛澤東的策略，大事慶祝廣大農民百姓，終於圍剿都市小圈圈安於現狀死硬派的革命成功勝利之際，這些廣大的農民百姓，卻一個個靜悄悄地拋棄了他們的家園村里，前往城市謀生去了。在拉丁美洲一地，二十年間，哥倫比亞(一九五一—七三)、墨西哥(一九六〇—八〇）——甚至包括巴西在內——農民總數急遽減半。而多明尼加共和國（一九六〇—八一）、委內瑞拉（一九六一—八一）、牙買加（一九五三—八一）三國更烈，突減了三分之二。這些國家在二次大戰結束之際，除了委內瑞拉而外，其小農人數都高佔全部就業人口的半數，甚或絕對性的多數。但是很快地到了一九七〇年代初期，拉丁美洲全境除了中美一帶的迷你小國及海地而外，沒有一國的小農不曾變成少數。西半球伊斯蘭世界的情勢也大同小異。三十年間，阿爾及利亞的農民由百分之七十五銳減為百分之二十，突尼西亞從百分之六十八降為百分之二十三。摩洛哥的例子雖然沒有如此戲劇性，其農業人口卻也於十年之內失去原本的多數地位（一九七一—八二）。至於敍利亞及伊拉克兩地，一九五〇年代中期仍有半數人口在土地上胼手胝足；可是二十年間，前者的比例卻已減半，後者也一降而為不到三分之一之數。伊朗則從一九五〇年代中期的百分之五十五左右，進入一九八〇年代中期降為百分之二十九。

在此同時，歐洲的農業地區自然也早已停止耕耘他們的土地了。及至一九八〇年代，甚至連東部及東南歐陸上歷史最古老最悠久的小農農業根據地裡（羅馬尼亞、波蘭、南斯拉夫、希臘），農民人口也減到不足全部就業人數的三分之一。有的比例甚至更低，如保加利亞便是其中一個顯著的例子（一九八五年際只佔百分之十六點五）。歐洲及中東一帶，只剩下土耳其一個國家仍舊堅守著農業文化不放——土國的農業人口雖然也呈下降之勢，可是進入一九八〇年中期，卻依然佔有絕對多數的地位。

如此一來，全球只有三大地區的地面，依舊被它們的村莊及田地所佔有：撒哈拉沙漠以南的非洲、南亞及東南亞的大陸地帶，以及中國。只有在這些地區，才可以找到那些不曾爲耕耘人口下降之勢的裙角掠過的國家——此地，縱然在舉世風雲變幻的幾十年間，從事種植莊稼及飼養牲畜的人口，仍舊保有著相當穩定的比例。尼泊爾爲百分之九十，賴比瑞亞爲百分之七十左右，迦納約爲百分之六十。甚至印度——實在令人不得不有點驚訝——竟然在獨立後的二十五年之間，還維持著高達百分之七十的比例；即使到了一九八一年間，也不過稍微下降而已（百分之六十六點四）。無可否認，及至「極端的年代」結束之際爲止，這些以農業爲主的地區，猶佔全人類人口的半數。但是，即使在這些地區之內，農業也在經濟發展的壓力下瀕臨崩流破滅的邊緣。以印度一地爲例，它堅實的農業人口中堅，如今盡數在周圍國家農業人口快速流失的包圍之下——巴基斯坦、孟加拉、斯里蘭卡三國的農民，早已經不再佔有多數地位了。同樣的，自一九八〇年代開始，馬來西亞、菲律賓、印尼等國，也已走上了同一途徑。至於東亞新興的工業地區如台灣、南韓，當然更不例外——而近在一九六一年際，台韓兩地猶有百分之六十以上的人口在田間操作。更有甚者，南部非洲一些國家以農業爲主的景象，更屬於黑白隔離下的班圖幻象（編註：班圖人（Bantu）爲非洲中、南部黑人之總稱）。以婦女爲主的當地農業，實際上僅只是一個仰賴大批外移男性勞動力的經濟的表象；這些男性勞動人口，在白人城市及南部礦區裡工作，他們的所得，才是本鄉經濟活動的中堅。

於是靜悄悄地，世界絕大多數農業大地上的人口向外大量移出，農業島嶼的這種現象更爲嚴重[1]。但是這個現象當中的最爲可異之處，便是這股農業上出埃及記的緣由，只有部分係因爲農業技術的進步之故，至少在前此屬於小農業的地區如此。我們曾經在第九章中看見，已開發國家已經搖身一變（只有一兩個例子除外），成爲世界糧食的大供應國；在此同時，它們實際的農業人口卻持續下降，一減再減，其比例有時甚至減少到可笑的地步。這種現象，純粹只係在資本密集下造成的單位人口生產量激增所致。其中最立即可見的因素，首推先進富有國家農民個人擁有的農耕機械。數目之高，不但是其生產力激增的最大佐證，也具現了年輕蘇聯共和國的宣傳圖片裡，那些袒胸露背駕駛著耕耘機的農人的象徵。不幸的是，蘇聯自己卻在這一方面一敗塗地，徹底地失敗了。至於另外一個外貌雖然沒有如此顯明，意義卻同樣重大的因素，則屬農業化學、選種育種，以及生化科學方面的突飛猛進。種種背景之下，農家不但不再需要過去科技昌明前農忙之際不可或缺的大批幫手，甚至連農家本身及長工的數目也隨之減少。如若眞有需要，在進步的現代交通運輸幫助之下，也無須將這些僱工長年留在鄉間。於是在一九七〇年代蘇格蘭牧羊業的柏斯郡（Perthshire）裡，短暫的剪毛季節中，最划算的方式莫過於遠地由紐西蘭運來一批批剪毛的專門工人。南北兩半球季節相異，蘇格蘭與紐西蘭的剪毛季節正好錯開，皆大歡喜。

至於世界上其他的貧苦地區，農業革命也同樣以如火如荼之勢展開，雖然發展趨勢較爲零星散布。事實上，若沒有所謂「綠色革命」❷輸入的灌溉改良及「科學」農業之助——雖然其中的長期影響，至今猶爲爭議——南亞及東南亞大部地區的糧食生產，勢將無法供應當地大量快速增加的人口。再從整體而言，第三世界眾國，以及第二世界前此屬於社會主義或猶爲社會主義的部分國家，在糧食上不但不能自給自足。更無法扮演作爲一個農業國家，一般以爲它們的糧食生產應該大量有餘，足可用於出口的角色了。這一類的國家，最多也只能從事以出口爲目的的專門性的農產品生產，以供應已開發國家的需要。至於本國人民的糧食所需，若不是來自北美糧食生產過剩的對外傾銷；就只有在田間的泥濘裡以最古老原始的方式繼續勞力密集的揮鎬推犁。既然田裡的勞動活依舊需要他們，他們顯然沒有理由拋離這樣一個農業環境他去。唯一的原因，恐怕便是人口大量的爆炸激增，使得可耕作的田地日形稀少吧。但在事實上，許多小農外流氾濫的地區裡，如拉丁美洲，土地開墾的比例卻往往甚稀，一大片未開拓的廣闊地域裡，只有著屈指可數的鄉人移往墾殖，哥倫比亞與祕魯便是其中兩個例子。這些化外之地，往往成爲當地游擊活動的基地。反之，在亞洲農業依舊興盛的地區裡，卻有著世上人口最稠密，耕作最密集的地帶；每平方哩的人口密度，從二百五十人至兩千餘人不等（南美的平均人數僅爲四十一點五人）。

大地的人口一空，城市卻開始擠滿了人潮。二十世紀的下半葉裡，世界出現了空前的都市化現象。及至一九八〇年代中期開始，全球人口已有百分之四十二居於城市。若不是由於中國印度的廣大人口仍然居於農業鄉間之故——中印兩國獨佔亞洲鄉間人口的四分之三——都市人口的比例勢已成爲多數（Population, 1984, p.214）。可是即使在農業世界的心臟地帶，人口也開始從鄉間流向城市，往大城的集中之勢尤爲明顯。一九六〇至八〇年間，肯亞的都市人口倍增，雖然一九八〇年的都市總人口比例依然只有百分之十四點二，可是該國每十名城市居民當中，卻幾乎有六名係住在首都奈洛比（Nairobi）；二十年前，這個比例只有十比四。在亞洲地區，人口動輒數百萬的通都大會更如雨後春筍興起，通常多爲所在國的首都。如漢城、德黑蘭、巴基斯坦舊都喀拉蚩（Karachi）、雅加達、馬尼拉、新德里，及曼谷等大都市，一九八〇年的人口均已突破五百萬以上，有的甚至高達八百五十萬。以此趨勢估計，西元兩千年際，將分別增加到一千萬至一千三百五十萬之間。可是回到一九五〇年時，除了雅加達外，以上諸城沒有一地的人口數在一百五十萬以上(World Resources, 1986)。一九八〇年代人口狂潮大量擁向都市集中的現象，事實上確以第三世界爲最：開羅、墨西哥市、聖保羅，以及上海四大都市，人口均超過八位數字。矛盾的是，已開發國家的都市化程度，雖然仍舊遠勝於貧窮地區(除了拉丁美洲部分地區及伊斯蘭世界而外)，它們內部超級大城的人口卻開始紛紛消解。早在城市居民向郊區逃散，向城外社區開始疏遷之前，已開發國家的都市便已在二十世紀之初達到了它們的巔峯時期。如今這些舊都市中心，在夜晚變成了寂然一片的空城，白天在其間工作、購物、娛樂的人潮，俱已出城返家。當墨西哥市的人口在一九五〇年後的三十年間幾乎爆增五倍之際，紐約、倫敦、巴黎三地的人口卻開始慢慢脫離市籍，向都市的外郊逐漸遷去。

然而，卻在一種相當奇特的情況之下，西方地區城鄉之間的新舊兩個世界，人潮卻開始匯合交流。已開發國家所謂的標準型「大都市」，如今係由一大片市區性聚集點面的相接連結而成。其間往往有一處焦點密集的工商或行政中心，若從空中俯瞰，可以看見這裡的高樓大廈，櫛比鱗次，彷彿一片山脈連綿——除非如巴黎等地，不准摩天大樓興起是爲例外。兩地之間的連接，自一九六〇年代開始在公共運輸上發生了一場新的革命——或可視爲在個人擁有汽車風氣的壓力之下，私有汽車交通文化面臨的一大挫敗。自從第一條市內電車及地下鐵路系統，於十九世紀後期興建以來，都市中人從未見過如此盛況——如此眾多的新地下鐵，如此眾多的郊區大眾捷運系統，在如此眾多的城市出現——從維也納到舊金山、從漢城到墨西哥，新系統紛紛建立起來。在此同時，都市中心向四郊分散的現象，也在各地持續進行，各地社區及郊區的新興地帶，紛紛建立起自己的購物及娛樂設施，其中最有名最顯著的便是由美國首開風氣之先，興建於都市周邊地帶的室內型「購物中心」。

然而在第三世界，城鄉之間的連接卻支離破碎，雖然也有大眾運輸系統存在（多數係難擔重任的過時系統），以及無數破舊不堪的私營老爺車充任長途公車及「集體搭乘式」的計程車，運送著人潮來往。第三世界都市內部的發展，單看在突然之間，人口暴漲至一千萬甚或兩千萬的瘋狂事實，自然便難逃七零八落雜亂無章的混亂現象。更何況在這些新興都市裡的各個社區，原本都係由七拼八湊臨時搭蓋的陋屋起家，十之八九，係揀到空地便蓋起來的違章建築。這一類城市裡的居民，每天恐怕得耗費數小時的時間往返於工作及住家的地點（因爲固定的差事難找，一旦找著必須緊緊抓住）。在此同時，爲了一享難得的娛樂，他們也願意花上同樣長度的時間，不辭長途跋涉，前往幾處稀少的公共場地朝聖。如巴西舊都里約熱內盧（Rio de Janeiro）市內足可容納二十萬名觀眾的瑪拉卡那（Maracanã）球場便是一例，在那裡，里約市民可以一同崇拜瞻仰各路足球英雄各顯神技。事實上，在新舊世界裡面，交接融合的現象，已經不斷地演變爲一組又一組在表象上依舊獨立自足的大小社區的連結——不過就西方國家而言，社區的獨立自足性往往更爲正式。此外，西方富裕社會的綠地空間——至少在市郊一帶如此——也遠比貧困擁擠的東方及南方世界爲多。於是在都市貧民窟及違章建築裡面，人類與頑強的蟑螂老鼠共居著。已開發國家「內城」（inner city）殘存的廢墟之外，城鄉之間是一片廣大無人的奇異地面，如今則成了鼬鼠、狐狸、浣鼠等眾生出沒活躍的野生世界。

2

這段時間裡面，世界同時興起了另一種趨勢，其變化之巨不下小農階級的沒落，其普遍性則更有過之而無不及；那就是需要中高等教育的職業的出現。初級教育的普及，亦即國民基本的識字能力，事實上等於是世界各國政府一致追求的目標。因此到了一九八〇年代末期，只有那些實在無藥可救、或是誠實得不得了的政府，才有勇氣承認本國的半數人口猶為文盲。其中更只有十個國家——除阿富汗外，全部位於非洲——坦承國內只有不到百分之二十的國民能讀能寫。識字率的提升，的確有著驚人的成就；共產黨統治下的革命政權，在這方面的成就更予人印象深刻。當然，若依它們所稱，在如此短暫的時間之內竟能全數掃除文盲，速度之快，有時難免有點不可思議。但是識字率的普及程度，其中儘管不無疑問，中級教育甚或高等教育工作人員的需求量，卻的確在以驚人的速度成長。至於已經結業、或是正在就學的人口數字，自然也同樣的快速增加。

大學生人數的激增尤為顯著。在此之前，接受大學教育者猶如鳳毛麟角，少之又少，只有在教育普及大學林立的美國是一例外。二次大戰以前，甚至德、法、英這三個國力最強大、發展最先進、教育最普及的國家，三國加起來一億五千萬的聯合人口裡面，大學生的人數只有微不足道的十五萬餘，亦即佔三國總人口的千分之一。然而及至一九八〇年代後期，法國、西德、義大利、西班牙、蘇聯等國的學生已以數百萬計（這只是歐洲其中數國而已），更別提巴西、印度、墨西哥、菲律賓，以及美國，這個大眾高等教育的先驅，成長之速自然更不在話下。到了這個時期，凡是推廣教育不遺餘力的國家，大學生人數均佔總人口數——男女老少盡皆在內——的百分之二點五以上。少數幾個特殊的例子當中，大學生的比率甚至達到百分之三。在這樣的國家裡面，二十至二十四歲的年齡層中往往有著百分之二十的人數猶在就學，這種比率並不稀奇。甚至那些對推廣學校教育一事作風一向比較保守的國家——如英國及瑞士——大學生的比率也升至百分之一點五。更有甚者，學生群數字最大的比率，卻出現於經濟上離先進水準尚有一段遙遠距離的國家：如厄瓜多爾(百分之三點二)、菲律賓(百分之二點七)、祕魯(百分之二)均是。

這一切不但是全新的現象，而且其勢更屬突兀。「根據一九六〇年代一項針對拉丁美洲大學生所做的研究調查顯示，其中予人印象最爲深刻的事實即爲學生人數的稀少。」(Liebman, Walker, Glazer, 1972, p.35) 當時美國學者曾經下過如此結論，認爲這個現象反映了美墨邊界格蘭特河以南的拉丁美洲世界，對於高等教育的立場，沿襲了歐洲主張少數模式的菁英精神——雖然拉丁美洲各國的大學生人數，每年其實在以百分之八的比例成長。事實上，一直要到一九六〇年代，學生的地位方才比前有顯著的提升，逐漸演變爲一支不可否認的重要政治及社會勢力。一九六八那一年，世界各地掀起了一片學生激進主義的狂潮，而學生的聲勢，遠比他們在總人口中所佔眞正統計數字的比例爲大。話雖如此，學生人數激增卻也是鐵的事實，絕對不可忽視。一九六〇至八〇的二十年裡，單在學校素質優良的歐洲一地，一般國家的學生人數普遍呈三至四倍的成長之勢。而西德、愛爾蘭、希臘三國，更呈四至五倍的增加；芬蘭、冰島、瑞典，及義大利，則爲五至七倍；至於西班牙及挪威兩國，成長更高達七至九倍(Burloiu, Unesco, 1983, pp.62-63)。整體而言，社會主義國家學生朝大學窄門擠入的現象卻沒有如此顯著，乍看之下，似乎不由人不生起好奇之心，因爲它們特別以本身大眾教育的普及爲傲。當然，毛澤東治下的中國，是當時的一大變調。這位中國人民的偉大舵手，在文化大革命期間(一九六六—七六)使得中國高等教育完全停擺。及至一九七〇及一九八〇年代，社會主義體系的問題日益深重，高等教育學生的人數便更遙遙落在西方國家之後了。而匈牙利及捷克兩國的高等教育人口，更比歐洲其他所有國家爲低。

但是進一步探討之下，這種現象還值得奇怪嗎？答案也許是否定的。高等教育不斷擴張的結果，及至一九八〇年代初期，至少已經在七個國家裡面製造了十萬名以上的大學師資。西方高等教育擴張的現象，其實係由於消費力量的壓力所致，而社會主義的經濟制度，卻無須對消費需求產生任何回應。對於計畫人士及政府中人來說，現代經濟對行政人員、師資，及技術專家的需求量，自然遠比過去任何一個時期爲高。這些人員，都需要經過訓練方可產生，而大學及其他類似形式的高等學府，傳統以來，便提供這類訓練的最佳場所，是爲公職人員及特殊專家的養成所。人材上的需求，以及一般對教育民主的不當迷信，固然爲高等教育的擴張提出了最好的理由，但在此同時，學生人數暴增的速度，卻遠超過純粹理性計畫本身所能設想的程度。

事實的發展是，但凡有能力有機會的家庭，都迫不及待地全速把子女送入高等教育之門。因爲唯有高等教育，才是子女未來的最佳保證；他們可以因此獲得較好的收入，最重要的是，他們可以經由教育晉升較高的社會地位。一九六〇年代中期，美國調查人員曾訪問拉丁美洲各國學生，其中認爲大學教育可以在未來十年之內提高其社會地位的人數，高達百分之七十九至九十五之間。相對的，只有百分之二十一至三十八的學生以爲，大學教育可以爲他們帶來比其家庭現有情況更高的經濟地位(Liebman, Walker, Glazer, 1972)。事實上有了大學教育，收入水準勢必比非大學生爲高，而在那些教育不甚普及的國家裡，畢業證書更好比一紙鐵飯碗的保證。畢業生不但可以在國家機器裡面獲得一份工作，權勢、影響力，及金錢上的強取豪奪，更隨仕途而來。總而言之，畢業證書便是一把打開眞正財富之門的金鑰匙。誠然，多數學生的家庭背景，原本均勝過大部分的人口——否則明明是養家活口的工作年齡，父母又哪能供得起他們多年的學費所需呢？——但是也不見得是富貴人家，通常父母都得爲子女的教育做出極大的犧牲。韓國的教育奇蹟，據說便奠基於農家父母的賣牛所得，方才勉力將子女送進尊貴稀有的學人之列(八年之間——一九七五至八三年——韓國學生人數由總人口的百分之零點八，一躍而爲百分之三)。凡是成爲一家中第一位大學生的孩子，有誰不能體會其中的用心良苦？全球景氣的旺象，使得無數小康家庭——包括白領階級、公務人員、店家、小生意人、農家，在西方，甚至連收入豐厚的技術工人在內——也有能力供應子女全職地求學。西方的福利國家，一九四五年由美國首開風氣，以各種助學金的方式，大量提供退伍軍人學費補助——不過多數學生還是準備過著極爲簡樸的求學生涯。在講求民主平等的國家裡，更把中學畢業後繼續進修一事，視爲學生理所當然的權利。以法國爲例，即使到了一九九一年際，依然認爲州立大學應該完全開放，視選擇性招收學生在憲法上不能成立(社會主義國家的人民可沒有此等權利)。於是青年男女紛紛擁進大學之門，政府便得趕緊興辦更多的新大學容納他們——美、日，及其他少數國家除外，大專院校幾乎普遍爲公立，鮮有私立大學的設立。興辦新大學的熱潮，尤以一九七〇年代爲最盛，幾乎倍增❸。此外，一九六〇年代紛紛獨立的前殖民地新興國家，也都堅持設立本國學府。大學，就如國旗、航空公司、軍隊一般，都被這些新興國家堅持爲一種不可或缺的獨立象徵。

除了一些超級迷你小國或極度落後的國家之外，各國的男女青年學生及教職人等，動輒數以百萬計，少則也有數十萬。他們或集中於廣大卻與外隔絕的校園裡，或潮湧入大學城內，眾多大學生遂在文化及政治上成爲一種新奇的成分。大學生這個現象是超國界的，他們跨越國界進行交流，分享溝通彼此的觀念經驗，其勢從容，如魚得水，交換的速度卻又極爲快捷，對於新傳播科技的利用，他們比起政府部門也更爲得心應手。一九六〇年代發展的情況證明，學生群不但在政治上具有爆炸力的激進作用，他們向國內外表達其對社會政治不滿情緒的方式也頗爲不凡。在一些極權國家裡，學生更是**唯一**能夠採取集體政治行動的人民群體。因此，當其他拉丁美洲國家的學生人數不斷膨脹之際，在軍事獨裁者皮諾切特治下的智利，一九七三年後的學生人數卻被迫下降，由全部人口的百分之一點五減少爲一點一。此中政治意義，不可不謂深大。一九一七年以來，革命分子日思夜想，希望有一天各地同時爆發世界性的社會騷動，而在一九四五年後的黃金年代裡面，最接近這個夢想的一刻恐怕就要數一九六八年吧。那一年，全球學生起來鬧事，從西方世界的美國及墨西哥，到社會主義的波蘭、捷克、南斯拉夫，各地一片學潮，其中多數係受一九六八年五月巴黎學生暴動事件的刺激所動。當時的巴黎，可說是一場撼動全歐陸學潮的震央。老一代的觀察家者如阿宏(Raymond Aron)一輩，對學生的行動頗不贊同，斥之爲一場街頭鬧劇，不過是一種爲發洩情緒的所謂「心理劇」

罷了。然而，學潮事件雖然算不上革命，但也絕非如阿宏眼中所視，只是一種兒戲。淸算一九六八年這一年的總帳，法國有戴高樂將軍時代的結束，美國有民主黨政府時代的終止。中歐共產國家則對自由派共產主義的希望幻滅。隨著特拉泰洛爾科(Tlatelolco)的學生大屠殺事件，墨西哥政治也從此靜靜地展開了新的一頁。

然而，一九六八年的騷動不安(其風波一直延續到一九六九年及一九七〇年)，至終卻不能變爲一場革命，事實上也從來不曾有過發展成爲革命的趨勢。其中原因，即在始作俑者係爲學生。因爲學生人數再多，動員力量再大，單憑這批秀才學生，畢竟不能成事。學生在政治上所能發揮的效用，主要係爲另一股人數更多、卻極易引爆的團體——工人——扮演了信號或信管的角色。於是在一九六八至六九年間，學潮在法義兩國引發了巨大的罷工浪潮。但是二十年來，全面就業的經濟美景，爲工資階級的生活帶來了前所未有的改善；此刻雖然罷工，但「革命」一事，卻是這些普羅大眾腦海裡最不曾想到的一件事情。之後一直要到一九八〇年代，學生運動才再度出現——但是這一回出現的場地，卻是在彼此相異不下千里的幾個非民主國家，如中國、南韓、捷克等。而且這一回，學生們的反抗運動非同小可，似乎確有引爆革命的架勢。至少，他們的聲勢之大，使得政府也不得不予以正視，把他們當作一種眞正的威脅看待，因此有北京天安門廣場之類的大規模屠殺出現。一九六八年的偉大夢想失敗以後，某些激進學生確也曾訴諸小團體的手段，進行恐怖活動以遂革命目的。這一類的活動，雖然在宣傳上達成了相當聳動的效果(至少也滿足了他們最主要的動機之一)，但是對實際政治發展，卻鮮有重大的影響。而且，若眞有任何實質影響的跡象，政府也說做就做，往往立刻採取手段鎮壓。一九七〇年代，在那場所謂的「骯髒戰爭」(dirty war)裡，南美政府便曾無所不用其極，對學生施行有系統的苦虐及殘殺。在義大利，也發生過後台賄賂談判消災的醜事。本世紀最後十年唯一能夠逃過這種悲慘下場之人，只有西班牙巴斯克(Basque)民族主義恐怖分子團體自由黨(ETA)，以及在理論上屬於共產黨的祕魯農民游擊組織「光明之路」(Sendero Luminoso)。後者仍拜阿雅庫喬(Ayacucho)的大學師生之賜方才問世成形，是他們送給該國人民的一項可怕禮物。

在此，我們就感到幾分困惑了。黃金年代眾多的社會因子當中，爲何獨獨這個新起的社會群體——學生——會選擇一條左派激進的道路呢？一直到一九八〇年代之際，甚至連民族主義一派的學生也喜將馬列毛的標誌，縫製在他們的旗幟之上(只有反共產黨政權的學生暴動例外)。

這種現象顯然遠超出社會層級的範圍之外。新興的學生族群，基本上係屬於一組青少年齡層群，亦即漫長的人生旅途當中，一個短暫停留駐足的時期。學生群中，更包括人數快速成長，比例甚大的女學生。學生時期，是女性在短暫的青春及永遠的性別之間一段暫停的時間。稍後，我們將探討某些特殊的青少年文化現象，這些文化不但將學生與其他與他們同齡的族群相結合，也與新女性的意識節節相關——後者影響之廣，其觸角甚至遠出大學校園之外。年輕的族群，尚未在成人世界定居下來，傳統上便有著飽滿昂揚的精神，更是狂亂無序的所在，試問中古大學校長對年輕學子的印象，答案也必定沒有兩樣。於是一代又一代布爾喬亞的歐洲父母，便殷殷勸誡著一代又一代對長輩充滿不信任的兒子說道(後來更包括女兒)：一個人在十八歲的時候，固然充滿了革命熱情，但等到三十五歲之時，就不是這麼回事了。事實上，這種熱情隨著年齡褪去的觀念，在西方文化裡如此根深柢固，某些國家——也許多數係大西洋兩岸的拉丁裔國家——甚至完全不把學生的好戰習性放在心上，有時連年輕一輩武裝游擊的行動也輕描淡寫。年輕的心是活潑的，是激動的。有個笑話說得好：（祕魯首都）利馬的聖馬可士(San Marcos)大學的學生，在進入社會從事與政治無關的踏實的中產階級專業之前，必須先在一些激進毛派的隊伍「爲革命服役」——不過這是在所謂正常生活，還能在這個倒楣的國家進行的年頭(Lynch, 1990)。墨西哥學生也學到兩樣功課：一是黨國機關吸收新血的對象，往往來自大學生，而二是學生時代的革命表現愈激烈，畢業後得到的差事就愈好。甚至連我們可敬可愛的法國老大哥，到了一九七〇年代初期，也有某位前毛派分子人士在政府中出類拔萃，成爲家喻戶曉的人物。

然而以上種種現象，依然不能解釋爲什麼這一批天之驕子，這一群有著比其父母、比其非學生的同輩，都有著更好前途的年輕學子，竟然會受到政治激進路線的強烈吸引——只有極少數例外❹。當然，事實上絕大多數的學生都在安心求學，他們對激進的政治路線毫無興趣，專心一致，只求取得將來可以幫助自己飛黃騰達的學位。可是乖乖牌的多數學生，比起喜好鬧事的少數，所受到的注意力卻遠爲遜色——不過，後者的比例雖屬少數，論其絕對數字卻也不可小覷。這些在政治上活躍的少數，藉著各式各樣的公開抗議活動，往往獨霸了大學校園生活的焦點。他們在牆上貼滿海報，信筆塗鴉亂畫，又舉辦一連串的會議、遊行、罷課，有聲有色。這種左翼激進的程度，在落後及依賴性國家雖不少見，對已開發國家卻是極爲新鮮的事情。因爲回到一次大戰之前，中歐、西歐及北美三地的多數學生，通常若非右派，便是對政治漠不關心。

學生人數暴增一事的本身，也許可以爲此事提供一個答案。二次大戰結束之際，法國學生人數不足十萬。及至一九六〇年，已經暴漲一倍，超出二十萬人；十年之內，又再度呈三級跳升達到六十五萬一千餘人（Flora, p.582; Deux Ans, 1990, p.4）。（這十年間，研習人文學科的學生人數增加幾達三倍半，社會科學者更增加四倍之多。）學生暴增之下第一個最立即也最直接的後果，便是學生與校方之間的衝突。一批又一批湧入大學之門的學生人潮，許多都是一家子幾代以來才世出的第一位大學生。校方措手不及，不論在硬體設施、軟體師資，以及治校觀念上，都無法應付這一股暴漲的洪流。此外，隨著這一年齡層繼續求學人數的加增——在法國一地一九五〇年際爲百分之四，一九七〇年則上漲爲百分之十五點五——上大學一事已經不再是什麼非同小可的特權及獎賞，大學規條加諸於這些年輕（通常兩袖也淸風）「小大人」身上的約束便自然難以忍受了。學子們對於校方權威的憎厭，很容易便擴張延伸，變成對任何一種權威都產生反抗的心理，因此之故，（西方）學生往往傾向左派。於是一九六〇年代，便成爲學生鬧事「超水準」（par excellence）演出的時代，此事實在不足爲奇。再加上各個國家又有其他種種特殊的原因火上加油，學生騷動遂愈演愈烈——如在美國有反越戰風潮（事實上亦即反兵役）；在祕魯則有種族仇恨事件（Lynch, 1990, pp.32-37）——不過學生騷動不安的現象實在普遍，一一個別解釋反顯多餘。

再從另一個更廣泛的角度來觀察，這一支學生新群眾，卻與社會上的其他族群以一種相當尷尬的角度相對立。與其他歷史悠久、地位已經確立的階級或社群相比，學生在社會上既無確立的地位，與社會之間也無固定的相關模式。學生也者，至多只不過是中產階級生活的少年時期而已——這一股學生暴增的新浪潮，在戰前微不足道得簡直可憐（號稱擁有優良教育程度的一九三九年的德國，僅有學生四萬名）。就許多方面而言，學生大眾的存在，正暗示著孕育出這批新大眾的社會本身的問題。從問題到批評，不過一個跨步的距離。這批新人類如何適應社會？這社會又是怎樣一種社會？學生群如此青春年少，這些青春之子與其父母之間的鴻溝如此深闊，問題待解答的程度便愈發緊急，年輕人的態度愈形重要。年輕的孩子屬於戰後一代，他們的父母則難忘當年慘痛，時時不忘比較；當前的美景，在在超出他們的所想所望。而年輕人的心中，對戰後驚人的成長卻缺乏親身經歷與漸入佳境的意識；他們心中的不滿，便赤裸裸地毫無緩衝的餘地。新的世界，新的時代，是這些校園年輕男女經歷的全部，是他們所知道的一切。他們對現況的想法與父母一輩截然相反，他們只覺得凡事都應該更美好更不同——即使他們自己並不知道如何去達成這個目的。而他們的老一輩呢，習慣了過去失業恐慌的日子——至少也永生難忘——如今情況大爲好轉，對於大規模的暴動事件自然便感興趣缺缺。學生群的擾攘不安，正好在全球大景氣達於高潮的節骨眼上爆發；因爲在學生的心目中，他們要反抗的事物，儘管模糊盲目，卻正是**這個**現存社會具有的種種特質，而非由於老社會的進步不夠。矛盾的是，這股新激情的始作俑者，原是一批與經濟利益不相關的學院中人。但是他們起來騷動的結果，卻帶動了另一批向來以經濟動機爲動員出發點的社群。後者在學生一鬧之下，發現原來自己在這個社會中，可以索取遠比目前所得更多的東西。於是歐洲學潮的直接影響，便是一連串工人罷工的活動，他們要求提高工資，並且改善工作條件。

3

工人階級，與徜徉於城郊校園或城中校區的大學學子不同，當時並沒有出現任何重大變化。一直遲至一九八〇年代，工人人數才開始呈大幅度的下降。然而，甚至早從一九五〇年代開始，眾人便高談闊論，交口相談都是人類將如何進入一個「後工業的社會」。在這個後工業的社會裡，革命性的科技更新轉化，不但將使生產達到新的經濟規模，而且完全無需人工操作。凡此種種對工人階級的不利預言，自然使得以工人群眾支持起家的政黨及政治運動，在一九七〇年代以後開始大起恐慌。但是在事實上，這種普遍以為工人階級將逐漸凋零的印象，其實是一種統計上的錯誤，至少在全球性的角度而言係如此。

雖然自一九六五年際開始，美國從事製造業的人口開始下降，及至一九七〇年後開始，下降之勢愈趨明顯。但是除了美國之外，整個黃金年代，全球各地的勞動工人階級其實相當穩定，甚至連老牌工業國家也不例外，平均約佔就業總人口的三分之一❺。事實上OECD的二十一國當中，有八國的工人人數——即八大最先進國家的超級俱樂部——在一九六〇及一九八〇年間繼續成長。在新興的非共產歐洲工業國家裡，工人自然更是有增無減，及至一九八〇年際方才進入穩定狀態。日本的成長更為快速，進入一九七〇及一九八〇年代，開始保持相當平穩的一定數字。至於那些全速工業化的共產國家，尤以東歐為著，普羅階級的人數更以前所未有的倍數繁增。這種情形，自然也出現在第三世界全力追求工業化的國家——巴西、墨西哥、印度、韓國等等。簡單的說，及至黃金年代結束，全世界的工人數字不但大增，在全球人口當中，製造業人口的比例也比前此高出甚多。除了極少數的例外以外——如英國、比利時及美國——一九七〇年時各國工人在總就業人口當中所佔的比例，均比普羅意識覺醒，社會主義黨派激增的一八九〇年代爲高。只有到了一九八〇及一九九〇年代，工人階級的數字才開始出現大量萎縮的現象。

在此之前，世人之所以會產生勞動階級正日趨解體的錯誤印象，主要係因爲工人階級內部，以及生產過程當中發生的種種轉變，而非由於工人人數實際的大出血。如今十九世紀及二十世紀初葉的舊型工業已經漸走下坡，當其盛時，這些工業代表著一切工業活動的總合，予人印象之深刻，更使其敗落的現象愈發顯著。姑以煤礦工人爲例，一度號稱以數十萬計，在英國更以百萬計，如今卻比大學生的人數更爲稀少。美國鋼鐵工人的人數，甚至少於麥當勞漢堡快餐連鎖店的員工。而一些傳統工業即使未曾消失，也由舊工業重鎮移往新興的工業國家——紡織、成衣、製鞋諸工業均出現大量外遷的現象。西德境內，紡織及成衣業的工人人數，在一九六〇到一九八四年之間跌落一半以上。到了一九八〇年代初期，德國成衣業每僱一百名德國工人，便在海外僱有三十四名，但是在不過十四年前的一九六六年，每一百名卻還不到三名。至於鋼鐵及造船工業，根本便從早期工業國的土地上消失，紛紛轉移地盤，改在巴西、韓國、西班牙、波蘭及羅馬尼亞等國冒了出來。舊有的工業帶，如今變成了「生銹帶」（rustbelts）——這個名詞首先發明於一九七〇年的美國——而原本與舊型工業如同一體的老工業國家如英國，多數卻走上了工業解體的路途。工廠舊地，不是變成現身說法的活博物館，就是快要垂垂欲斃，記錄著一個已經消失的過去。商場上的新興冒險家藉此招徠遊客，生意還頗爲興隆。在南威爾斯一地，二次大戰之初原有十三萬人以採煤爲生，當最後一處煤礦在此地消失，碩果僅存的老煤礦工人開始充當導遊，帶著觀光客下坑一窺他們當年工作的黑暗深淵。

於是新興工業取代了舊有工業，兩者的面貌完全不同；不但出現的地點經常有異，在結構上也往往大異其趣。一九八〇年代的流行術語如「後福特時代」❻，便透露了其中玄機。由生產線環結連接的大量生產的自動工廠；整個城市或地區投入某一單一工業（如底特律及杜林的汽車工業即是）；地方上的工人階級住家在一起，工作在一起，形成一股緊密連結的力量——以上種種似乎均是古典工業的特徵。雖然不盡正確，其中的眞義卻並不僅限於象徵的意義而已。進入二十世紀，凡是舊型工業結構復甦活躍的地方，如新興的第三世界國家及社會主義經濟，在有意追求工業老祖宗的「福特式作業」心法之際，其與兩次大戰之間，甚或一九一四年前的西方工業世界相同之處往往極爲明顯——類似之處，還包括以汽車（如巴西聖保羅）或造船（如波蘭格但斯克〔Gdansk〕）工人爲主幹的勞工組織，在工業都市中心的興起壯大——正如當年美國的汽車業聯合工會（United Auto Workers）及鋼鐵業工會（Steel Workers unions）的興起，係由一九三七年的大罷工而發軔。於是舊型工業進入一九九〇年代繼續存活下來，只是如今均已進入自動化，並有其他一些改變。相反的，新型工業與舊工業卻完全大異其趣。在標準的「後福特」工業地帶——如中北義大利一帶的委內托（Veneto）、艾密利亞羅馬涅、托斯坎尼等地——均不見舊型工業特有的大型工業城市，獨霸一方的廠家，或巨大工廠的蹤影。這些新工業地區，往往係由散布鄉內及鎮上的廠家組成，其網絡從郊外的作坊到外表極不起眼(卻屬高科技)的工廠皆有。某家歐洲數一數二的大公司即曾問過波隆那(Bologna)市長，可否願意考慮讓該公司一大工廠進駐該市。對此建議，市長很有禮貌，卻斷然地敬謝不敏❼。他表示，他的波隆那地方，繁榮進步——剛巧也屬共產黨的治下——很知道如何照顧自己以農業性工業爲主的社會及經濟：還是讓杜林及米蘭這些大城，去擔心它們這類工業大城必有的問題吧。

於是工人終於成爲新科技之下的犧牲品——進入一九八〇年代尤然——生產線上缺乏特殊技術及半技術的男女工人，更難逃這個命運；自動化的機器生產，輕易便可取代他們的地位。隨著一九五〇及六〇年代全球大繁榮進入尾聲，一九七〇及八〇年代是世界普遍不景氣的年代。回想當年極盛之時，生產作業雖然愈來愈節省人力，工人人數卻不斷膨脹(見第十四章)，如今好景不再。一九八〇年代初期的經濟危機，使得四十年不見的大量失業狀況重現人間，至少在歐洲一地尤爲嚴重。

對一些缺乏眼光遠見的國家來說，一場工業大屠殺於焉展開。一九八〇至八四年區區五年時光，英國製造工業損失了百分之二十五。歐洲六大老牌工業國從事製造業的人口，從一九七三年到一九八〇年代後期之間，減少達七百萬眾，幾等於四分之一；其中半數係一九七九至一九八三年間消失。及至一九八〇年代末期，舊工業國的勞工階級更見銷蝕，新工業國卻日漸興起。此時西方已開發國家的平民就業總人口當中，從事製造業者只佔四分之一；美國損失更重，遠不及百分之二十(Bairoch, 1988)。原本在馬克思人士的舊夢裡，隨著工業的發展，人口勢必日趨普羅化，至終絕大多數都將成爲(體力勞動)工人。這種臆想，與事實的發展變化相去多遠！其實除了英國是最顯著的一大例外之外，從事工業的勞動階級始終在各國居於勞動人口的少數。然而，至此工人階級及工人運動的危機已現，在舊工業世界尤爲嚴重。它的敗象，遠在其問題趨於嚴重，轉向世界性之前便已浮現。

這個危機，不是階級本身的危機，卻屬階級意識的危機。在十九世紀末葉(見《帝國的年代》第五章)的已開發國家中，各行各業工人大眾在出賣自己的力氣以求餬口之餘，發現眾人原來可以結成一個工人階級。他們也發現，原來這個事實可以作爲他們生而爲人，在社會上求生存奮鬥中最重要的一樁大事——至少，他們當中有相當數目之人獲致這個結論，便起而支持以工人爲訴求主體的黨派及運動(這些黨派及運動的意向宗旨，從其名稱即可一覽無遺——如工黨等)，數年之間，遂成爲聲勢浩大舉足輕重的政治力量。工人們不但結合在一雙雙爲勞動所污髒的粗手及微薄的工資之下，他們絕大多數，更屬於完全缺乏經濟安全感的貧苦大眾。雖然勞工運動的主幹人物並不至於苦到貧無立錐之地，但是他們對生活的要求是樸素的，離中產階級者的需求甚遠。事實上在一九一四年以前，世界各地的工人階級與消費性耐久財的享用完全沾不上邊，即至兩次大戰之間的年代，也只有北美及澳紐三地的工人享有這個福氣。英國共黨裡的一名黨工曾於戰時被派往科芬特里(Coventry)的兵工廠進行考察。只見科芬特里軍火生意興隆，市面繁榮。這名同志大人回去之後，張大著嘴巴對倫敦友人——作者本人正在其中——驚訝地道：「你想得到嗎？在那裡，連同志們也有**車子**呢？」

工人階級之所以自成一體，一方面也因爲他們與社會上其他階級大量隔離所致。他們有獨特的生活方式、穿著打扮，他們人生的機會受到極大限制。與白領階級相較，雖然後者在經濟上也同樣感到拮据，在社會的階梯上卻享有較大的流動性。工人子女從未想望進入大學深造，事實上也鮮有人躋身學府，一旦達到停學的最低年齡(通常為十四歲)，多數便不打算繼續求學。實行君主制的尼德蘭，在戰前十至十九歲的年齡層中，過此年紀繼續進入中等學校者只佔百分之四。至於實行民主的瑞典及丹麥，比例甚至更低。工人的生活、工人的住家、工人的預期壽命，均與他人不同。當一九五〇年代工人階級與眾不同的痕跡依然相當明顯之際，最早幾位由(英國)工人家庭出身，有幸獲得大學學位的少數幸運兒當中的一位，即曾如此表示：「這一類人的住家往往有一定模式，……他們沒有自己的房子，往往係租賃而居。」(Hoggart, 1958, p.8)

工人生活裡尚有一項中心要素，也是他們自成一體的一大原因：亦即其生活中處處可見的集體性的氣質，一切都是多數的「我們」，支配取代個別的「我」。當年的勞工運動及黨派，之所以能夠打動工人階級的內心深處，其中力量端在工人中間一項普遍的信念：像他們這樣的人，若要改變命運，個人無能為力，只有靠集體的行動才能奏效；而最有效的集體方式，便是通過組織，不論係經由相互救濟的手段，還是罷工、投票均可。反之，他們也相信，正因為勞動工人數字的龐大及情況的特殊，集體行動便成為他們唯一可以掌握的方式。工人發現，憑藉一己之力，掙脫本身「階級」網羅(在美國，則為其「階級意識」網羅)的機會雖然也非絕無僅有，但是卻不甚符合其階級特有的自我意象。此外，「我們」支配「我」的現象並不僅出於功能性的理由，事實上，工人階級私人的空間如此狹隘，根本便無所逃遁於公眾的方式——尤其是已婚婦女，她們悲苦的一生，狹小的生活範圍囚限於一家四壁之內，必須在市場上、街巷中、公園裡，與鄰里共過公共生活。由於家中缺乏空間，孩子們必須在街頭或公園嬉戲，年輕男女得出外跳舞或約會，男人家則在大眾酒館(public house)裡閒扯瞎混。直到兩次大戰之間的年代，無線電廣播問世，方才徹底轉變生活空間只能困在家戶以內的工人婦女生活——但也只有少數幸運國家的婦女有此福氣。在此之前，除了私人性質的小聚會之外，舉凡各種形式的娛樂都得以公眾的方式出之——在某些貧窮國家裡面，早年連電視也係放在公共場所供民眾共同觀賞。於是從足球大賽、政治集會，一直到假日出遊，生活中的娛樂，往往均係以眾人「共襄盛舉」的方式舉行。

從各種層面綜合觀之，在已開發資格較久的國家裡面，工人階級凝聚一體的意識，在二次大戰結束之際達於高峯。及至黃金年代，由於成就工人意識的各種因素遭到破壞，便一路漸走下坡。市面的繁華，全面的就業，以及一個眞正大量消費社會的來臨，徹底的改換了已開發國家工人階級的生活面貌。而且轉變之勢，一直在持續進行之中。從當年他們父母的標準來看——如果年歲大一些，甚至與本身的記憶對照——他們實在不能再算窮人了。不論由哪一方面衡量，生活上處處可見水準的提高，遠超出美澳紐以外的民眾從前所能想像。科技的進步，以及市場運作的原則，在在使得生活空間愈發地私人化。有了電視，無須再親臨球場觀賽；有了電視和錄放影機，不必再擠進電影院看電影；有了電話，不用上廣場或市場也可以與朋友閒扯淡。在過去，工會會員或政黨成員往往喜好出席支部會議或政治集會，因爲開會時除了討論正事以外，也是一種生活休閒的方式。如今娛樂方式都變得平民化私人化了，除了極端好勇鬥狠者外，眾人開始把時間轉移到其他更有趣的事物上去(以往在競選活動中，不可或缺與民眾面對面的接觸，如今效果也不復彰顯了。這種活動之所以繼續實行，只是基於傳統，並爲了給愈來愈趨稀有的黨團活躍分子打氣之故而已）。貧窮與集體化生活爲工人凝聚起來的共同意識，便在民生富庶與私人化之下解體了。

解體的緣由，並非出於工人階級的面目不復辨識——事實上自一九五〇年代末期開始，下一章將介紹的新興青少年文化，其特立獨行之處，不論服飾音樂，均係向工人階級學師（見第十一章第二節）。眞正原因，在於富裕一事如今已是多數人能力可及之事。說起來，擁有一輛金龜國民車，比之擁有一輛朋馳轎車，兩車車主之間的差異，顯然遠勝有車無車之間的分野——更何況就理論而言，甚至連昂貴轎車，也可以用分期付款的方式購得。如今的工人，尤其在進入婚姻生活，必須把開支全用在柴米油鹽打轉之前的最後單身階段裡，也可以把錢花用在奢侈品上了。面對這個現象，一九六〇年代興起的時裝及美容用品工業立做反應，緊抓住這個趨勢不放。於是在新開發出來的高科技奢侈品市場上，從最高價位一路到最低價位，其間的距離只不過係程度上的差異而已——如最貴的哈蘇（Hasselblad）相機，與最便宜的奧林帕斯（Olympus）或尼康（Nikon）相機之間，兩種都能拍出相片，不同處只在地位象徵而已。總之，從電視打先鋒開始，以往只有百萬富翁才能享有的個人用品及代役，如今在最普通人家的廳室裡也可見到。簡單的說，全面就業及實質性大量消費社會的影響所及，已使舊有已開發國家內工人階級的生活水準大爲提高，至少就部分層面而言，遠超過其父祖輩當年胼手胝足方才勉強餬口的生活上限：老一輩的收入，主要都用在基本生活所需之上。

更有甚者，當時尙有其他幾項發展趨勢，更進一步擴大了不同部門工人階級之間的裂隙。不過這些現象，要到全面就業的黃金時代結束，在一九七〇及一九八〇年代的經濟危機當中，在新自由主義一派向福利政策及「統合主義」體系施壓之際，方才轉趨明顯。前此工人階級中較弱的一環，已經在福利政策的資助下得到極大的庇護。一旦經濟景氣轉劣，工人階級中的最上一層——亦即技術工人及領班管理階級——往往比較容易調適現代化高科技的生產事業❽。他們所在的地位，事實上也可以幫助他們從自由化市場中獲得實際的利益——儘管另一群運氣比較不佳的兄弟，卻從此受挫而不支。因此在柴契爾夫人領導下的英國裡，若將最下層五分之一工人群眾的生活與其他工人比較，相去之遠竟比一個世紀以前還要嚴重。英國的例子雖然極端，也可見其轉變之一斑。而最上層十分之一的工人，收入總值卻高達最底層十分之一的三倍。這些位居頂層的工人階級，沾沾自喜於本身境況蒸蒸日上之餘，逐漸開始有一種想法：作爲國家及地方上的納稅人，自己等於在補助那些仰賴社會福利維生的「下層階級」(underclass)。下層階級這個帶有惡意的名詞，係於一九八〇年代出現，於是這些完全依公共福利制度而生的一群，便成爲前者的眼中之釘；除了一時緊急關頭的必要救濟之外，對於長期性的補助必欲除之而後快。過去維多利亞時代貧窮即等於「無品無格」的老觀念，此時又死灰復燃，而且壁壘分明之慘烈遠比前更甚。因爲在早先全球一片景氣的美好時光裡，全面就業照顧了絕大多數勞工的物質所需，福利金額度便也水漲船高。及至仰賴救濟人數大增的今日，比起當年維多利亞時代的賤民「殘渣」，這一大票由「福利」供養的「無恥之徒」，日子舒適的程度比前簡直有天壤之別。看在其他認眞工作的納稅階級眼裡，這種舒服日子，根本就不是這些不勞而獲者配得的待遇。

因此，那些有技術在身的，「人格配得尊重的」，便發現自己的政治立場——而且可能是破天荒第一遭——開始右轉❾。更何況傳統的勞工及社會主義團體，有鑑於亟需公共救濟的人數不斷上升，此刻更致力財富的重新分配及社會福利，因此對上層工人的右傾更有火上加油之勢。英國柴契爾夫人政府的成功契機，主要即係有賴技術工人脫離勞工階層所致。工人階級的凝聚力量日漸離析，或可看作工人結合形式的轉變，更促成了勞工一族的分崩解體。於是有技在身之人，以及有能力往上爬者，紛紛遷出都市內城——更有公司行號、大小企業向四郊及鄉區遷移的助長——市內原本一度以工人住戶為中堅的老社區，或所謂的「紅色地帶」(red belt)，不是一落而為特定族裔的聚居地，便是重新粉修更新變成中產階級的新住處。而新起的衛星城鎮及綠色城郊，其單一階級集中的程度，則遠遜以往都市裡的狀況。留在都市內城的平民住宅，過去原係為工人階級的堅實核心所建，住戶亦多係有能力定期支付租金的房客；如今卻淪為社會邊緣人、問題人，以及寄生於福利之人的移居地。

在此同時，大量的移民潮流，也帶來一股至少自哈布斯堡王朝的帝國以來，前此一直局限於美國境內，在某種程度之下也包括法國的現象：亦即工人階級在族裔及種族上的多元化，及多元化造成的種種後果及衝突。但是其中問題的癥結，並不全在族裔多元化的本身，不過不同膚色者的移入(或膚色原為相同，卻被硬分為不同的情況，如北非人之在法國)，則往往將人心裡潛存的種族歧視惡性激發出來；甚至連一向被世人認為對種族主義具有免疫能力的國度，如義大利及瑞典也不例外。傳統社會主義勞工運動力量的式微，愈使種族主義冒出頭；因為前者向來激烈反對類此的歧視，往往極力阻止其群眾內部出現帶有種族主義心態的反社會言論。然而，除去純粹的種族主義的因素不談，傳統上——甚至於十九世紀之際——外來的勞工移民甚少引起工人階級裡不同族裔之間的直接衝突。因爲各個特定的移民群在整體經濟中都有其特有的專門行業，他們在自己的活動領域裡進一步擴大勢力，甚而有獨霸之勢。多數西方國家裡的猶太移民，均大量從事於製衣業，卻從來不曾進入——比方說——汽車製造一業。再舉遍及世界的印度菜爲例，其從業人員來源集中特殊之處，更爲罕見。倫敦及紐約兩地，以及全球各處印度餐館裡的人手，多數係聘自孟加拉某特定區域的移民圈夕爾赫特地區（Sylhet），這種現象，即使到了一九九〇年代依然不衰。即或不曾形成專佔或獨霸的局面，移民群也往往聚居於一定地區，或集中在一定的工廠作坊或行業工作，而不涉及其他地區及行業。因此，在如此這般的「區隔化的勞工市場」之下（套句時髦的流行行話），個別族裔工人內部便油然生出堅強的團結意識，並得以長期維繫。既然族裔團體之間沒有競爭，除了極少數的例外之外❿，本身景況的好壞便自然難以歸罪於係他族他群的自私自利所害。

但是時移勢遷，在眾多因素影響之下，加以戰後西歐的移民政策多係由政府主導，以應勞工匱乏之需，新一批的移民開始進入移居國原居民從事的行業，並擁有同等同樣的工作權益。不過例外的情況亦有，如官方特意將外來勞工與本國工人正式隔離，使前者自成一級，作爲短期且地位也較低的「客工」（guest-worker）。但是無論哪一種處理方式，緊張的壓力都因而升高。法定權利劣於他人的外來男女工人，對本身利益的看法自然與那些享有優惠地位者截然不同。反之，英法兩國的本地工人，一方面雖然不介意與摩洛哥工人、西印度群島工人、葡萄牙工人，及土耳其工人在同樣的條件之下並肩工作。但在另一方面，他們卻絕不願意看見這些外國佬——尤其是那些一向被認爲集體上先天便屬於劣等的國籍之人——升級加薪，爬到自己的頭上指揮。同理，不同的移民族群之間，也有著類似的緊張壓力存在，雖然他們都共同憎恨著移居國對外來者的態度。

簡言之，回溯當年傳統性質的勞工政黨與運動成形的年代，各行各業的工人（除非因不可克服的民族或宗教因素分裂），可以假定同樣的政策、策略及制度的改變將同使他們受益；這種情況如今不再自動發生。再加上生產方式的改變，所謂「三分之二的社會」的出現（見五一〇頁），「勞動性」與「非勞動性」工作之間日益模糊的分野，在在使得前此「普羅大眾」分明可見的輪廓鬆動消蝕。

4

女性扮演的重要角色，是另一影響工人階級及已開發國家社會的一大因素，其中尤以已婚婦女的角色爲最——不啻爲革命性的新現象。這方面的改變實爲驚人，一九四〇年際，全美女性工作人口中，只有不足百分之十四的比例係爲有夫有家的已婚婦女。及至一九八〇年際，卻已超過半數，僅在一九五〇至一九七〇年間便已倍增。不過女性進入勞工市場人數日增的現象，自然絕非自今世起。自十九世紀末葉開始，女性便已大批進佔辦公室、店鋪，以及其他某些服務業——如電話接線生、看護性職業等等。這一類工作形成所謂「第三類職業」（tertiary occupation）的大量擴張，相對的便侵蝕到作爲第一及第二類職業的農工業，至終並將對前二類造成絕對性的損害；事實上第三類職業的興起，正是二十世紀最令人醒目的發展趨勢。至於女性就業人數在製造業方面的演變，則發展不一。在舊有的工業國家裡面，傳統上擁有女性就業人口大量集中的勞工密集工業——如紡織及製衣業——此時已告衰頹。在新近變成「生銹帶」的國家及地區裡，那些向由男性爲主的機械工業，更遑論充滿著男性意象的其他行業——如礦業、鋼鐵業、造船業、汽車及卡車製造業——此時也同樣步上衰途。反之，在新興的開發中國家及第三世界成長中的製造中心裡面，對女工求之若渴的勞力密集工業則開始興旺不已(女工在傳統上不但工資較廉，也較男工易於管理)。於是女性在當地就業人口中的比例大增，不過如非洲模里西斯(Mauritius)由一九七〇年代初的百分之二十，至一九八〇年代一躍而過百分之六十的例子亦屬絕無僅有。至於在已開發工業國家裡的增減，則依各國情況而定，一般而言，即使增加也多以服務業爲主。事實上女性無論係在製造業或第三類職業就業，其工作性質並無甚大分野，因爲她們多數係充任次要性的職位。而某些以女性爲主的服務性行業，亦有極爲強大的工會組織，尤以公眾及社會服務單位爲主。

此外，女性也以極爲驚人的比例追求更高的教育；因爲時至今日，唯有教育，可以指引一條邁向高級專業之門的坦途。二次大戰方告結束之際，在多數已開發國家之中的女學生比例，僅爲全體學生總數的百分之十五至三十，只有芬蘭例外——這個女性解放的高台明燈國度——當時該國女學生的比例已經高達百分之四十三。但是即使到了一九六〇年際，女學生在歐美兩地的芳蹤從未超過半數，唯一的例外爲保加利亞——這是另一個較不爲人知的親女性國度(就總體而言，社會主義國家鼓勵女性求學的努力較爲積極，如東德的成長速度便勝過西德)——可是除去教育一門而外，它們在其他增長女性福祉的項目上的成就則不甚精采。然而，及至一九八〇年際，在美國、加拿大及六個社會主義國家裡——由西德及保加利亞居佔鰲頭——半數甚或半數以上的學生人數已爲女性。此時全歐只餘四國的女性學生不及總數的四成（希臘、瑞士、土耳其及英國）。一言以蔽之，女子接受高等教育的現象，如今已與男子一般普遍。

已婚婦女大量進入勞工市場——多數均兼母職——及高等教育的驚人擴張，爲一九六〇年代起女性主義運動的強力復甦（至少在已開發的西方國家如此）提供了發展背景。事實上若不考慮這兩大因素，婦運將無法可解。自從一次大戰結束及俄國大革命爆發以來，女性已在歐洲北美一帶眾多的地區，爭取到了投票權及平等民權等莫大成就（見《帝國的年代》第八章）。可是從此之後，雖然法西斯及反動政權一時的甚囂塵上，也未嘗破壞她們已有的成就，但女性運動卻從陽光之下移入陰影之處。其後反法西斯鬥爭的勝利，以及東歐及東亞部分地區革命的成功，一九一七年以來爭得的權利終於普及世上多數國家。其中尤以法國及義大利的婦女終獲投票權一事最爲引人注目，事實上此時在所有的新興共產國家、拉丁美洲（戰後十年），以及除了極爲少數的前殖民地之外，婦女均開始獲得這項權利。及至一九六〇年代之時，但凡有選舉之地，婦女們均已獲有投票權利，只有某些伊斯蘭國家，以及——說也奇怪——瑞士是爲例外。但是，女性運動卻始終未從陰影中重新走出。

因爲以上種種改變，並非由於女性主義者的壓力所致，對於婦女權利地位的伸張也無任何立即直接的重大影響，即使在投票確有其政治效果的少數國家之內也不例外。然而一九六〇年代起情況開始改觀，首先由美國發難，緊接著便迅速普及西方其他富裕國家，並延伸入第三世界受過教育的高級婦女圈內——不過一開始，社會主義世界的心臟地帶卻未受到影響——女性主義再度出現驚人的甦醒。這一類運動的現象，雖然在基本上屬於具有教育程度的中產階層，但是進入一九七〇年代，尤其在一九八〇年代，一股空前的趨勢卻在醞釀進行之中，成就之大遠非第一波女性主義所可比擬。新一波女性意識的覺醒，在政治及意識形態上較不具特定的形式，可是卻掃遍女性大眾的全體。事實上作爲一個族群，如今婦女已是一大政治力量，這是前所未有的重大改變。女性性別意識的覺醒，最早也是最驚人的範例，首推羅馬天主教國家內傳統上原本虔信不移的女性信徒的反抗。她們起來抗爭教廷不再受人擁戴的教條限制，最顯著的事例即屬義大利公民投票贊成離婚（一九七四）及較爲開放的墮胎法（一九八一）。其後又有虔誠的愛爾蘭共和國選出一介女子瑪麗羅賓遜（Mary Robinson）就任總統。羅賓遜原爲律師，與羅馬教會道德教條的解放（一九九〇）有極爲密切的關係。及至一九九〇年代初期，兩性之間政治意見的分歧愈發顯著，此事由多國舉辦的政治民意調查結果可見一斑。政客們開始追逐討好這股新女性的意識，自然不足爲奇；其中尤以左派爲著，因爲工人階級意識的衰退，已經使左翼黨派的傳統選票大量流失。

女性新意識及其利益的影響層面甚廣，單就女性在經濟活動中就業角色的改變一事並不足涵蓋全面。這場社會革命造成的改變，不僅限於婦女本身在社會上活動的性質，更重要的變化，卻包括她們扮演的角色，亦即傳統對其角色的期待，尤其是她們在公眾事物中的地位及成就。因爲縱有眾多重大的改變，諸如已婚婦女大量進入勞工市場，卻不一定便會成就預期中隨之而來的其他轉變——如在蘇聯境內即是。在一九二〇年代初期革命烏托邦的熱情理想幻滅之後，俄國已婚婦女發現自己一肩雙挑，不但得負起換取收入的新職責，還要照常操作原有的舊家務，可是公私兩面的兩性關係及地位卻毫無改變。總之，婦女雖然大量湧入受薪工作的活動，一般而言卻與她們對本身社會地位及權利看法的改變並無一定關係。眞正的促因，也許是出於貧窮的需要，或許出於僱主對女工的偏好(因爲她們不但比男工便宜也比他們聽話)，又或許純係由於女性爲家長的家庭數目大量增加所致。本國及本地的男子大批移往外地求生，如南非鄉下人紛紛進城，亞非地區男性不斷湧進波斯灣國家皆是。最後，無可避免留下女性單獨持家，獨力支撐一家經濟所需。此外，我們也不可忘卻幾次大戰造成男性大量慘遭殺戮的可怕後果，一九四五年後的俄羅斯一地，便因此變成五女對三男的不平衡局面。

然而，女性在社會中的地位確實也起了莫大的變化。她們對本身角色的期待，以及世界對她們的看法，俱皆有了重大甚至革命性的改變，此中事實俱在無可否認。然而，某些婦女在政治上獲得的新成就，固然有目皆睹，不過這個現象卻不能用來直接衡量該國婦女在整體上的地位。即以由男性文化主導的拉丁美洲爲例，一九八〇年代之間，拉丁美洲婦女被選入各國國會的比例爲百分之十一，遠勝於婦女地位更爲「解放」的北美。此外，在第三世界的國家裡面，也有相當數目的婦女開始居掌國家及政府的領導職位，但是其權力來源，卻襲自家庭中的男性：如印度的甘地夫人(Indira Gandhi, 1966-84)、巴基斯坦的碧娜芝布托(Benazir Bhutto, 1988-90; 1994)，以及若非軍方否決所致，將已出任緬甸領袖的翁山蘇姬(Aung San Suu Kyi)；她們都是因爲大人物千金的身分，方才獲致這份地位。至於以遺孀資格執掌國事的女性，則有斯里蘭卡的班達拉奈克夫人(Sirimavo Bandar-anaike, 1960-65; 1970-77)、菲律賓的柯拉蓉艾奎諾(Corazon Acquino, 1986-92)，以及阿根廷的伊莎蓓拉貝隆(Isabel Perón, 1974-76)。這些新一代女強人的接班掌權，在意義上與多年前神聖羅馬帝國的瑪麗亞德瑞莎(Maria Theresa)及英格蘭的維多利亞，分別接管哈布斯堡王朝及大不列顛帝國的寶座並無二致。事實上在以上所述由女性治國如印度、巴基斯坦、菲律賓的國度裡面，女主高高在上的地位，與其國中婦女所受的壓制正成鮮明對比，在在彰顯了女領袖的出現非屬常態。

但是話雖如此，若回到二次大戰之前的年代，在**任何**情況之下，在**任何**共和國家裡面，由**任何**女性接任國家領導地位一事，在政治上皆屬無可想像之事。可是一九四五年後卻開始全然改觀——一九六〇年際，斯里蘭卡的班達拉奈克夫人成爲全球首位女總理——及至一九九〇年際，先後已有十六國係由女性擔任或曾經擔任政府首腦(World's Women, p.32)。一九九〇年代，非託父蔭或夫蔭之賜，卻由本身職業政途身分躍登國家領導人地位的女性，雖屬少數，也開始在政治地平線上出現，前後計有以色列(一九六九)，冰島(一九八〇)，挪威(一九八一)，立陶宛(一九九〇)，法國(一九九一)，英國更不在話下(一九七九)；此外更有與女性主義距離無比遙遠的日本，竟然有女性出任最大反對黨(社會黨)的黨魁。雖然女性在政治團體中的地位——即使在最「先進」的國家內也不例外——仍多屬象徵性的表徵(最少可作爲一種具有政治壓力的群體)，但是政治世界的面目，的確在急速變化中了。

儘管有此改變，世界各地婦女變化的腳步卻不一致。不論係公眾生活，抑或相關的婦運政治目標，在第三世界、已開發國家，以及社會主義或前社會主義世界三者之間，僅可做勉強性的比較。在第三世界裡面，猶如當年沙皇治下的俄羅斯，縱然正在發展或已經造就出一批少數格外解放及「前進」的婦女(正如沙皇時代女性的知識分子及行動家者,多數係固有上層階級及布爾喬亞階層家庭出身的妻女),但是以西方的角度而言,低下階層教育貧乏的婦女大眾卻依然被排拒在公眾生涯的門外。像前述這一類稀有的少數婦女菁英層級,即使在殖民帝國時代的印度便已存在;甚至在回教基本教義派勢力再度將婦女推回不具面目的地位之前,連幾處宗教限制較不嚴峻的伊斯蘭國家也有她們的蹤影出現——其中尤以埃及、伊朗、黎巴嫩、西北部非洲亞特拉斯山地的馬格雷布一帶尤著。對於這些獲得解放的少數而言,本國的上層社會有一塊可供她們活動的公眾生活天地。在那裡,她們可以悠然行動與感受,一如她們(或她們在西方的婦女姊妹)在歐洲北美的生活一般。唯一的不同,也許在她們對其文化中傳統性別習俗及家庭義務方面,放棄的速度不及西方女性,至少不及西方非天主教的女性為快⓫。從這個角度觀之,「西方化」第三世界裡已經獲得解放之婦女的條件,就遠比非社會主義的遠東國家為優。遠東國家傳統的力量深重嚴格,連上層的特殊婦女也得依然屈從。日韓兩國受過教育的婦女,一旦在解放的西方裡生活一段時日,往往對回歸故國文化的拘束深感畏懼。在她們固有的文化裡面,婦女隸從男子的社會意識此時方才稍有動搖而已。

至於社會主義世界的情況,則有諸多矛盾之處。就事實而言,東歐的婦女已一律進入受薪的就業人口,至少就業男女兩性的數目相當(各為九成),遠比世上其他地區為高。作為一種意識形態,共產主義一向熱烈地視女性的平等地位及解放為己任,而其主張的層面更是無所不包,連性愛的自由權利也包括在內⓬——儘管列寧對隨興濫交之事深惡痛絕——不過列寧及其妻克露普絲卡雅(Krupskaya)兩人,卻是少數幾位特別主張贊成男女分擔家務的革命人。更有甚者,從民粹派開始,一直到馬克思派的革命運動，始終熱情洋溢歡迎婦女——尤其是知識女性的加入——更爲她們提供了格外寬廣的活動空間。這種現象，及至一九七〇年代依然顯著，由左派恐怖主義運動裡婦女成員之盛可見一斑。但是儘管如此，除了少數例外——如羅莎盧森堡、費雪(Ruth Fischer)、玻卡爾(Anna Pauker)、拉帕修娜莉亞(La Pasionaria)、蒙塞妮(Federica Montseny)——女性在黨內最高一線中卻依舊無聞，有時甚至毫無影蹤。在新成立由共黨統治的國度裡，她們的地位甚至更見隱晦⑬，事實上婦女們在領導班子中似乎於革命成功後一夕之間完全失蹤。雖然偶爾也有一兩個國家，如保加利亞及東德兩地，的確也爲婦女同胞提供了如高等教育等格外良好的機會，助其在公眾生活中出人頭地；可是就整體而言，共黨國家婦女的地位與已開發的資本主義國家並無二致——亦即即或有一些重大改變，益處也不見得隨之而來。每當婦女湧入某些對她們開放的行業之後——如以俄國爲例，在女醫生因此成爲多數之後——該行業的地位及收入卻也同時降低。蘇聯婦女與西方的女性主義者一般，長久以來習於受薪工作之餘，如今卻夢想回到家中，享受只須擔負一項責任的「奢侈」生活。

事實上也的確如此。原始的革命理念，係以轉變兩性關係爲目標，希望能夠從此改變傳統由男性主導的制度與習俗。可是這個理想一如沙上城堡般瞬間幻散，甚至連認眞追尋它的國度也無從倖免——如早年的蘇聯即是。一般而言，一九四四年後成立的歐洲共黨新政權，根本從未朝此方向眞正付過努力。在落後國家裡面——事實上多數共產政權都建立於落後國家之內——提升女性地位，改變兩性關係的嘗試，往往爲傳統人口以被動不合作的態度包抄。不管法律如何規定，這些人都堅決認定女性的地位就該比男子爲低。不過女性解放活動中的種種英勇事蹟，當然也非全然徒勞。法律及政治上的同等權利，教育及職業門徑的開放，甚至包括揭開面紗隨意出入公共場所的自由在內，種種解放婦女的成就絕非小可。此中差異之大，與宗教基本教義派治國或復活的國家一相比較，即可見其一斑。更有甚者，甚至在某些婦女實際地位遠不及理論允諾程度的共產國家裡面；甚至在共黨政府於道德事實上進行著反革命政策，打算重新將婦女定位爲生兒育女的傳統角色之際（一九三〇年代的蘇聯即是），端看新體制賜予她們個人的選擇自由，包括性行爲的選擇自由在內，就已是空前未有的盛舉，遠比新政權成立以前爲大。眞正限制此中理想徹底體現的原因，不全在法律或風俗習慣的抵制，卻出於物質上的短缺，如避孕藥物的不足即是。諸如此類的婦科需要，往往不是計畫經濟考慮的重點生產，其供應量往往微不足道到稀有的地步。

社會主義世界在提高婦女地位的努力上，縱有其成功失敗之處，卻始終不曾造成特定女性主義運動的出現。事實上端看共產國家在一九八〇年代中期以前的特性，任何政治活動，若非由政府發起勢不可能成形的情況而定，即可導出女性主義自然也無法生存的結論。更進一步來看，即使將這項考慮除外，在此之前西方女性運動關心的話題，事實上也難以引起社會主義婦女的認同與回響。

一開始，西方女性，尤其是開女性復甦風氣之先的美國婦女，她們關心的重點主要係中產階級女性息息相關的議題，至少是那些在形式上影響她們的事物——在美國尤爲顯著。美國是女性主義者奪城破寨，首先施壓獲致突破性成功的第一站，美國女性的就業狀況，便大大反映了這番努力的密集程度。一九八一年之前，美國女性不但將男子由非管理性質的辦公室及白領工作中掃地出門（不過這些職務雖然受人尊重，地位甚低卻是不爭的事實），同時更大舉進攻房地產經紀人要塞（幾達半數），以及約爲百分之四十的銀行及財務經理的職銜。至於在知識性的專業方面，傳統的醫藥及法律業，則依然將女性限制於橋頭堡一帶活動；但是她們的斬獲雖然不盡理想，卻也不容忽視。此外，尚有百分之三十的大專院校教職，四分之一以上的電腦專業人員，百分之二十二左右的自然科學從業人員，如今係由女性擔任。然而在男性獨霸的勞動性職業方面，無論係技術性或非技術的工作，女性卻始終不克造成任何顯著的突破：僅有百分之二點七的卡車司機、百分之一點六的電氣工人，以及百分之零點六的汽車機工是爲女性。這些行業對女性攻勢的抗拒之強，不下於男醫生及男律師的作風，後者僅挪出百分之十四的空間讓與女醫生及律師。不過女性對這一類男性獨佔的行業攻勢甚強，其全力以赴之勢絕對不可小覷。

我們只消將幾本有關一九六〇年代新女性主義先鋒的著作隨意瀏覽一下，即可發現女性問題背後潛在的階級意味（Friedan, 1963; Degler, 1987）。這些問題主要均係圍繞著同樣一個主題，那就是「女性該如何兼顧事業與婚姻家庭」。但是只有擁有這種機會的女性，才會面臨這種困擾；而世上絕大多數婦女，以及所有的貧窮女子，卻沒有這種機遇。這一類議題的中心宗旨爲男女平等，而一九六四年的美國民權法案（American Civil Rights Act）原意只爲防止種族歧視，但自加入「性別」一詞後，平等觀念遂成爲促進西方婦女法律及制度地位的最佳利器。可是「平等」一詞與「平等待遇」或「機會均等」不同，前者係假定不論在社會或其他方面，男女之間毫無差異。可是從世界絕大多數婦女，尤其在貧窮女子的眼中看來，女人在社會上之所以居於劣勢的理由，主要就係由於性別差異——她們不是男子之故——因此，「性別的問題」要用「性別的手段」來解決——比方對懷孕及母職的特殊照顧及保障，或保護婦女不虞受到另一性的暴力攻擊等等。然而，對於如產假一類與工人階級婦女切身相關的問題，美國的女性主義卻遲遲不曾顧及。雖然女性主義發展到後期階段，也開始注意到「性別差異」與「性別平等」兩事具有同等重要的地位，然而女權運動者在強調帶有自由主義精神的抽象個人主義，並使用「平權」法律以爲利器之餘，一時之間，卻難與「男女之間不必完全相同」的觀念相協調⑭。

更有甚者，一九五〇與一九六〇年代女性要求走出家庭進入職業市場的呼聲，事實上在經濟狀況良好、受過教育的中產階級已婚女性中間，還帶有著一股極爲強烈的意識動機，是其他階級婦女所無者。因爲對於前者而言，其中的心理因素與經濟動機無關。反之，貧窮人家或家計拮据的已婚婦女，在一九四五年後出外工作的原因無他，殘酷一點來說，則係因爲如今兒童不再工作了。童工現象如今在西方幾乎全告消失，相反的，讓兒女接受教育，俾改良其人生發展機會的期望卻爲爲人父母者帶來比前爲久的財務負擔。簡單的說，「在過去，兒童必須工作，俾使母親待在家中負起持家育兒的責任。而如今呢，當家中需要額外收入貼補家用之際，出外工作者則是母親而非兒童。」(Tilly/Scott, 1987, p.219) 新一代婦女雖有家事機器提供一臂之力（洗衣機功勞尤大），並有各色現成食品解決炊事之苦，但出外工作一事，若非子女數減少勢無實現可能。但是對於中產階級的已婚婦女而言，丈夫已有了配合其身分地位的可觀收入，妻子再出外工作，其實對家用並無太大助益。只看一項事實便知：在當時開放給女性從事的工作裡面，女性所得的待遇往往比男人低出許多。尤其當妻子出外之際，還得另僱人手代勞家務並照顧子女（如清掃女工；在歐洲，則有幫忙家事藉以交換食宿學習語文的外籍女學生）。扣除這項開支之後，所餘之數就變得微不足道了。

因此，在這些中產階級圈子裡面，婦女若依然出外工作，最大動機便出於自由及自立的需求了。已婚婦女要作自己，要有自己的地位，她不要只作丈夫及家庭的附屬品，她要世界將她當作一個個人看待，而非只是某一族類的一員（「只不過是人妻人母而已」）。至於收入一事的重要性，則不在實質的經濟意義，卻在其中代表的獨立精神：她可以自由花用這筆錢或將之儲存，無須再請示丈夫的意見。但是隨著雙薪中產階級家庭的日增，家中預算自然也開始建立在兩份收入之上。而中產階級子女進入大學的現象日趨普遍，父母為子女提供財務相幫的時段也愈長，可能一直延長到二十五歲以上甚或更久不止。至此中產階級已婚婦女的職業便不再是宣示獨立的象徵，轉而與貧人的需求相同，成為一項貼補家用的經濟來源。但是在此同時，工作一事代表的解放意義依然存在，從「通勤式婚姻」（commuting marriage）事例的增多即可見其中一斑。夫妻二人在遙遠兩地工作的代價原本甚高（不只係財務上的代價），但在交通及傳播革命的幫助之下，如今這種相隔兩地的婚姻在專業界如學術圈中，自一九七〇年代始卻日益普遍。在過去，中產階級的婦女往往毫無二話，一定會隨從丈夫工作的調動而遷移（不過子女一旦超過某個年齡，卻不見得跟隨父親搬家）。如今則不然，妻子的事業，妻子對自己事業地點的決定權，都是神聖不可侵犯的領域，至少在中產階級的知識圈內如此。因此就這個層面而言，男女之間，最後總算平等相對待了⓯。

在已開發的國家裡面，屬於中產階級的女性主義，以受過教育的知識女性為訴求的女權運動，至終開始向外擴散，成爲一個涵蓋面更爲廣泛的呼聲，那就是「婦女的解放」，至少係「婦女自我認定」的時刻終於來到了。早期的中產階級女性主義，訴求面縱然狹窄，有時並不能直觸西方社會上其餘女性的關心焦點，但是它畢竟爲所有女性提出了她們共同關心的議題。社會的動盪，觸發了種種道德、文化上的大革命，造成許多社會及個人行爲習俗的大變革，婦女課題也隨之變得日益緊急。在這場空前未有的文化革命中，婦女扮演的角色非同小可，因爲其中的關鍵樞紐，其中的表達出口，在在繫於傳統家庭形式定義的變化。而婦女，一向就是家庭最中心的成員。

下面，我們便得來看看這是一場怎樣的文化革命。

註釋

❶除去無人的南極大陸不算之外，約佔全球大地的五分之三。

❷所謂綠色革命，係指有系統的將高收成的新品種引入第三世界地區，並配以專門適合這些新品種的方式耕育之。這項革命主要係於一九六〇年代後開始。

❸就這一點而言，社會主義國家的政府再度沒有任何選民壓力的問題需要考慮。

❹在這些極其少數的例子當中，俄羅斯是爲其一。俄國學生與東歐及中國學生不一樣，他們作爲一個群體，在共產主義分崩離析的年代毫無舉足輕重的分量。相反地，俄國的民主運動被人認爲是一場「四十郎當歲的革命」。年輕

一代，卻已經道德頹喪，士氣大失，只在一旁扮演觀看的角色而已。

❺這些老牌工業國家包括了比利時、西德、英國、法國、瑞典及瑞士。

❻這個名詞的興起，係左派企圖對工業社會重新思考所起，並由李比茨(Alain Lipietz)造成流行。他係從義大利馬克思派思想家葛蘭西(Gramsci)處借得此語。

❼市長閣下親口對筆者轉述此事。

❽一九五〇至九〇年代之間，美國技術工匠及工頭的人數由就業總人口的百分之十六降至百分之十三。同一時期的「勞動工人」比例，卻由百分之三十一跌爲百分之十八。

❾「主張重新分配、福利國家的社會主義……遭受七〇年代的經濟危機嚴重打擊。中產階級的重要成員，以及工資較高的工人階層，便因此與民主社會主義這項選擇分道揚鑣，轉而形成支持保守政府議題的新多數。」(Programma 2000, 1990)

❿如北愛爾蘭的天主教徒，便往往被有組織地排擠於技術工人行列之外，後者則日益發展爲新教中人獨霸的職業。

⓫在幾個天主教國家裡面，如義大利、愛爾蘭、西班牙、葡萄牙，一九八〇年代的離婚及再婚率遠比西歐及北美一帶其他國家爲低。此事絕非偶然。此四國的離婚率爲千分之〇點五八，而其餘九國的平均則爲千分之二點五(比利時、法國、西德、荷蘭、瑞典、瑞士、英國、加拿大、美國)。至於再婚數字在全部婚姻中所佔的比率，則爲前者的千分之二點四對後九國平均的千分之十八點六。

⓬因此之故，墮胎是德國共產黨極爲看重甚至可以因而起來騷動的一項權利。德意志民主共和國(東德)的墮胎法令，因而遠比深受基督教民主黨影響的德意志聯邦共和國(西德)爲寬。兩德於一九九〇年統一，但是德國民法絕對禁止墮胎，進一步使得其中的法律問題愈發糾結。

⑬一九二九年的德國共產黨裡，中央委員會六十三名正式或候補的成員當中，只有六名女性。一九二四至二九年間黨內五百零四名主要人物裡面，也只有百分之七是爲女性。

⑭因此美國的反歧視行動(affirmative action)——亦即在某些社會資源及活動的取得上，給予某一群體優惠的待遇——只能在以下的假定下才能代表平等精神的眞意義：亦即這只是暫時的濟助手段，一旦在取得上建立了眞實的平等，優惠待遇便應逐步解除。換言之，此種優惠的目的，應該旨在去除於同一競爭之中，加諸於某些競爭者身上的不公平障礙因素，而反歧視行動有時確也在此假定上達成任務。可是論到永久性的差異，反歧視的意義便不適用了。比方讓男子擁有優先修習花腔女高音（coloratura）課程的權利；或堅持根據理論上的可取性，軍隊應該依照人口比例，將百分之五十的將領名額保留給女將擔任。諸如此類的建議自是可笑已極。然而從另一個角度來看，不論男女，只要他或她有意願並有資格演唱歌劇《諾瑪》(*Norma*) 中的女角，或在軍隊中領兵，我們都不應抹煞他她們實現其願望的機會。

⑮另外一種情況雖然不大常見，出現頻率卻也在日益增加之中，那就是丈夫面臨隨妻子工作他遷的難題。一九九〇年代任何一位學界中人，相識圈中應該都有人經歷過此種遭遇。

第十一章

文化革命

莫拉（Carmen Maura）在片中扮演一名接受過換性手術的男子，由於與他／她的父親有過一段不快的異常關係，因此對男性絕望，改而在另一名女子身上建立起女同性戀（我作此猜想）的關係，後者係由馬德里一位有名的性錯亂男扮女裝者所飾演。

——保羅柏曼，《村聲雜誌》影評（*Village Voice*, 1987, p.572）

示威行動之成功，不在動員人數之多寡，而在其吸引媒體注意的強度。只要有五十名聰明傢伙造勢成功，在電視上取得五分鐘的報導，其政治效果，不下於——也許稍微有點誇張——五十萬名的示威群眾。

——波笛爾（Pierre Bourdieu, 1994）

1

一探文化革命變貌的最佳途徑，莫過於由家庭與家族關係入手，亦即從性別與世代的角色結構上著眼。雖然在多數社會裡面，人倫與兩性關係，對各種驟變的抗拒性極爲強悍，但是也非一成不變。此外，世界各文化的外表雖有不同，但是一般而論，在廣大地區之內，基本模式都大同小異。不過也有人認爲，就社經及科技層面而言，在歐亞陸塊（包括地中海左右兩岸）與非洲其餘地帶之間，卻有著極大的差異存在（Goody, 1990, XVII）。因此如一夫多妻之制，雖說幾乎已經在歐亞陸塊全然絕跡（除了某些特權團體及阿拉伯世界之外），卻依然在非洲大陸方興未艾，聽說其中四分之一以上的婚姻，係屬於多妻制的婚姻關係（Goody, 1990, p.379）。

話雖如此，人類樣貌固多，卻依然擁有幾項共同的特徵，比如正式婚姻制度的存在，以及依此享有與配偶進行性關係的專屬特權（所謂「姦淫」，是全世界共同聲討的莫大罪行）。此外尚有婚姻關係中丈夫對妻子（「夫權父權」）、父母對子女，以及長輩對晚輩的優勢支配地位；家庭組合包括數位主要成員等等，諸如此類，都是人世四海皆準的一致現象。不論親族關係網涵蓋的親疏遠密，不論其中相互的權利義務複雜單純，基本上，內層都存在著一種核心式的同居關係——也就是一對夫妻加上子女——即使在外層大環境裡，一同生活營運的家族或群體比此爲大。一般以爲，核心家庭係在布爾喬亞及各種個人主義思想興起的影響之下，才於十九至二十世紀逐漸脫離原有較大的家庭與親族單位，進而演變成西方社會的標準形式。其實這是對歷史的認識不夠，對工業時代之前的社會合作關係及其理論基礎，更有著極大的誤解。核心家庭之存在，不始於現代工業社會，即使在具有標準共產性質的社會制度裡面，如巴爾幹半島斯拉夫國家實行的所謂「共同家庭」（zadruga），「每位婦女勤勞操持的對象，均係以家庭之名最狹窄的定義出之，亦即其夫其子。除此之外，她們方才輪流挑起照顧鄰里大家庭中未婚者及孤兒的責任。」（Guidetti/Stahl, 1977, p.58）誠然，核心家庭存在的共象，並不表示外圍的親族關係便也大同小異。

然而到了二十世紀的下半期，源遠流長的核心式基本安排，開始有了劇烈的改變，尤以在「已開發」的西方國家為烈(不過即使在西方世界，各地分布也呈不一之勢)。英格蘭及威爾斯兩地，可列為變化最劇的偏例——一九三八年際，每五十八樁婚禮中，只有一對以離婚收場(Mitchell, 1975, p.30-32)；及至一九八〇年代中期，每二點二對新婚夫婦就有一對分手(*UN Yearbook*, 1987)——這股趨勢，在自由放任的六〇年代開始加速；一九七〇年代結束，前述兩地的已婚夫婦，每千對便有十對以上離婚，其數字為一九六一年的五倍(*Social Trends*, 1980, p.84)。

這個現象自然絕不限於英國一地。事實上，在一些傳統道德具有強烈約束力如天主教的國家裡面，其中改變愈發顯明。在比利時、法國及荷蘭三地，赤裸裸的離婚率數字(每千人中的年離婚數)，於一九七〇至八五年十五年間，幾乎躍增三倍。更有甚者，即使在一向對這一類束縛限制較輕的國家，如丹麥、挪威，同時期的離婚率也增加近有兩倍。西方人的婚姻，顯然發生了什麼不尋常的轉變。根據一九七〇年代美國加州某家婦科的病歷紀錄顯示，前往就診的婦女之中，「已婚者顯然大為減少，生育意願也大爲降低，……對兩性之間的關係適應，顯然也有態度上的改變。」(Esman, 1990, p.67) 由這個橫斷面採得的女性新現象，即使回到離當時十年之前的加州，恐怕也難找到。

獨居者的人數，也開始直線上升（亦即沒有配偶，亦不爲任何較大家庭成員之人）。本世紀前三分之一時期，英國獨居人數一直保持不變，約居全國總戶數百分之六，之後便開始緩緩增加。但是從一九六〇年開始直到一九八〇年，二十年之間，獨居比率竟由百分之十二躍而爲百分之二十二。及至一九九一年，更高達全國總戶數的四分之一（Abrams, Carr Saunders, *Social Trends*, 1993, p.26）。在西方許多大城市裡，獨居人口甚至佔其總戶數的半數。反之，傳統的西方核心家庭模式，亦即由已婚的父母帶著子女同住的家庭，顯然呈敗落之勢。在美國一地，核心家庭的比例，二十年間（一九六〇—八〇）由百分之四十四暴降爲百分之二十九。在瑞典，一九八〇年代中期出生的嬰兒，幾乎有半數係由未婚媽媽所生（Worlds Women, p.16），核心家庭比例也由百分之三十七降至百分之二十五。甚至在其他於一九六〇年際猶有半數爲核心家庭的已開發國家之內（加拿大，德意志聯邦共和國、荷蘭、英國），到了一九八〇年際，核心家庭的比例也劇降變爲絕對的少數。

就某些極端的例子而言，甚至連核心家庭名義上的典型模式地位也失去了。一九九一年際，全美百分之五十八的黑人家庭，係由單身婦女撐持門戶，百分之七十的黑人兒童，係由單身母親所出。相較於一九四〇年的數字，全美「非白人家庭」之中，只有百分之十一點三係由單身母親主中饋，甚至在城市裡也只佔百分之十二點四（Franklin Frazier, 1957, p.317）。甚至在一九七〇年際，也只有百分之三十三而已（《紐約時報》，一九九二年五月十日）。

公眾對性行爲、性伴侶及生殖關係看法的巨大改變，與家庭危機有著極大的關係。這方面的變化，可分爲正式與非正式兩方面，兩者中的重大轉變，都有確定的年代可考，並與一九六〇及一九七〇年代的社會變動相始相生。從正式的改變觀之，這是一個兩性關係大解放的年代，不論是異性關係（主要係就女性自由而言，過去一向比男性少上許多），還是同性戀者，以及其他各種形式性觀點的異議文化，都大大地解脫桎梏。英國絕大多數的同性戀行爲，於一九六〇年代下半期開始，不再構成犯罪理由，比美國稍遲幾年——伊利諾州是全美最先對雞姦解禁的一州，於一九六一年判爲合法（Johansson/Percy, p.304, 1349）。即使在天主教宗自己家境內的義大利，也於一九七〇年宣布離婚爲合法行爲，並於一九七四年以公民投票再度認定。一九七一年，避孕藥物及生育控制資料在義國開始合法銷售，一九七五年，新家庭法取代法西斯時期以來一直殘存的舊律。最後，一九七八年墮胎正式變爲合法，一九八一年全民投票加以確認。

隨著法令日益的寬大，一些原本被列入禁制的行爲，如今實行起來自然更爲方便，獲得的宣傳效果因而也非同小可。可是在法令與日益鬆弛的性關係之間，與其說前者造成後者的解嚴，不如說後者追認這股新氛圍的存在。一九五〇年際，只有百分之一的英國婦女曾於婚前與未來的丈夫同居過一段時期；一九八〇年代初期，這個數字跳升爲百分之二十一（Gillis, 1985, p.307）。可是不論多寡，未婚夫妻同居與否，都跟當時的立法沒有任何關係。以往三令五申視爲禁律的行爲，現在不但被法律及宗教所許可，同時也爲風俗道德並鄰里議論所接受。

種種潮流趨勢，當然並未以均等的程度向全球淹流。雖說凡在准許離婚成立的國家，其數字都有上升的現象（這是假定以正式形式解除婚姻效力的行爲，在各國都具有同樣意義而言），可是婚姻制度本身，在某些國家卻特別地不穩定。一九八〇年代之際，舉凡羅馬天主教會的（非共）國家，婚姻制度均比較安定。伊比利半島及義大利的離婚率，甚至連拉丁美洲在內，都較一般爲低。甚至在自以爲比他國世故高級的墨西哥及巴西，前者每二十三件婚禮中，也僅有一對離婚；後者更低，爲三十三對一之比（不過古巴更低，爲四十對一之比）。此外尙有亞洲的南韓，以其經濟發展之速而言，婚姻觀念可說依然出奇保守傳統（十一比一）。日本更奇，甚至到了一九八〇年代，離婚率還不及法國的四分之一，比起隨時準備離婚的英美兩國男女，更有天壤之別。即使在當時的社會主義國家裡面，離婚數字高低也依國情不同，不過一般均比資本主義國家爲低。其中只有蘇聯與眾不同，倒是一大例外：蘇聯人民急於打破其結婚誓約的心理，僅僅次於美國（UN World Social Situation, 1989, p.36）。各國變化程度不一，原不值吾人大驚小怪。但是同一種變象，卻能跨越國界、普遍滲透「現代化」世界的現象，才是眞正值得我們一究的課題。其中最驚人之現象，莫過於全球的大眾通俗文化，或更確定一點，其中的青少年文化，所展現的面貌類似、精神相通之處。

2

如果說離婚、非婚生子女、單親家庭（絕大多數爲單身母職）的氾濫現象，顯示著兩性之間的人倫關係陷於危機；那麼全球各地興起的一股青少年強勢文化，則指向世代之間人倫關係的重大轉變。青少年作為一支具有強烈我群意義的族群，年齡層從青春期發育開始一直到二十五歲左右，已經發展為一股獨立的社會動因——已開發國家少年男女的青春期萌芽，更比上幾代提早數年（Tanner, 1962, p.153）。一九六〇及一九七〇年代最驚人的政治現象，即屬這一年齡層的社會總動員。在政治意味比較沒有那麼濃厚的國家，這一代為唱片業帶來了鉅大財富；百分之七十五至八十的總出片量——總言之就是搖滾音樂——全部被十四歲至二十五歲之間的消費者所買去（Hobsbawm, 1993, p.xxviii-xxix）。一九六〇年代，眾家文化異議邊緣分子期待的政治激化現象，也由這個年齡層的男女一手包辦。向下他們排除兒童，甚至連青年期也一概抹煞（對他們來說，青年期之意，即意味著還不太成熟的半成人）；向上除了幾位大師級人物尚能豁免之外，更完全否定三十歲以上眾人的一切人性地位。天地之間，唯我族群獨尊。

各地激進極端的青年男女，除了在中國係由年邁的毛澤東領軍幹下滔天禍事之外（見第十六章），其他都係由同齡的群體帶隊。當時淹蓋全世界的學生運動浪潮，更是如此，即使連學生運動引發的工人事件，如一九六八至六九年間法義兩國的工潮，也往往由青年工人發起。也只有從來不曾有過半點實際人生經驗的年輕人，才會提出如一九六八年巴黎五月工潮，及義大利次年「炎熱的秋天」那般大膽可笑的口號：「我們什麼都要，而且現在就要！」（tutto e subito）（Albers/Goldschmidt/Oehlke, pp.59, 184）。

青少年作為追求「自治」地位的新族群，一個單獨成立的社會層級，更因某種現象，大大擴展其象徵意象。其中象徵意義之豐富，可說自十九世紀初浪漫時期以來所未有：英雄的年輕歲月，與其肉體生命同時終結。這種生命倏忽的英雄形象極爲普遍，在一九五〇年代便以早逝的殞星詹姆斯狄恩(James Dean)開其端。其後在成爲青年文化出口的搖滾樂壇，更找到標準的理想象徵：巴迪哈利(Buddy Holly)，珍妮絲賈普林(Janis Joplin)，滾石樂團的布萊恩瓊斯(Brian Jones)，巴布馬立(Bob Marley)，吉米漢崔克斯(Jimi Hendrix)，以及其他多位廣受崇拜的偶像人物，俱都成爲早夭生活方式之下的犧牲者。他們的死亡，之所以沾染上濃烈的象徵氣息，是因爲他們代表的青春，先天就擁著永恆的意味。演員這份行業，也許可以從事一生，可是作爲一名「青春偶像」(jeune premier)，卻注定只能發出片刻的光芒。

青少年一族的成員雖然一直在變——通常一個人能夠躋身所謂學生「代」的年限，往往只有三、四年極短的時間——但是後浪推前浪，它的座位始終不空，一定有人塡補。青年人自覺到本身是促發社會作用的一個因子，這種青年自我意識茁長的現象，也日益爲社會所覺察。而其中的商人自是不遺餘力，大肆歡迎。至於老一輩人，雖不情願，也只有勉力接納。市面上充斥著針對青少年一族的產品，爲凡是不願意在「兒童」與「成人」之間選擇其一者，開闢了另一個廣大的空間。及至六〇年代中期，甚至連貝登鮑威爾(Baden Powell)自己一手創建的英國男童軍組織(English Boy Scouts)，也不得不把組織名稱的男童部分去掉，作爲向時代氣氛低頭的表示。還將制服中原有的寬邊圓帽，換成強制意味比較不那麼強烈的法式貝雷小帽(Gillis, 1974, p.197)。

其實社會中分出年齡層團體，此事並不自今日始，即使在布爾喬亞式文明中，社會也一直承認有這樣一群人。他們在性功能的發育上已臻成熟，可是在智能及其他生理方面仍在繼續成長，對於成人生活也毫無實際接觸與經驗。現在則由於青春發育期提前開始，身高體型也提早達於成人期的身量(Floud et al, 1990)，這一群人的年齡日益降低，但是並不能改變社會一向便有他們存在的事實。唯一造成的改變，在於青少年與父母師長之間的緊張關係因此升高，因爲後者依然堅持將他們當作小孩看待，可是青少年自己卻覺得已經長成了。傳統布爾喬亞的氛圍，往往預期其青年男子會度過一段喧囂狂亂的成長期，在這段「年輕放蕩」的日子過去之後，必將「安定」下來。新時代興起的新青少年文化，卻在三方面與以往的看法大異其趣。

首先，所謂「少年十五二十時」，如今不再被視作成人的預備時期，卻意味著完成人生成長的最後一個階段。人生，就像運動一樣，以青少年時爲其高峯(在今天，又有多少數不清的少年郎希冀在運動場上揚名立萬)，一過三十歲，便顯然開始走下坡了，對運動的興趣也大爲減低。可是社會的現實正好相反，權勢、成就、財富，卻隨著年齡加增(只有運動界及某些演藝界是其例外，又或許純數學也可算作其一吧)——這個現象，無寧是人世間不合理安排的又一佐證。請看直到一九七○年代，戰後世界可謂完全掌握在老人手裡，「老人政治」現象之盛，甚至比前代有過之無不及。換句話說，這些在位的老傢伙——絕大部分是老頭子，老太婆少之又少——早在一次大戰結束之際，有的甚至在大戰開始之時，便已成年。這種老人當道的現象，不獨資本主義世界爲然(艾德諾、戴高樂、佛朗哥、邱吉爾)，甚至連共產世界也不例外(史達林、赫魯雪夫、毛澤東、胡志明、狄托)，並包括諸前殖民地的大國(甘地、尼赫魯、蘇卡諾)。即使在軍事政變出身的革命政權當中，也少見四十歲以下的領袖出現——而事實上以軍事政變達成政治改變的手法，通常往往多由低階軍官出之，因爲比起高級將領，前者的行動就算失敗，損失也比較少。因此當年僅三十二歲的卡斯楚奪得古巴政權之際，少年英雄，意氣風發，一時之間在國際上引起多少衝擊。

但是，世界雖然仍握在老人手裡，他們卻已經默默地，也許甚至不覺地，將位子一點一點地讓給年輕一代了。至於欣欣向榮的化妝品業、護髮用品業、個人清潔品業，更對年輕消費者歡迎之不暇。這些行業的繁榮興旺，絕大多數都靠少數已開發國家國民不斷增加累積的財富❶。一九六〇年代末期開始，各國興起一股將投票年齡降至十八歲的趨勢——亦即美英德法四國——對於青年男女開始（異性）性交的年齡，社會上也有普遍認可降低的跡象。一個弔詭的趨勢卻是，隨著人類平均壽命的延長，老人比例大增，以及——至少在幸運的上層階級及中產階級裡面——老化現象的延後；退休年齡卻也提早來到，到了公司經營拮据之時，「提前退休」竟成了裁減人事成本的最佳管道。大公司主管年過四十，一旦失業，會發現處處碰壁，覓職之難不亞於白藍兩領職工。

青少年文化的第二項新特徵，直接由第一項而來：亦即這項新文化運動成爲「已開發市場經濟」的主力部隊。一是因爲當今年輕一代，代表著一股極爲集中強大的購買力量；一是由於如今每一代新起的成人，本身也都曾是具有自我覺察意識的青少年文化的一部分。他們既走過這段社會化的路程，精神上自然接受其洗禮，帶有其標誌。而其中最重要的原因，莫過於科技驚人發展之迅速，吸收學習能力強勁的年輕人，自然比年長保守者佔上風，或至少比適應能力已漸僵化的年齡層佔有極大的優勢。美國的IBM，日本的日立（Hitachi），不論其管理階層的年齡分布爲何，新電腦，新軟體的設計人員，卻都正當他們雙十年華的時期。雖說這些機器程式的設計，都是以「傻瓜也能用」

爲原則，可是對那些不曾和新科技一起成長的那代人來說，顯然比新生一代吃虧多了。孩子們如數家珍，父母卻完全沒有概念的新事物新知識越來越多，相形之下，父母所能教給兒女的東西彷彿越來越少。兩代之間的角色，似乎來了一個大翻身。美國大學校園更首開風氣之先，來來往往的青年學生人人一條破牛仔褲，他們要學工人百姓的穿著，故意不要像他們的長輩那麼高貴講究。這副打扮，逐漸向外傳染開來，於是不分上班放假，處處可見到牛仔褲；在某些所謂「創意性」或嬉皮式的工作圈裡，甚至可以看見牛仔褲的主人，頂著一頭灰白的頭髮。

都會青少年文化還有第三項與眾不同的特質，即其驚人的國際化現象。牛仔褲與搖滾樂，成爲現代摩登少年的標誌，成爲注定將變爲多數的少數人的記號。這種現象，不獨一般正式容忍它們存在的國家爲然，即連蘇聯的青少年，從一九六〇年代開始以迄於今，也紛紛追逐這股牛仔搖滾之風(Starr, 1990, chapters 12-13)。有的時候，搖滾歌曲中的英文歌詞甚至無須翻譯，同樣可以令青少年如癡如醉。此情此景，固然反映美國通俗流行文化及生活方式的霸權地位——披靡全球，所向無敵——我們同時卻也要注意一個眞相：其實西方青少年文化的心臟重地本身，也係與文化沙文現象持相對立場。這種反文化沙文的心態，尤其可以從他們對音樂趣味的取捨看出來。他們非常歡迎來自加勒比海、拉丁美洲的風格，一九八〇年代開始，更對非洲風情情有獨鍾。

文化霸勢的現象並非自今日始，但是其中的運作方法已經全然改觀。在兩次大戰之間的年代，美國電影業是其主要的傳導媒介，事實上也是當時唯一擁有全球發行網的事業。二次大戰之後是電影觀眾人數的最盛時期，高達數億之計。隨著電視及各國電影事業的興起，以及好萊塢影棚作業體制的結束，美國電影業的霸勢稍有失色，也流失了許多觀眾。一九六〇年際美國電影的年產量，即使將印度日本兩大電影王國除外，也不及全球影片總產量的六分之一（*UN Statistical Yearbook*, 1961）——不過後來它還是扳回幾許頹勢，再振雄風。至於電視事業，由於市場分布甚廣，語言類別過多，美國倒從來不曾計畫在國際間建立與電影獨霸程度相等的王國。因此它的青少年文化風格，乃是藉著某種非正式的滲透直接散布；或者也可以這麼說，它的信號乃是經由英國半路接駁轉送，對外擴大傳播。其中媒介，先爲唱片，後是錄音帶；而兩者的行銷管道，不論今時以往，卻都是蓋有年矣的古老方式——無線電廣播。年輕人中日盛一日的國際旅行風氣，將一小群一襲襲牛仔衣褲的青年男女——人數雖少卻日漸增多——連帶著他們的影響力，川流不息地送往世界各地。各國大學之間，自一九六〇年代開始，也建立了快速交流傳播的能力設施。於是藉著向世界各地傳送的文化形象，藉著徒步天涯年輕旅人的親身相接觸，藉著各國大學生日益密切的聯絡網路；更重要的，藉著廣大消費社會時尚流行的強大力量及儕輩壓力，青少年文化向世界各地傳送，一個國際性的青少年文化於焉成立。

這股新文化出現的時機，可能在更早以前便開始嗎？答案是絕對的否定。因爲若不到這個節骨眼上，青少年文化的皈依人口定將減少許多——不論就絕對數字或相對數字而言，皆是如此。因爲只有到了這個年代，就學年限才大爲延長，大學裡也才開始同時廣收男女學生。同年齡的青年男女，從此在校園裡共同生活，青少年文化的人口，因此大爲擴張。更有甚者，那些提早離開學校，加入全職就業市場的少年男女（在一般已開發國中，多爲十四至十六歲之間），在金錢上也遠比先輩擁有更爲獨立的支用能力。這還得多虧黃金時期百業繁盛全面就業的榮景所賜，也得感謝他們父母一輩經濟能力的好轉，子女收入對家用負擔貢獻的比例，自然也相對減輕。青少年市場於一九五〇年代中期首度被商人發現，掀起了流行音樂工業的革命；在歐洲，則徹底改變了以大眾市場爲導向的時尙工業的面目。英國的「十五少年潮」（teen-age boom），即在此時開始；主要基礎，係來自都會中驟然集中的一批收入頗豐的年輕少女，她們擁入不斷擴增的寫字樓及商店工作，手上可支配的收入往往比少年男子爲多，再加上當時女孩子尙未染上傳統爲男性特有的花費習慣——煙酒——因此她們用在其他採購上的能力自然更爲可觀。少女們「雄厚的消費實力，首先在以女性爲主力對象的行業上顯現出來，如女襯衫、裙子、化妝品及流行歌曲唱片等等。」（Allen, 1968, pp.62-63）。至於流行歌曲演唱會廣受少女顧客的歡迎光顧，更是不在話下，她們是會場上最招人注意也是嗓門最尖的一群。青少年金錢的購買實力，可以從美國唱片的銷售量一窺究竟，從一九五五年搖滾樂問世之時的兩億七千七百萬美元開始，茁升爲一九五九年的六億美元，再到一九七三年的二十億美元（Hobsbawm, 1993, p.xxix）。在美國五到十九歲的年齡層中的每一個人，他們在一九七〇年際用來購買唱片的費用，至少是一九五五年的五倍。而且國家越富，唱片業越興隆；美國、瑞典、西德、荷蘭、英國諸國的青少年，平均每人花費在唱片上的金錢，高達其他財力不及但也在快速發展之中的國家如義大利、西班牙的七至十倍。

如今既可以獨立恣意遨翔於市場的五光十色之間，青少年自然更易爲自己找到物質及文化的認同標記。但是在這個認同新象徵的背後，卻愈發橫梗著兩代之間巨大的歷史鴻溝，或可說存在於一九二五年之前與一九五〇年後出生者間的重大差距。這一代父母子女之間的代溝，遠比以前任何一個時期爲大，從一九六〇年代開始，家有青少年的父母都深深感受此中問題的尖銳及嚴重性。新時代青少年所居住的社會，與舊時代割斷了臍帶關係；有的因革命而改頭換面，如中國、南斯拉夫、埃及；有的由於被外來勢力佔領，如德國、日本；有的則因爲自殖民統治之下解放出來。年輕的一代，沒有大洪水以前的世界記憶。上下兩代，老少之間，他們唯一的共同經驗，可能是一起經歷了一場國家大戰，如英俄兩國的老少曾經一度團結，共度時艱。可是除此之外——即使當老輩人願意談談過去，就像多數的德國人、日本人及法國人勉強爲之一般——少年人對長一輩的經驗、感受，可謂完全懵然不知。對一名印度的年輕人來說，國會之於他，只不過是一個政府或一具政治機器而已，怎麼叫他去了解老一輩曾經將國會視作一國奮鬥爭取自由之象徵的感受？縱橫世界各大學經濟系的印度青年學子才俊，又怎麼能夠了解課堂上老夫子的感慨萬千；對於年長的後者來說，想當年自己在殖民時代的最大野心，能夠向大城裡面的榜樣「看齊」就已經心滿意足了。

黃金時期的到來，加深了這道世代鴻溝，至少到了一九七〇年代方才中止。生長於全面就業光明時期的少年男女，如何能體會掙扎於一九三〇年代經濟蕭條黑暗的蒼老心境？反之，滿身創傷誠惶誠恐的老一代，又怎吃得消年輕浪子的瀟脫篤定？對後者來說，工作一事，不再是多年漂流於暴風海上才好不容易尋得的避風港口（特別是一份既安定又有養老金保障的工作），職業也者，隨時唾手可得——如果忽然想去尼泊爾充電一陣子——更是隨時可棄之物。這種代溝現象，並不只限於工業國家，因爲農民人口的大量減少，也在農工兩代與人力機器之間，裂下一道斷層深痕。法國老一輩的歷史教授，都生長於每個法國孩童均來自農村或至少在鄉間度過假期的時代，如今卻發現自己得大費周章地向一九七九年代的學生解釋，擠奶女工的活是怎麼回事，堆著糞堆肥料的農舍庭院又是什麼模樣。這道巨大代溝，甚至波及一向居於本世紀驚濤駭浪邊緣的眾多人口——世界人口的絕大部分——一向以來，政治上的各項騷動只離他們遠遠掃過。其中種種熱鬧紛擾，除了對個人生活造成些許攪擾的部分，他們都興趣索然不予置評。可是到如今，這份安靜清閒卻不再了。

誠然，不論新事物的裙角是否再度掠掃他們而去，世界上絕大多數人口都比以往年輕了。在大多數出生率始終居高不下的第三世界國家裡面，於二十世紀下半期任何一個時期當中，都有五分之二到半數國民的年齡在十四歲以下。不論他們家族之間的關係有多親密，生活中傳統網絡的統制有多強大，新一代人口如此眾多，兩代之間在人生的經驗期許上，勢必無法不存在一道巨大的深溝。一九九〇年代初期，海外流放多年的南非政治人士重回祖國，雖然飄舞著同樣的旗幟，同為南非國民黨而效命，可是他們的心情，與南非各地城鎮新起的年輕「同志」，卻有著極大的不同。相反地，索維托(Soweto)的多數群眾，這些在曼德拉(Nelson Mandela)入獄後多年方才出生的一代，除了把他當作一個象徵或聖像之外，實在難有相通之處。就許多方面來說，這些國家的代溝其實比西方更巨——因為後者的老少之間，至少還有永久性的制度，以及政治上的延續性為之相締結。

青少年文化就廣義而言，更成爲新時代人類文化革命的母體，其內涵包括了風俗行事的軌則，休閒方式的安排，以及日愈形成都會男女呼吸泳游主要空間的商業藝術。因此這項文化革命有兩件最重要的特色：一方面它是通俗的，平民化的；一方面它卻又是主張廢棄道德的。這兩點在個人行爲上尤爲顯著，每個人都可以「做他自己的事情」，外界的限制規範達於最低點。但在實際上，人人卻又擺脫不了同輩及時尚的壓力，眾人的一致性反而不比以往爲低——這一點，至少在同輩之間或次文化群體中係如此。

3

上流社會從「庶民百姓」中擷取靈感獲得啓發的事例，其實也不是今天才有的新鮮事。當年法國有瑪麗皇后(Queen Marie Antoinette)突發奇想，以假扮農家女擠奶爲樂。這且不論，浪漫人士也對農村的民俗文化、民歌、民舞，大爲欣賞，崇拜不已。在他們時髦善感的同好之中，則有一批知識分子——如波特萊爾(Baudelaire)——對貧民生活突發幽情(nostalgie de la boue)。此外，尚有維多利亞的上流人物，特別喜歡跟社會階級比自己低下之人發生關係，他們覺得此中趣味無窮——至於其對象的性別爲何，則視個人品味喜好而定(這種心態直至二十世紀末期的今日猶未絕滅)。帝國時代之際，經由平民藝術的興起，及大眾市場性的娛樂精華——電影——這兩項新藝術形式的蓬勃發展衝擊之下，文化影響首次有系統地自下而上發動(見《帝國的年代》第九章)。不過在兩次大戰之間的年代裡，大眾與商業娛樂的風向主流，主要仍以中產階級的趣味為先導，或至少也以其名行之。古典的好萊塢電影界，畢竟是「受人尊敬」的行業；它頌揚的社會理想，遵循著美國強調「家庭價值」的路線；它揭櫫的意識形態，充滿了愛國情操的高尚口吻。諸如《安迪哈代》（*Andy Hardy*, 1937-47）等「促進美國生活方式」的「好電影」，成為好萊塢製片的道德標準模式（該片連出十五集，曾因以上優良主題贏得一座金像獎）（Halliwell, 1988, p.321）。凡是與這個道德宇宙相違的作品——如早期的匪盜電影，即有將宵小之徒理想化的危險——好萊塢在追求票房之餘，便得趕緊恢復這個小世界中的道德秩序。其實它的自我設限已經很嚴格了，好萊塢製作道德規範裡規定（一九三四—六六），銀幕上的親吻鏡頭（雙唇緊閉式的親吻），最多不得超過三十秒。好萊塢最紅最轟動的作品——比方如《飄》（*Gone with the Wind*）——都是根據中產階級一般人讀物的通俗小說而攝製。這些電影裡面描繪的文化世界，完全吻合薩克萊（Thackeray）筆下的《浮華世界》（*Vanity Fair*），或羅斯當（Edmond Rostand）《西哈諾》（*Cyrano de Bergerac*）一劇中的眾生相。只有那輕鬆歌舞劇或馬戲團雜耍小丑出身的喜劇電影，才能堅持其凌亂無秩序的平民風格，不被這一股中產階級之風所同化。可是到了一九三〇年代，連它也站不住腳了，在明燦亮麗百老匯大街型喜劇風格的壓力之下潰卻，也就是所謂的好萊塢「瘋狂喜劇」（crazy comedy）。

於是在兩次大戰之間的年代，百老匯「音樂劇」脫穎而出，一鳴驚人。這種花團錦簇的音樂喜劇，以及點綴其間的舞曲歌謠，事實上依然屬於布爾喬亞階級的趣味——不過我們很難想像，如果沒有爵士音樂的影響，此風是否還能成其事。這些作品的寫作對象，是紐約中產階級的成年觀眾；

其中的詞情曲意，也都是爲這一群自以爲是都會新秀的男女品味而發。我們若將百老匯大家波特(Cole Porter)所作的詞曲，與滾石樂團隨便比較一下，即可發現兩者之間的大異其趣。好萊塢的黃金年代，與百老匯的黃金年代相互輝映，都建立在一種市井平民與體面人物共生的混合趣味之上。

一九五○年代與眾不同的新奇之處，在於上層與中層階級的年輕男女——至少在對世界風氣日居領導作用的盎格魯撒克遜青年中間——開始大量模仿並吸收都市低層社會中人，或被他們以爲屬於這一階級者的行爲事物，諸如音樂、衣著，甚至語言皆是，搖滾音樂即是其中最突出的例子。一九五○年代中期，搖滾樂突然破空而出，從原本被美國唱片公司列入專以貧窮黑人爲對象的「種族類」(Race)，或「藍調類」(Rhythm and Blues)音樂當中，一躍脫穎而成全球年輕族類——尤其格外引人注目的是——**白人**青少年的世界語言。勞工階層中的時髦小伙子，過去會模仿上流社會的高級時尚，或向中產階級次文化如波希米亞式藝術家偷師——勞工階級裡的姑娘更擅此道。可是現在情勢逆轉，奇怪的現象發生了。凡夫俗子的年輕男女，在市場上有了自己獨立的地位，而且反過來，開始領導貴族中人的時尚風騷。隨著牛仔褲的鋒頭大健(男女皆然)，巴黎的高級流行時裝(haute couture)若不是暫時偃旗息鼓，就是乾脆接受失敗事實，挾帶著自己的響亮名號，或直接或授權，下海做起大眾市場的生意——附帶一句，一九六五年，是法國女裝業褲裝產量超過裙裝的第一年(Veillon, p.6)。英國年輕的上流男女，紛紛脫去原本一出口即可證明自己高級正身無誤的口音，改用一種接近倫敦一帶工人階級的腔調❷。體面的上等男子——上等女子也不甘示弱，急起直追——也開始模仿勞動工人、兵士等職業的粗獷口吻，喜歡偶爾在說話當中帶起髒字眼。這種說粗話代表男性氣概的作風，原本絕對是受人鄙夷的下流行爲。文藝界也絕不居於人後：某位頗有才氣的劇評家，即在廣播中用起「幹」這個髒字。有史以來第一次，在童話世界的歷史上，仙黛瑞拉(Cinderella)這位灰姑娘化身的美女，從此不再需要憑華服麗飾於舞會中奪魁了。

西方世界中上階層青年男女的品味，忽然一下子大轉彎，改向平民風格湧去——即使在第三世界也有這種趨勢，巴西的知識分子即領一時風騷，大力推動源自平民的「森巴舞」❸——數年之後，則有中產階級的學生，潮湧向革命理念的政治及意識形態。兩者之間，若有似無，也許有，也許沒有連帶的關係。但是也不知道怎麼回事——也沒有人知道答案——時尚流行卻常常有預言作用。自由主義氣息重新點燃之下，同性戀次文化慢慢抬頭，對時裝流行及藝術風尚起了重大的帶頭作用，影響所及，在年輕男性中間尤爲顯著。然而不論是性別取向的改變，或喜好品味的日趨庶民化，兩者都可看作是年輕一代向父母輩價值觀反抗的手段；更精確一點說，這是他們在一個上一代的規條價值已經不再適用的世界裡，爲自己摸索方向的新語言方式。

新青少年文化中帶有的強烈廢棄道德意識，一旦化身知性語言，其精神面表達尤爲清晰，如一九六八年五月巴黎的口號：「嚴禁禁制」(It is forbidden to forbid)；以及作風激烈的美國流行歌手傑瑞魯賓(Jerry Rubin)的招牌名言：「凡是沒在牢裡蹲過的傢伙，都不值得相信。」(Wiener, 1984, p.204) 照傳統的想法看來，乍聽之下，這些好像是屬於政治性的宣言，其實不然，他們想要廢棄的壓制對象，其實跟法律也沒有半點關係。政治法律，都不是他們反抗的目標。年輕一代的口號，不過是個人心聲、私人感情欲望的公開流露，正如同一九六八年五月的另一句口號：「我把我的欲望當眞，因爲我相信我欲望的眞實性。」（Katsiaficas, 1987, p.101）。他們的欲望，也許出之以示威、群體、運動的方式表達，他們的要求，有時也許甚至造成群眾暴動的效果。可是這一切表象的核心，卻是強烈的主觀感受。「我個人的事就是政治的事」，成爲新一波女性主義的重要口號，其效果可能也是多年激進化中持續最久的一環。其中意義，不只限於政治行爲係以個人動機成就爲滿足，更指出政治面的成功標準，繫於其對個人的影響。對某些人來說，所謂政治的定義很簡單：「凡是讓我煩心的事，都可以算作政治。」一九七〇年代一本書的書名，便將此中奧祕一語道破：《胖——也是女性主義的論題》（*Fat is a Feminist Issue*, Orbach, 1978）。

一九六八年五月還有一句口號：「一想到革命，就想要做愛。」這句話要是落在革命老大哥列寧耳裡，甚至連當年因主張雜交而被列寧痛斥的維也納共產黨人費雪聽了必定也會大惑不解（Zetkin, 1968, pp. 28ff）。反之，一九六〇及一九七〇年代的新一代，即使是那些具有強烈政治意義的激進馬列小子，也一定不能了解布萊希特筆下，早年獻身共產國際之士的心情與作爲——亦即奔走世界各地推銷共產主義，「連做愛時腦子裡也想著心事。」（Brecht, 1976, II, p.722）。到了六〇及七〇年代，年輕革命者的心中大事，絕對不在自己的作爲能爲革命帶來什麼成就。他們關注的焦點，是他們自己的行爲本身，以及行爲之際的感受。做愛與搞革命糾纏不清，難分難解。

因此，個人的解放與社會的解放，自然相輔相成，是爲一體的兩面了。而其中最能夠打破國家、父母、鄰里加諸於我們身上的禁制、法律、習慣者，莫過於性與毒品。不過性之一事，源遠流長，其五花八門繁複多樣之處，由來已久，其實用不著年輕人費心發掘。儘管保守派詩人憂心忡忡地吟道：「性交，始於一九六三。」(Larkin, 1988, p.167)，可是這句話並不表示，在一九六〇年代以前性交是什麼稀奇大事。詩人的眞意，在於性交一事的公眾性質與意義從此開始發生改變。他舉了兩個例子以爲佐證，一是《查泰萊夫人的情人》(*Lady Chatterley's Lover*)一書的解禁；一是披頭四首張唱片問世。然而，對於前此一向遭到嚴禁的事物，反抗的姿態其實不難表明；凡是在過去受到容忍的事物，無論是正式或非正式地被容忍——如女子的同性戀關係——就特別需要點明出來，如今正有一種反抗的手勢在建立之中了。因此同性戀者公開現身，表明態度，便變得特別重要。可是吸毒一事卻正相反，除了煙酒是廣爲社會接受的癖物而外，這一類的麻醉藥物，一向以來僅限於小團體與次文化中（雖然這次文化的分布，三教九流都有），並沒有包容性的法令寬待。毒品的使用風行，當然不只是一記反抗手勢，因爲吸食本身帶來的感官刺激便有莫大的吸引力。可是正因爲吸毒是一件非法行爲（通常也屬於一種社交行爲），從事吸毒，便不但具有高度挑釁叛逆的痛快意味，更使人有高高在上，不把那些嚴令禁止之人看在眼裡的的滿足心理。西方年輕人最盛行吸食的毒品是大麻(marihuana)——其實大麻對人體的傷害恐怕還不及煙酒爲害之烈——此事更證明其中所涉心理的微妙。一九六〇年代，在搖滾歌迷和激進學生匯集的美國瘋狂兩岸，吸食毒品與示威抗議之間，往往似乎是不可分離的事物。

各種行爲的解禁，社會規範的鬆弛，不但愈發推動種種前此被視爲禁戒行爲的實驗與頻率，也大大地增加了這些行爲的曝光率。因此在美國，即使在一向帶動全美風氣的舊金山及紐約兩地（兩地又彼此相互影響），公開從事同性戀的次文化，到了一九六〇年代方正式公然露面。至於其蛻變爲一股政治壓力團體的氣候，則到一九七〇年代才成形（Duberman et al, 1989, p.460）。種種激烈變化，其中最大意義在於有形無形之間，它們推翻了長久以來根深柢固於社會及歷史當中，經由社會規範、傳統、禁令，所傳達、認可、象徵的人類倫理關係。

更有甚者，這股推翻舊秩序的力量，不來自任何一股條理井然的社會新秩序，雖然有人覺得必也正名乎，硬把功勞歸諸於「新自由意志主義」（new libertarianism）名下❹。其中眞正的動力，是來自個人欲望巨大無比的自律力量，其假定係建立於一個人人自我規範的個人主義世界推展至極限的境地。何其弔詭，傳統禁制的諸叛逆者，他們對人性的假定竟然與消費社會的理論基礎如出一轍，至少對於人類心理動機的看法，他們與出售財貨勞務者極為一致。後者認爲，最有效的賣點，便是攻心爲上。

根據這個共識，世界上數十億芸芸眾生的存在，均係基於其個人欲望的追求。這些欲望，包括了各式各樣在以往被禁止被反對，可是在現在都一一被社會允許並存在的大小欲望——如今被默許的原因，非因道德的解禁，卻由於世人心中充滿了它們。直到一九九〇年代，官方均不再試圖將毒品合法化，而繼續以不同程度的刑罰加以禁制——雖然效率始終奇差。一九六〇年代開始，市場上對古柯鹼的需求量突然大增，尤以北美的中產階級需求最殷，此風其後亦迅即傳及西歐。這股趨勢，跟不久前海洛英在勞動階級中流行的現象極爲類似（也以北美爲主要市場）。販毒的暴利，首度使得作奸犯科變成大手筆經營的大事業了（Arlacchi, 1983, pp.215, 208）。

4

二十世紀後期的文化革命，是一場個人戰勝社會的革命，換言之，是一場打破了人類與社會交織的紋理的革命。一向以來，社會的紋理不但界定了人類之間眞正的關係與組織形態，也決定了人類關係的一般規範，以及人與人間相互對待的預期行爲模式。社會中人的角色，雖然不一定正式以成文規定，但事先都有脈絡可循。因此，一旦舊有的行爲成規被打破或失去其理性基礎，人的心中便感惶惶不安無所依憑。上一代熟悉這套法則，如今深感所失；下一代不諳人事，只知道眼前這個變調社會。兩代之間，自然難以溝通理解了。

在這種變異的氛圍之下，自然便出現了一九八〇年代一位巴西人類學家筆下的衝突情境。通常作爲一名巴西中產階級的男性，在其強調榮譽與羞恥心的傳統地中海文化薰陶教化之下，面對現代社會日漸增多的搶劫強暴事件之時，照理，身爲一名紳士，他應該寧死也會挺身保護自己的女友或荷包。而一名淑女，也應寧死不屈，絕不願遭到這種「比死還更可怕」的厄運。但是到了二十世紀末期大都市的生活現實裡面，任何抵抗恐怕也挽回不了女子的「名節」與口袋裡的錢財。於是最理性的處理方式，便是屈從聽命，以免激怒了搶匪，反而會使惡人眞正出手傷人，甚或致人於死。至於婦女名節，所謂婚前保持處女之身，婚後矢志貞節不二，在二十世紀八〇年代受教育被解放的男男女女當中，在他們對性行爲抱持的假定及現實的行爲之下，名節與否，到底又是在爲什麼而持守呢？但是正如人類學家的研究顯示，儘管在新思想新道德的衝擊之下，這一類經歷依然使受害人創巨痛深，在心頭烙下不可磨滅的傷痕。即使是其他程度比較輕微的遭遇，也往往帶來精神上的不安與折磨——比方一般非暴力性質的正常性交等等。舊的規範縱使再不合理，一旦不存，取而代之者也不一定就是某種合理的新秩序，既無法則，又缺乏共識，反使眾人惶惶不可終日。

所幸在世上絕大部分的人類社會裡，舊有的社會紋理與成俗，雖經四分之一世紀以來史無前例的動盪變革，固有損毀，卻尚未完全解體，不可不謂人類大幸。舊秩序脈絡的存在，對貧苦人尤其重要，因爲親族鄰里的濟助扶持，是人在變動世界中生存成功不可或缺的助力。在第三世界多數地區裡，親族鄰里的網脈更是一切資源的交集，包括資訊的提供、勞力的分工、人力與資本的共同來源、儲蓄功能的機制，以及保障社會福利安全的合作系統。事實上，若除去家族之間親密的合作關係，地球上某些地區的經濟成就範例——如遠東一帶——恐怕便根本無由解釋。

在比較傳統的社會裡面，由於新時代企業經濟的成功，舊有基於不平等關係建立的社會秩序的合法性因而遭到破壞，一方面係因爲如今機會均等，人人可以力爭上游，再方面則出於原有不平等結構引爲倚仗的理論基礎已遭蝕損。因此在過去，家財萬貫放浪形骸的印度王侯，向來可以爲所欲爲盡情享受，不虞臣民覬覦或憎恨(正如英國皇家向來擁有納稅豁免權，卻從來無人質疑，一直到一九九〇年代方才改變)。因爲王公貴族屬於並代表了社會階級中——甚或宇宙間——的特殊角色；他們的地位身分，被人以爲是維持安定其王國不可或缺的力量及象徵。在稍微有點出入的類此情況之下，日本企業大亨所享有的特權及豪奢，也同樣比較不爲人所非議。只要他們擁有的榮奢並非專撥其個人享用，而是跟隨著他們在經濟社會中扮演的功能角色附帶而來即可。就像英國內閣諸員的轎車、官邸等等特權享受，係屬其職位而非個人一般，一旦去職，不出數小時內這些豪華物事也隨其職務而去。日本的財富分配，其貧富不均處事實上遠不及歐美社會嚴重，可是一九八〇年代日本在經濟大繁榮之下，個人財富累積之鉅，以及毫無隱諱的招搖展示，卻使日本有錢人生活水準的高級現象，及其與一般日本國民之間的對比愈形突出——日本人民的生活條件，遠遜於歐美——這種強烈對比的印象，即使在遠處遙觀也可以深刻感受之。其中原因，或許是由於有史以來，日本大眾第一次開始認爲日本有錢人對國家社會的貢獻，已經不足以保障他們理所當然的特權享受之故。

至於西方，數十年的社會革命造成了影響更爲深重的大破壞。其極端之處，可以從西方對意識形態的公開討論中一窺究竟。尤其是那不經深思熟慮，缺乏任何分析深度，只因眾人作如此想便據此而發的公開宣示中更可一見。信手立可拈來的例子，就是曾在女性主義者圈中流行一時的一項主張，認爲婦女的家事勞動，也應該以市場價格估之(必要時甚至該以此爲準付酬)；或以極其抽象兼且毫無限制的個人「選擇權利」爲由(所謂個人，係指女性)❺，主張墮胎改革一事的正當性。而新古典經濟學派(neo-classical)的勢力無孔不入，在西方俗世社會中愈發取代了神學的傳統地位，加以在極端個人主義傾向的美國法系影響之下(美國文化霸權自有推波助瀾之功)，諸如此類的言論更受到鼓勵，愈發甚囂塵上。甚至連英國首相柴契爾夫人，都爲其提供了政治言論的出口，她曾說過：「只有個人，沒有社會。」(There is no society, only individuals.)

理論固然偏激，實際作爲也毫不落後。一九七〇年代之際，盎格魯撒克遜國家的社會改革家，見到精神病患及弱智者在病院受到的可怕對待，驚駭之餘，發起運動，盡量將患者從隔離中解放出來，改由「社區鄰里來照顧他們」。可是在西方社會的都市裡，如今已經沒有共同生活扶助的社區鄰里挑起這個責任了。家族關係亦復蕩然無存，誰也不認識這些被人遺忘的可憐人，於是只有像紐約一類的街頭，收容這些社會的棄兒，大街小巷，充斥著無家可歸的流浪人。每日自言自語，乞討爲生，一只破塑膠袋，便是他們的全部家當。如果運氣不好(也許可以算作運氣好，看你從哪一個角度而言)，總有一天，他們會從當初趕他們出來的醫院遷到監獄裡去。而在美利堅，監獄已成了美國——尤其是美國黑人——社會問題的主要收納所。一九九一年，高居全球比例第一的美國監獄人犯——每十萬人中便有一人在監——據報告有百分之十五爲精神病患(Walker, 1991; Human Development, 1991, p.32, Fig.2.10)。

新道德標榜的個人主義，對西方傳統家庭以及組織性的宗教體系造成了最大的破壞，兩者皆於二十世紀的後三分之一時期嚴重崩解。過去將羅馬天主教社會結合在一起的凝聚力量，如今以驚人的速度裂爲碎片。終一九六〇年代之際，加拿大魁北克(Quebec)地區的彌撒人數，由百分之八十驟降爲百分之二十；該處法裔加人傳統上偏高的出生率，也一降而竟低於加國的平均數據(Bernier/Boily, 1986)。女性的解放運動，或更明確一點，女性對節育一事的要求，包括墮胎及離婚的權利，更在教會與作爲十九世紀教會信徒主幹的女性之間，劃下最爲深刻的裂痕(見《資本的年代》)。這個歧異不和的現象，在天主教國家如愛爾蘭、教宗自家門內的義大利，甚至在共產主義垮台之後的波蘭，都一天比一天更爲顯著。獻身神職或其他宗教形式生活的人數，連年銳減；眞心或表面願意守獨身聖潔者的人數，也一日少於一日。簡言之，不管其中轉變是好是壞，教會對信徒道德物質生活的轄制權勢大失；教會對道德與生活設下的規條，與二十世紀後期人生的行爲現實之間，有了一道深邃的黑洞。至於其他對信眾支配力一向不及天主教的西方諸教會，甚至包括某些淵源古老的新教教派在內，其數量勢力之衰退更爲迅速。

從物質觀點而言，傳統家庭凝聚力鬆弛之下所造成的後果更爲嚴重。我們都知道，家庭已經不再只是繁衍延續生命的工具，更是社會合作的經濟機制，是維繫農業社會，以及早期工業經濟(地方性與全球性)的主力。因爲當其時也，十九世紀末期，資本尚未大量集中；而現代大公司組織前身的大型企業，亦即那隻將要在市場活動上補充亞當斯密那隻「無形之手」的「有形之手」(Chandler, 1977)，其時也猶未興起，因此社會上缺乏一股「不具個人性」的資本企業結構❻。可是家庭之所以在經濟活動上扮演著主要角色，還有一個更重要的原因，亦即當時的市場，依然缺乏任何一個私有利潤制度作業中不可或缺的主要成分，亦即對權利義務的信任——或其法律的化身，合同執行力的保障。這方面的工作，在過去一向需要靠國家(十七世紀主張個人主義政治學說者，對此知之甚詳)，或親族社區的力量來完成。因此國際貿易、銀行金融、在遠地的操作經營涉及的巨大利潤及高度風險，往往得靠家族方式的結合始能獲得成功，若由具有共同宗教團結意識的群體進行則屬更佳，如猶太人、教友派信徒(Quakers)、于格諾教徒(Huguenots，編註：法國新教徒之稱)等等即屬此例。事實上即使到了二十世紀後期的今天，這一類的關係組合，依然是犯罪組織不可缺乏的要素，因爲黑社會集團經營的生意，既屬違法，自然更沒有法律來保護或保障它的合同契約，唯一可以倚恃信任者，只有家族的關係及死亡的威嚇。黑社會組織中最成功者，首推卡拉布里亞（Calabria）黑手黨，其成員就包括一家數名兄弟在內（Ciconte, 1992, pp.361-62）。

時移勢遷，非經濟性群體的密切團結逐漸受到破壞，其中的道德關係也隨之不存。固有道德體系存在的時間，雖然也比布爾喬亞工業社會爲早，但已被接受成爲其密不可分的一部分。然而如今舊有的道德辭彙，舉凡權利責任、相互義務、罪惡美德、犧牲奉獻、良心道德、獎賞處罰，種種處理定義人際社會關係的觀念，已經無法再轉譯爲滿足新時代人類的新語言了。一旦這些觀念制度不再被人視爲規範社會秩序的方法，不再能保證社會合作及社會生命的延續，它們對人類社會生活的實際規範組織能力也就消失於無形。它們的身價一落千丈，從制約社會行爲的眞實力量，縮減成爲個人觀點的選擇抒發，最多也只能要求法律承認其所佔有的至高意義❼。生活之中，充滿了不確定性與不可預期性。社會人生的羅盤針上，不再指向永遠的北方；輿圖地標，也一無所用。一九六〇年代開始，茫然無主的現象在多數已開發國家愈爲顯著，促成各種五花八門新理論的誕生。從主張極端市場開放的自由主義，到「後現代主義」，形形色色不一而足，通常卻都避開價值判斷的重心不談。充其量，也只把價值判斷貶爲無限制個人自由之下唯一僅存的公約數而已。

社會大解放，一開始自然廣受眾人歡迎，認爲其好處無限，付出的代價甚低——只有根深柢固的頑固反動派，才對之深痛惡絕。眾人也絲毫不曾將社會解放的意義，與經濟自由化聯想在一起。而蒙老天青睞的幾個幸運國家，繁榮浪潮沖刷著它的眾民，不但帶來了富庶，更因其極度慷慨包羅萬有的社會福利而愈加強化。一時之間，社會解體留下的殘跡似乎盡去。單親家庭（主要係以單親的母職爲主），雖然依舊意味著可能一輩子不得從貧窮翻身，可是在現代福利國家的制度之下，卻也表示其基本的生活條件及遮蔽，受到一生不盡的保障。退休金、福利措施，以及人生晚年的養老院，替社會照顧了它的老人；因爲兒女若不是不能，就是不再感到有義務撫養自己年邁的雙親。同樣地，傳統上其他原屬於家庭的責任，如撫育嬰兒的任務，也由母親移轉到托兒所育嬰院的手中，一如社會主義人士所願，照顧了工作婦女的需要。

於是在形形色色前進思想的號角指揮之下，不論是基於理性的計畫推演，還是實際人生的歷史走向，都指往同一個方向邁進。其中包括對於傳統家庭的各種批評——或因其置女人兒童青少年於屈從的地位，或從普遍性解放的觀點爲之。總之，理論與事實同時並進。物質上，集社會之力提供的公眾幫助，顯然優於多數家庭所能爲自己準備者（或因貧窮或其他原因）。單看民主國家的孩童，歷經兩次大戰，卻比以前更爲健康，營養也更爲均衡，顯然足證此說的正確。及至世紀末的今天，儘管主張自由市場的政府及人士頻頻攻擊，福利制度卻依然存於舉世最富有的數國而不墜。更有甚者，社會學家及人類學者都觀察到一個普遍的事象，亦即「政府主導的制度愈隆，一般而言，親族角色的重要性也隨之減低」。好也好壞也好，「家族的地位，的確因著工業社會中經濟與社會愈發個人化而降低。」(Goody, 1968, p.402-03) 簡而言之，早就有人預言，共同的社族 (Gemeinschaft) 正拱手讓位給共有的社會 (Gesellschaft)——社區與個人，在一個彼此不知名姓的社會中相互關聯。

就物質所得的益處而言，現代的社會經濟，顯然遠勝建立於社區及家庭組織的傳統經濟活動。一般人恐怕不曾認知一個事實，那就是及至二十世紀中期以前，現代工業社會仍然大量仰賴舊有社區及家庭價值與新社會的共生共存。因此前者迅速崩解造成的衝擊，自然非同小可。這種現象，在新自由主義意識開始流行的年代尤爲明顯，亦即一九八〇年代，所謂形容社會最低層的「下層階級」(underclass)❽一詞進入社會政治科學的辭彙之際。下層階級，意指全面就業的已開發市場社會裡面，那群無法或不願在市場經濟中取得本身及家人生計者。而這個市場經濟，在兼有社會福利安全制度補助之下，顯然運作良好，起碼可以配合社會上三分之二人口的需要——至少一直到一九九〇年代均係如此。其時德國社會民主派的政治人士葛勒茲(Peter Glotz)，對此情況甚感憂心，因此發明了一個新名詞：「三分之二的社會」(the Two-Thirds Society)。「下層階級」一詞本身，正如「下層社會」(underworld)一般，意味著一種排除於「正常」社會的地位，往往需要接受公共的供給(貧民住宅與福利救濟)。不足之處，唯有從黑市或甚至黑社會謀取，也就是政府財政所及以外的經濟活動與來源。然而，由於家庭關係的破裂在這些社會層級中尤爲顯著，它們所能投靠於地下經濟活動者也極爲有限與不穩。因爲即使在官方管制範圍以外及非法的經濟活動當中，若無親密的親族關係，也難有效運作。這一點，我們從第三世界及其大量湧入北美的移民當中可以證實。

美國的黑種人(Negro)❾，絕大部分係都市貧民，因此便成爲此類「下層階級」的代表性人口。他們被逐於正常社會之外，既不屬於這個社會，就許多黑人年輕男性而言，也無份於其勞力市場。事實上，多數年輕黑人，尤以男性爲主，根本就將自己視爲法外之民或反社會的一群。但是這種現象與膚色無關，並不只限於黑人。隨著十九及二十世紀初期以勞力爲主的工業日頹，這一類不幸的「下層階級」開始在許多國家陸續出現。政府主管單位爲照顧一般民眾居住需要而興建的平民住宅，如今住滿了「下層階級」的住戶，可是這裡的居民卻毫無社區意識，更缺乏親人之間提供的互助關係。在這個霍布斯筆下的暴民叢林當中，充斥著行爲暴力囂張的青少年，居民日夜生活在恐懼之中，甚至連傳統社區意識殘存的最後一線——鄰里關係——也幾乎消磨殆盡了。

只有在家族關係解體尙未侵入的國度裡，社區意義總算得到某種程度的殘存。在那裡，比鄰而居的眾人，依然有著社會動物以外的其他關係，社會秩序也因而得以保留，只是他們多數卻生活在赤貧的經濟情況之中。巴西的「下層階級」即爲一例。一九八〇年代中期，該國百分之六十以上的收入，由百分之二十的上層人口盡數囊括；而社會最低層的百分之四十人口，卻僅得總收入的百分之十甚至更少(UN World Social Situation, 1984, p.84)。生活之中，不但社會地位不平等，經濟地位也不相符。但是巴西的下層社會，就一般而言，卻不像已開發國家都市裡的貧民般茫然，後者在舊有的行爲規範解體、取而代之的卻是一片不確定的空白之下，生活中普遍存在著深刻的不安全感。二十世紀末最悲哀的弔詭，就是在二十年內戰不斷的北愛爾蘭地區，儘管其社會進步落後，社會結構傳統，加以烽火連天，失業嚴重，可是就一般可測量的社會安寧及穩定的標準而言，北愛爾蘭居民的生活，卻不但勝於英國絕大多數的都市，甚至更爲安全。兩相比較，豈不矛盾悲哀之極。

傳統價值崩潰所帶來的最大衝擊，不在其失去了過去由家庭與社區提供的各項經濟扶持，因爲這些功能，在富庶的福利國家裡往往可以獲得替代品，不過在貧窮的國度裡，絕大多數的人口卻依然只有親族之間的相助可以倚靠(有關社會主義國家的狀況，參見第十三及十六章)。傳統價值崩潰帶來的最大危機，在於規範人類行爲的價值體系及傳統習俗的解體。傳統規範的消失，普遍爲眾人所感受，因此在美國有所謂「認同性政治意識」(identity politics)的興起，以取代傳統性認同之不復存在(此一現象於一九六○年代末期開始變得相當顯著)。認同所繫者，一般以族裔、民族或宗教爲主。此外尚吹起一股火藥味很強的懷舊運動，意圖恢復一個安全有序的假想年月。諸如此類的新風氣，在在反映人心缺乏導向之惶惶。但是這些運動只是絕望求救的呼聲——在茫茫人海中找得一個「社區」歸屬，在孤獨世界中尋得一個家庭投靠，在無情叢林中覓得一處藏身之地——而非積極實行的計畫。通常徒用重典，顯然難以解決或嚇阻日益猖獗的犯罪現象。可是每一個深諳政海三昧的政客都知道，循規蹈矩的老百姓已經對種種反社會的行爲忍無可忍，因此不管他們要求處罪犯以重刑的呼聲是否理性，聰明政客自然得向其壓力屈服。

舊社會結構及價值的解體，對人類政治的危險之處即在於此。更有甚者，隨著一九八○年代時光的進展，在純粹市場經濟的大旗之下，興隆旺盛的資本主義經濟也開始受到震撼。

亞當斯密以爲，個人利益的追求，需要幾項動力爲能源。其中包括他認爲係人類行爲動機本源的「工作勞動習慣」(the habit of labour)，以及延後取得勞動回饋的意願，亦即爲將來報酬所作的儲存及投資、互信任的習俗，以及在尋求個人利益最大化的理性行爲當中，其他種種的外顯態度。這些因素，係資本主義體系運作之所需，可是與個人利益的追求卻沒有實質關係。家庭之爲物，爲早期的資本主義提供了以上所提的各項動機。因爲所謂的「工作勞動習慣」、服從與效忠的習性——包括公司主管對公司的效忠——以及其他各種與個人效益極致化之理性選擇無關的行爲，都成爲早期資本主義不可或缺的整體之一部分。這些條件若不存，資本主義依然可以運作，可是卻會變得極爲怪異，甚至對企業經營本身也會造成困擾——這種異常現象，從盛行一時的大企業「收購」行動(take-over)中可以看出。此外一九八〇年代，曾經興起一股席捲超級自由市場經濟國家如英美兩國金融界的投機狂風，徹底破壞了以生產爲主體的經濟體系與利潤追求之間的一切關係，更可讓我們一窺此中怪象之一斑。成長，不能只建立在利潤的追求之上；因此在其他凡是沒有忘記這個原則的資本國家裡(德國、日本、法國)，前述英美兩國風行一時的怪欲狂潮，便無法輕易興風作浪。

博藍尼(Karl Polanyi)曾對一次大戰期間十九世紀文明遭到的傾圮加以研究，並從中獲致一個結論。那便是十九世紀文明賴以建立的各項假定，具有著極爲特殊並發前人之所未見的特性——亦即有關於市場經濟自律性及普遍性的各項假定。他認爲，亞當斯密所主張的「人類交易天性」，促起了「一個以此交易天性爲一切活動之源的工業制度，人類在其中的經濟、政治、智識，以及精神層面的各種活動，都受此一天性支配。」(Polanyi, 1945, pp.50-51) 此說誠然，可是博藍尼對他那個時代的資本主義現象，卻難免有過度誇張之嫌。同樣地，眾人對個人經濟利益的追求，往往也不能自動保證國家的富強；兩者相關的程度，亞當斯密也有過譽之處。

人類生存活動的必要條件——空氣——往往被我們視之以爲當然；同理，資本主義也忽略了其生存於斯，運作於斯，承襲於以往的環境條件。只有一旦忽然空氣稀薄不足，我們才發現它是多麼不可缺少。換句話說，資本主義之所以成功，即在於它不僅僅只是資本主義。最高利潤的追求與累積，是資本主義成功的必要條件，而非充分條件。三分之一個世紀以來發生的文化變革，不但侵蝕了資本主義承襲的歷史環境資產，也證明了一旦這些資產蕩然，資本主義的運作必將遭遇困難。一九七〇及八〇年代，新自由主義開始風行，至終終於站在共產主義的廢墟上宣布得勝。然而歷史多諷，勝利的一刻，也就是其運轉開始不靈光的一刻。市場經濟勝利了，但是它的空虛，它的不靈，卻再也無法粉飾了。

文化變革衝擊之巨，居於舊資本主義心臟地帶的都市型「工業市場經濟」自然感受最深。但是這場二十世紀末葉文化動亂散發出的無比衝擊，同時也徹底改換了「第三世界」的社會及經濟面貌。以下，我們就對這所謂的「第三世界」進行探討。

註釋

❶一九九〇年全球「個人用品」市場上，百分之三十四係爲歐洲非共國家所消耗，百分之三十爲北美，百分十九爲日本。剩下的百分之十六到十七，係由世界其餘百分之八十五的人口中（比較富有的）成員所分用。

❷不過這種口音的改換，在伊頓（Eton）貴族學校一位副校監的建議下，該校的貴介公子早於一九五〇年代末期便已開始實行，

❸巴西流行音樂樂壇的祭酒霍蘭達（Chico Buarque de Holanda），他的父親是一位有名的前進史觀學者，並曾是該國一九三〇年代知識文化圈中的重鎮。

❹要知道此「自由意志」，與傳統巴枯寧（Bakunin）或克魯泡特金（Kropotkin）無政府主義主張的「自由意志」

又大不相同，更絕非後者的復燃。無政府主義相信藉著自發性、無組織、反威權的自由意志行動，可以爲眾人帶來一個沒有國家、沒有國界的公平新社會。不過比起當時甚爲流行的馬克思主義，無政府主義卻又較爲接近一九六〇及一九七〇年代叛逆學生群的理念了。

❺任何一種主張本身的合法性，絕不可與其支持論點相互混淆。一家之中丈夫、妻子、兒女的夫婦親子關係，豈可與市場上買主賣主的交易關係相提並論，連在純理論的觀念上也不可類比。同理，生育與否，即使出於單方面的決定，也絕非一個僅僅關係決定者本人的重大問題。但是以上兩項論點，卻也絕不能損及以下主張的正當性——亦即對於改變婦女家庭地位的努力，以及墮胎權利的主張，可以同時成立，絕無相違背處。

❻在大公司企業組織的資本主義世紀到來之前，大型企業的運作模式（獨佔性資本主義），並非汲取私有企業的經營經驗，而係師法國家或軍隊的龐大官僚系統——從鐵路員工穿著制服一事上即可證明。事實上，這些大型企業往往係由國營或非營利性質的公營，如郵電服務等即是。

❼此中亦表明在失去控制的個人主義社會之下，至少在美國，所謂作爲其中心觀點（法律或憲法上）的「權利」一詞，與傳統觀念裡一體之兩面的權利義務，有著極大的懸殊。

❽此一下層階級，在十九世紀後期的英國係被稱爲「社會殘滓」（residuum）。

❾本書寫作之際，美國黑人的正式名稱已經改爲「非裔美人」（African-American）。不過這類名稱往往一再改換——就作者有生之年，已經改變凡幾：有色人種（Coloured）、黑種人（Negro）、黑人（Black）等——而且相信仍會繼續變換下去。種種名目的演變，無非是向美洲黑奴後裔表示尊重之意，作者在此採用的黑種人一詞，乃係眾多善意稱呼中沿用最久者。

第十二章
第三世界

(我以爲)無書可讀，夜來在他們(埃及)鄉間大宅的日子一定很不好過。一把舒服椅子，一本好書在手，坐在沁涼的陽台上，那才叫寫意生活。可是我有位朋友卻提醒我道：「你可不會以爲，那些鄉下大地主吃過晚飯，可以出來坐在陽台上，頭上一盞大燈亮煌煌地照著，你以爲，不會吃上一槍？」這一點，我倒從没想過。

——盧塞爾巴夏(Russell Pasha, 1949)

每回只要話鋒轉到互助的話題上面，提到以貸款幫助村民，大家就一定同聲感嘆，悲悼村人之間越來越不合作了。……一面感嘆，一面少不了提到另一種世風日下的現象，那就是村子裡的人對金錢越來越計較。於是大家夥又鐵定異口同聲，一起對「過去的好時光」思念不已：想當年那個時節，同村有難，眾人隨時都樂意出手相助。

——阿布都拉拉辛(M. b. Abdul Rahim, 1973)

1

殖民地解放及各地的革命，將地表的政治地圖全然改觀。在亞洲一地，爲國際社會承認的獨立國家如今一下子躍增五倍。原本於一九三九年際只有一個獨立國家的非洲，此時也暴漲爲五十國左右。甚至在十九世紀第一波殖民解放風潮下出現了二十多個拉丁共和國的美洲地方，新一波的殖民解放大浪又爲此地添加了一打新成員。這些數字固然驚人，但其中最重要的意義則不在此，卻在這些新國家大量且不斷成長的人口背後，所代表的分量及壓力。

二次大戰之後，依賴性地區的人口開始爆炸性的成長，不但改變了世界人口的平衡，而且這項改變還在不斷進行之中。自從第一次工業革命以還——也許係始自十六世紀——人口成長的重點一向多以「已開發」的世界爲主力，亦即歐洲本地或源自歐洲的地區；其人口總數由一七五〇年間不足全球百分之二十的地位，及至一九〇〇年際已一躍幾達人類總人口的三分之一。人口的成長雖在「大災難時期」暫告中止，可是自本世紀中葉以來，世界人口又再度以前所未有的三級跳大量增加，而這一回增加的來源，卻集中在前此受到少數帝國治理或征服的地區。我們若以「經濟合作暨發展組織」的會員國作爲「已開發世界」的代表，其人口總和及至一九八〇年代，已經僅佔全人類的百分之十五而已；且其比例下降之勢，已成無可避免之局（幸虧還有移民人口撐場面），因爲其中好幾個「已開發國家」的出生率，已經減緩到來不及補充其自然淘汰的速度了。

就算我們假定，世界人口最終將在二十一世紀某段時間於一百億大關（姑依目前的推算估之）穩定下來❶，貧窮國家人口暴增的現象，亦堪稱二十世紀最根本的一項改變，並在「黃金年代」末期首度引起國際人士一片憂心。一九五〇年以來，世界人口於四十年間激增兩倍；而非洲一地的人口，更有可能在不到三十年間便形倍增。如此高速的成長，實屬空前現象，引起的實質問題，自然亦無前例可援。試想，在一個百分之六十人口均爲十五歲以下的國家裡，會有何種樣的社會及經濟狀況，問題之棘手便可想而知了。

貧窮地區人口的暴增，之所以造成如此重大的聳動及關心，其中原因有二。一是與「已開發國家」過去在歷史上的同一發展階段相比較，如今貧國的人口成長率高出太多；二是一向以來保持人口穩定的死亡率，自一九四〇年代以來，如石墜地，開始直線下降——比起十九世紀的歐洲，下降速度幾達四甚或五倍不止（Kelley, 1988, p.168）。當初歐洲地區死亡率降低的步調甚緩，有待生活及環境水準逐步改善後方才奏效；可是「黃金年代」則不然。現代科技像颶風一般掃及貧國。在這股現代化藥物及運輸革命的大風之下，自一九四〇年代以還，醫藥上的種種創新突破開始挽回大批人命（比方DDT及抗生素）。於是有史以來第一次，人力彷彿可以回天（過去唯一的成功案例，只有天花疫苗可以比擬）。出生率居高不下（經濟繁榮之時更持續上升），死亡率則直線下降（墨西哥的人口死亡率在一九四四年後的二十五年之間減半），人口數字開始急遽增加，可是外在環境的條件、經濟，以及各項制度，卻未必有同等程度的因應改變。人口的暴增，同時更造成貧富之間更大的差距，先進國家與落後國家的距離也愈形遙遠——儘管兩地的經濟正以同等的速率成長。同樣是比三十年前增加兩倍的國內生產毛額，對於一個人口穩定的國家來說，若與另一個人口同時也暴增兩倍的國家如墨西哥相較，兩者之間，國民分配所得自然便是兩個截然不同的故事了。

有關第三世界的任何記述，都必須以其人口數字為首要大事，因爲人口的暴增，正是第三世界之所以存在的中心事實。根據已開發國家的經驗，第三世界遲早也必將走上人口專家所謂的「人口組成變遷」(demographic transition)階段，亦即經由低出生率及低死亡率雙管齊下，達成人口數字的穩定；也就是進入子女數減少，兩個恰恰好，一個不嫌少的家庭。這種「人口組成變遷」的趨勢，果然已如所料開始在某些國家出現，尤以東亞地區爲著。可是，及至短促二十世紀告終爲止，絕大多數貧窮國家卻還不曾在這條變遷路上走得太遠——只有前蘇聯集團國家例外——而這也就是爲什麼在這些國家裡面，貧窮遲遲不去的主因。某些國家人口負擔之重，食指浩繁，每年必須爲新生的千萬餘張小口張羅糧食。在沉重的人口壓力之下，政府不得不採行高壓手段強制節育，或限制每家子女的人數(其中最著名者即數一九七〇年代印度的絕育政策，以及中國大陸的「一胎化」政策)。可是，這種手段顯然無法眞正解決任何國家的人口問題。

2

人口問題固然頭痛，可是當戰火甫息，殖民的枷鎖剛剛解套，貧窮國家的首要考慮卻不是它們的人口問題。它們的心事，是自己該採取何種形態立於世間生存？

有幾分不出所料，它們多數都採取了——或被迫而採取——由舊殖民主子體系衍生出來的政治形式。而少數由社會革命或長期解放戰爭之中誕生的新政權(兩者最後的效果相同)，則多半遵循蘇聯革命立下的模式。因此就理論而言，新世界裡逐漸充塞了無數實行國會制度並行選舉制的共和國度，再加上一小部分由一黨獨大主導的所謂「人民民主共和國」(在理論上來說，眾國就此都民主了，可是只有共產國家及社會革命政權，卻偏要強調「人民」當家作主，非在正式國名上加上「人民」或「民主」的頭銜不可)❷。

「民主」也好，「人民」也罷，可是就實質而言，這類名號卻名不副實，最多只能表達新國家所欲在國際間扮演的角色而已。在事實上，更如拉丁美洲國家的憲法般不切實際，其中原因如出一轍：亦即它們往往缺乏足夠的物質及政治條件幫助它們達成理想。這種情況，連共產形態的新國家也不例外，雖然它們在基本上屬於極權政治，又有一黨獨大的結構運作，事實上也較自由性質的共和國政體更適合其非西方背景下的國情。因此在共產主義的國度裡，天字第一號的原則之一，便是(文人的)黨高於軍。可是到了一九八〇年代，幾個由革命黨激發而生的政權，如阿爾及利亞、貝南(Benin)、緬甸、剛果共和國、衣索比亞、馬達加斯加，以及索馬利亞——再加上有幾分古怪的利比亞——均係在政變得權的軍人統治之下。正如敍利亞及伊拉克也是在阿拉伯復興社會黨的政府治下一般——雖然兩者版本不同彼此敵對。

事實上，也正是軍政府的氾濫——或動輒便有陷入軍政府的傾向——使得憲法也許不同、結盟地位各異的第三世界，結合成為同一面貌。我們若不計第三世界的幾個主要共產國家(北韓、中國、中南半島數國，以及古巴等等），並將墨西哥革命以來已經長久建立的墨西哥政權除外，一九四五年以來恐怕很難找到幾個沒有出過幾起軍事政權的共和國來（至於其餘少數君主國家，除了某些例外如泰國外，倒好像還安全一點）。只有印度，及至本書寫作之際爲止，是第三世界國家中最令人印象深刻的一員。它不但始終如一，不曾打破平民政府主政的延續；而且其政府，亦係一直由經常性並具相當公正性的普選選出——不過印度是否便配稱全世界「最大民主國家」，則端視我們如何詮釋林肯的「民有、民治、民享」理念了。

世人對軍事政變及軍事政權已經如此習以爲常——即使在歐洲亦不例外——我們在此不得不提醒讀者諸君，其實就目前軍政甚囂塵上的規模而言，實屬一股前所少有極爲新奇的現象。一九一四年際，全球的主權國家裡面，除了拉丁美洲而外，沒有一國係在軍政府的治下。但是軍事政變一事，在拉丁美洲諸國是傳統的一部分，更何況其時其地，唯一不在文人政府治下的主要共和國家也只有墨西哥一國而已，而墨國則正在革命及內戰的戰火中鏖戰不已。當其時也，好戰黷武的政權固然不少，也有許多國家的軍方擁有超過分內應有的政治影響，更有如法國軍官分子般對其政府極爲不滿的國家。可是在一般正常穩定的國家裡，軍人還是堅守其服從天職，以及其遠離政治的傳統。說得更精確一點，即或他們確有參政的事實，但也只像上層階級婦女一般，於幕後暗施手腕，在表面上卻無聲無息。

因此軍事政變性質的政治文化，完全是一種充滿著不安定的政局與非法政府的新時代下的新產物。有關軍事統治的認眞探討，首度出現於一九三一年間，係由義大利報人馬拉帕特（Curzio

Malaparte)，援當年馬基維利(Machiavelli)思維提出，他的大作《軍事政變》(*Coup d'État*)出現之際，正值大災難時期的中途。及至本世紀下半階段，超級強權之間的權力一時獲得平衡，國際局勢似乎轉安，各國政權也同樣近乎穩定，軍方人士參與政治的現象便更普遍了。單單是因爲全球新國林立，多數均缺乏合法傳承政統，加以政治路線不定，政局經常不安，便可以解釋這種強勢軍方的現象。在這種情勢之下，武裝部隊往往是環視國內唯一可以發動政治行動(或任何行動)的一支力量。更有甚者，由於超級強權在國際間進行的冷戰，多數係經由盟邦或附屬政權的軍隊出之，兩強自然以金錢及武器多方補給己方帳下的成員。有的時候，更是你去我來，輪流供應，如索馬利亞，便有美蘇兩強先後分別予以武裝。如此一來，坦克開上了政治舞台，軍人在政治上大展身手的空間就更多了。

共產主義的核心國家在黨的統率之下，在理論上，軍方係臣服於文人政府的治下——不過在毛澤東最後幾年的瘋狂歲月裡，他似乎有隨時放棄以黨領政領軍的念頭。至於西方陣營裡面的核心國家，由於缺乏政治不安的背景，加以國家具有充分控制軍隊的機制，軍人干政的機會大受限制。因此佛朗哥將軍謝世以後，西班牙在新君的支持之下，各方遂能協商成功，開始邁上一條自由式民主政治的大道。在此同時，那批頑固守舊的佛朗哥派曾於一九八一年醞釀一場叛變，也被立時敉平，因爲西國國王斷然拒絕接受它們的陰謀。在義大利，則有美國幕後支持的力量，隨時準備起來推翻當地強大共產勢力組成政府的可能性，因此義國的文人政府始終得以保全——不過一九七〇年代之際，該國軍方、情治單位，及地下恐怖組織的重重黑幕後面，卻出現過一連串各種無從解釋的活動旋風。遍數西方世界的軍官，只有在老大帝國無法忍受殖民地紛紛脫離統治的心頭恨之下（亦即慘敗於殖民地叛變之痛至巨至深），才會受到誘惑，對軍事政變產生躍躍欲試之心——如一九五〇年代法國在中南半島及阿爾及利亞兩地的失守，以及一九七〇年代葡萄牙帝國在非洲地域的崩解（不過葡國之變帶有左傾意味）。然而，法葡兩國軍方旋即又回到文人政府控制之下。歐洲地區唯一有美方做後盾（但可能是由當地主動發端）的軍事政權，事實上只有希臘一地，係於一九六七年由一群極右派上校軍官發動成立。當時的希臘，仍陷於早年內戰的陰影之下（一九四四—四九），共產黨人和反共分子雙方陣營之間的苦澀依然未休。這個由一群蠢軍官發動成立的政權惡名昭彰，專以殘忍手段對付異己爲能事，七年之後，便因其政治智商太低而不支倒閉。

相反地，在第三世界的國度裡，卻隨時存在著向軍人干政招手的誘因，其中尤以新成立的迷你小國爲最，它們國小勢微，區區數百名武裝軍人便可舉足輕重——何況槍桿子又有外國勢力以爲奧援，有時根本就由外人出馬代勞。再加上政府經驗不足，能力不夠，於是混亂腐敗，層出不窮，一片狼狽之象。其實，通常在多數非洲國家出現的典型軍事統治者，往往是眞心打算收拾這一片亂七八糟局面的有心人，而非冀求個人飛黃騰達的獨裁者。他們本身雖然一時掌權，卻希望文人政府不久便可接手——可是這份心願常常陷於惘然。最後，治國與文人當政的理想兩皆落空，這也就是爲什麼非洲軍事頭目的政權難以長久的原因。但是不管何人主政，只要當地政府有落入共黨之手的可能，儘管機會極爲微小，保證便有美國前來相助。

簡單地說，軍事政治正如軍事情報一般，往往崛起於正常政治力量及情報作業出現眞空的時地。

這種政治形態之起，往往並無一定名號標誌，卻出於周遭環境不安定所致。然而，對這些出身於前殖民地或依賴型經濟的國家來說，它們致力的國策，往往需要本身擁有安定有為的國勢方能成事。可是安定、效能，卻偏偏正是它們所缺乏的條件，因此軍事統治便在第三世界成為政治主調。它們一心一意，追求經濟的獨立「開發」，因為在第二輪世界大戰戰火之後，在世界革命及全球殖民解放之下，過去建築在農產品原產地上的繁榮已經沒有前途，再也不能專靠供應帝國主義國家的世界市場為出路了。這一類舊有的經濟楷模，有阿根廷及烏拉圭兩國的大牧場為先例，墨西哥的迪亞茲及祕魯的萊古亞(Leguía)，曾滿懷希望地熱烈仿效。但是自從一場世界經濟大蕭條的不景氣後，這類老路顯然已經行不通。更何況在民族主義以及反帝國主義的呼聲下，一國之政策自是以脫離對老帝國勢力的依賴為急務。於是，眼前便有蘇聯出頭為新生國家的「開發」之路另闢蹊徑，作為各國仿效的楷模。一九四五年後數年之間，正是蘇聯最為神氣活現的時刻。

野心比較大者，便大聲疾呼，意圖進行有系統的工業化，以結束落後的農業經濟體系，其手段或以中央計畫式的蘇聯為師，或取代進口——其間手法或許有異，卻同需政府的行動與控制。野心較低者，雖然不似前者志向遠大——如夢想著建立起自己龐大的熱帶鋼鐵工廠，巨型水壩下則築起巨型水力發電設施，源源不絕帶動工廠的巨輪運轉——卻同樣一心一意打算親力親為，控制並開發本國資源。在過去，石油往往係由與帝國強權關係密切的西方私營企業一手把持，如今各國紛紛效法一九三八年墨西哥的先例，一律收歸國有國營。至於那些避免國有化政策的國家，也發現國境之內，「一油一氣在手」，不啻與外國大公司談判的最佳籌碼——一九五〇年後，阿拉伯美國石油公司

(Arabian American Oil Co., ARAMCO)首開先例，二一添作五答允與沙烏地阿拉伯平分收益，尤其大開甜頭之門——事實上到了一九七〇年代，「石油輸出國組織」根本便以全球爲質，在油價上大討贖金。此事之成爲可能，全係因爲世界石油的所有權此時已由大公司手上移到爲數甚少的幾個產油國家所致。但是簡單地說，即使是這些快活享受外來新舊資本家扶持的國度——所謂「新」者，係指當代左翼所指的「新殖民主義」——也是在國家主控的經濟體系架構之下爲之。終一九八〇年代之際，以此手法經營最爲成功的國度首推法屬象牙海岸(French Ivory Coast)。

推動現代化最失敗者，則數那些過分低估本身落後所造成的限制的國家——它們技術落後，經驗不足；技術人才、行政人員、經濟專家三俱缺乏；人口大多爲文盲，對推動經濟現代化的方案既不熟悉又無回應——理想訂得愈高，失敗相形愈慘，某些國家好高騖遠之極，訂下的目標連已開發國家都難達成——比方由中央全面計畫的工業化目標即是。與蘇丹同爲撒哈拉沙漠以南非洲最先獲得獨立地位的迦納，便在這種不切實際的理想下，企圖建立起一個由國家主控的經濟體系，而浪擲了自己累積的兩億美元存底(來自高漲的可可價格及戰時收益所得。這個數字，甚至比獨立印度的英鎊存底爲高)。恩克魯瑪一手倡導的「泛非聯盟」，更是野心勃勃的高調。結果雄心不果，一敗塗地。而一九六〇年代可可價格大幅滑落，雪上加霜。及至一九七二年際，迦國的鴻圖全告失敗，這個小小國度內的工業，僅能藉各種保護手法如高關稅、價格管制，及進口執照而苟存。黑市經濟活絡，貪污腐敗氾濫，至此一發不可收拾，在該國長存成爲無法根除的禍害。四分之三的工資所得者，都在公家單位就業，自給生存所賴的基本農業卻完全受到忽略(許多非洲國家亦然)。一九六六年，恩克魯瑪政權爲第三世界司空見慣的軍事政變推翻，這個國家遂繼續朝幻滅路上行去，途中但見此起彼落，家常便飯般的軍人上台下台，偶或有文人政府曇花一現地點綴其間。

這些位於撒哈拉沙漠以南諸非洲新國的紀錄雖然不堪回首，但若論及其他地區的前殖民地及依賴性國家，其雄厚的發展成就卻不容忽視。這些地區及國家，選擇了一條由國家主導計畫的經濟發展之路，因此由一九七〇年代以還，國際人士間便開始有了所謂新興工業國家(Newly Industrializing Countries, NIC)的流行用語，而除了香港之外，這些新工業國的長成，均係建立在國家領導的經濟政策之上。但凡對巴西及墨西哥兩國政情有些許了解的人都知道，政府插手的結果，往往是極端的官僚化，無比的腐敗及浪費——可是在此同時，幾十年來也爲巴墨兩國創造了百分之七的年成長率。總而言之，儘管官僚腐敗，兩國卻如願地轉型成功，成爲現代化的工業經濟。事實上，有一度巴西甚至高居非共產世界中的第八大工業經濟國家。此外，巴墨兩國人口眾多，足以提供廣大的國內市場，因此發展國內工業取代進口的政策，在此可以發揮作用，至少在很長一段時間裡係如此。巴西的公營事業，一度曾經經手該國國內總生產額的近半數，全國最大的二十家公司裡面，公營單位即佔去十九家。而墨西哥的公營事業人員，更爲總就業人口的五分之一，公家單位的薪資帳册總額，佔去了全國總工資的五分之二(Harris, 1987, pp.84-85)。至於遠東地區的國家，由國家直接經營的程度則較輕，多係由一些蒙政府惠可的私人企業集團運作，但是信用及投資的控制則操縱在政府手上。因此表面的方式雖然不同，其經濟發展一事對政府的倚賴則如一。一九五〇及一九六〇年代，全球各地可說一律吹著計畫及國家主導的經濟風，在新興工業國家地區裡面，此風甚至一直吹進了一九九〇年代。至於風行之下產生的經濟效益，其成敗則端視個別狀況及人爲錯誤而有異。

3

可是成長一事，不論是否由政府主控，對第三世界絕大多數自耕自食的老百姓而言，都沒有立即重大的利益可言。因爲即使在某些仰賴一兩樣出口大宗爲主要財源的殖民地或國家裡（如咖啡、香蕉、可可等），這些經濟作物也往往集中於有限的幾處地區。於是在非洲撒哈拉沙漠以南地區，以及南亞和東南亞的絕大部分地方，連中國在內，廣大的人口依然以農業爲生。只有在西半球一帶，以及西部伊斯蘭世界的鄉間地面，才搖身一變，在區區幾十年間，戲劇性地由農業社會蛻變成爲世上的大都會（見第十章）。其實只要土地肥沃，人口不致過度擁擠——如黑色非洲一帶即是——一般而言，老百姓多能自給自足，無須外求。這些土地上的居民，多數根本不需要政府來幫倒忙，因爲當地的政府多半力量太弱，起不了什麼作用。但是如果官府勢力變得苛擾太重，小老百姓也可以不去惹它，或乾脆退採村人自力更生的老法子。環顧各地，少有其他地方擁有像黑色非洲這麼好的優勢，可以輕輕鬆鬆地走進獨立年代——可惜不旋踵間，這個大好條件卻被蹧蹋掉了。較之非洲，亞洲及伊斯蘭世界農民的日子往往窮苦得多，至少在糧食營養方面遠遜前者——貧窮到苦不堪言的地步，而且其境況自古以來，從來就沒有改善過，如印度即是——地狹人稠，生存的壓力自然遠比非洲爲大。然而，對許多農民百姓而言，解決之道卻是天高皇帝遠，越少和那些倡言經濟改革致富者接觸越好。長久以來，他們的祖先，以及他們自己本人，都已經學得一個經驗，那就是「外頭來的絕對沒有好事」。一代又一代默默考量之下，他們領悟到了一樁事實：與其多求利潤，不如減少風險，才是上上之策。不過，這些老百姓並不因此便成爲全球經濟革命中的「化外之民」，因爲這股革命浪潮氾濫四方，無遠弗屆，連最偏僻孤立的地區，也難逃其浪頭侵襲——塑膠瓶、汽油桶、老古董的卡車——當然更少不了政府的機關衙門，而其功能便是製造公文。但是這個辦公室寫字間世界的出現，充其量只不過將人口分成截然不同的兩大族群：一邊是一個生存行動於其間的官家，另一邊則是完全與其無涉的小民。因此在第三世界的絕大地區裡面，最大的分野便在「沿海」及「內地」（或都市與邊地）的區別❸。

麻煩的事卻正出在這裡。現代化一事，往往與政府此物攜手而來，因此「內地」被「沿海」管轄，邊區爲都市治理，不識字者自然也只有受治於識字之人了。太初有「道」，「道」即「文字」。在迦納立國前不久成立的議會，其一百零四名成員當中，六十八名擁有某種程度的小學以上教育。南印度特倫加那地區（Telengana）一百零六名的立法諸公裡面，則有九十七人具有中等以上的教育程度，並有五十位大學畢業生。可是這兩地絕大多數的居民，當時卻多屬目不識丁的文盲（Hodgkin, 1961, p.29; Gray, 1970, p.135）。更有甚者，凡想在第三世界「國家級」政府出人頭地者，只會當地通行的語文猶爲不足，還得通曉幾種國際語言當中的一種方可（英文、法文、西班牙文、阿拉伯文，或中文），至少也必須懂得新政府將當地方言整合而成的「國語」才成——如斯華希里語（Swahili，東非、剛果的共同語言）、印尼官話（Bahasa）、洋涇濱語等——唯一的例外，只有在拉丁美洲地區，官方的書寫文字與一般民眾的通行語同屬一種語言（葡萄牙文及西班牙文）。試觀印度一地，一九六七年海得拉巴（Hyderabad）舉行的公職選舉當中，三十四名候選人裡只有三人不諳英語（Bernstorff, 1970, p.146）。

教育程度好，因而所佔的優勢，於是連最落後最偏僻之民也逐漸感受到了。他們自己不一定能分沾這個優勢——尤其在他們享受不起這個條件的時候，更特別感受到其中帶來的不同。知識就是權力，這句話不但具有象徵意義，在事實上根本即是如此。在某些國家裡面，所謂政府，所謂國家，對其子民而言，無異於一具龐大機器，其目的即在榨取他們的資源、血汗，以供國家僱用的員工享用而已。因此知識即權力的意義，在這些國家愈發明顯。有了教育，往往意味著有可能在公家謀得一份差事，有時甚至十拿九穩，鐵定保證可以得到一個職務❹。運氣好的話，更可以變成一輩子的鐵飯碗，從此吃喝不盡，招權納賄，公器私用，將工作私授與家人朋友。一個小村莊——比方說，姑且在中非地方罷——投資在村裡一名年輕人身上，培養他受了教育，從此全村的指望便在這項教育投資所保證的回收之上，也就是公職的所得及公家身分的保護。一份公務生涯如果經營得成功，收入極為可觀，是一國當中待遇最好的職業。在一九六〇年代的烏干達（Uganda），一個公務人員的薪水（指其合法正當的收入），高達其國人平均收入的一百一十二倍（英國的比數則為十比一），其中意義可想而知（UN World Social Situation, 1970, p.66）。

凡是鄉下窮人（或他們的下一代）也有可能受惠於教育的地方，便可見眾人普遍有著強烈的學習欲望（如拉丁美洲即是，第三世界中以此區與現代化距離最近，離殖民時代也最遙遠）。「大家夥都想要學點什麼東西。」一九六二年際，某位在馬普切印第安族(Mapuche Indians)中搞活動的智利共產黨人，便曾對筆者如此表示：「可是我本人並不是知識分子，沒法子教他們書本上的玩意，便教他們踢踢足球。」求知若渴的欲望，自一九五〇年代起，是推動南美居民大量由鄉村遷往都市的一大主因。驚人遷徙的結果，鄉間爲之一空。各項調查俱都顯示，都市生活的吸引力，極大成分在於可爲子女的教育及訓練提供更好的機會。在城裡，他們「可以變得不同」。各種新機會當中，自然以學校教育爲未來提供了最佳的前景，可是退而求其次，即使如開車這種簡單技術，到了落後的農村地區，也可以成爲改善生活的重要因素。開車也者，其爲成功之本歟，這是一位來自安地斯山脈克丘亞族(Quechua)村落的鄉人的心得；也是他教導效法他的腳步進城，前來現代世界打天下的表兄弟及姪兒外甥的第一課。豈不見他本人一份救護車司機的工作，正是一大家族邁向成功的基石嗎(Julca, 1992)？

至於拉丁美洲以外的農業人口，也許一直到了一九六〇年代，甚至更後面的時期，才開始逐漸有系統地體認，現代文明代表著希望，而非威脅。不過在經濟發展的現代化政策當中，主事者可能對其中一事特別寄以厚望，認爲它可以對農民造成吸引力，因爲它直接影響著五分之三以上依農業維生的人口：亦即土地改革。這項概括性的政治口號，在農業國家裡卻包羅萬象，從大規模土地所有權集中的解放，重新分配給農民及沒有土地的勞動者，一直到封建領地及佃戶制度的掃除、地租的減低、租耕制度的改良，以及革命性的土地國有化及集體化等等。

這一類活動在二次大戰結束後的十年內風起雲湧，是爲進行步伐最爲激烈緊湊的十年，因爲政治光譜上不論左右及幅度，都可見這個方向的行動。在一九四五至一九五〇年間，世上半數人口居住的國家，都在進行著某種程度的土地改革——在東歐，以及一九四九年後的中國，進行的是共產式的土改；原在大英帝國治下的前印度，則係因爲殖民解放而起的改革；在日本、台灣、以及韓國，則是出於日本戰敗的結果，或可視爲美國的佔領政策所致。一九五二年埃及爆發革命，土地改革大風開始吹進西方的伊斯蘭世界：伊拉克、敍利亞、阿爾及利亞，紛紛先後跟上開羅前例的腳步。一九五二年玻利維亞掀起革命，南美地區從此也走上土改之路。不過墨西哥仍可算作首開風氣之先的國家，自一九一〇年革命事起以來，或者更爲精確一點，自一九三〇年代革命在墨國再起以來，便已經大力鼓吹土地均分(agrarismo)。不過，政治上的呼聲雖然連連，學術上的統計研究儘管不斷，拉丁美洲地方的革命事例畢竟不足，加以殖民歲月遙遠，戰敗經驗稀少，眞正的土地改革終究難以興起。一直要到卡斯楚在古巴發動革命(爲古巴帶來了土改)，令土地改革一事登上了中南美洲的政治事程，情況方爲改觀。

對於主張現代化的人士而言，土改的好處不止一端：政治上的意義自不待言(不論是革命政權，或正好相反的反革命政權，雙方均可藉此贏得農民支持)；在意識思想上更爲動聽(如「土地還諸勞動人民」等口號)；有時甚至還可以達到某些眞正的經濟目的——雖然絕大多數的革命人士或改革家，對於僅僅將土地重新分配給窮人的手段一事究竟能造成幾分改善，並未抱著太大期望。事實上在玻利維亞及伊拉克兩國分別於一九五二年及一九五八年實行土地重新分配之後，農業總產量反而急遽下降。不過爲求公平起見，我們也得指出，在其他農民技術及生產力原本便已極高的地方，前此對土改誠意抱持懷疑的農民，一旦獲得自己的田地，很快便發揮高度的生產潛能。如埃及、日本、台灣，便是最好的例子，其中又以台灣的成就最爲驚人(Land Reform, 1968, pp.570-75)。維持一個廣大農民群體的存在，其動機其實與經濟無關，過去如此，現在亦然。因爲現代世界演變的歷史證明，農業生產的大量提升，恰好與農業人口及比例成反比；自二次大戰以來，這種逆向增減的現象尤爲深重。不過土改的意義，不可因此抹煞，因爲它畢竟也證明了在自耕農制度之下，尤其是以現代化手法經營農作的較大型農家，其效率絕對可以與傳統大地主佃戶制度，或帝國主義的大規模農園運作媲美，而且具有更大的彈性空間。比起其他某些半工業化集中經營的手法，如一九四五年後，蘇維埃式巨型的國營農場，以及英國在坦干伊喀(Tanganyika)——今坦尚尼亞——生產落花生的手法，更有過之而無不及。在過去，咖啡之類的農作物，甚至連橡膠及糖在內，一向被認爲只能以大規模農園的方式栽植經營。這種手法，雖說如今比起某些缺乏技術的小農，依然佔有極爲明顯的優勢，卻已絕非必要的經營方式了。不過歸根究柢，自大戰結束以來，第三世界在農業上獲得的重大進展，所謂以科學選種的「綠色革命」，畢竟還係由具有企業頭腦經營理念的農家達成，印巴邊境的旁遮普即爲一例。

儘管如此，土地改革一事的經濟動機卻絕非出自生產力的提升，而係著眼於平等性的考量。就長期並整體的觀點而言，一開始，經濟成長往往會擴大國民所得分配不均的狀況，但是至終必將縮短其間的距離。黃金時代末了，已開發西方國家人民在經濟生活上達成的平等程度，高於第三世界，即可見其眞實性的一斑——不過近年來由於經濟衰退，以及一些人士對自由市場抱持著近乎宗教神學性的迷信，所得不均的現象又再度在某些地區出現。拉丁美洲的貧富不均最爲嚴重，非洲居次，但是在一些亞洲國家裡面，貧富的差距卻相當接近。這幾個國家，均曾在美國佔領軍的協助或直接經營之下，進行了一場極爲激烈的土地改革，包括日本、南韓及台灣（不過這三國的平等程度，自然比不上實行社會主義的東歐國家；當其時也，也不及澳大利亞）（Kakwani, 1980）。貧富不均的現象輕微，自有其社會性及經濟性的好處，往往被視爲這些國家工業化成功的一大助力。同此，巴西經濟的發展則冷熱間歇，幾度前進卻又跌仆，往往欲達「南半球美利堅」的經濟寶座而不得。巴國人民的貧富嚴重不均，到底應爲其欲進不得的挫敗擔負幾分責任——貧富不均，可容國內工業成長的市場因此受限，自不可免——此問題自然也在觀察家腦中浮現不去。但是拉丁美洲社會不平等的現象如此嚴重，拉丁各國向又缺乏大規模組織性的土地改革，兩者之間，實在很難說沒有任何關聯。

土地改革，當然爲第三世界的小農階級所歡迎，至少在土改手段還未變形成爲集體或合作農場的形式之前係如此——這種變形，是共產國家的常例。然而，歡迎儘管歡迎，在個人小農與倡導現代化的城市改革家之間，雙方對土改一事的期待卻南轅北轍。前者對總體性經濟面對的問題毫無興趣，於國家政治的觀點不同，對土地的需求，也非建立在一般性的大原則之上，而自有其個別特定的權利主張。祕魯改革派將領組成的政府曾於一九六九年推動激烈土改，企圖一舉摧毀該國大地主的田產制度（haciendas），即因此而失敗。原來祕魯印第安高地的牧民，一向爲安地斯山脈大農場提供勞力，雙方共存的關係雖然不甚穩定，可是改革一事對這些牧民的意義，卻僅僅意味著重返祖傳的「本土」，回到這一向以來被大地主隔離的原有共地與牧原。多少個世紀以來，他們始終牢記著祖先傳下來的家園疆界，這份損失，他們永遠也不會忘懷(Hobsbawm, 1974)。改革前舊有的生產運作方式，他們無意維護——事實上現在都歸入合作社區(comunidades)及原有員工的所有權下了；對於改革後合作式經營的實驗，或其他任何新奇的農業制度，也都不感興趣。他們急於保持的東西，乃是過去傳統生活圈(雖不平等)中，所存有的傳統互助手段。因此在改革進行之後，他們卻回頭「入侵」合作制下的共有田產(其實現在他們都具有共同經營者的身分)，彷彿在大田莊與其族人社區之間(以及各個社區之間)，土地的衝突糾紛猶存，一切都未改變(Gómez Rodriguez, pp.242-55)。對這些邊區的牧民而言，改革與否，其實沒有任何眞改變。仔細探討起來，眞正最接近小農理想的土地改革，恐怕要屬一九三〇年代墨西哥的嘗試，這場改革將共有土地的權利讓渡與各個村落，完全交由他們照自己的意願組織土地共有(ejidos)，究其立意，係假定小農均從事於自給性的生產耕作。此舉在政治效果上獲得極大成功，可是在經濟上與墨國日後的農業發展卻沒有任何關聯。

4

二次大戰之後由前殖民地蛻變而成的數十個新國家，再加上一向也係依賴舊帝國主義工業世界生存的拉丁美洲絕大多數國家，迅即發現自己被聚集統稱在「第三世界」的名號之下，此事原不足奇——有人認爲這個稱號係於一九五二年間造出(Harris, 1987, p.18)——與第三世界對比者，則有由已開發工業國家組成的「第一世界」，以及由共產國家爲成員的「第二世界」。雖說這種將埃及與加彭(Gabon)、印度與巴布亞新幾內亞(Papua-New Guinea),一古腦兒歸作同類社會的方式極爲可笑,可是在情理上也非完全不通。因爲這些國家都一窮二白(與「已開發」世界相比)❺,且無獨立生存能力,在經濟上屈於依賴地位。它們的政府也都一心一意想要「開發」,同時卻也都不信任外頭資本主義的世界市場(亦即經濟學者所主張的「相對利益」結構),或在國內任由私有企業自行發展的政策,能夠幫助它們達成開發的目標。且看二次大戰前那場經濟大蕭條及大戰本身的歷史教訓,就值得它們深自警惕,作爲其後事之師。加以冷戰的無情鐵腕緊扼全球,但凡還有任何自由可以掌握本身行動步調的國家,自都小心翼翼,避免加入兩大聯盟體系的任何一方。總而言之,也就是極力避開人人聞之色變的第三次世界大戰。

然而,不向一邊倒去,並不意味著「不結盟」國家便對冷戰雙方持有完全相同的反對立場。「不結盟運動」的倡導人士——一九五五年在印尼萬隆(Bandung)首度國際大會之後,即開始採用此名——往往屬於前殖民時代的激烈革命分子,如印度的尼赫魯、印尼的蘇卡諾、埃及的納瑟,以及逸出共產陣營的異議分子,南斯拉夫總統狄托諸人即是。這幾位人士,正如其他眾多由前殖民地興起的新政權中人一般,俱都將自己定位爲具有自我特色的社會主義者(亦即非蘇維埃式的社會主義),包括高棉的皇家佛教社會主義(Royal Buddhist socialism)在內。因此它們都對蘇聯具有某些同情認可,至少願意接受蘇方提供的經濟與軍事援助。此事原不足爲奇,因爲冷戰事起,在東西兩方世界相分隔的一刻,美國便急忙放棄過去向有的反殖民主義傳統,開始在第三世界尋求其中最爲保守政權的支持,動作極爲明顯。美方追求的對象,包括(一九五八年革命前的)伊拉克、土耳其、巴基斯坦，以及伊朗國王治下的伊朗——此四國組成「中部公約組織」(Central Treaty Organization, CENTO)——加上「東南亞公約組織」(South-East Asia Treaty Organization, SEATO)中的菲律賓、泰國、巴基斯坦三國。兩項組織成立的目的，都係爲了完成以「北大西洋公約組織」爲主幹以防堵蘇聯勢力的軍事體系(不過前二組織卻未曾發揮重要作用)。一九五九年古巴革命之後，原以非洲亞洲爲主的不結盟圈，至此形成三洲共成的勢力，其拉丁美洲的成員，自然來自西半球國家中對北半球老大哥最不痛快的幾國。不過萬隆系列的非共國家，一如實際加入西方聯盟陣營的第三世界親美國家一般，並沒有任何實質親蘇的動作。它們並不想蹚入超級強權在全球對峙的渾水，因爲一如韓戰、越戰，及古巴飛彈危機等例所示，若有衝突發生，它們將永遠是戰火上倒楣的第一線。兩大陣營之間的疆界(亦即在歐洲的界線)越穩定，一旦槍起砲落，彈頭就越有可能落在亞洲某處的山頭，或非洲某地的叢林裡。

然而超級強權的對峙，雖然主導著世界各地國與國的關係，有時甚而有助於穩定凍化國際狀況，卻始終無法完全操縱全局。第三世界中即有兩個地區，當地固有的緊張關係，基本上與冷戰本身毫不相干，但是其壓力不但演變成長期的衝突，並導致該區間歇性的戰火。這兩個地區即中東，以及印度次大陸的北區(兩地衝突俱非偶然，均導源於帝國主義的臨去秋波，故意將該區分割的計謀安排)。印度北方的衝突局面，還比較容易獨立於全球的冷戰之外，雖然巴基斯坦一心一意想把美國捲進來——不過一直到一九八〇年代阿富汗地方的戰爭事起，巴國的企圖始終未曾得逞(參見第八及第十六章)。因此之故，該區先後爆發的三場地區性戰爭，西方所知甚微，記憶更少：一九六二年中印兩國爲未定界掀起的戰火(中方獲勝),一九六五年印巴之戰(印度輕鬆大贏),以及一九七一年印巴兩國再次的衝突——起因係東巴基斯坦(今孟加拉)在印方支持下脫離巴國獨立而起。在這幾場戰爭當中,美蘇雙方都扮演著良性的中立調停角色。可是中東局勢卻無法如此隔離,因爲其中直接關係著數名美國盟邦:以色列、土耳其,及伊王治下的伊朗。而當地接連不斷的革命事起——一九五二年的埃及、一九五〇及一九六〇年代的伊拉克及敍利亞、一九六〇及一九七〇年代的南部阿拉伯,至終一九七九年伊朗國王巴勒維政權也被推翻——不論是軍事或文人政變,都證明該區社會狀況的不穩。

儘管如此,這些地區性的衝突,在基本上卻與冷戰沒有必然的關係:第一批承認以色列這個新國家的諸國中便包括蘇聯,可是以國日後卻定位成爲美國最主要的盟友。而阿拉伯系或其他信奉伊斯蘭教的國家,其國際路線無分左右,對內則一致聯合打擊共黨。造成該地區分裂的主因,是以色列的作爲,猶太移住民在那裡建立了一個比英方藍圖原本設計爲大的猶太人國家(以方此舉,使得七十萬名非猶太裔的巴勒斯坦居民被迫流離失所,這個人數,恐怕比一九四八年的猶太人口爲多)(Calvocoressi, 1989, p.215)。以色列爲達成開疆闢土的目的,搞得每十年便打一場戰爭(一九四八、一九五六、一九六七、一九七三、一九八二)。歷史上與以色列強行建立國土的行動最接近的前例,便是十八世紀普魯士的國王腓特烈二世(Frederick II)。腓特烈自奧地利手中奪取了西利西亞(Silesia)地方,從此連番作戰,以求取得各方承認他對該地的所有權。多年連串戰爭下來,以色列將自己建設成中東地區最強大的一支軍事力量,同時也取得了核子武器國家的地位。可是它卻與鄰國永遠交惡，不但無法建立起穩定的鄰居關係，居住於其延伸國境內或流亡於中東各地的巴勒斯坦人民，更是心中疾憤，永難與其修好。蘇聯帝國垮台，中東地區雖然從此不再成爲冷戰前哨，可是其爆炸性的局勢卻一如從前。

另外三個次級的衝突中心，亦使中東一地的衝突動力不斷：亦即東地中海區，波斯灣，以及土耳其、兩伊、敍利亞四國的邊境地帶。三者中最後一個地區的衝突之源，是幾度尋求獨立未果的庫德族(Kurds)——一九一八年際，美國威爾遜總統曾經輕率提出此議，鼓勵他們爭取國家獨立。可是多年來庫德族始終無法尋得一個強有力的盟國支持，結果只把自己跟該區各國的關係搞得一塌糊塗。庫德族人驍勇善戰，向以山間游擊作戰能力天下聞名。它的鄰人也一有機會，便想方設法欲將其趕盡殺絕，包括一九八〇年代的毒氣瓦斯攻擊。至於東地中海區的狀況，由於希臘與土耳其兩國同屬北大西洋公約成員，相形之下尙屬寧靜。不過希土兩國畢竟也有其心結衝突，導致土耳其人一度侵入一九七四年被劃離的塞浦路斯(Cyprus)。可是西方強國、伊朗、伊拉克三方在波斯灣稱雄爭霸的結果(伊朗此時已由革命政權當政)，卻造成八年殘忍的血戰(一九八〇—八八)。並於冷戰結束之後，依然掀起了美國及其盟邦在一九九一年與伊拉克的一場閃電大戰。

第三世界中卻有一塊地面，亦即拉丁美洲，與國際間全球性及地區性的衝突可稱遙相距離，這種隔離的局面一直到古巴鬧起革命方止。拉丁美洲地方，除了加勒比海上的一些小島，和南美大陸上幾小片地帶外——如蓋亞那，以及當時猶以英屬宏都拉斯(British Honduras)爲名的貝里斯(Belize)——一般脫離殖民的年代甚早。就文化及語言的層面而言，此地的住民屬於西方一脈。甚至連其窮苦民眾，亦多爲羅馬天主教徒。除了安地斯山脈某些地區及中美一帶，其居民亦均能說或了解歐洲語言的一種。從伊比利半島的征服者手中，拉丁美洲社會沿承了一套複雜精細的種族層級制度；在此同時，卻也因其以男性爲主幹的征服歷史，開始一段種族雜婚的傳統。中南美洲大地之上，鮮有純正的白種血統，只有在原住民稀少的南美南端一帶(阿根廷、烏拉圭、巴西南部)，由於擁有大量的歐洲移民是爲例外。但是不論混血或純種的社會，個人成就及社會地位的因素，都使種族區別不彰。早在一八六一年際，墨西哥便選出了一位顯然具有薩波特克印第安(Zapotec)血統的胡亞雷斯爲總統。即在筆者寫作本書的此際，阿根廷及祕魯兩國，亦分別有黎巴嫩回教移民及日本移民出任總統。相形之下，類此選擇在美國卻依然無法想像。及至今日爲止，在其他各大洲飽受族群政治及族群立國主義荼毒之下，拉丁美洲始終能身免於這種惡性循環之外。

更有甚者，拉丁美洲的極大部分地區，雖然了然於自己身處所謂「新殖民」的依賴地位，但是其所依賴的唯一帝國主子美利堅，畢竟識得時務，不曾以船堅砲利對付拉丁境內的幾個大國——不過對其他國微勢弱的小國，美國大爺卻毫不猶豫即行動武，絲毫不曾假以辭色。而從美南邊境的格蘭特河開始，一直到南美南端的合恩角(Cape Horn)止，中南美洲各國也都相當識相，深諳向華盛頓看齊靠攏，方爲立國上策的眞諦。成立於一九四八年的美洲國家組織(Organization of American States, OAS)，總部即設在華盛頓，向來對美方言聽計從。於是當古巴竟敢起來革命之際，美洲國家組織便連忙將它掃地出門。

5

然而，就在第三世界及基於其理念起家的諸般思想意識正如日中天之際，第三世界這個觀念本身卻開始破碎瓦解。各國分野差距之大之巨，到了一九七〇年代愈發明顯，事到如今，已經不是一名一辭之狹所能涵蓋包括。雖說第三世界之名依然相當好用，足可以區別世上眾家貧國與富國之分。當時被稱爲「南」與「北」兩大地界之間的貧富鴻溝，顯然仍在日漸深闊之中，區別差異自不可免。「已開發」世界（亦即「經濟合作暨發展組織」諸國）❻的平均國民生產毛額，與落後國家（「低度」及「中度」經濟開發地區）的差距也在逐漸拉遠：一九七〇年際，前者爲後者的十四點五倍；及至一九九〇年間，更擴大高於二十四倍（*World Tables*, 1991, Table 1）。但是儘管如此，第三世界的成員顯然已經不再具有單一同種的屬性了。

造成這種「一種尺碼」不再符合各家身量的最大主因，來自不同的經濟發展狀況。石油輸出國組織在一九七三年的價格戰中獲得勝利，使得世上首次冒出了一批前此不管以任何標準衡量，都屬貧窮落後的第三世界國家，如今它們卻搖身一變，成爲世界性的超級百萬富翁國；其中更以那些人煙稀少，由酋長蘇丹（多爲回教）統治的沙漠或叢林迷你小國爲最。以阿拉伯聯合大公國的五十萬名國民爲例（一九七五），在理論上，他們每人都擁有一萬三千美元以上的國民生產毛額——幾乎爲同一時期美國的兩倍（*World Tables*, 1991, pp.596, 604）。像這樣一類國家，如何再與——比方說

——巴基斯坦——那種窮措大的國家繼續相提並論?窮哈哈的巴國,國民平均生產毛額僅有可憐的一百三十美元。至於其他人口較多的產油國,自然無法達到如此暴富的程度。可是石油致富一事,畢竟證明了一個新現象:這些端賴單宗出口的國家,即使其他方面再如何落後不足,卻可以據此變爲極富。就算這些得來容易之財,千篇一律都被任意揮霍❼,也不能改變這樁事實(來得容易去得快,及至一九九〇年代初期,沙烏地阿拉伯已經把自己搞成債務國了)。

其次,眾所共睹,第三世界中某些國家已經正快速地轉變成爲工業國家,加入第一世界陣營——雖然相較之下,他們的財力依然遜色許多。即以南韓爲例,該國工業建設的成果雖然驚人,其國民平均生產毛額(一九八九),卻僅比歐體組織最貧窮的成員葡萄牙稍高而已(World Bank Atlas, 1990, p.7)。但是在此,即使不論質的差異,南韓也不可再與巴布亞新幾內亞相提並論。兩國的平均國民生產毛額於一九六九年完全相同,及至一九七〇年代中期,依然相去不遠,同屬一個層級;但如今雙方差距則已高達五倍之遙(*World Tables*, 1991, pp.352, 456)。我們在前面已經介紹過,於是一個新類別,所謂「新興工業國」的稱號於焉誕生,登上國際術語的名冊。這張榜單,並沒有一定的版本及定義,可是入榜者一定都包括了「亞洲四虎」(香港、新加坡、台灣、南韓)、印度、巴西,及墨西哥。第三世界工業化突飛猛進,因此馬來西亞、菲律賓、哥倫比亞、巴基斯坦、泰國,以及其他某些國家,也曾經榜上有名。事實上這一類快速興起的工業力量,跨越了三大世界的界限;因爲若嚴格而論,固有的「工業化市場經濟」(亦即資本主義國家也者)如西班牙及芬蘭,以及東歐的前社會主義國家,也應包括在新興工業國的行列之內。至於一九七〇年代末期以來的共產中國,自是更不在話下。

事實上在一九七〇年代之間，觀察家開始注意到一種「國際分工的新秩序」，亦即以世界性市場爲對象的工業生產，開始由前此獨霸此業的第一代老工業經濟地帶，大量向世界其他地區轉移。這種現象的形成，一方面係出於業界的精打細算，刻意將其生產及供給的作業，由舊有工業中心轉向第二及第三世界所致。而轉移的結果，至終連高科技工業中一些極爲精密的高級技術作業，如研究發展的工作，也隨之外流。現代交通傳輸上產生的革命性進步，更促成全球性生產作業的可行性及經濟效益。此外，第三世界國家的政府，也用心良苦，不斷藉征服出口市場的手段，以達成本國工業化的目的。有時甚至寧可放棄對本國市場的固有保護，也在所不惜。

有心人只要往北美任何一個購物中心，勘查一下其中琳琅滿目的商品的原產地，即可見經濟全球化現象之一斑。這股趨勢，自一九六〇年代起慢慢展開，一九七三年後，在世界經濟遭遇困難的二十年中開始突飛猛進。其進展程度之速，可以再次以南韓爲例佐證。一九五〇年代末期，該國百分之八十的就業人口猶在從事農業，而其四分之三的國家總所得，也係由農業收入而來(Rado, 1962, pp.740, 742-43)。一九六二年，韓國揭櫫第一個五年發展計畫；及至一九八〇年代後期，農業生產在其國內生產毛額中所佔的比例僅爲十分之一。至此，韓國已經一躍而爲非共產國家當中第八大工業經濟力量。

對於另外一些國家而言，它們在國際統計數字的排行榜上卻敬陪末座(有些甚至一落千丈，沉淪至此)，其無可救藥的程度，甚至連國際盛行的委婉掩飾，所謂「開發中」一詞，也難以爲它們粉刷打扮。因爲它們不但窮不堪言，而且還在不斷退步落後之中。於是一批超低收入的開發中國家被分別出來，技巧地歸爲一類，用以涵蓋一九八九年際，每人生產毛額平均只有三百三十美元的三十億人口（戔戔之數，還不知道他們是否眞的有幸拿到手哩）。這個新歸類法，係用以區別這些超級赤貧國家，以與其他境況比較沒有如此淒慘的第二類國家，以及境況更爲寬裕的第三類國家做一區隔。前者如多明尼加共和國、厄瓜多爾、瓜地馬拉，其平均國民生產毛額係第一組的三倍。後者包括巴西、馬來西亞、墨西哥等國，其生產數字則爲第一組的八倍之多。至於世上最富裕的一群國家，其八億人口在理論上平均每人可分得一萬八千二百八十美元的毛額。換句話說，它們的收入，爲位居全球最底層的五分之三人口的五十五倍（World Bank Atlas, 1990, p.10）。事實上，隨著世界經濟在實質上愈發趨向全球化——尤其在蘇聯集團倒崩之後，世界經濟的性質轉變得更爲資本主義化及企業取向——投資人及企業家紛紛發現，對他們的目的而言，世上有很大一片地區其實根本無利可圖。除非，或許吧，他們可以藉賄賂的手段，誘使當地的政客及公務員，將後者自可憐老百姓身上榨取得來的公帑，浪費在軍備武器或無謂的虛名建設之上[8]。

上述這一類國家，極不成比例地，許多都座落在非洲這塊不幸的大陸之上。冷戰結束，外來的經援也告斷絕。過去幾十年間，這些多以軍事援助形式出現的外援，卻已經將它們其中某些國家——如索馬利亞——變成了軍隊國家及永遠的戰場。

更有甚者，隨著貧國之間的差距愈深，人類在地表上的移動，跨越各個不同的地區及國別，也出現了最頻繁的全球性高潮。富國的觀光客，以前所未見的人潮湧入第三世界。以回教國家爲例，一九八〇年代中期(一九八五)，一千六百萬人口的馬來西亞，每年接待三百萬名遊客；七百萬人的突尼西亞，招待兩百萬名；三百萬人口的約旦，有二百萬的遊客(Din, 1989, p.545)。反之窮國的勞工，卻也源源不絕地向富國移去，只要客居國不曾築壩拒擋，涓涓之水遂匯成浩浩奔流。及至一九六八年際，來自馬格雷布地區的人數(突尼西亞、摩洛哥，尤以阿爾及利亞爲最)，幾達法國境內外來人口總數的四分之一(一九七五年百分之五點五的阿國人口向外移出)；而進入美國的移民當中，則有三分之一來自拉丁美洲——當時主要多來自中美(Potts, 1990, pp.145, 146, 150)。移民潮的對象，其實並不只限於幾處老工業國家；五年之間(一九七五—八〇)，中東產油國及利比亞境內的外國工人人數，由一百八十萬暴增爲二百八十萬眾(Population, 1984, p.109)。雖然這些工人多來自附近同一地區，但也有相當人數，係由南亞甚至更遠之地而來。不幸的是，在艱苦的一九七〇及八〇年代裡，各地天災人禍頻仍，饑荒、政爭、族群清算、內戰外患，造成了男女老少人類的大流亡，這股難民潮遂與勞工移民開始混淆不清。第一世界諸國的態度，在理論上致力於幫助難民，在實際上卻一心一意阻止貧國人民移入，於是在政治法律上都形成嚴重的矛盾弔詭。因此除了美國眞正允許甚或鼓勵第三世界大量移民之外——加拿大及澳大利亞也差強人意——其餘各國，都屈服於本國國民日盛的懼外心理，採行了閉門拒納的政策。

6

資本主義世界經濟「大躍進」的成就驚人，再加上其日趨國際化的現象，不僅使得舊有的單一第三世界觀點不再適用，更將第三世界的所有人眾，從此有意識地帶進了現代世界。面對這個新世界，他們不見得喜歡，事實上如今風行在某些第三世界國家的所謂「基本教義派」團體——尤以伊斯蘭地區爲著，但也並不僅限於伊斯蘭國家——以及其他一些在名義上屬於傳統派的運動主張，根本上便是向現代化挑戰反抗的一種行動(需要正名的是，並非所有叫做「基本教義派」的運動都如此❾)。不過反對儘管反對，他們卻都知道，如今自己身處的世界已經跟其父祖面對的世界完全不同了。這個新世界，是以塵土滿天的鄉間小路上的巴士及卡車；是以石油泵；是以裝電池的電晶體收音機來到他們面前。電晶體收音機將一個嶄新的世界帶到他們眼前——對那些不識字的小民來說，傳入耳中的廣播電波，有時甚至還是以他們沒有文字的方言出現。雖然收聽廣播，是移居都市者才能享有的特權，可是除此之外，本人若不曾在城裡打過工，幾乎也都有個三親四友住在大城市裡，在那兒討生活打天下。因爲鄉間人口以百萬計地擁向都市，甚至在以農村爲主的非洲地方，動輒三、四十萬人口的都市如今也不少見——如奈及利亞、薩伊、坦尚尼亞、塞內加爾、迦納、象牙海岸、查德、中非共和國、加彭、貝南、尚比亞、剛果、索馬利亞、賴比瑞亞等。於是村鎮與城市密不可分，緊緊相結。甚至連最偏遠的地方，如今也生活在塑膠板、可樂瓶、廉價數字錶、人工合成布的世界中了。而在奇妙的歷史逆向反轉之下，落後的第三世界國家，竟然也開始在第一世界裡推銷它們土產的技能。於是歐洲城市的街頭，可以見到一小群一小群南美安地斯山脈來的印第安遊民，吹弄著他們感傷的笛樂。紐約、巴黎、羅馬的人行道上，則有西非的黑人小販，售賣各色小玩藝給西方大城裡的居民；正如這些大城居民的先祖，曾前往黑色大陸行商一般。

凡是大城，自然便成了百變匯集的中心點，別的姑且不論，大城市照定義天生便代表著現代。一位來自安地斯山區的移民，便經常指教子女道：「利馬進步多，刺激也多。」(Julca, 1992) 也許進城之後，鄉下人還是用老家帶來的工具為自己建立起遮風蔽雨之地，蓋起一片片跟種田的家鄉無異的破屋茅舍。可是城裡畢竟太新奇了，充滿了他們從未經歷過的事務，眼前的一切，都與過去如此地不同與矛盾。在年輕女人身上，這種變化的感受尤其激烈顯著。於是從非洲到祕魯，都對女人進城之後，行為就變了樣的現象發出同聲悲嘆。一位由鄉下進城的男孩子，便藉著利馬一種老歌(huayno)唱出了抱怨之聲：

當年妳由家鄉來，是個鄉下小姑娘；
如今妳住在利馬，秀髮梳得像個城裡妞；
妳甚至還說：「請」等等，我要去跳個扭扭舞；
……
別再裝模作樣，別再自以為神氣，

……

妳我眉梢髮際，其實半斤八兩。(Mangin, 1970, pp.31-32) ❿

其實就連鄉間，也擋不住這股現代意識之流的波及(即使連尚未被新品種、新科技、新行銷、新組織席捲的農村生活，亦無倖免)，因爲自一九六〇年代起，亞洲部分地區，已有因科學選種而興起的穀物耕植「綠色革命」，稍後，又有爲世界市場研發成功的新外銷農產品。大宗航空貨運的興起，以及「已開發」世界消費者的新口味，是這一類易腐壞產品(熱帶水果、鮮花)及特殊作物(古柯鹼)成爲外銷農作物新寵兒的兩大主因。農村因此所受的影響，絕對不容輕估。新舊兩面交擊的衝激，在哥倫比亞亞馬遜河邊區一帶最爲激烈。一九七〇年代，該區成爲玻利維亞及祕魯兩國古柯葉的中繼處理站，古柯葉在此煉製成古柯鹼。這一片新天地的出現，不過幾年工夫；它係由不堪國家及地主控制而遷移至此的拓荒者所開闢的。他們的保護神，則是向以小農生活捍衛者自居的哥倫比亞革命武裝部隊(FARC，共產黨)游擊隊。這個無情慘酷的新市場，自與向以一槍、一狗、一網，即可自給自足謀生的農耕生活方式發生衝突。試想一小片絲蘭(yucca)地、香蕉田，怎堪與那雖不穩定但一本萬利的新作物相抗衡？這股巨利的誘惑何從抗拒？舊式的生活，又何從抵擋那毒販保鑣橫行、酒吧勾欄充斥的新興城市？

於是鄉間的面貌也改變了，可是其轉變卻完全仰賴城中文明及城市工業的動向。鄉間的經濟狀況，更常視本鄉中人在城裡所能掙得的入息而定。如黑白隔離下的南非，所謂「黑人家園」的經濟，即建立在這種「外匯」之上。當地百分之十至十五的經濟來源，來自留守原地者的收入，其餘則完全依靠出外人在白人地域工作的所得供應(Ripken and Wellmer, 1978, pp.196)。鄉下男女進城，始發現人生原來另有一片天地——不管是本人親身體驗，或鄰舍輾轉相告——矛盾的是，第三世界的情況與第一世界部分地區一般：正當農村經濟在城市的衝擊下被鄉民遺棄之際，城市卻可能反轉過來成爲農村的救星。如今大家發現，生活並不一定得永遠像祖先那麼艱苦慘淡，並不是只能在石頭地上筋疲力盡，討得那起碼的餬口之資。在全球各地風光無限旖旎——但也正因此收成貧瘠——的農村大地之上，自一九六〇年代起九室一空，只餘老人獨守。在此同時——以南美高地的村莊爲例——村人雖然紛紛進城謀生，往大都市裡覓得生存之道，如售賣水果(或更確切一點，在利馬販賣草莓)，家鄉村莊的牧野風光，卻因此得以保存，甚或重生。因爲在外出戶與在地戶複雜的作業整合之下，農村收入已由農產性質，移轉向非農產性質(Smith, 1989, chapter 4)。更重要的是，我們在祕魯高地這個極爲出色的個案研究裡發現，許多出外鄉民並未改行從工，他們謀生的選擇是成爲小販，變成第三世界「非正式經濟」活動網中的一員。因此在第三世界裡面，社會變革的觸媒，極可能便是這一群由外出人組成，以某種或多種方式掙錢的中層及低中新興階級。而其經濟生活的主要形式——尤以在最貧窮的國家爲最——就是上述往往不爲官方數字所紀錄的非正式經濟活動。

因此，在本世紀最後三分之一的年代裡，原本存在於第三世界少數現代化或西方化的統治階級，與其廣大群眾之間的那道巨大鴻溝，開始在社會的轉型下逐漸塡起。至於這項轉變究竟如何成形，以及轉變的自我意識爲何，我們不得其詳。因爲這些國家的政府，多數連像樣的統計機構都不具備，也缺乏市場及意見調查研究的設置，更沒有社會科學的系所及學人可供效力。不過，即使在文件紀錄最進步完善的國家裡，凡是由草根發動的社會活動，剛開始往往難於察覺。這也就是爲什麼年輕人的新文化新時尚初起之時，往往難於預料掌握之故。有時，甚至連那些靠年輕人賺錢之人，如流行文化業者，對於新萌芽的趨勢走向也懵然不覺，更遑論父母輩了。然而話雖如此，在少數特權菁英階級的意識層下，在第三世界的城市裡面，顯然畢竟有著一種不明的因素在激發、在醞動。甚至在那完全寂然，有如一泓死水的比屬剛果(今薩伊)亦然。除此之外，否則，我們又如何解釋，在那死氣沉沉的一九五〇年代，該地卻興起了一種於一九六〇及七〇年代非洲最有影響力的流行音樂(Manuel, 1988, pp.86, 97-101)？講到這裡，我們又如何解釋，這個一直到當時爲止，不但對當地人受教育一事抱持反感，對任何內部政治活動也嫌惡有加的殖民地，這個在外人眼中，無異於「明治維新前的日本，閉關自守，對外界敬謝不敏」的剛果(Calvocoressi, 1989, p.377)，竟會在一九六〇年際，突然興起一片政治覺醒，使得比利時人近乎匆匆，便趕緊拱手讓出，任其獨立？

管它一九五〇年代百般擾攘，及至一九六〇及七〇年代，社會轉型的大勢已經顯然，在西半球如此，在伊斯蘭世界情勢確鑿，在南亞及東南亞幾處主要國家亦然。矛盾的是，在社會主義國家之中，居於第三世界地位的地區裡面，亦即蘇聯翼下的中亞及高加索區，改變的跡象卻最爲微渺。其實世人往往不知，共產革命正是保守勢力的大發動機。共產主義的革命，係以轉變人類社會中特定的層面爲目標——如國家的權力、財產的關係、經濟的結構及類此的項目等等——除此而外，卻將其他事務凍結在革命以前的狀態，至少也嚴防謹守，絕不容資本主義社會普世不斷的轉動變化，傾覆動搖其於半分。共產政權最有力的武器——國家權力——其實對改變人類行為一事相當無能，遠不及吹捧或批評它的正反兩面辭藻（所謂「社會主義下的新人」，或相對的「極權暴政」）想像的厲害。居住在蘇聯與阿富汗邊境之北的烏茲別克（Uzbeks）及塔吉克（Tadjiks）兩族，其教育文化及經濟生活，顯然比他們居於南方的族人要高出許多。再加上七十年的社會主義統治，一般以為前者的風俗性情必大有變易，與其南方族人遠異，事實則大謬不然。同此，自一九三〇年來，族群之間的流血鬥爭似乎也已式微，而且可能從來就不曾需要共黨統治當局煩惱操心（不過在這數十年的集體社會生活中，駭人聽聞的事件卻仍難免：蘇聯法界年鑑中，就曾記載過一樁因集體農場上打穀機意外絞死人而引發的仇殺事件）。但是時光流轉，到了一九九〇年代初期，往日舊觀再現，使得觀察人士必須提出警告，認為「車臣地區（Chechen）大有自我滅族之虞，因為絕大多數的車臣家庭，都捲入了某種家族仇殺復讎的糾紛之中。」（Trofimov/Djangava, 1993）

因社會轉型而產生的文化效應，有待未來的史家作春秋，眼前我們尚無法細究。但是有一個現象卻很明顯，那就是即使在傳統性極強的社會裡面，過去用以維繫向心力的相互義務與習俗關係，如今俱都面對著日愈增加的壓力。學者發現：「迦納以及非洲各地固有的家族關係，在巨大的負荷之下勉力支撐運作。就好像一道舊橋，多年來在高速往來的交通重壓之下，年深日久，橋基已經崩裂……農村的老一代，與都市中的年輕人，相隔著數百哩破敗難行的道路，以及數百年來的新發展，彼此深深地隔離著。」（Harden, 1990, p.67）

至於政治上的矛盾之處，比較容易釐清考核。隨著大量人口——至少就年輕人及都市居民來說

——擁入現代世界，對於過去一手造成殖民後第一代歷史的一小撮西方化菁英階級而言，他們的獨佔地位自然開始遭到挑戰。同時受到挑戰的，還有當初新國家賴以建立的立國章程、思想意識，以及公共事務言論使用的辭彙、語法。因爲這一批又一批的都市或都市化的新居民，儘管受過再多的教育，但單就人數眾多一點而言，他們畢竟不是舊有的菁英階級。後者來往的對象，是外來的殖民者，或自己留洋歐美歸來的同類。多數時候——尤以在南亞爲最——前者對後者極爲忌恨。總而言之，貧苦大眾對西方十九世紀追求世俗成功的人生觀不表同感，在西方的幾個伊斯蘭國家，在原有的非宗教領袖與回教民眾的新興力量之間，衝突日顯，而且爆炸性愈爲嚴重。從阿爾及利亞到土耳其，凡是實行西方自由主義思想的國家，有關憲政法治的價值觀念，尤其是保障婦女權利方面，其捍衛者多屬領導該國由殖民政權解放出來的世俗政權，或其一脈相傳的繼承者(如果至今還存在的話)。因此，政府以軍事力量，與民意相抗衡著。

這類衝突發生的地區，並非僅限回教國家；與進步觀念相作對的人士，也不只是貧苦大眾。印度人民黨印度教徒的強烈排他性，即獲得新興的企業和中產階級的支持。一九八〇年代，一股意外的族裔宗教國家主義潮，更將原本平靜繁榮的佛教國家斯里蘭卡，一轉而成殺戮戰場，其激烈野蠻，只有薩爾瓦多可以相比。此爭之起，植因於兩項社會轉變的因素：舊有的社會秩序瓦解，農村產生巨大的自身定位危機；以及社會上出現了一批教育程度進步的年輕群眾(Spencer, 1990)。廣大的鄉村地面，因人潮的出入而改變；現金式交易的經濟，使得貧富差距愈深而分裂；教育帶動的社會流動分布不均，帶來了動盪不安；過去雖然劃等分級，卻至少能使人人各知其所的固有階級地位，其具體的表徵、語言，也日漸消失淡去。凡此種種，都使鄉間人口忐忑不安，日日生活在對家園前途未卜的焦慮之中。於是一些具有強調「集體結合」意味的新象徵新儀式，開始紛紛出現——其實即使連這種「集體結合」意識的本身，也屬於前所未有的新事象——如一九七〇年代在佛教界突興的會眾膜拜活動，取代了過去固有的私人性質家庭祈禱。此外在學校運動會上，以借來的錄音機播放國歌的開幕典禮，也屬於這種心理。

凡此種種，都是一個變動中的世界，一個隨時可以點燃爆炸的社會的政治百象。而所謂國家政治這個玩意，原係法國大革命以來西方人的發明及認知。在第三世界許多國家裡面，根本是前所未有，或至少不曾獲准實行的外來之物，於是更增添其變幻莫測。至於其他地區，如果向來便有群眾草根性質的政治傳統，或安靜的大多數一向默認統治階級的合法性，那麼某種程度的社群意識，便多多少少得以延續。如哥倫比亞人，便生來都有那麼一丁點政治意識，不是自由派便是保守黨，這項傳統，已經延續了一百多年——馬奎斯(Carcía Márquez)的讀者都該知道這種情形。舊瓶新酒，也許瓶中的內容被他們改變，瓶外的標籤則無二致。印度的國大黨亦然，印度獨立以來半個世紀之間，該黨幾度變易、分裂、改造，但是一直到一九九〇年代——除去少數幾次短暫例外——印度大選的得勝者，始終屬於那些以該黨歷史目標及傳統為訴求之人。同樣地，共產主義在他處也許宣告解體，可是在印度教派的西孟加拉地區，左派傳統根深柢固，加以良好的行政績效，使得(馬克思派)共產黨在該區幾乎等於永遠執政。在那裡，抵抗英方爭取國權的象徵及代表，不是甘地，也不是尼赫魯，卻是恐怖分子及武裝抗英領袖博斯。

更有甚者，基本結構本身的改變，則使第三世界某些國家的政治，走上同樣爲第一世界熟悉的老路。如工人階級的興起，爭取工人權利及工會，即在「新興工業國家」重現，巴西、南韓，以及東歐國家的發展即爲佐證。雖說他們並不一定成爲一九一四年前出現在歐洲的大規模社會民主運動之翻版，也不見得可以成立政治性的勞工人民黨派；可是一九八〇年代之際的巴西，畢竟也成功地產生了一個類此的全國性政黨，亦即勞工黨(Workers' Party, PT)。(不過在巴西工人運動的龍頭總部，聖保羅的汽車工業裡面，其政治傳統則由民粹勞工法及共產好戰派組合而成。群擁前往支持其運動的知識分子，亦秉持堅定的左派立場傳統。而幫助工人運動站穩腳跟功不可沒的當地天主教神職人員，同樣也屬於左派傳統。)⓫同理，工業的快速成長，也造就了大批教育良好的專業人員階級，他們的顚覆性雖然遠遜，卻也同對領導現代化建設的原有威權統治走上平民化開放解嚴的道路表示歡迎。他們對開放的渴望之切，可以在一九八〇年代的拉丁美洲、遠東的新興工業國家(南韓、台灣)，以及蘇聯集團的國家裡面窺得一斑。其爭取開放的作風成果或有不同，其心意則出一轍。

然而在第三世界裡面，依然有著廣大地區的前途未卜。社會變貌究竟將爲它們產生何種政治影響，仍屬未知之境。唯一可以確定的事是，二次大戰結束以來，半世紀的動盪不安，必將繼續存在。下面，我們就得轉過頭來看看另外一個世界。這一部分的世界，對於殖民解放以後的第三世界而言，似乎提供了一個較西方模式合宜，激勵性也較強的典範：亦即以蘇聯爲模型的社會主義體系，所謂的「第二世界」。

註釋

❶如果本世紀人口暴增的趨勢繼續持續，人類一場大難必不可免。兩百年前，人口數字首度突破第一個十億大關，第二個十億花了一百三十年，第三個十億三十五年，第四個十億十五年。及至一九八〇年代，世界人口總數已達五十二億，預計西元二千年時將高達六十億人。

❷在共產主義坍台以前，下列國家均在國名上綴以「人民」(people's)、「民眾」(popular)、「民主」，或「社會主義」的稱號：阿爾巴尼亞、安哥拉、阿爾及利亞、孟加拉、貝南、緬甸、保加利亞、高棉、中國、剛果、捷克、衣索比亞、德意志民主共和國、匈牙利、北韓、寮國、利比亞、馬達加斯加、蒙古、莫三比克、波蘭、羅馬尼亞、索馬利亞、斯里蘭卡、蘇維埃社會主義共和國聯邦、越南、葉門人民民主共和國(PDR Yemen)，以及南斯拉夫。蓋亞那(Guyana)則獨樹一幟，自稱爲「合作共和國」(cooperative republic)。

❸在社會主義的國家裡面，類似的城鄉對比跡象同樣可循，如蘇聯境內哈薩克地方的原住民，便堅守著祖傳的畜牧業不肯放棄，以致工業化及城市生活幾爲俄羅斯裔移住民所獨佔。

❹舉例來說，及至一九八〇年代中期爲止，如貝南、剛果、幾內亞、索馬利亞、蘇丹、馬利(Mali)、盧安達(Rwanda)、中非共和國等國皆是如此(World Labour, 1989, p.49)。

❺只有極爲少數幾個例外，如阿根廷即能身免於貧國之列。不過阿國雖然在大英帝國的蔭庇之下，一直到一九二九年間都得以食品出口國的身分誇富，可是自英國勢力垮台之後，元氣始終不得恢復。

❻「經濟合作暨發展組織」(OECD)的成員，包括了絕大多數已開發的資本國家：比利時、丹麥、德意志聯邦共和國、法國、大不列顛、愛爾蘭、冰島、義大利、盧森堡、荷蘭、挪威、瑞典、瑞士、加拿大、美國、日本，及

澳大利亞。但出於政治上的因素，這個成立於冷戰年代的組織，也容納了希臘、葡萄牙、西班牙及土耳其四國。

❼浪擲石油收入的現象，卻絕非僅限於第三世界的專利。法國某位政界人士聞悉英國在北海發現石油，聽說即曾預言性地挖苦道：「他們一定會把它胡亂花掉，最後搞得一塌糊塗。」

❽「一般而言，以下標準大概八九不離十。一項二十萬美元的交易額，就中百分之五之數，可以買得一名高級事務官員的助力。俟金額提高到兩百萬時，同樣的比例，可以有常設次長爲你活動賣力。進入兩千萬元級，部長級人物或高級幕僚可以爲你出力。待得邁進兩億之境，你便值得國家首長本人的鄭重青睞了。」(Holman, 1993)

❾拉丁美洲地方，經常有改宗皈向的「基本教義派」清教宗派出現，可是這種改宗的決定，卻跟字面的意義相反，其實是當地教徒對天主教會所代表的古老不變現況，所發動的一種「現代派」反制動作。至於另外一種「基本教義派」主張，則具有「族裔國家主義」的意味，如印度即是。

❿奈及利亞奧尼夏(Onitsha)地方的市井文學，則描繪出非洲女子的新形象：「女孩子，如今再也不是依於父母膝下，那傳統安靜、乖巧樸實的好寶寶了。她們開始寫情書，她們開始羞答答，她們開始跟男朋友和那些傻瓜要禮物，她們甚至會欺騙男人了。她們再也不是以前那個聽父母之命，必須經過她們父母之手才能贏取的小呆瓜了。」(Nwoga, 1965, pp. 178-79)

⓫在巴西的「工人黨」與波蘭的「團結工聯」(Polish Solidarity)之間，兩者除了一個傾於社會主義，一個堅決反社會主義之外，面貌相似之處極爲驚人：兩黨都擁有一個極具誠意的領袖人物(前者是造船廠的電氣匠，後者是汽車工廠的技術工人)，一個由知識分子組成的智囊團，並獲有教會的強烈支持。更有甚者，巴西的工人黨甚至打算取代反對它的共黨組織。這一點使得二黨之間的相似性更爲接近。

第十三章

「實存社會主義」

十月革命，建立了人類史上第一個後資本主義國度與社會，不但爲世界帶來歷史性的分野，而且也在馬克思學說與社會主義的政治之間，劃下一道界線。……十月革命之後，社會主義人士的策略與視野改變，開始著眼於政治實例，而非徒窮於對資本主義的研究。

——德彭(Göran Therborn, 1985, p.227)

今天的經濟學家……對於實質性與形式性經濟功能運作之間的對比，較前有更完妥的認識。他們知道社會上有一種「次級經濟」(second economy)的存在——說不定還有「三級經濟」呢。他們也知道，有一組雖非正式卻普及的實務暗地流傳。若沒有這些居間補綴，就什麼都不靈光了。

——列文(Moshe Lewin in Kerblay, 1983, p.xxii)

1

當一九二〇年代初期大戰及內戰的塵埃落定，屍身及傷口上的血跡終告凝結，一九一四年前原爲沙皇治下的東正教俄羅斯帝國，此時絕大部分，又以一個大帝國的姿態完整再現。但是這一回，新的帝國卻在布爾什維克政權的統治之下，並且一心一意，爲建設世界性的社會主義而努力。俄羅斯，是眾家古老王朝暨宗教古老帝國之中，僅存於一次大戰戰火下的碩果。鄂圖曼帝國灰飛煙滅了，它的蘇丹，原是普世虔誠穆斯林的哈里發共主。哈布斯堡王朝傾成廢土了，它的帝王，素與羅馬天主教會擁有一層特殊的政教關係。兩大帝國，都解體在戰敗的壓力之下。只有俄國，依然維持其多族裔的面貌，從西邊的波蘭邊界，向東延伸，直與東方的日本爲鄰。它之所以得以獨存，十月革命顯然是絕對因素。因爲及至一九九〇年代末期，在一九一七年以來維繫聯邦不墜的共產體系廢弛之後，前此迫使其他大帝國潰散的緊張關係，也開始在蘇聯境內出現或復活。當其時也，未來的前途未卜，但是在一九二〇年代早期站起來的俄國，卻畢竟仍是一個一統的單一國家，雖然貧窮落後已極——甚至遠不及沙皇治下的年代——但是疆土廣被，佔有全世界六分之一的地表（共產黨人在兩戰之間最喜歡如此矜誇），並決心致力於一個與資本主義相迥、且堅決反對資本主義的社會。

一九四五年際，退出資本主義社會的地區大幅增加。在歐洲，自德國易北河（Elbe）到亞德里亞海一線以東，以及整個巴爾幹半島，除了希臘及土耳其在如今歐陸僅存的一小片土地之外，盡入第二世界版圖。波蘭、捷克斯洛伐克、匈牙利、南斯拉夫、羅馬尼亞、保加利亞、阿爾巴尼亞，以及戰後爲紅軍佔領，並於日後成立「德意志民主共和國」的德國地區，俱皆投往社會主義帳下。俄羅斯於一次大戰及一九一七年革命後失去的領土，以及前此屬於哈布斯堡王朝的一二地區，也在一九三九至一九四五年間分別爲蘇聯復得或佔有。在此同時，社會主義陣營更在遠東一帶大有斬獲，先後有中國（一九四九）、韓國局部（一九四五）、及前法屬印度支那（越、寮、高）於漫長的三十年間（一九四五—七五），政權易幟投入共黨治下。除此之外，共黨勢力在日後尚有另外幾處擴展，包括西半球的古巴（一九五九），以及一九七〇年代的非洲，不過基本上及至一九五〇年際，社會主義在全球的地盤已經大致底定。而且，多虧中國人口眾多之助，第二世界一下子便擁有了全世界三分之一的人口。但是如果除去中國、蘇聯、越南三國（越南人口亦有五千八百萬眾）不算，一般而言，社會主義國家算不上眾民之國，人口分布自蒙古的一百八十萬到波蘭的三千六百萬不等。

以上諸國於一九六〇年代實行的社會主義系統，套用蘇式意識形態的術語，屬於「實存社會主義」——這個名詞其實有點含混不清，好像意味著另外應該還有著別種較好的社會主義，只因囿於事實，目前眞正在實行的只有這麼一種。而這一地區，也正是歐洲在告別八〇年代進入九〇年代之際，其社會經濟系統及政權紛紛崩潰離析的國家。至於東方的社會主義國家，雖然其政權目前猶在苟延殘喘之中，可是各國內部實際推動的經濟改組手段，卻無異於正在對它們所以立足的社會主義進行清算，其中尤以中國爲最。而散布各地，仿效「實存社會主義」的其他大小政權，如今不是已宣告倒閉，壽命恐怕也不久長。

社會主義地區第一件值得我們觀察的事，便是終其之世，基本上它都自成格局，單獨存在。政治上經濟上，成爲一個自足自存的自我天地，與外界的資本主義，或由已開發資本主義國家控制的世界經濟往來甚稀。即使在黃金時期的大景氣裡，國際貿易達於高峯的年代，已開發市場的出口貨物當中，也只有百分之四輸往所謂的「中央計畫型經濟」地區。甚至到了一九八〇年代，由第三世界輸往該地區的比例也不過如此戔戔之數。至於社會主義經濟本身的出口數額雖然有限，它們向外界輸出的比例，倒比後者送進來的爲高。不過論其一九六〇年代的國際貿易額度（一九六五），還是以社會主義集團內部的相互交易爲多，約佔三分之二❶（UN International Trade, 1983, vol.1, p. 1046）。

一九六〇年代起，東歐國家雖有鼓勵觀光事業的政策，「第一」世界向「第二」世界的人口流向卻依然甚低，其中原因顯而易見。至於向「非社會主義」的移民及短期行旅，也受到嚴格限制，有時甚至完全不可能。論起社會主義世界的政治體制，基本係以蘇聯模式爲師，其獨特之處可說舉世難匹。它們乃是建立在絕對的一黨獨大獨裁之上，階級嚴格，層次分明——經濟事務由中央計畫，統一支配號令；政治意識由馬克思列寧思想強制主導，全民一體通行。所謂「社會主義陣營」（借用一九四〇年起蘇聯的用語）的隔離或自我隔離狀態，在一九七〇及八〇年代開始解體，但是兩大世界之間隔膜陌生的程度，仍不得不令人驚詫不已——更何況這還是一個傳播及旅行發生革命性進展的時代。很長一段時間裡，有關這些國家的消息幾乎完全對外封鎖，對內也同樣嚴密封殺外面的世界動態。如此的封閉隔離，甚至使得第一世界中甚具知識水準的居民，對第三世界的事物也感到隔膜困惑。因爲這些國家的過去及現在，它們的語言與行事，跟自己的距離實在太遠，太沒有辦法了解了。

兩大「陣營」的隔絕，根本原因自然出於政治理由。自十月革命以來，俄羅斯視世界資本主義爲其首患死敵，一旦世界革命實際可行，務必滅絕鏟除。但是夢想中的革命並未實現，蘇維埃俄羅斯反遭隔離，爲資本主義的世界所包圍。後者中最爲強大的幾家政府，亦多致力於防止蘇聯這個全球顚覆中心的成立，日後且必欲去之而後快。蘇聯政權直至一九三三年間方爲美國正式承認，足證它在後者心中一直存在的非法地位。更有甚者，當一向作風實際的列寧，在事實上已經情急到準備大事讓步，以求國外資金來援，幫助俄羅斯重建經濟之際，這番努力卻全告惘然，因此年輕的蘇聯，事實上非走上自足式的發展之路，與其餘的世界經濟體隔絕不可。矛盾的是，經濟隔絕的事實，卻在政治意識形態上爲它提供了最有力的論點。它的與世隔絕，使得它倖免於一九二九年華爾街崩潰帶來的世界性經濟衰退大災難。

到了一九三〇年代，政治再度影響經濟，強化了蘇聯經濟的隔絕性。更有甚者，一九四五年後連蘇聯翼下的世界，也被捲入這同樣的孤立情勢。冷戰事起，東西兩大陣營的政經關係宣告凍結。事實上雙方之間的經濟關係，除了最微不足道(或不可告人)的事體之外，事靡巨細，均需經過彼此政府的嚴密控制，因此兩邊貿易全爲政治關係所左右。一直到一九七〇和八〇年代，「社會主義陣營」前此與外隔絕的經濟天地，方與外界更爲寬廣的經濟世界有所整合。如今回望，我們可以看出這個變化正是「實存社會主義」結束的開始。然而從純理論的角度觀之，當年歷經革命洗禮及內戰重生的蘇聯經濟，其實並非沒有理由與另一世界經濟體系產生較事實發展更爲密切的關係。放觀全球，即有芬蘭的實例證明，中央計畫經濟亦有與西式經濟作業密切聯繫的共存可能——芬蘭向蘇聯進口的比例，一度即曾高達其進口總額的四分之一，並以同樣比例輸往蘇聯。然而史家在此所關心的「社會主義陣營」，並不在「可能」「或許」的理論假設，卻在眞正發生過的歷史事實。

事實上蘇維埃俄羅斯的新主子布爾什維克黨人，當初從不認爲自己可以在孤獨隔絕之中求生，更不曾將自己設想爲任何一種自足性集體經濟的核心。舉凡馬克思及其從人所認爲社會主義經濟建設不可或缺的各項條件之中，在這個碩大的「實存社會主義」碉堡裡面一樣也沒有，反成歐洲「社經落後」之區的代名詞。馬家學說的創導人等往往以爲，俄國革命一起，勢必引爆先進工業國家的革命之火，因爲後者已經具備建設社會主義的先決條件。一如本書在前所述，一九一七至一八年際，此中情勢似乎的確蓄勢待發。而列寧當時惹人爭議的舉措——至少馬氏門人之中，曾爲此爭論不休——看來也不無幾分道理。列寧認爲，在社會主義的革命鬥爭路上，莫斯科只是暫時的指揮中心，一旦時機成熟，其永久總部應該遷往柏林。同理，難怪一九一九年成立的世界革命參謀總部——共產國際——的官定語言，並不是俄語而是德語了。

但是情勢急轉直下，一時之間，看來普羅革命的唯一得勝地盤就只有蘇俄一處了(不過蘇聯的共產政權顯然也不短命)。全球革命大業既不可期，眼下布爾什維克黨人的努力目標自然只剩一件，那就是盡快將其落後貧窮的祖國改造成一個進步的經濟社會。爲達成這項使命，第一要務便是打擊迷信，掃除文盲，向無知宣戰，全力出擊，擺脫那難聽的「文化落後」名聲。在此同時，並加速進行科技及工業的現代化革命。於是乎，一個由蘇維埃制度出發的共產主義，基本上便成爲一個改造落後國家的大業。如此全力集中，快速發展的經濟建設手段，即使在已開發的資本主義世界眼裡，也頗有幾分吸引力。當其時也，後者正陷於莫大災難，惶惶然尋找拯救之道重建其經濟雄風。蘇聯之路，對於西歐北美以外地區的問題而言，更有直接意義；因爲蘇俄落後的農業社會，正是這些國家多數的影子。蘇聯提出來的經濟發展方案——在國家統籌、中央計畫之下，超高速發展現代工業社會不可或缺的各項基礎工業及基本建設——似乎正是針對其難症下藥的良方。莫斯科的模式，不僅在本質上比底特律或曼徹斯特模式爲佳(因爲它正代表著反帝國主義的精神)，事實上也更爲合宜，尤其適合那些缺乏私有資本及大量私人營利事業的國家。於是「社會主義」從這個角度發揮，大大鼓舞了二次戰後許多方才脫離殖民身分的新國家，其政府拒斥共產主義之餘，卻擁抱社會主義(見第十二章)。加入社會主義陣營的諸國，除去捷克斯洛伐克、未來的東德，以及匈牙利而外(匈國的開發層次，較前二者稍低)，一般亦屬落後的農業經濟，因此蘇聯這一張經濟處方，看來也很合用。於是各國領導人物紛紛發動，眞心實意，熱情地一舉投入這場經濟建設的時代巨任。在此同時，蘇門處方似乎也頗爲有效——兩戰之間的年代，尤其在一九三〇年代之際，蘇聯經濟成長之速，勝過日本以外的所有國家。而二次大戰後的第一個十五年間，「社會主義陣營」的成長速度，也遠較西方爲快。其勢之盛，使得蘇聯頭子赫魯雪夫得意之餘，洋洋以爲只要自家成長曲線繼續以同等比率上揚，社會主義生產領先資本主義之日，指日可待——甚至連英國首相麥克米倫，也不得不如此相信。回到一九五〇年代，持相同看法的觀察人士其實不止一位，咸信這種趨勢不是沒有可能。

妙的是，遍尋馬克思及恩格斯的著作，卻從不見兩位導師在任何一處，提及日後成爲社會主義中心指導原則的「中央計畫」，以及以重工業爲第一優先的超高速工業發展——當然「計畫」一事，在社會主義性質的經濟制度裡原屬當然的內在屬性，此事自不諱言。不過回到一九一七年前，當社會主義人士、馬派中人，以及其他各門各路英雄正忙著大鬥資本主義之際，大家夥忙碌熱烈已極，對於代之而起的經濟制度究竟該採何種路線，根本無暇多顧。即使在十月革命之後，列寧自己雖然已經一腳踏進社會主義的深潭，卻並不急於冒險深探，躁進那不可知的淵處。只因緊接著內戰烽起，情勢驟然逆轉，大勢所趨之下，才一路促成一九一八年中的全國工業國有化，以及接下來的「戰時共產主義」(War Communism)，而布爾什維克政府方才得以籌措資源，指揮成軍，與反革命和外國勢力進行一場生死決鬥。凡是戰時經濟——連資本主義國家也不例外——必不可免國家的計畫與控制，事實上列寧的計畫靈感，便得自德國在一九一四至一八年間的戰時經濟榜樣(不過我們也已看見，德國模式恐怕並不是當時這一類經濟模式的最佳案例)。共產黨的戰時經濟政策，自然在原則上便傾向公共財及公共管理的手段，並廢除市場及價格的經濟機制。更何況一場全國性的戰事驟來，在毫無準備之下，前述幾項資本主義特徵根本沒有多大用處，完全不具倉卒應戰的能力。再加上當時共產黨內，的確也有幾名理想派的人士存在；如布哈林(Nikolai Bukharin)，便視內戰爲建立共產烏托邦基本架構的絕佳時機。危機時期經濟的嚴重衰微，永久性普遍性的物資短缺，舉凡基本生活所需物資——麵包、衣服、公車車票——的限額配給，種種斯巴達式的一面，也都成爲社會主義式理想的先兆。事實上，待蘇維埃政權在內戰(一九一八—二〇)戰火中得勝再生之際，不管眼前的戰時經濟一時之間多麼管用，再往前繼續走去，這條路子顯然就行不通了。部分原因，係由於農民反抗軍隊徵用糧產（槍桿子是戰時經濟之本），以及工人反抗生活的艱難。另外部分原因，則在於戰時經濟的手段，根本無法使這個等於已經毀滅的經濟回甦：幾年的兵荒馬亂，蘇聯鋼鐵產量從一九一三年的四百二十萬噸，慘跌爲二十萬噸。

列寧其人，行事作風一向實際，於是一九二一年他宣布了「新經濟政策」(New Economic Policy, NEP)，等於重新引入市場原則。事實上——套用他自己的話——也自「戰時經濟」退卻，進入「國家資本主義」(State Capitalism)階段。然而這個時候，正值俄羅斯本不如人的經濟再受重挫，規模一落爲其戰前十分之一的關頭（見第二章）。大規模工業化，以及經由「政府計畫」達成這項目的的雙重需要，自然便成爲蘇維埃政府的首要重任。「新經濟政策」雖然解散了「戰時共產主義」，但是由政府強行控制一切的手段，卻是社會主義式經濟僅知的唯一模式。第一家主持計畫的機構，「俄羅斯電氣化國家委員會」(State Commission for the Electrification of Russia, GoELRo)，即於一九二〇年開張，其任務自然在科技的現代化。可是次年成立（一九二一）的「國家計畫委員會」(State Planning Commission, Gosplan)的目標卻極爲廣泛，終蘇聯之日，該會一直以此名存在，待蘇聯壽終正寢，亦隨之宣告解體。它不但是日後所有國家級計畫單位的老祖宗及導師，且成爲二十世紀國家總體經濟的總監察。

「新經濟政策」在一九二〇年代，曾在俄羅斯引起狂熱的辯論，到了一九八〇年代戈巴契夫掌政的初期，再度掀起爭論高潮——不過這一回爭端的原因卻完全相反。一九二〇年代的「新經濟政策」之起，顯然被眾人視爲共產主義敗退的表記，至少也表示在高速大道上前進的隊伍，被迫一時逸出正路。至於如何再重回正道，路徑方向卻不甚明確。激進派人士如托洛斯基一路之人，主張盡速與新經濟政策分道揚鑣，並提倡進行大規模的工業化行動，這項意見最終在史達林統治時期受到採用。而中間一派的溫和人士，以布哈林爲首腦，如今則將戰時共產主義年代拋在腦後。對於蘇聯的現況，他們深刻體認到一樁事實：革命之後，這個國家比以前更受到小農農業文化的主宰，布爾什維克政府在這樣一個環境氛圍之中運作，在政治經濟上的受限可想而知，因此這派人士贊成「漸變」。而列寧本人的看法，自一九二二年他突遭病變不幸癱瘓之後，便無法再清楚表達——他只撐到一九二四年初便謝世了——可是在他難得可以表示一些意思的時候，看來似乎是站在「漸變」一邊。而在另一方面，一九八〇年代的辯論，卻屬於一種回溯性的尋索，想從歷史的角度，爲當年實際繼「新經濟政策」而起的「史達林路線」，另外找換一條社會主義的可能選擇，亦即一條新路，一條與一九二〇年代布黨左右兩派不同的社會主義之路。撫今追往，昔年的布哈林儼然便是日後的戈巴契夫的原型。

不過這些爭論都已經沒有意義了。如今回頭思想，我們可以發現一旦「普羅革命」不能攻克德國重地之後，在俄羅斯境內建立社會主義力量的立論也便失去效用。更糟糕的是，內戰下殘存的俄國，比革命之前沙皇治下的境況還要落後。誠然，沙皇、貴族、士紳，還有布爾喬亞小資產階級都被掃地出門了；兩百萬人逃移國外，造成人才流失，蘇聯國內知識中堅元氣大傷。在革命的大風之下，一掃而空的還包括沙皇時代累積下來的工業建設。連帶而去的，尚有各業工人大眾，他們所提供的社會及政治實力，是布黨賴以起家的基礎。革命及內戰接連而來，工人傷亡慘重，不幸未死者也四下流散，或由工廠轉進，坐上了國家及黨的辦公桌。殘留下來的俄羅斯，是一個更深陷於以往的國家。俄羅斯大地之上，是死守老家一地，完全缺乏機動性的無數農民，居住在一個又一個回頭走老路的農村裡面。對於農民大眾而言，革命則賜他們以土地(此事根本與早期馬克思派的判斷相違)。更乾脆一點的說法是，一九一七至一八年間土地爲農民所分配佔有的事實，被革命視爲勝利及存活必須付出的代價。然而就許多方面而言，「新經濟政策」時期不失爲農業俄國一個短暫的黃金年月。高懸在農民大眾之上的，則是已經不能再代表任何人的布爾什維克黨。列寧觀事一向炯明，深深體認到當其時也，布黨唯一可恃者只有一個事實，亦即布黨是斯時斯國——並有可能繼續作爲——被眾人接受的既存政府。除此之外，它一無所有。甚至在這樣一個情況之下，當時眞正在治理俄國的中堅力量，卻是一群發育不全的大小官僚，而且平均而論，這些官僚的教育及水準都比以往爲差。

如此政權，能有什麼選擇？更何況它還在外國政府及資本家的重重杯葛隔離之下。國家的資產及投資，也被革命盡數徵用？說起來，新經濟政策在重建已經毀於一九二〇年際的蘇聯經濟一事之上，成就極爲出色。及至一九二六年間，蘇聯的工業產量大致已恢復戰前水準——雖然事實上其戰前水準也沒有多了不起。一般而論，它還是如它在一九一三年般，仍是一個以農村爲主的國家(農業人口前後均佔百分之八十二)(Bergson/Levin, 1983, p.100; Nove, 1969)。這個比例龐大的農民人口，他們想向城裡賣什麼，買什麼？他們打算把多少收入存下來？那些數以百萬計留在農村活口，而不願進城做窮人的民眾，又有多少打算離開田地？他們的動向意願，在在左右著俄羅斯的經濟前途。因爲除了所得稅外，這個國家毫無其他任何投資及勞力資源。政治考量除外，新經濟政策若繼續實施下去，不論修正與否，最多也只能達成差強人意的中度工業建設。更有甚者，在工業發展更上層樓之前，農民百姓可向城市購買的貨品極爲有限，自然情願坐在老家吃喝，也懶得將所餘售出。這種情況稱爲「剪刀危機」，兩刃齊下，至終把新經濟政策活活扼死。六十年後，一把類似的剪刀，不過這一回卻是一把「普羅」牌剪刀——同樣窒息了戈巴契夫的「改革」政策(perestroika)。蘇聯工人問道：爲了啥去賣力提高生產，去掙取更多的工資？工資再多，國內經濟也做不出足夠的像樣東西，吸引他們購買。可是相反地，蘇聯工人若不提高他們的生產力，又哪有這些東西生產出來呢？

因此，「新經濟政策」注定會走上一個死胡同；這個由國家掌舵，靠農民市場經濟發展的策略，注定不能長久。身爲一個社會主義政權，其內部與「新經濟政策」扞格不合的政治立論實在太強：新社會方才成立，如果現在又回頭推動小規模商品生產及小型企業，叫致力於新社會的一小批鬥士怎堪抵擋？難保不又走上老路，把大家剛剛推翻的資本主義喚了回來？然而，布爾什維克黨人卻猶疑不決，不願意採取另一途徑——若捨「新經濟政策」不用，就只有以高壓手段達成工業化了，亦即意味著第二輪的革命風暴。這新一波的革命，將不是由下而上發動，而是國家權力從上向下強制推行。

接下來在蘇聯的鋼鐵年代裡，手操大權的史達林可謂一名極爲少見的獨裁暴君——也許有人會認爲他與眾不同——殘忍無情、肆無忌憚，其恐怖統治施展之廣，史上少有。相信當時的俄國若係由布黨中他人領導，老百姓的苦頭一定較少，受難人數也必然較低。然則其時其國其民，蘇聯若採取任何急速的現代化政策，殘酷無情必然難免，人民的犧牲必重，手段也難逃強制。中央號令支配式的經濟，以重重「計畫」推動建設，其結果必不可免會趨向軍事型的作業，而非企業體的經營。但是從另一方面而言，正如軍事行動往往擁有民眾精神擁戴，蘇聯第一個五年計畫(Five-Year Plans, 1928-33)的拚命工業化行動，就在它為人民帶來的「血汗與淚水」之中得到支持。邱吉爾知道的最清楚：犧牲一事本身，可以化為最大的鼓舞力。說來也許難於相信，可是就連史達林式的蘇聯經濟，也的確擁有著相當的支持——雖然其再度地將可憐的小農迫轉為牢套於土地的農奴，並將其重要的經濟環節建築在三、四百萬勞改營(古拉格)奴工身上(Van der Linden, 1993)——但這份支持擁護，顯然絕不來自小農階級(Fitzpatrick,1994)。

眾多的「五年計畫」，自一九二八年開始取代了「新經濟政策」。這種「計畫經濟」難免粗糙——遠比一九二〇年代那批首開計畫之風的國家計畫委員會經濟學者的精密計算為粗糙；而較之二十世紀後期政府及大公司企業的計畫工具，國家計畫委員會的學者自然又拜下風。基本上，這些五年計畫的功用僅在創造新工業，至於如何經營，卻不在考慮之列。而開發次序，則以基本重工業及能源生產為優先，二者同為任何大型工業經濟的基石：亦即煤、鋼鐵、電力、石油等等。蘇聯礦產的資源富饒，因此前述的開發方向既合理又現成。一如戰時經濟——其實蘇聯的計畫經濟也可以算作一種戰時經濟——其生產目標的設定，往往可以不顧實際成本及成本效益的考量(事實上必須經常如此)。在這種非生即死的拚命情況之下，最有效的方法，便是突然發布緊急命令，不管三七二十一，恪令大家竭力趕工交卷。「危機處理」、「緊急作業」，便是它的管理方式。於是蘇聯經濟，便在經常性的作業之中，突如其來，每隔一陣子便來一下抽搐，全民總動員「發狂似地超額勞動」一番，以達成從上而下的緊急突發命令。史達林時代終於過去，繼之而起的赫魯雪夫，竭力地想辦法，想使蘇聯經濟恢復正常作業，而不要只在「咆哮」之下才能發生作用(Khruschev,1990,p.18)。總之，史達林深諳「狂風突襲」之道，將其奧妙發揮得淋漓盡致，他一再設下不合理的天文數字以爲目標，激使國人付出超人式的努力。

更有甚者，目標設定之後，還必須讓負責人等明白其中的意義、細節，進而徹底遵照施行。如此一個命令一個動作，深入各地，連亞洲內陸的遙遠前哨也不例外——但是這些負責宣傳、執行任務的行政管理人員、技師工人，卻多數經驗淺、教育差，他們一向習慣的工具，是木製的犁耙而非機器——起碼第一代係如此。卡通畫家大衛羅(David Low)曾於一九三〇年代訪問蘇聯，便畫過一名集體農場上的女工，「心不在焉地要給一架曳引機擠奶。」基層人員素質低落，更使整體計畫品質降低，於是全部重任便落在僅有的上層少數人身上，中央集中化的程度遂日益加重。當年拿破崙麾下的將領技術欠佳，尤其是那些由行伍出身，自下層擢升可是缺乏正式訓練的戰鬥軍官，使得他不得不親自下海，與參謀人員挑起重擔。同樣地，蘇聯所有的決策作業，也愈來愈集中於蘇聯體系的最頂端。國家計畫委員會的高度集中化，雖然彌補了管理人才的短缺，可是卻使蘇聯經濟體系以及各個方面形成嚴重的官僚化❷。

如果說，蘇聯經濟僅以維持半自給狀況爲滿足，並只求爲現代工業奠定基礎，那麼這個主要於一九三〇年代趕工出來的粗糙體制，倒也發揮了它的作用。更有甚者，在同樣粗糙的方式之下，它還發展了自己特有的伸縮餘地。通常在現代經濟那套繁複精密且相互關聯的體制之下，牽一髮即動全身，設定一套目標甲，往往會影響另一套目標乙的施行。可是蘇聯則不然，事實上就一個落後原始、外援斷絕的國家而言，號令式支配型的工業化措施，雖然不乏生產浪費及效率低能之處，卻能夠發揮令人嘆服的驚人效果。在它的指揮之下，數年之間，便將蘇聯一變而爲數一數二的大工業國。並能一洗當年沙皇恨事，不但熬過對德苦戰，至終還擊垮了兩次大戰的敵人德國。當然戰爭期間，蘇聯的損失也很慘重，一時曾失去了包括其總人口三分之一的廣大土地，蘇聯各大工業的工廠也在戰火下毀去半數。蘇聯人民的犧牲，更是舉世無匹；世上少有幾處國家，趕得上蘇聯在這場戰事中——尤其是一九三〇年代間——所忍受遭遇的慘重(Milward, 1979, pp.92-97)。如果說，蘇聯經濟始終將國民消費所需列爲最低優先——一九四〇年間，蘇聯鞋襪產量低到全國平均每人僅得一雙略多——它卻保證人人可以獲得最低額度的供應。這個系統，經由控制(貼補)價格及房租的手段，給眾人工作，供眾人吃、穿、住，還有養老金、健康保險，以及原始粗陋的眾生平等地位——直到史達林死後，特權階級(nomenklatura)的酬庸遂一發不可收拾。更重要的是，這個體制還賜予眾人教育。像這樣一個文盲普遍的國家，竟能轉變成現代化的蘇聯，如此成就，無論以何種尺度衡量都非小可。對數以百萬計出身村野的人來說，即使在當年最艱苦的年代，蘇聯的發展之路，在在意味著新視野的開啓，代表著由無知的昏昧，逃向光明前進的城市。至於個人的啓迪、事業的開發，自然更不在話下。新社會證據確鑿，不由得小民不信服。更何況，除此之外，他們又哪裡認識第二個不同的社會呢？

然而蘇聯現代化的成功故事，卻不包括農業部門，以農業爲生的人口也同遭遺棄。因爲工業化的發展，係踩在被剝削、被利用的農民大眾的脊樑背上走出來的。蘇聯的農民及農業政策，實在乏善可陳，幾乎一無是處。倘若尙有一處可堪告慰，那便是負起「社會主義性初步累積」大業重任者，非如宣傳所說，其實並不止農民一族——所謂「社會主義性初步累積」(socialist primitive accumulation)，原係某位托洛斯基派人士的主張❸。蘇聯工人，同樣也挑起了開發資源、爲未來打奠基礎的沉重任務。

小農大眾，亦即蘇聯人口的大多數，不僅在法律上政治上均列於次級地位(至少直到一九三六年的憲法制定爲止，不過這部憲法根本沒有任何效力)，他們的稅負較他人爲高，生活的安全保證卻不如。更有甚者，取代新經濟政策而起的基本農業政策(實質上便是集體化的合作農場及國營農場制度)，不但造成農業的大災難，而且始終未從災難狀況中脫離出來。最立即的打擊，是穀類產量的銳減，牲口數目亦頓失其半，造成一九三二至三三年間的大饑荒。原本就甚低的俄國農牧業生產力，在集體化制度推波助瀾之下，愈發更陷低谷——直到一九四〇年際，才漸恢復新經濟政策時期的水準——在此同時，也更助長了未來二次大戰期間及一九五〇年之際的災難(Tuma, 1965, p.102)。蘇聯當局爲挽救這一股低落之勢，遂大力地推動機械化，卻同樣成效不彰，始終沒有起色。戰後蘇聯農業雖曾一度振作，甚至有餘糧可供出口，可是卻永難恢復當年沙皇治下的出口大國地位。及至這段復興時期過去，其農產再也無法供應國內人口所需。於是自一九七〇年代初期開始，蘇聯必須仰賴世界穀物市場的供給，有時甚至高達其總需要的四分之一。若非集體制度還為小農開了一扇方便之門，留下了一小線生機活口，允許他們耕作小量的個體地畝，並可在市場出售其田間所得（一九三八年間，個體地畝佔總耕地的百分之四），蘇聯的消費者除了黑麵包外，恐怕就沒啥可吃的了。簡而言之，蘇聯付出了極高的成本，卻只將一個極無效率的小農農業，轉換成一個一樣極無效率的集體農業而已。

但是蘇聯的種種情事，其實往往反映著蘇維埃俄羅斯的社會政治狀況，而非布爾什維克設計的本質。合作制度及集體作業，若以不同程度與私有耕耘制相互混合運作，本也可以獲致成功果實——如以色列實施的集體農業屯墾制度(kibbuzim)，就比蘇聯制度更具共產本色。而純粹的小農制度，卻往往將精力投往向政府索取補助，反而不肯多花力氣，改善增加土地生產❹。然而蘇聯的農業政策，毫無疑問，是一場徹頭徹尾的大失敗，可是後起的社會主義政權裡面，拾其牙慧者卻不乏其國，至少在剛起步時是如此。

蘇聯發展之路上還有另外一大弊端，那就是它碩大無朋膨脹過度的官僚體系，亦即其政府集中號令作業之下的畸形產物。其龐大繁複，連史達林本人也對付不來。事實上甚至有人認為，一九三〇年代後期由史氏一手導演的「大恐怖」時期(Great Terror)，其實是他走投無路情急之下想出來的對策，用以克服破解「官僚陣營的重重迷障，對政府控制禁令的種種迴避伎倆」(Lewin, 1991, p. 17)。至少，他的用意也在防範官僚系統演變成僵化的統治階級——及至布里茲涅夫時代，這個僵化的結果終於出現。可是每一回欲改進行政效率及彈性的嘗試努力，卻都難逃失敗命運，反使行政系統愈發腫大，其存在更不可少。及至一九三〇年代的最後數年，行政人員每年以二倍半於總就業人口的速率增長，戰爭逐漸到來，蘇聯已經發展成每兩名藍領工人，就有一名行政人員的頭重腳輕之勢(Lewin,1991)。於是在史達林的高壓統治之下，這一批領導菁英的最上階層，如人所說，不啻一群「擁有權勢的特殊奴隸，隨時隨地都在大難邊緣。他們的權勢、他們的特權，永遠籠罩在一股『記著，你總逃不了一死』(memento mori)的陰影之下」。史達林死後，或謂在最後一位「大老闆」赫魯雪夫於一九六四年被趕下台後，蘇聯體系之內，便再也沒有能人可以阻擋沉滯僵化的發生了。

最後使得蘇聯制度陷於淪亡的第三項缺失，卻是它缺乏彈性的僵化。蘇聯式的生產，一味致力於產量的提高，而產品的種類及品質，則完全於事先決定。其體系內部，毫無一種變換「產量」及「品質」的調節機制(其產量目標只有一個方向：就是不斷上揚)。創新發明，更非此制度所長。事實上，在蘇聯的經濟制度中，「發明」根本不能爲其所用，而且也不會用在與「軍事—工業複合體」(military-industrial complex)❺完全呈對比的民間經濟之上。至於消費者需要的供給，既非通過反映其喜好的市場環境，也非基於以消費爲取向的政經制度。相反地，就跟資本財的生產一般，在此，國家計畫機器同樣扮演了決定一切的角色。充其量我們只能這麼說：雖然蘇聯工業結構本身，繼續偏向於資本財，它同時卻也提供了更多的消費財。只是其分銷系統實在太過糟糕，更有甚者，組織性的功能幾乎完全不存在。因此若非有「次級」或所謂「黑市」經濟的助力，蘇聯境內的生活水準，根本不可能有效提升——一九四〇至一九七〇年代之間的改善殊爲驚人；而黑市經濟的成長之速，自一九六〇年代結束以來尤爲快速。地下經濟的活動規模，自然缺乏官方文件的統計，在此我們只能大略猜測。但是及至一九七〇年代後期，據估計，蘇聯都市人口花費在私人經營的消費、醫療，及法律服務方面的支出，約有兩百億盧布。此外，爲了確保一定能獲得他們所需要的服務，另有七十億盧布花在所謂「小費」之上(Alexeev,1990)。這個數字，幾乎可以與當時蘇聯的輸出總值相埒。

簡單地說，蘇聯體系的設計用意，在於盡速將一個極落後，開發度極低的國家，早早送上工業化的大道。它也假定，它的人民將滿足於一種最基本的生活水準，只要有足以保證其生存所需，最起碼的社會及物質條件，一切都好說話。至於這些基本生活程度的高低何在，則端視這個全力更進一步工業化的經濟體系，在其全面總成長的巨流當中，能夠流漏下多少涓滴留給人民消費了。說起來，儘管這個體系極其缺乏效率，極其浪費無當，卻畢竟達成了上述目標。一九一三年在沙皇治下的帝俄，雖有著全世界百分之九點四的人口，卻僅佔全球「國家所得」的百分之六，以及工業總生產的百分之三點六。到了一九八六年間，不到全球總人口百分之六的蘇聯，就包辦了全球「國家所得」的百分之十四，和全球工業總產量的百分之十四點六(不過其農業產量，卻只比其人口比例稍高而已)(Bolotin, 1987, pp.148-52)。俄羅斯已經搖身一變，成爲一大工業國家，而它維持近半世紀之久的超級強國地位，事實上也靠工業化的成果所賜。然而後來的發展，卻有違共產主義人士先前的期望。當蘇聯經濟發展大車向前走了一段距離之後，由於其引擎結構設計的特殊，駕駛人雖然一再力踩油門意欲加速，引擎卻不快反慢。它的動力設計，本身便包含著將其力量消耗殆盡的結構。這樣一個制度，卻是一九四四年後，世上將近三分之一人口所在的經濟沿襲的範本。

蘇聯革命，同時也發展出一個極爲特殊的政治制度。歐洲左派的群眾運動，包括布爾什維克黨隸屬的馬克思系勞工社會主義運動在內，都由以下兩項政治傳統出發：自法國大革命以來，一脈相傳的雅各賓時期革命傳統——即選舉式，有時甚至直接式的民主——以及集中式的行動導向。十九世紀末葉在歐洲各地風起雲湧的勞工群眾及社會主義運動，不論係以黨派、工會、合作組織，甚或以上三種結合的面貌出現，其內部結構及政治志向，都具有強烈的民主氣息。事實上，凡在普遍選舉權憲法尚未存在的地方，以上這些運動，往往就是逼促其出現的主要力量。馬克思人士與無政府分子不同，前者在根本上，便一心以政治行動爲要務。蘇聯的政治制度，卻揚棄了社會主義運動的民主性質（與其經濟制度一般，後來也紛紛爲社會主義世界的國家依樣畫葫蘆），雖然在理論上，則不斷更加強調它對民主原則的堅持❻。它還更進一步，遠超過雅各賓時期遺下的傳統，後者的革命行動儘管激烈無情，卻始終不贊同個人獨裁。簡而言之，正如蘇聯經濟是一個支配式的經濟，蘇聯政治也是全然的支配政治。

蘇聯政治制度的演變，部分反映出布爾什維克黨本身變化的歷史，部分反映了當時年輕蘇維埃政權面對的重重危機及緊急情勢，部分還反映出獨裁暴君本人的怪異性情——這個喬治亞地區一名酒鬼鞋匠的兒子，史達林，早先曾讀過神學院，日後則在自封的「鋼人」政治稱號之下以鐵腕統治蘇聯。首先，由列寧精心設計，並以一批訓練精良的職業革命幹部組成，專在中央領導分配之下從事任務的先鋒黨團組織，其本身便極具發展爲威權走向的性格。關於這一點，其他眾多革命熱情不下布黨的俄羅斯馬克思人士，早在當時便已提出警告。因爲如此一來，黨便可以取代它口口聲聲領導的人民；（被選出來的）委員會，則可以取代一般黨員，甚至取代固定代表大會的意見；更進一步，實際執行運作的領導階層，又取代了中央委員會，至終大權在握，一人號令天下。（理論上雖經由選舉誕生）實際上定於一尊的元首，在實質上取代了一切。這種層層相代「取而代之」的危險趨向，可有什麼法子可以制止呢？話說當時，列寧本人雖然不想也不能做個大獨裁者，而布爾什維克黨團，雖然從來也不像個軍中幕僚單位，反而倒更像一個永遠爭辯不休的學社社團（其實凡屬左翼意識形態的組織，都是這副愛爭愛辯的德性），可是上述這種「取而代之」的危險性，卻不因此而有所減少。十月革命之後，這種趨勢愈發接近事實，布黨由一個不過幾千人的非法組織，搖身一變，成爲擁有數十萬，最終甚至數百萬專業組織人、行政人、管理人、控制人的龐大政黨。他們的聲勢浩大，成爲主流，壓倒了原有「舊布黨」（Old Bolsheviks）的聲音，也蓋過了一九一七年前加入他們合作的其他社會主義人士，如托洛斯基。他們與傳統左翼原有的政治文化毫不相通，他們只知道黨永遠正確，只知道上級的決定務必執行。因爲唯有如此，革命的果實方能得以保存。

革命之前，不論布黨內外對於民主、對於言論自由、對於人民自由、對於寬容異己、對於以上種種事項的態度看法爲何，一九一七至一九二一年間的政治社會氛圍，卻使得任何一個意欲挽救蘇維埃權力於掙扎脆弱的政黨，都不得不陷於愈發走向威權統治模式的情境。其實一開始，蘇聯並非馬上便成爲一黨政府，它也不排斥反對力量的存在。可是它卻以一黨獨裁的姿態，藉著強大情報安全作業的強固，以及全力打擊反革命的恐怖，贏得了一場內戰。同樣地，它也放棄了黨內民主的原則，於一九二一年宣布，禁止黨內對其他可行的政策進行集體討論。在理論上指導它的「民主性中央集權」精神（democratic centralism），如今「民主」不存，只剩下「中央集權」。它甚至不再遵照自己的黨綱行事，原定每年舉行的代表大會愈來愈時有時無，及至史達林時代，更變成毫無準期，偶一爲之的稀奇大事。新經濟政策年代雖然緩和了非政治層面的氣氛，然而就黨的形象而言，卻沒有多大助益。一般的感覺以爲，黨已成了飽受交攻的少數分子，雖然也許有歷史站在它的一邊，可是眼前的行事方向，卻不合俄國現況及民眾的心意。從上而下發布的全面工業化革命號令，遂使整個系統愈發走向強制威權，比起內戰年代，其殘忍無情，或更有過之而無不及，因爲這套不斷連續實行權力的機制，如今更是規模遠具。於是在「權限分離」之中剩下的最後一項成分，亦即「黨」「國」之間的分野，蘇聯「政府」最後留下的運作空間，那個雖日益縮小卻畢竟卑微存在的狹小空間，至此也全部消失。只見一黨獨大，定於一尊的領導高高在上，開始絕對的權力在握，其他所有的一切，都屈從於它的號令之下。

就在這個時候，蘇聯體系在史達林手中變成了一個獨裁專制政權。這個政權，如水銀瀉地，無孔不入，不但要全面整體地控制其人民生活、思想的各個層面；人的存在，人的價值，但凡可能之處，也完全受制於整體制度的目標與成就。至於目標爲何，成就何在，則由至高無上的絕對權威界定指令。這樣一個世界，自然絕非馬克思恩格斯兩人設想的未來，也非發展自馬克思路線的「第二國際」(Second International)及其旗幟下的眾多黨派所期。因此與羅莎盧森堡同任德國共產領袖，並與她同於一九一九年被反動派軍官暗殺死亡的李卜克內西，雖然其父爲德國社會民主黨的創始人之一，卻從不認爲自己屬於馬克思派。而奧地利馬克思派(Austro-Marxists)，雖然名列馬家門下，並且也戮力於馬家學說，可是卻毫不猶疑就別出心裁，另闢蹊徑。甚至連被共黨官方正式視爲異端者，也依然被人視為理所當然，合乎法統的社會民主派人士——如伯恩斯坦(Eduard Bernstein)，即因其「修正理論」(revisionism)而被戴上這頂異端帽子(事實上，伯恩斯坦也始終是馬恩著作的官方編輯人)。所謂社會主義國度應該強制每個人民思想統一的主張，這種論調，若回到一九一七年前，根本不可能在任何社會主義人士的腦海中出現，更遑論讓其主子們聖袍加身，稱其「集體智慧」，擁有如教皇般絕對無誤的聖質(顯然單讓任何一人擁有這種天縱英明，畢竟仍屬不可想像之事)。

就馬克思派社會主義一門的信眾來說，它在根本上便屬於一種激情的個人承諾，它是一組希望，一組信仰，具有某種俗世宗教的特質——不過論其宗教性，並不見得便多過於那些非社會主義的群體的意識形態。更重要的是，馬氏社會主義一旦變成一股洪流，成為廣大的群眾運動，原本微言大義的精幽理論就難免變形。最佳，也只不過流於僵化獨斷的教條；最糟，則幻化成人人須敬而禮之、認同效忠的旗幟象徵。這一類的群眾運動，正如某些深具洞知灼見的中歐社會主義人士早已指出，往往具有讚仰甚至崇拜領袖的傾向——不過大家都知道，左翼黨派內部素來喜歡爭辯競鬥，因此個人崇拜的程度多少受到抑制。在莫斯科紅場上興建列寧陵墓，將這位偉大領袖的遺體防腐處理，永存於此以供信徒瞻仰。這番舉動，與革命、甚至與俄國本身的革命傳統都毫無關係，顯然係為了蘇聯政權的好處，意欲在俄羅斯落後的農民大眾之中，激發出類似對基督教聖者及遺骨遺物的崇拜熱情。我們也可以說，在列寧一手創建的布爾什維克黨中，所謂正統性的教義，以及對異己的殊無容忍，多少係以實用性的理由出發，而非單只是作為基本的價值觀而已。列寧就如同一名傑出的將領——其人基本上屬於計畫行動的好手——他可不要部隊裡人人有意見，個個議不休，因而造成實際效率的損失。更有甚者，正如所有講求實際的眾家天才一般，他也深信，唯有他自己的意見最對最好，因此哪有多餘的工夫去聽他人夾纏。就理論上而言，列寧屬正統派，甚至可說是一名基本教義派的馬克思門徒。因爲他很清楚，像這樣一個以革命爲基本要義的理論，若對其教義文字有任何瞎搞胡搿，都可能鼓勵「妥協修正」意見的出現。但是在實際上，他卻毫不遲疑，著手便修改馬克思的觀點，並任意增添內容；同時卻爲自己辯稱，實質上始終忠於偉大教師的教誨不變。在一九一七年前的歲月裡，列寧不但一直領導著俄羅斯左翼路線內（甚至在俄國社會民主圈內）飽受攻擊的少數，而且更是這一支力量的代表，因此獲得了一個不容異己的名聲。可是一旦情況改變，他卻毫不躊躇，一如他往年迅決地排除反對者一般，立刻便伸出手來歡迎他們。即使在十月革命成功之後，他也從不倚仗自己在黨內的權勢壓人，反而一直以立論爲出發點來說服眾人——我們甚至看見，雖然他位高權重，這一路上卻也非從來不曾面臨挑戰。要是列寧後來沒有早死，相信他一定會繼續其激烈抨擊反對者的舉措，就像在當年內戰時期一般，他那以實際爲用不容異己的作風，必將沒有止境。不過儘管如此，卻沒有任何證據顯示，列寧預想到——甚或能夠容忍——自己身後竟會發展出那一種無孔不入、全面性、強制性的國家暨個人全民信仰的共產宗教。史達林也許並不是自覺地創設出這個宗教，他可能只是懵懂地跟隨著當時自己所見的主流現象：一個由落後農民組成的俄羅斯，一個威權獨裁、講求正統教理的巨大傳統。但是若無史達林，這個威權新宗教很可能不會出現；若無史達林，這個新宗教模式絕對不會強加於其他社會主義政權，或爲它們沿襲模仿。

在此，另有一事絕對不容忽略。任何政權，若係以一黨終身獨大的狀況統治，獨裁的可能性自然潛在。一旦輪到列寧式布爾什維克中央集權階級統治的黨派當家，獨裁出現的或然率就更呼之欲出了。而所謂「不可消除性」的終身性質，根本上便是布黨中人堅信革命絕不可能回頭，革命大運全在並僅在我等手中的另一名諱。布爾什維克黨人堅稱，一個資產階級的政權，也許可以接受保守政府下台，由自由分子接班的念頭——因爲後者縱使上台，仍將不改社會上的布爾喬亞本質——可是資產階級政權，卻絕對不能容忍共黨接手。同樣地，一個共產政權，也同樣不能忍受被一個必定動手恢復舊秩序的力量所推翻。革命分子，包括革命派的社會主義分子在內，不論他們多麼信誓旦旦，誠心相信自己係爲「人民」謀福利，但是就選舉的意義而言，他們俱不屬民主人士。共產黨係一種政治壟斷，佔有著「領導」的地位，在這種假定之下，蘇聯自不可能發展出民主政權——正如羅馬天主教會的本質，也不可能產生教內民主一般。可是這個假定，卻不意味著蘇聯一定會出現定於一人的獨裁；是史達林其人，一手將共產黨的政治制度，轉換成非世襲的專制君主制❼。

就許多方面而言，這個矮小❽、謹慎、缺乏安全感、陰險、殘忍、晝伏夜出、永遠疑心重重的史達林，活脫脫就是羅馬傳記大家蘇東紐斯(Suetonius)筆下《歷代羅馬皇帝傳》(*Lives of the Caesars*)中帝王的再現，而不是一名現代政治世界的現代人物。他外貌平凡，不但不易予人印象，而且根本就很容易被忘記——「一團灰濛濛」，這是一九一七年時某位人士的觀察印象。史達林一路使用八面玲瓏的斡旋手段，一直到他爬升至頂層爲止。當然，即使在革命之前，他就已經藉著這項了不起的天賦，轉進層峯圈內；在革命政府垮台之後的首任政府裡，史氏即出任民族部部長(Commissar for nationalities)。然而在他最後過關斬將，終於登達極峯，成爲無人挑戰的黨內領袖(事實上也是國家領袖)之後，他卻缺少希特勒那明顯的自信氣質、那份對個人命運前途的使命感，以及天生的領袖魅力。希特勒擁有這種特質，因此一手創立納粹，成爲該黨公認的領袖，並且無須威嚇強迫，便自然得到部下從人的耿耿忠心。而史達林的統治風格，無論是對黨務或其他任何他個人權力所及之事，卻得一律使用令人恐懼的威嚇手段。

於是他搖身一變，成爲一名現世的沙皇，衛護著現世的正統信仰。而創教教主的遺體，則變成現世的聖者遺靈，停厝在克里姆林宮外，供信者朝聖瞻拜。藉此，史達林的確展現了高度的公關能力，因爲對於這一大批在精神上仍居於西方十一世紀階段的農牧子民而言，他這一記手腕，不啻爲替新政權建立合法性的最有效方法。同樣地，他也將「馬列主義」簡化爲簡單絕對的教義問答；教條式的口號，的確是將新觀念灌輸給第一代識字人的上乘方式❾。而他的恐怖作風，也不可僅視爲暴君個人無限度權力的堅持。誠然，史氏本人一定頗享受那種大權在握，得以呼風喚雨的樂趣，那種令人恐懼，定人生死的權力感；但是他對本身地位所可帶來的物質收穫，卻漫不經心。而且，不管在心理上精神上，史達林到底有什麼乖僻怪誕之處，他的恐怖手段——至少在理論上——其實正跟他的謹愼作風一般，都是他在面對難以控制的局面之時，一種同樣理性的對付策略。不論是恐怖還是謹愼，均係基於他避免風險的原則考量，兩者分別反射出他的缺乏自信，不能肯定自己的「評估狀況」能力(套用布爾什維克的術語，亦即對狀況「進行馬克思主義分析」的能力)。這一點，卻正是列寧的極大優點，兩人的個性氣質可謂大相徑庭。史達林一生恐怖「志業」的唯一意義，只能表示他終身不悔，頑固地追求那共產社會烏托邦的世界。甚至在他死前數月，在他最後的出版品中

(Stalin, 1952)，猶仍致力於這一目標的再堅持、再主張。

統治蘇聯的政治權力，是布爾什維克黨人在十月革命中取得的唯一收穫；而權力，也是他們唯一可以用來改變社會的工具。但是這項權力，卻不時遭逢來自不止一方，並且不斷再現的困難夾擊(史達林曾有一套理論，他認爲在「普羅階級取得權力的數十年後」，階級鬥爭反而會變得愈加激烈。他這套說法的眞義即在於此，否則換作其他任何角度，都是不通之論)。只有前後一貫地、殘忍無情地、堅持地使用權力，才能除去各種可能障礙，走上保證最後成功的陽關大道。

基於這套假設而決定的政策，共有三項因素促成其走向無比凶殘的荒謬境地。

其一，史達林相信，只有他才知道前路如何，而且一心一意、全力爲之。誠然，無數的政治家及將領們，都有這種「捨我其誰，少我不得」的心態，可是只有那些眞正絕對權力在握之人，才能迫使眾人也一起相信只有他才最行。因此在一九三〇年代掀起的大清算高潮，與前此的恐怖捕殺不同，這一回清理的對象，係針對黨內而發，尤其是它的領導階層。原因在於許多原本支持史達林的強硬派布黨開始後悔(包括那些於一九二〇年代之際，全力支持他對付反對人士，並且眞心擁護集體制度大躍進及五年計畫的諸人在內)。他們如今發現，當時手段的無情，造成犧牲的慘烈，已經超過他們所願接受的程度。這些人當中，相信有許多人都還記得，當年列寧便不肯爲史達林撐腰，不願讓他接班，理由就在他行事作風太過殘暴。蘇聯共產黨(Communist Party of the Soviet Union, CPSU)第十七屆中全會揭幕，會中情勢，即顯示黨內對史達林有著相當的反對存在。這股反對勢力，對他的威脅究竟幾何，我們永遠無從得知。因爲從一九三四年到一九三九年間，計有四、五百萬名黨員及幹部因政治理由被捕，其中約四、五十萬名未經審判即遭處決。待得一九三九年春天，次屆(十八屆)黨代表大會召開，當初一九三四年際參加第十七屆會議的一千八百二十七名代表之中，只有三十七名僥倖猶存得以再度出席(Kerblay, 1983, p.245)。

這種難以形容的恐怖，其慘無人道之烈，史無前例，因爲它羅織殺害之廣，毫無任何保留約束。它不是出於什麼「爲求偉大目的，可以不擇手段」的信念(也許毛澤東倒是這麼想)，也非基於「這一代的犧牲再大，與未來世代因此得受的福祉相比，卻又算得什麼」的理想。它是一種無論時地、永遠全面作戰的原則的體現。列寧主義，基本上即係以軍事角度進行思考——就算布黨所有的詞彙均不能證實此點，只看列寧本人對普魯士兵法家克勞塞維茨(Clausewitz)的崇敬，即可證明這是不爭的事實。也許正因爲列寧思想中帶有著強烈的「唯意志論」(voluntarism)氣息，遂使得其他馬克思人士極不信任列寧，將其斥爲布朗基派(Blanquist)或「雅各賓」者之流。「誰勝誰負?」(Who whom?)是列寧的處世箴言：這場鬥爭，是一場不是全輸就是全贏的零和戰爭，勝者贏得全部，輸家傾其所有。我們知道，在兩次大戰之際，即使連自由國家也採取這種心態作戰，準備不計手段，對「敵方」人民毫無保留地施以任何苦難折磨(回到一次大戰之際,無盡苦難的對象甚至包括自己的部隊在內)。於是沒有事實基礎，毫無理由地便將整批人送作犧牲打的做法，也的確成爲戰爭行爲的一部分：比方二次大戰期間，美國政府將所有日裔美國公民，英國將境內所有德奧籍居民，一律關入拘留營內即爲二例。英美兩國的理由，乃是基於這些人當中可能潛有敵方奸細。這場不幸的變調，是在十九世紀以來文明進步之下忽然又野蠻復萌的悲劇。此情此景，卻像一股黑暗勢力的漫漫長線，一直貫穿著本書涵蓋的悠悠歲月。

所幸在其他實施憲政民主、擁有新聞自由的法治國家裡面，體制中自有某些對抗牽制這類思想的力量存在。可是絕對威權的國家就沒有這種福氣——雖然至終畢竟也會發展出某種限制權力的成例來。不爲別的，單單爲了求生存的本能，以及當全面權力的使用擴展到無限大的時候，它自會生出自己的毀滅苦果來。偏執妄想，就是濫用權力到極致瘋狂的最終必然結果。史達林死後，陸續登場的接班人等，都有一個默契，大家都決定爲這段血腥年月劃上句點。然而斑斑血跡，史達林歲月究竟一共付出了多少人命代價，(一直到戈巴契夫年代)只有內部的異議分子，以及海外學者和宣傳家去細心追查。從此，蘇聯政界中人總算能壽終正寢，有時甚至得享天年；進入一九五〇年代，古拉格牢獄逐漸空去。雖然以西方標準而言，蘇聯仍是一個未能善待其國民的社會，但是至少，這個國家已經不再大規模地逮捕處決自己的人民了。事實上及至一九八〇年代，蘇聯監獄人口的比例，比美國還要少得多(蘇聯每十萬人中有二百六十八名人犯，而美國則有四百二十六名)(Walker, 1991)。更有甚者，到了一九六〇及一九七〇年代，蘇聯人民死於犯罪事件、民間衝突，以及國家之手的風險率，甚至低於亞非美三洲的許多國家。但是儘管如此，它畢竟仍是一個警察國家，一個威權統治的社會，而且依據任何實質標準，也還是一個不自由的國家。只有官方認可或批准的資訊，方可達於一般人民——至少就純技術觀點而言，其他任何的資訊均屬觸犯法律，及至戈巴契夫實行「開放」政策(glasnost)方才改變。至於行動及居住自由，更端視官方的准許而定。這項規定在蘇聯國境內雖然越來越有名無實，可是到了邊境地帶，甚至與另一個同屬「社會主義」的友好國家相鄰之地，卻變得眞實無比。從這些角度而言，蘇聯實不及沙皇時代的帝俄。更有甚者，雖然就日常行事而言，蘇聯社會係以法治爲準，可是行政當局的權力，亦即任意逮捕、下獄，及境內流放的情況，卻依然存在。

俄羅斯鐵幕時代付出的人命代價，恐怕將永遠無法確切估算，因爲甚至連官方對處決人數及古拉格人犯的統計——不論是現有的或日後可能面世的數字——都無法涵蓋所有的死難損失。而且依人不同，估算的差距更有極大出入。「邪門的弔詭是，」有人即曾如此說過：「對於這段時期裡蘇聯牲口的死傷數目，我們知道的反而比被蘇聯政權濫殺的反對人數爲多。」(Kerblay, 1983, p.26) 一九三七年人口普查的數字始終祕而不宣，更使這項估算工作難上加難。但是不論各項估計使用的假定爲何❿，前後直接間接的死難人數絕對高過七位數，堂堂進入八位數字。在這種情況之下，不論我們是否採取「保守」估計，將其定位於一千萬，而非兩千萬甚或更高，實在都無關緊要了。面對這種駭人的天文數目，只能令人感到不可饒恕，完全不能理解，更遑論爲殺人兇手做任何辯解餘地。在此，作者還要添上一筆，不帶任何評論：一九三七年際，蘇聯總人口據稱爲一億六千四百萬，比起第二個五年計畫(一九三三—三八)原先預估的人口總數，一共少了一千六百七十萬。

不過蘇聯體制儘管殘暴獨裁，卻絕不是一個「極權」政體。二次世界戰後，「極權」一詞開始在共產黨的批評者中盛行。究其源流，此詞係義大利法西斯黨於一九二〇年代發明的「夫子自道」，用以形容自己追求的目標所在。可是自此之後，卻被外人挪借，專爲批評義大利法西斯及德國國家社會主義之用。「極權」，代表著全方位無所不包的中央集權體制，不但對其人民施以外在的全面控制，甚至更進一步，藉由對宣傳及教育機制的獨佔，成功地將它所推動的價值觀點，在人民心中內化。歐威爾(George Orwell)的《一九八四》(一九四八年出版)，即爲西方世界描繪出極權社會達於極點時的畫面：一個人民大眾都被洗腦的社會，在「老大哥」無所不在的嚴密監視之下生活作息。偶爾只有一兩個寂寞孤人，才會發出不同的異議呼聲。

這個最高境界，自然是史達林意欲達成的目標。可是若換做列寧及其他老派的布黨中人，聞此必然大怒，更遑論祖師爺馬克思了。就將領袖「神格化」一事而言(「神格化運動」，日後被人狡滑地美言爲「個人崇拜」)，或將他建立成集美德於一身的聖人化而言，史達林大致有一點成就，正如歐威爾在《一九八四》中的譏諷描述。但是說來矛盾，史氏在這方面的成果，卻與他個人的絕對權力無關。當一九五三年史達林的「噩耗」傳來，某些在社會主義國家陣營之外的共產好戰分子，的確流下了眞情的傷心淚——這種人還不少。他們認爲，史達林象徵、並且激發了他們投效的運動大業，而且他們也都是眞心自動地轉投入史氏陣營。這些外國人士不知眞相，可是俄國老百姓卻都心知肚明，只有他們才知道自己命中已經吃了多少苦頭，而且還在繼續煎熬。然而儘管如此，只因爲史達林是這片俄羅斯大地上鐵腕強悍的合法統治者，只因爲他是現代化了這片大地的領導之人，就某種意義而言，他也便代表著他們自己的某一部分。更何況，在最近一次戰爭的經驗裡面，史達林又作爲他們的領袖，至少對大俄羅斯而言，眞正爲國家贏得了一場艱苦勝利。

然而，不論從哪個角度評斷，蘇聯式的體制實在談不上「極權」二字，因此不得不讓人懷疑「極權」一詞，到底有幾分確切的用處。這個體制，一未能實現有效的「思想控制」，二更不曾造成「思想改宗」。相反地，反而使人民對政治隔閡到令人驚異的程度。馬列主義的官方教條學說，與廣大民眾之間沒有任何明顯關聯，因此在他們身上自然發生不了感應。這門奧祕難懂的高深學問，只有那些打算在這條路上功成業就之人，才會對它發生興趣。「馬克思何許人也？」四十年致力於馬克思的思想教育，布達佩斯馬克思廣場上的路人卻如此回答：

> 他是位蘇聯哲學家，恩格斯是他的朋友。這個嘛？我想想看，還有什麼可以講的？噢，他死的時候年紀很大了。（另外一個人插話）：當然是個搞政治的。他這個人，你知道，他這個人就是他的名字的意思嘛——列寧的名字，列寧，列寧的著作——這個嘛，他把這些都譯成了匈牙利文。(Garton Ash, 1990, p.261)

對大多數蘇聯人民而言，高層單位對政治及意識思想發表的公開談話，除非與他們日常生活問題有切身關係（但是這種情況很稀少），恐怕根本很難有意識地消化吸收。只有知識分子，生活在這樣一個建築在號稱理性「科學」的意識形態之上的社會，才不得不對其仔細聆聽、認眞看待。這種制度，迫切需要知識分子，只要他們乖乖聽話，不公開表示異議，體制便賜予他們豐富的特權與優惠。矛盾的是，也正因爲這個事實，總算在國家嚴密的控制之外製造了一個社會出口。也只有如史達林般的殘忍凶暴，才能完全杜悠悠之口，封殺住非官方的知識思考。一旦恐懼的冰封開始融化，不同的聲音便立刻於一九五〇年代在蘇聯境內出現——《融化》（*The Thaw*, 1954）便是才氣縱橫的埃倫貝格(Ilya Ehrenburg, 1891-1967)魔掌餘生，所作的一本極具影響力的寓意小說(roman à thèse)。在一九六〇及七〇年代，異議的聲音百花齊發，成爲蘇聯舞台上的首要場景。這些聲音，包括共黨內部的改革分子，在不肯定的情況下試探發出，更包括純粹知識性、政治性，以及文化性的不同意見。不過在表面上，蘇聯帝國仍然維持著口徑一致、不容異端的「獨石文化」(monolithic)——這個名詞，是布爾什維克黨人的最愛。如此表裡不一的現象，進入一九八〇年代變得最爲明顯。

2

除了蘇聯之外，其他所有的共產國家，均係於二次大戰之後方才出現，而在它們內部執政的共黨，亦都是師法蘇聯模式，亦即史達林的模式。就某種程度而言，甚至連中國共產黨也不例外，雖說早在一九三〇年代，在毛澤東的領導之下，中共便已自莫斯科獲得了實際的自治地位。至於那些位於第三世界的「社會主義陣營」新會員，與其接近的程度也許較輕——如卡斯楚治下的古巴，以及一九七〇年代間崛起於亞非及拉丁美洲一帶，試圖正式與蘇聯模式同化的大小短命政權。在所有這些國家裡面，都可見到一黨制中央高度集權的政治制度、由官方審定推行的文化思想、中央集中式的國家計畫經濟。此外，甚至亦不乏最具蘇聯風特色的領袖群像，被極力推崇爲天縱英明的偉大領袖。事實上，在那些爲蘇聯軍隊及特務人員直接佔領的國家裡面，當地政府往往被迫遵循蘇聯榜樣，比方依照史達林的模式，對地方上的共黨分子進行公審清算。可是這種司法鬧劇，當地共產黨派並沒有自動自發的參與熱情，在波蘭及德國兩地，甚至想辦法完全避免，因此當地始終沒有半個共黨要人被殺或送交蘇聯情治單位。不過在與狄托決裂之後，保加利亞及匈牙利的當地領袖，分別遭到處決——保國的柯斯托夫（Traicho Kostov）、匈國的萊耶克（Laszló Rájk）。史達林在世最後一年，捷克共黨內部也發起一陣令人難以置信的大審之風，許多重要人物遭劫。這股清算狂風，帶有強烈的反猶氣息，當地共黨原有的領導階級遂被粉碎。這些現象，與史達林本人愈來愈嚴重的妄想症狀有無關係，很難判定。因爲這個時候，他的健康與精神狀態，都已日走下坡，他甚至還打算把自己最忠誠的擁戴者也清除掉呢。

一九四〇年代出現的新政權，雖說在歐洲地區都與紅軍的勝利有關，可是其中只有四國共黨的龍袍，是被紅軍直接加身：波蘭、蘇聯佔領的德國部分、羅馬尼亞（當地原有的共黨運動分子，最多不過數百餘名，其中多數還不是羅國本裔之人），以及就大體而言屬實的匈牙利。至於南斯拉夫及阿爾巴尼亞兩地，其共黨政權可算是自家長成。捷克斯洛伐克共產黨則在一九四七年獲得百分之四十的選票，鐵證當時捷國人民對他們的眞心擁戴。至於保加利亞共產黨的影響力，受到該國普遍親俄感情的強化。而中國、韓國，及前法屬印度支那的共產勢力——或者說，在冷戰陣勢擺明之後，位於這些國家北方的共黨勢力——則不曾欠下任何蘇聯武力的情。一九四九年後，其他一些較小的共黨政權，有一段時間甚至曾受惠於中國的幫忙。至於日後以古巴爲始，陸續加入「社會主義陣營」的新會員，也都是靠自己的力量，方才掙得入會資格。不過非洲地方游擊解放運動的奮爭，卻有蘇聯集團的大力相幫。

然而，即使在完全靠紅軍扶立的共產國家，剛一開始，新政權也享有過一段短時間的合法地位，並獲得民眾相當時期的眞心支持。我們在第五章曾經看見，在一片觸目所見盡皆殘墟的焦土之上重建新世界，激發了許多青年人及知識分子的心情。不論黨及政府多麼不受歡迎，但是它們投入戰後重建工作的那股精力、決心，畢竟贏得眾人也許勉強、但是一致的贊同意見。事實上新政權在這方面獲致的成就，的確不容否認。我們已經看見，在一些落後程度比較嚴重的農業國家裡面，共產政府全力進行著代表進步與現代的工業化行動，這些舉措獲得的回響，其方向絕不只來自黨內的高官。誰敢懷疑，像保加利亞及南斯拉夫這一類的國家，竟然會以在戰前看來不可思議的速度進步著呢？只有那些原本就比較不落後，卻爲原始野蠻的蘇聯佔領或強徵的地區，或是那些擁有已開發都市的地帶，如一九三九至一九四〇年間移交與蘇聯之處，以及德國的蘇軍佔領區內（一九五四年成立德意志民主共和國），由於一九四五年後蘇聯本身亟需重建之故，持續了好長一段時間，對它們的資源大肆進行掠奪，才使得這些地區在復興的平衡表上一片赤字。

政治上，這些共產國家無論係土產或被外力強加，俱都攜手在蘇聯老大哥的領導下，結合成一集團。基於反西方勢力的團結理由，甚至連一九四九年全面奪得中國政權的中共，也對它表示輸誠。雖說自從一九三〇年代毛澤東登上不可動搖的中共領導人地位之後，莫斯科對中國共產黨的影響力，便始終處於相當薄弱的狀況。毛一方面向蘇聯表示效忠，一方面卻自行其路。而著重實際的史達林呢？也小心翼翼，不願搞壞了與這位其實極爲獨立的東方兄弟的關係。待得一九五〇年代，赫魯雪夫果然把雙方關係搞僵，結局是招來了一場火辣辣的決裂，中國遂在國際共黨運動裡開始向蘇聯的領導地位挑戰——雖然不大成功。不過對於歐洲地區爲蘇軍所佔領的國家及共黨政權，史達林的態度就沒有那麼懷柔了，一部分原因自然因爲他有恃可憑，蘇聯的部隊還駐在東歐。另外則由於他也以爲，自己可以仰賴當地共黨對莫斯科以及對他個人的眞心效忠。因此當一九四八年南斯拉夫共黨領袖竟然敢違抗蘇聯聖旨，甚至幾達公開決裂地步，史達林自然大吃一驚。要知道，南國共黨領導階層向來忠心已極，幾個月前才獲殊榮，被指定爲重組後的冷戰共產國際總部——共黨情報局——所在。蘇聯跨過狄托，試向南國的好兄弟，忠心的共產徒眾們直接呼籲，可是沒有什麼重大回應。史達林此驚非同小可，典型的反應，當然便是向其他衛星政權的共黨頭目們開刀，掀起一場大肆清算鬥爭。

然而，南斯拉夫的絕裾而去，並未影響共產圈內的其他成員。一直要到一九五三年史達林死去，蘇聯集團才逐漸開始出現政治潰散的現象。等到蘇聯官方也開始對史達林時代大肆抨擊，並於一九五六年在蘇共第二十屆會議上也對史達林謹愼地試探批評之後，這個現象更爲明顯。攻擊的內容，雖然僅對蘇聯國內一群極少數的聽眾發布——赫魯雪夫的祕密演講，對外國共產黨一律保密——可是蘇聯獨石政治已告分裂的風聲，不久便傳到外面。此事在蘇聯控制的歐洲地區，興起了立即回響。不到幾個月，由波蘭改革派共黨組成的新領導班子，便爲莫斯科當局平和接受(也許係中國忠告之故)。匈牙利則爆發了一場革命，改革派共黨納吉(Imre Nagy)宣布結束一黨統治——這項主張蘇聯也許可以容忍，因爲蘇聯自己內部對此也意見不一——可是納吉的動作太過火，竟然同時宣布匈國從此改採中立，退出華沙公約。此舉蘇聯可絕對不能容忍，一九五六年十一月，匈牙利革命被俄軍大舉鎮壓平息。

蘇聯集團發生的這場內部大危機，卻不曾為西方聯盟趁火打劫（只不過趁機大肆宣傳而已），證明東西雙方關係的穩定，兩邊都心照不宣，接受了彼此的勢力範圍疆界。一九五〇及一九六〇年代間，除了古巴一地以外，全球各國均不曾出現過任何足以擾亂這種微妙平衡關係的重大革命變化⓫。

政治層面既被牢牢控制，其與經濟之間的發展便也難於分野。因此在波蘭及匈牙利，人民既已清楚表示，對共產主義沒啥熱情，政府就不得不在經濟上做出讓步。波蘭重新解除了農地的集體化政策，雖然此舉並不見得提高該國農業的效率。最重要的是，工人階級的政治勢力，在急急衝向工業化的大浪中獲得極大的強化，同時也被政府所默認。說起來，一九五六年一連串發生在波茲蘭(Poznan)的事件，就係因工業化運動而造成。從那個時候開始，一直到一九八〇年代末期團結工聯的最後勝利，波蘭的政治經濟動態，都處在那無法可抗的巨體（共黨政權），以及那無法可去的個體（工人階級）兩者之間的對峙之下。一開始並沒有組織的工人階級，至終終於組成一股古典式的勞工運動洪流，並依例與知識分子結為聯盟，最後並發展成政治運動，正如馬克思的預料一模一樣。可惜的是，馬克思門徒不禁哀嘆，這場運動的意識形態非但不反對資本主義，反而掉過頭來倒打社會主義一槍。而這類對峙狀況的發生，通常多係因為波蘭當局時不時便打算以提高物價的手段，減輕政府對基本生活成本的大量津貼負擔。於是工人便起來罷工，最後往往在一場政治危機之後，由政府讓步打消此意。至於一九五六年革命被鎮壓之後的匈牙利，蘇聯在該國設立的領導階層，倒具有比較眞誠並具效果的改革誠意。首先，卡達爾(János Kádár, 1912–89)有系統地將匈牙利政權進行自由化的改革(多半也有蘇聯重要人物的默許支持),並與反對勢力講和相安。於是在實際上,在蘇聯許可的限度之內,不費一兵一卒,完成了原先一九五六年的革命目標。就這一點而言,直到一九八〇年代,匈牙利均可說相當成功。

可是捷克斯洛伐克的發展就完全兩樣。自從一九五〇年代初期凶殘的淸算風暴結束之後,捷人變得政治冷感,不過卻小心翼翼,開始試著解除史達林套上的箍咒。進入一九六〇年代下半時期,這項進展如雪球般加速擴大,其中原因有二。一是向來對兩族立國狀況感到不大自在的斯拉伐克人(包括共產黨內的斯拉洛伐克人),爲黨中提供了潛在的反對力量。一九六八年黨內發生政變,當選黨書記者是一名斯洛伐克人杜布切克(Alexander Dubček),因此也就不足爲奇。

但是另外一個不同的問題,亦即經濟改革刻不容緩的重大壓力,以及如何在蘇維埃式的支配體系裡面,注入一點理性與彈性,在一九六〇年代也成爲難以抗拒的洪流。我們在以下將會看見,這種感覺,此時普遍感染了整個共產集團。經濟上解除中央集權,這項要求本身雖然不具政治爆炸力,可是一旦與智識解放甚至政治解放的呼聲相結合,就立刻變得極具爆炸性了。在捷克斯洛伐克,這項要求的呼聲尤其強烈,一方面固然由於史達林作風在捷國實行得特別殘酷且長久,再方面也因爲眼前政權的眞相,與自己心中依然保存的理想差距太大,令許多共產黨員感到心驚不已(這種感受尤以黨內知識分子爲烈)。當初納粹統治前後,共產黨的確擁有過民眾的眞心擁戴)。正如許多被納粹佔領過的歐洲地區,共產黨曾是地下抵抗運動的核心,吸引過多少年輕的理想分子,他們的奉獻承諾,在那時候是一種多麼無私的保證。希望的明燈,加上可能面對的苦難與死亡,除此之外,一個人在加入共黨之際(就像筆者一位友人,於一九四一年在布拉格參加共產黨時的心情一般),難道還會有其他什麼期望嗎?

一如常態,改革的動力往往來自上層,亦即來自黨內——其實觀諸共產國家的結構,這種情況根本無可避免。一九六八年的「布拉格之春」(Prague Spring),在政治文化動盪騷亂的先導之下,與當時全球性學生運動同時爆發(見第十章)。這一場全球學生運動,屬於極少數能夠跨越地理阻隔及社會階級鴻溝的事件。於是從加州、墨西哥,到波蘭、南斯拉夫,各地同時發動了多場社會運動,多數以學生爲中心。捷克斯洛伐克共黨當局的「行動綱領」,本來是否會爲蘇聯接受,殊難論定——多半不能——不過它當時試圖由一黨獨裁轉向多黨民主的舉動,的確相當危險。東歐蘇維埃集團的凝聚力量(恐怕甚至連其基本存在在內),都似乎陷於風雨飄搖之中,「布拉格的春天」,愈發暴露並進而深化了這道內部裂痕。一邊是缺乏群眾支持的強硬派政權(比方惟恐捷克之例,將導致自己國內亦趨不穩的波蘭與東德,它們對捷克事件批評甚激);另一邊則是爲多數歐洲共黨、並爲改革派匈牙利人熱烈支持的捷克民眾。後者的支援力量,尙來自集團之外,包括南斯拉夫由狄托領導的獨立共黨政權,以及一九六五年來即在新領袖西奧塞古(Nicolae Ceauçescu, 1918-89)領導下以民族主義立場與莫斯科漸行漸遠的羅馬尼亞(但是對於國內事務,西奧塞古卻與共產改革派完全背道而馳)。狄托與西奧塞古均曾往訪布拉格,受到當地民眾英雄式的歡迎。此情此景,是可忍孰不可忍,莫斯科內部縱有分歧遲疑,也決定當機立斷,以武力推翻布拉格的政權。蘇聯此舉,遂爲以莫斯科爲中心的國際共黨運動劃上句點——其實它早已於一九五六年出現裂痕——但是也幫助蘇聯集團再度苟延了另一個二十年。不過從此開始，它的結合只能在蘇聯軍事干預的恐嚇之下勉強存在。在蘇聯集團的最後二十年裡，甚至連執掌政權的共黨領導人，也對自己的作爲失去了眞實信仰。

在此同時，獨立於政治事件之外，對蘇聯式中央計畫經濟體制進行改革的需求，變得更爲刻不容緩。就一面而言，非社會主義的已開發經濟在此時開始突飛猛進，繁茂之象前所未見(見第九章)，愈發加深兩大體系之間的差距。這種現象，在同國之內兩制並存的德國境內尤爲明顯可見。就另一面而言，原本直到一九五〇年代一路領先西方的社會主義經濟成長率，此時卻明顯地開始落後。蘇聯的國民生產總值，由一九五〇年代百分之五點七的年成長率(幾乎與一九二八至四〇年間頭十二年的工業建設同速)，一路下坡，先落爲一九六〇年代的百分之五點二，繼爲一九七〇年代前半期的百分之三點七，以及後半期的百分之二點六，及至戈巴契夫掌舵之前的五年(一九八〇—八五)，已經陷入百分之二的深谷(Ofer, 1987, p.1778)，東歐國家的紀錄同樣悲慘。爲了使系統變得比較有彈性，一九六〇年代之際，蘇聯集團各國紛紛開始進行改革的嘗試，基本上係經由解除中央全盤計畫的手段，甚至連柯錫金(Kosygin)作爲總理治下的蘇聯也不例外。可是除了匈牙利外，一般都並不特別成功，有些甚至起步維艱，毫無成效。或像捷克般由於政治上的理由，根本不獲實行。至於社會主義大家庭內的獨行俠南斯拉夫，出於對史達林主義的敵意，更一舉廢除了中央計畫型的國營經濟，改以一套統合式自營企業系統取而代之，可是其成果卻也不見佳。隨著世界經濟在一九七〇年代進入一段茫然不定的新時期，東西雙方，已經無人再對「實存社會主義」的經濟抱有任何期待，衆人都認定它絕對不可能迎頭趕上非社會主義的經濟了——而且，恐怕連並駕齊驅都難辦到。不過當其時也，雖然張望前路，道上雲霧似乎比前爲多，但是短時間內，似乎也無足堪憂。然而，不久這個狀況就要改變了。

註釋

❶這項數據純係以蘇聯及其附庸國家爲準，不過從中也可獲得大致參考。

❷「要是計畫中心得向每個主要生產團體、每個生產單位，都發出詳明的指導細則，再加上中間級計畫層級缺乏，中心的工作負擔，必然巨不堪言。」(Dyker, 1985, p.9)

❸根據馬克思的說法，以徵收及掠取達成的「初步累積」，原係資本主義獲取原始資本的必要手段。由此起步，資本主義方才進一步開展其內部的資本累積。

❹準此，在一九八〇年代上半期，以集體農作爲主、農地面積僅稍高於法國農地四分之一的匈牙利，卻有著比法國爲高的農產出品量。而波蘭的農地面積約爲匈國三倍，農產出品總值僅及後者的半數。法波兩國均非集體農作制度。(FAO Production, 1986; FAO Trade, vol. 40, 1986)

❺「所有發明之中，只有三分之一在經濟領域內找到應用途徑。即使如此，進一步的普及傳布也極爲稀有。」(Vernikov, 1989, p.7) 以上所引似係指一九八六年間。

❻因此，最能表現共黨特色的威權式中央集權，始終保持著「民主性中央集權」的官方稱號。一九三六年出爐的蘇

聯憲法，在字面上也屬於典型的民主憲法，對於容納多黨選舉的空間，更不下於美國憲法的規定。其實這部憲法的內容也非虛飾門面，因為其大部分係由一九一七年之前老馬克思革命人布哈林執筆起草。布氏顯然深信，這種憲法適用於一個社會主義的社會。

❼某些共產國家，甚至朝世襲的方向發展，與君主制之間的神似就更強烈了。若在早期社會主義及共產主義人士眼裡看來，此勢必可笑至極，難以想像。北韓及羅馬尼亞即為兩例。

❽史氏塗抹香膏的遺體，原厝於紅場陵寢，後於一九五七年間移走；在此之前，作者曾於該處親見。其人權力之強大，及見其體形之矮小，當日震撼至今猶記。然眾多電影照片，卻俱皆隱去史氏身高實只得五呎三吋的事實。箇中涵義，值得吾人玩味。

❾即以一九三九年出版的蘇聯共產黨《簡史》(*Short History*)為例，殊不論其謊言滿篇，知性不足，就教學角度而言，卻是一部上乘之作。

❿種種估計程序，都存在許多不肯定的地方，詳情參見 Kosinski, 1987, pp.151-52。

⓫一九五〇年代的中東革命——埃及一九五二年、伊拉克一九五八年——雖然為蘇聯外交空間帶來較大的活動餘地，事實上卻與西方的擔憂相反，並未改變兩方勢力的均衡。主要原因，係出於幾處共黨勢力活躍的政權，對內均大肆清共，如敘利亞、伊拉克即是。

第三部 天崩地裂

第十四章
危機二十年

前些日子，曾有人問我對美國的競爭力做何看法。我答覆道，這個問題根本不在我的考慮之列。我們「國際收銀機公司」（NCR）的人，只把自己看作一間在國際上競爭的公司，只是本公司的總部剛好設在美國而已。

——謝爾(Jonathan Schell, *NY Newsday*, 1993)

特別令人感到痛楚的是，(大量失業的)後果之一，可能會造成年輕人與社會上其他部分日漸疏離。根據當代的調查顯示，年輕人還是願意工作，不管工作多麼難找；他們也依然希望建立一番有意義的事業。更廣泛地說，如果未來這十年的社會，不但是一個「我們」與「他們」漸行漸遠的世界(這他我之別，大致上代表著資方與勞方之分)，而且更將是一個多數群體本身，亦日趨分裂的世界。亦即工作人口之中，年輕及保障較不足的一群，與經驗較多保障較全的另一群人，彼此之間扞格不合。這樣一個社會，當中一定會有某種危險存在。

——經濟合作暨發展組織祕書長印維斯汀(Investing, 1983, p.15)

1

一九七三年後的二十年間的歷史，是一頁世界危機重重，失去支點大舉滑落入不安定的歷史。但是一直要到了一九八〇年代，世人方才明白黃金時代已經一去不返，當年的基石已經粉碎，再也不能成形。直到世界的一部全面倒坍之後——亦即實行「實存社會主義」的蘇聯與東歐集團——這股危機的全球性方才爲人認知。在此之前，已開發的非共產地區自然更不承認此中危機的存在，多年來，眾人都仍將每一回的經濟難題，稱爲過渡性的「景氣蕭條」(recession)。半個世紀以來，令人聯想起大災難時期的「不景氣」(depression)及「大蕭條」(slump)二詞，遂成爲至今猶未完全解禁的禁語。更有甚者，只要提一下這個字眼，就可以使人不寒而凜，喚回當年那個恐怖的陰魂。甚至當一九八〇年代的「景氣蕭條」，是爲「五十年來最爲嚴重的一次」之際，連這句話也小心結構，不敢直指那段相對照的時期——亦即一九三〇年代。(廣告人的文字魔術，已經被人類文明提升爲人類經濟活動中的基本一環；可是文明本身，如今卻陷落在它自己這個專長構築幻境的機制之中。)只有到了一九九〇年代初期，才有人敢開始承認(如在芬蘭)，目前的經濟難題，確乎比一九三〇年代之際還要糟糕。

就許多方面而言，這種情形實在令人困惑不已。爲什麼世界經濟變得不再穩定？正如經濟學家的觀察一般，各項有助經濟穩定的因素其實比前更強——雖然一些自由市場國家的政府，如美國的雷根與布希、英國的柴契爾夫人與她的後繼者，試圖將其中幾項因素的力量減弱（World Economic Survey, 1989, pp.10-11）。舊有大量生產制度中的一大關鍵所在——亦即難於控制的「存貨周期」(inventory cycle)——在電腦化的存貨管理以及更好更快的通訊傳輸之下，影響力已經大大減低。如今生產線上可以配合需要變化，隨時調整產量：擴張期「剛好趕上」(just in time) 大規模地生產，縮減期「原地不動」靜待存貨銷清。這項新方法係由日本人首先試行，並在一九七〇年代科技的幫忙之下成爲事實。其宗旨係減少存貨，只需產製足夠數量，「剛好趕上」經銷商的所需即可。總之，產能的彈性大幅度地升高，隨時因應需求變化，在極短的通告之下靈活調度。這不再是一個亨利福特，而是班尼頓 (Benetton) 的時代。在此同時，政府開支之鉅，以及名列政府支出項下的私人收入——如社會福利金及救助金等「移轉性支付」(transfer payments)——也有助於經濟的穩定。前述兩項政府開支的總和，如今已高居國內生產毛額的三分之一。如果說，在這個危機世代裡有什麼東西上漲的話，恐怕就數這兩項了。單是失業救濟、養老金，以及醫療費用的增加，就足以推動它們的上漲。這個危機世代，一直延伸入短促二十世紀末期。我們大概得再等上數年，才能等到經濟學家也拿起歷史學家的最後武器——亦即後見之明——爲這個時期找出一個具有說服力的解釋了。

誠然，將一九七〇年至一九九〇年代之間的經濟困難，拿來與兩戰之間的難題相比，在方法上自然有其缺陷；雖然在這個新的二十年裡，另一場「經濟大蕭條」的恐懼時時縈繞眾人心頭。「有沒有可能再來一次？」許多人都問道，尤其是在一九八七年際，美國（及世界）股市一場極其戲劇化的大瀉，以及一九九二年國際匯兌發生危機之後（Temin, 1993, p.99），憂心之人更加多了。一九七三年開始的數十年危機，其實並不比一八七三年後的數十年間更接近一九三〇年代「大蕭條」的意義（雖然一八七三年那段時期也被人視作大蕭條），這一回，全球經濟片刻也未崩潰——不過當黃金時代於一九七三至七五年結束之際，的確有幾分類似古典的循環性蕭條。當其時也，「已開發市場經濟」的工業生產在短短一年之內驟降一成，國際貿易則跌落百分之十三（Armstrong, Glyn, 1991, p. 225）。黃金時代過後，已開發資本主義世界的經濟雖然持續成長，可是比起前此的大好時光，速度顯然緩慢許多，只有某些「新興工業國家」（多數位於亞洲，見第十二章）是爲例外，後者進行工業革命的歷史甚短，自一九六〇年代方才開始。但是總的來說，一直到一九九一年際，先進經濟地區的國內生產毛額始終在成長之中，只有在景氣蕭條的一九七三至七五年及一九八一至八三年間，兩度稍微受到短暫停滯的干擾（OECD, 1993, pp.18-19）。世界成長的龍頭動力，亦即國際工業品貿易，也在繼續增加之中，進入一九八〇年代的大發時期，其加速之勢甚至可與黃金年代媲美。及至短促二十世紀年代結束，已開發資本主義世界國家的富庶程度與生產力，總體來說甚至遠超過一九七〇年代初期，而依然在其中扮演著重要角色的全球經濟，此時也比當年更爲活躍熱絡。

但在另一方面，世界上另有一些角落的狀況就沒有這麼樂觀了。在非洲、西亞，以及拉丁美洲，平均每人的國內生產毛額完全停止成長，到了一九八〇年代，多數人反而變得比以前貧窮。這十年當中，非洲及西亞的出產量多數時候都在走下坡，而拉丁美洲則在最後幾年也陷入同樣境地（UN

World Economic Survey, 1989, pp.8, 26）。對於這些地區而言，一九八〇年代無疑是它們嚴重不景氣的時代。至於在西方原爲「實存社會主義」的地區，一九八〇年代始終保持著差強人意的成長幅度，可是一九八九年後完全崩潰。它們陷入的危機險境，若以「大蕭條」名之倒若合符節。進入一九九〇年代初期，這些國家的狀況甚至更慘。從一九九〇年開始到一九九三年四年之間，俄國的國內生產毛額年年跌落，其跌幅分別爲百分之十七（一九九〇—九一）、百分之十九（一九九一—九二），及百分之十一（一九九二—九三）。波蘭經濟到了一九九〇年初期雖然開始多少轉趨穩定，可是綜觀一九八八至一九九二年期間，波國的國內生產毛額總共銳減百分之二十一以上。至於捷克，則去了百分之二十；羅馬尼亞及保加利亞更慘，損失高達三成甚至更多。綜觀這些國家在一九九二年中期的工業生產，只有一九八九年際的半數迄三分之二之間（*Financial Times*, 24/2/95; EIB Papers, November 1992, p.10）。

焦距轉向東方，情況則完全相反。就在蘇聯集團經濟紛紛崩潰解體之際，中國經濟卻開始了驚人的成長躍升，對比之強烈，再沒有比這個更令人稱異的現象了。在中國，事實上再加上自一九七〇年代開始，成爲世界經濟地圖上最充滿動力的一個角落在內（東南亞及東亞的大部分地區），「蕭條」一詞，可謂毫無意義——說來奇怪，一九九〇年代初期的日本卻不在這些幸運國家之列。然而，儘管資本主義的世界經濟在繁榮成長，其中的氣氛卻不輕鬆。舉凡資本主義在戰前世界最爲人詬病的缺陷——「貧窮、大量失業、溷濁、不穩定」——本來在黃金時期已被掃除長達一代時間，一九七三年後卻開始重現。經濟成長，爲嚴重的不景氣一再打斷，先後計有一九七四至七五年、一九八〇至八二年，以及一九八〇年代結束之際三次，規模之大，絕非「小小的景氣蕭條」所可形容。西歐地區的平均失業率由一九六〇年代的百分之一點五劇升爲一九七〇年代的百分之四點二（Van der Wee, p.77）。在一九八〇年代末期景氣繁榮的最高峯，歐體的失業率，卻竟然平均高達百分之九點二，一九九三年更爬升到百分之十一。半數失業人口的賦閒時間甚至超過一年，更有三分之一長達兩年以上（Human Development, 1991, p.184）。問題是黃金年代的戰後嬰兒潮已經過去，潛在的工作人口本應不再繼續膨脹；而且不論年頭好壞，通常年輕人的失業率也均高於年紀較長者。在這種情況之下，永久失業率若有任何變化，照常理應該呈縮減之勢才是❶。

至於貧窮溷濁，到了一九八〇年代，甚至連許多世上最富有最開發的國家，也發現如今自己「又開始」習慣於每日乞丐流連街頭的景象了。更駭人的是，即使連流浪人棲宿簷下、藏身硬紙板的鏡頭，大家也都變得習以爲常視若無睹——如果警察尚未干涉，把他們從眾人視線之內移走的話。一九九三年際，無論在哪一個夜晚，紐約市內都有二萬三千名男女露宿街頭或棲身收容所內。這個數字，實在只是小意思——要知道從一九九三年開始倒數回去的五年之中，全紐約市更有百分之三的市民，頭上一度沒有片瓦遮蓋（*New York Times*, 16/11/93）。在英國（一九八九），則有四十萬人被正式列入「無家可歸」之列（UN Human Development, 1992, p.31）。回到一九五〇年代，甚至一九七〇年代早期，有誰能預想到今天這般慘狀？

無家可歸貧民的重現，是新時代裡社會及經濟愈發嚴重不平等的現象的一環。其實根據世界性的標準，「已開發市場經濟」富有國家在收入分配一事上，其實並不至於太不公平——至少尚未臻於極爲不公之境。在這些國家當中，分配最不均勻者如澳大利亞、紐西蘭、美國及瑞士四國，百分之二十居於最上層的家庭所得，平均爲最下層五分之一的八至十倍。至於那高踞頂尖的一成家庭，他們帶回家中的收入，通常更高達全國總收入的百分之二十到二十五。而瑞士、紐西蘭最頂端的天之驕子，以及新加坡與香港的富人，其所得比例更高。但是上述差距，若與菲律賓、馬來西亞、祕魯、牙買加，或委內瑞拉的不平等狀況相比，自然更屬小巫見大巫，後者的富人收入，高達其本國總入息的三成以上。至於瓜地馬拉、墨西哥、斯里蘭卡、波札那（Botswana）等國，貧富差距之大，更是不在話下，有錢人收入的比例，佔其國總數四成之巨。至於名列舉世貧富懸殊冠軍頭銜爭霸行列的巴西❷，在這個社會不公臻於極致，堪稱「社會不公紀念碑」的國度裡，最下層的百分之二十人口中間，一共只得全國總收入的百分之二點五以供分用；而最上層的百分之二十，卻幾乎享有三分之二。至於那居於頂端的百分之十，更掠去高達半數之多（UN World Development, 1992, pp.276-77; Human Development, 1991, pp.152-53, 186）❸。

然而，在這「危機二十年」裡，貧富不均的現象即使在「已開發的市場經濟」國家也愈發嚴重。原本黃金時代眾人都已習以爲常的「自動加薪」（即幾乎等於自動增加的實質收入），如今也已黯然終止，更使人有雪上加霜之感。貧富兩極的比例都開始增加，雙方差距的鴻溝也隨之延長。一九六七至一九九〇年間，年收入在五千美元以下，以及在五萬美元以上的美國黑人人數俱有增多之勢，犧牲者自然是居於中間的一層（*New York Times*, 25/9/92）。不過由於資本主義富有國家的腰包比前更爲雄厚，同時整體而言，如今其子民亦有黃金時代慷慨設置的社會安全福利系統墊底（見四二七頁），因此社會不安的程度比原本可能爲低。可是社會安全福利的負擔太過沉重，如今的經濟成長卻遠較一九七三年前爲低。出得比進得快，入不敷出之下，政府財政自然日見拮据。然而儘管百般努力，富有國的政府——多數爲民主國家——卻始終無法削減這方面的巨大支出，甚至連有所抑制都感極難❹，即使連那些對社會福利救濟最不存好感的國家亦然。

回到一九七〇年代之際，可沒有半個人會預料到——更不可能有所打算——日後竟會一變如此。及至一九九〇年代初期，一股缺乏安全感、憤恨的氣氛開始瀰漫，甚至連多數富國也無法倖免。我們將會看見，這種氛圍，造成這些國家的傳統政治形態的解體。到了一九九〇至九三年間，眾人再也無法否認已開發資本主義世界的確已經陷入不景氣的事實。但是救治何方，卻沒有人敢認眞地拍胸主張，只能暗暗希望霉頭趕快過去。然而，有關危機二十年的最大眞相，倒不在資本主義好像不如當初黃金年代靈光，問題卻出在它的整個操作已經完全失控。世界經濟心情不定，大家都束手無策，不知如何修理，也無人擁有儀表可予操縱。黃金時代憑恃的主要儀表，亦即由國家或國際間協調擬定的政府政策，現在已告失靈。危機二十年，是一個國家政府失去其經濟掌握力的時代。

這個現象，一時之間並不很明顯，因爲大多數的政治人物、經濟學家、企業人士，（照例）看不出時代經濟已經走在永久性的轉向關頭。多數政府在一九七〇年代提出的對策，只是短期的治標方法，他們以爲，不消一兩年的工夫，大局必會好轉，重回往日繁榮成長的旺象；已經靈驗了一代之久的錦囊妙計，何必無事生非隨便亂改？於是這十年的故事，事實上根本就是寅吃卯糧，舉國向未來借光的故事——就第三世界及社會主義的政府而言，它們的對策便是對外大筆舉債，希望短期之內即能歸還——並祭起凱因斯派經濟管理的老方子來治新症。結果，在一九七〇年代絕大部分時間裡面，世上最先進的資本主義國家中，均係由社會民主政府進場（或在保守派露臉失敗之後，再度復出），如英國於一九七四年，美國於一九七六年。它們自然不可能放棄黃金時代的當家法寶。

當時提出的另外唯一一項對策，來自主張極端自由主義一派的經濟神學。這一群長久以來屬於孤立地位的少數，篤信絕對自由的市場制度，早在股市崩盤之前，就開始對凱因斯學派及其他主張管理式混合經濟與全面就業的陣營展開攻擊。這一向以來因循套用的政策顯然不再靈光，一九七三年後尤其嚴重，愈發使得這批個人主義門下老打手的信念更加狂熱。新增設的諾貝爾經濟獎（一九六九），於一九七四年頒給了海耶克，更促進新自由主義（neo-liberal）風氣在此後的流行。兩年後，這座榮銜再度歸給另一位極端自由主義的名將弗里德曼（Milton Friedman）❺。於是一九七四年後，自由市場一派的人士開始轉守為攻——不過一直要到一九八〇年代，他們的論調才成為政府政策的主調。其中只有智利例外，該國的恐怖軍事獨裁政權在一九七三年推翻人民政府之後，曾讓美國顧問替它建立起一個毫無限制、完全自由的市場經濟。可見得在自由市場與政治民主之間，本質上並無眞正關聯（不過，在此得為海耶克教授說句公道話，他可不像那些三流冷戰宣傳家一般，硬說兩者確有關聯）。

凱因斯學派與新自由主義之間的論戰，論其內容，並不是兩派經濟專家在純粹學理技術上的對峙；論其動機，也不是為當前種種前所未見的經濟困境尋找答案。（比方說，當時有誰曾經考慮過，那種迫使一九七〇年代必須打造出一個新經濟名詞「停滯性通貨膨脹」〔stagflation〕來形容的現象，

——亦即經濟成長停滯，物價卻一味上漲，兩種完全意想不到的意外組合？）根本上，這是一場兩派完全不相容的意識思想之戰，雙方都提出自己的經濟觀點。凱因斯一派認爲：多虧有優厚薪資、全面就業，以及福利國家三項特色，才創造了消費需求，而消費需求則是經濟擴張的能源。經濟不景氣，就該加入更多需求打氣。新自由主義一派則反駁道，黃金時代的自由政治經濟氣候，使得政府及私人企業不致採取控制通貨膨脹及削減成本的手段，才使得資本主義經濟成長的眞正動力——亦即利潤——得以不斷上升。總而言之，他們主張，亞當斯密所說的那隻自由市場上「看不見的手」，必能爲「國富」（Wealth of Nations）帶來最大幅度的成長，國內財富收入的分配亦能因此維持長久。這套說法，卻完全爲凱氏學派否定。兩方唇槍舌劍你來我往，可是雙方的經濟理論，卻都將某種意識形態予以理性化了，亦即對人類社會持有某種先驗性的看法。比方說，實行社會民主制的瑞典，當年曾是二十世紀一大經濟成功典範，可是新自由主義分子對它卻既不信任又有反感。嫌惡的原因，並非由於瑞典不久就會一頭撞入危機的二十年——其實當時無論哪一類型的經濟，都將不免於這個噩運——卻因爲瑞典的成功，乃係奠定於「瑞典著名的經濟模式，以及其中集體主義性質的平等觀及合作論」上（*Financial Times*, 11/11/90）。相反地，柴契爾夫人領導的英國政府，即使在其經濟頗獲成功的年代，亦爲左派不喜，因爲她的政府，乃是建立在一個沒有社會觀念，甚至反社會的自我中心觀點之上。

這方面的潛在立場，基本上根本無法提出討論。比方說，假定我們可以證明，醫用血液最好的獲取途徑，乃是來自那些願意以市場價格交易的自願賣血者。像這樣一種說法，有可能駁倒擁護英國免費捐血制度的正大言論嗎？答案當然是否定的。狄特姆斯（R. M. Titmuss）在其《贈與關係》（*The Gift Relationship*）一書中，即曾爲捐血制度慷慨陳詞。他也同時指出，其實英國這種非商業性的捐血方式，論效率並不比商業差，安全度則有過之❻。在其他條件相同之下，社會中成員若願意慷慨伸出援手，幫助其他不知名的同胞，像這樣一個社會，對我們許多人來說，總比眾人袖手旁觀爲佳。正如一九九〇年代初期，由於選民起來反抗當地猖獗的貪污現象，義大利政治體系爲之崩解——唯一不曾爲這股正氣大雪崩埋陷者，只剩下那些體制外的黨派。選民的憤怒，並非因爲許多人眞正身受貪污之害——其實相當數目之人，甚至絕大多數，都從中受惠——而是出於道德立場。總而言之，揮舞絕對個人自由大旗的旗手們，面對著無限制市場資本社會的種種不公不義，卻能視若無睹（如一九八〇年代絕大多數時間的巴西即是），甚至當這樣一種制度無法對經濟成長做出貢獻之際，依然不改其堅持主張。反之，相信平等及社會公平的人士（如筆者即是），卻一有機會就表示，即使如資本主義式經濟的成就，也唯有在國民所得維持相當平衡的基礎之上，方才最能穩固站立，如日本（見五三四頁）❼。同時，雙方還將自己的基本信念，進一步轉換成實用觀點。比方說，以自由市場價格決定資源分配，是否盡乎理想，或只應屬次要手段等等。然而口沫橫飛之餘，兩邊還是得提出實際處理「經濟發展減緩」的因應之道，才算得上眞本事。

從政策層面觀之，「黃金時代經濟學」支持者的表現並不甚佳。部分原因，係因他們被自己的政治主張及意識傾向所束縛，亦即全面就業、福利國家，以及戰後的多數議決政治。進一步說，當黃金時代的成長再不能同時維持「企業利潤」及「非企業所得」的增加之際——兩項目標之中，勢必非有一邊犧牲不可——這批人士便被資本及勞力兩邊齊來的需要夾在中間了。以瑞典爲例，當一九七〇及一九八〇年代，這個社會民主政制的楷模國家，藉著國家對工業的補助，並大量分配及擴張國家與公共的就業機會，於是全面就業獲致相當成功，因此成爲整體福利制度的一大延伸。但是全面就業的政策，依然得仰賴以下的手段方得維持：壓抑就業人口的生活水準，對高收入採取懲罰性的稅率，以及龐大的國家赤字。一旦「大躍進」的年代一去不返，這些自然便都成爲治得了一時、救不了永久的暫時手段。於是從一九八〇年中期開始，一切都顛倒過來，及至短促二十世紀結束，所謂「瑞典模式」，即使在原產國也黯然撤退了。

然而，其中的最大打擊，莫過於一九七〇年後世界經濟的趨於全球化，國際化大風所過之處，各國政府莫不在這個難於控制的「世界市場」之下低偃——恐怕只有挾碩大經濟之力的美國不致受其擺布。(更有甚者，這個「世界市場」對左派政府的不信任，顯然遠超過右派。)甚至早在一九八〇年代，富有強大如法國(當時在社會主義政府領導之下)，也發現僅憑自己一國單方面的手段，已經無法重振經濟。在密特朗總統勝利上台兩年之內，法國便面臨帳務平衡(balance-of-payments)危機，法郎被迫貶值，凱因斯派的「需求刺激」理論也只好束之高閣，開始改弦更張，改採「帶人味的節約政策」。

而在另一方面，「新自由主義」的眾人也感到一片迷茫，到了一九八〇年代末期更甚明顯。一旦黃金時代不斷上漲的繁榮浪潮退去，那些原本在政府政策掩護之下的僵硬浪費、缺乏效率，自然一一暴露，新自由主義人士開始對它們不遺餘力地大加攻擊。而許多「混合號」經濟大船，確實也有不得不改頭換面之處，它們生了老繭的船體，經此「新自由」清潔劑大加刷洗之後，確頗有一番煥然一新的姿態。至終，甚至連英國左派都不由承認，柴契爾夫人對英國經濟大刀闊斧所下的狠藥可能有其必要。一九八〇年代之際的眾人，對國營事業及行政效率普遍感到失望，並非沒有它的道理。

然而，一味把企業當成「好事」，政府看作「壞蛋」——根據雷根之言：「政府，不是解決問題的方法，根本就是問題的本身。」——事實上不但無濟於經濟之事，而且也行不通。即使在雷根執政的年代，美國中央政府的支出也高達全國生產毛額的四分之一；而同一時期的歐體國家，平均更達四成(UN World Development, 1992, p.239)。如此龐大的開銷活動，固然能以「成本效益」觀念進行企業化的經營(雖然事實上常常相反)，但是它們既不是也不能以「市場」的方式運作——即使一般徒唱意識高調者硬要如此。總而言之，新自由主義派的政府在現實需要之下，也不得不進場插手管理指揮，同時卻振振有詞，表示自己只不過是在振興市場的活力罷了。更有甚者，國家在經濟事務裡扮演的角色，事實上根本不能減縮。只看所有自由市場意識形態性格最強的政權之中，首推英國柴契爾夫人的政府，在其執政十四年後，英國人的稅負反而遠比當年工黨時期為重便可知。

事實上遍觀全球，並沒有任何一個所謂完全建立在新自由主義之上的經濟政策——唯一的例外，恐怕只有一九八九年後的前蘇聯集團社會主義國諸國。它們在一些西方「經濟神童」的指點之下，癡想一夜之間，便翻身變成自由市場，其結果自然可想而知災情慘重。反之，執新自由主義政權牛耳的雷根美國，雖然表面的正式政策係全力看緊國庫——亦即預算平衡(balanced budgets)——並遵從弗里德曼的「貨幣供需政策」(monetarism)。但事實上，美國卻係採用凱因斯派的方法，以花錢爲手段，通過驚人的赤字與軍備支出，方才由一九七九至八二年的不景氣中脫身。同樣在貨幣政策方面，華盛頓非但不曾任由美元依本身的價值及市場的運作決定，反而自一九八四年後，重新透過外交壓力刻意操縱(Kuttner, 1991, pp.88-94)。種種事實證明，最堅持自由放任經濟制度的國家，在骨子裡，卻往往是國家主義觀念最深刻，也最不信任外面世界的國家。雷根治下的美國，及柴契爾夫人的英國，便是其中兩個最顯著的例子，史家在此，無法不注意其中莫大的矛盾之處。總之，進入一九九〇年代初期，世界經濟再度受挫，新自由主義的凱歌也只有悄然中止。尤其在眾人愕然發現，當蘇聯共產主義落幕之後，如今世上活力最足、成長最速的經濟，竟屬共產中國，西方那一批專門在企管科系發表高論，寫作「管理學新章」的所謂專家學者(企管叢書是現今最蓬勃的出版寵兒)，遂都急忙瀏覽孔老夫子的教訓，或許他老人家對此等成功的企業精神，有何祕密指示也未可知。

危機二十年的經濟困象，不但格外惱人，而且極具社會顚覆的危險，因爲其榮衰起伏，恰好又碰上結構上的大變動。一九七〇及八〇年代的世界經濟問題，與黃金時期的問題完全不同，乃是當時代的特殊產物。其時的生產體系，已經在科技革命之下全然改觀，而且更進一步，已然以相當程度的「全球化」(或所謂「跨國化」)獲致驚人成果。此外，我們在前數章已經有所討論，黃金時期產生的革命性潮流，對社會文化、生態環境造成的影響，甚至早在一九七〇年代即已不容忽略。

以上種種現象，可以從工作場景及失業現象獲得最佳了解。工業化過程中一個最普遍的趨勢，便是以機器技術替代人工技術，以機器「馬力」取代人的氣力，結果自然是把人趕出工作場去。它也(正確地)假定，在不斷地工業革命之下，經濟成長規模龐大，必將自動產生足夠的新工作，取代不再需要的舊業——不過像這樣一種經濟運作，到底要在多少人的失業之下，才稱得上是有效率，各方對此，卻意見不一。黃金時期的發展，顯然爲這種樂觀看法提供了實據。我們在第十章曾經看見，當時工業的成長之巨，甚至在最工業化的國家裡面，工人的數目及比例也未曾嚴重下降。然而進入危機二十年，人工需求的減縮開始以驚人的速率出現，即使連擴張程度溫和的國家也不例外。一九五〇至七〇年間，美國長途電話的通話次數增加五倍，接線生人數只減少了百分之十二。可是到了一九七〇至八〇年間，通話次數增加三倍，接線生卻銳減四成(Technology, 1986, p.328)。不管是相對地或絕對地，工人人數都在不斷縮減之中，而且速度甚劇。這數十年間日愈升高的失業不僅是周期現象，而且更屬結構性的失業。年頭不佳時失去的工作，到了年頭變好也不再見轉回。而且，它們永遠也不會回來了。

永久性的失業，並不只是由於工業所在大量轉移，從舊工業國家及地區轉向新生地帶，將舊工業中心變成「生銹帶」(rust-belts)而已——有時甚至彷彿徹底蛻皮一般，將原有的工業遺跡從都市景觀中連根拔去——事實上，一些新興工業國家本身的興旺現象更屬可觀。一九八〇年代中期，第三世界內部即有七個這類國家❽，囊括了全球百分之二十四的鋼鐵消耗量，以及百分之十五的生產量(鋼鐵的產用量依然不失爲工業化的極佳指數)。更有甚者，在經濟之流穿國越界，自由來去各國之間的世界裡(勞工移民的流動卻屬例外，乃是這個時代特有的現象)，勞工密集的工業自然只有向外發展，從高工資國家移向低工資地區，亦即由資本主義的核心富國如美國，走向周邊的窮國。若能以德州工資十分之一的工錢，在對岸墨西哥的胡亞雷斯市(Juárez)僱得人手，即使程度較差，也比留在河這一邊的艾爾帕索(El Paso)來得划算。

甚至在尚未工業化或剛起步的國家裡面，機械化的鐵律也成了最高原則。於是原本最爲廉價的人工，由於遲早被機器取代，反而變成一項最昂貴的成本。這些國家，同樣也難逃世界性自由貿易競爭鐵律的掌握。即以巴西一地爲例，當地勞工比起底特律或沃爾夫斯堡(Wolfsburg)雖屬低廉，可是聖保羅的汽車工業，卻同樣步上密西根及下薩克森(Lower Saxony)的後塵，面對了機械化之下勞力過剩的難題(至少在一九九二年際，作者即自當地工會領袖處如此聽說)。就實際目的而言，機器的效率及生產力，可以經常地，甚至不斷地靠科技更新提升，而它的成本卻可以同時大幅下降。可是人類則不然，將航空交通的萬里高速，與短跑選手的百米紀錄兩相比較，即可一見端倪。總而言之，無論在任何一段長度的時間裡面，人工成本都不能減低到該社會所認可——或以任何標準衡量——足以維持人類基本生存所需的水準以下。人體的功能，在根本上就不是爲了資本主義式的效率化生產而設計。科技愈進步，人工成本與機械相較就愈爲昂貴。

這場危機二十年的歷史悲劇，即在於生產線上拋棄人工的速度，遠超過市場經濟爲他們製造新工作的速度。更有甚者，這項淘舊卻不以新更替的過程，在各種因素之下越發加速：其中包括全球愈演愈烈的競爭，政府肩上日重的財政負擔——政府也是直接間接最大的單一僱主。更嚴重的是，一九八〇年後，更被當時那一批猶佔上風的自由市場神學不斷施壓，要求將工作機會，移轉爲以追求最大利潤爲標的的企業經營形式，其中尤以將就業市場轉往私營公司行號一事，造成的影響最大。這些以營利為目的的集團，除了自己的金錢利益，當然天生就對其他一律不感興趣。大勢所趨之下，意味著政府及其他公營事業單位，不再扮演著一度被稱為「最後可以投靠的僱主」角色(World Labour, 1989, p.48)。而行業工會的力量，在經濟不景氣及新自由主義政府的敵視之下，也日漸衰落，益發促成人工淘汰趨勢的演變，因為會員工作的保障，一向是工會最寶貴的任務之一。總之，世界經濟在不斷地擴張，可是擴張之中，原本可以為勞工市場上缺乏特定條件的男女自動製造工作的機制，此時的運轉卻顯然失靈了。

換句話說，當年農業革命來到，一向在人類歷史記載上佔有絕大多數的農民一族，開始成為多餘的一群。在過去，這些不再為土地所需要的百萬勞力，只要願意工作，只要他們做慣農活的身手(如挖土築牆)可以重新適應，只要有能力學習新技能，隨時都可以被他處求人工若渴的職業所吸收。可是，當這些職業也不再被需要之際，他們將何去何從？即使其中的某些人，可以經由再訓練，轉行至資訊時代不斷擴張的高檔工作(這些工作往往越來越需要較高的教育程度)，其數量卻不足敷吸收由舊生產線上淘汰下來的人潮（*Technology*, 1986, pp.7-9, 335）。就這個層面而言，那些仍在繼續湧出鄉間的第三世界農村人口，真不知下場將是如何？

至於富裕的資本主義國度失業者，如今都有福利制度可以仰賴，然而，那些變成永久性寄生福利的一群，卻被其他認為自己係靠一己之力工作餬口的人所憎恨鄙視。而貧國的失業人口，只好加入龐大卻曖昧隱蔽的「非正式」或所謂「平行」(parallel)經濟，男女老少，做小工、當小差、交易買賣、因利就便，也不知靠些什麼法子地生活著。這些人在富有的國度裡面，則形成(或可說再度形成）愈發與主流社會隔離的「下層階級」。他們的問題，被視為無法解決的「既成事實」，而且是無關緊要的次要問題，因為他們反正只是一群永久的少數。於是美國本土黑人在自己國境內形成的「族群聚居社會」（ghetto）❾，即是此等地下世界社會的教科書標準實例。其實「黑市經濟」（black economy）的現象，在第一世界也並非不存在，研究人員曾經驚訝地發現，一九九〇年代初期之際，英國的兩千二百萬餘戶人家，竟持有一百億英鎊現金在手，平均每家四百六十英鎊。這個數字如此之高，聽說是因為「黑市只以現金交易之故」（*Financial Times*, 18/10/93）。

2

不景氣的現象，再加上立意以排除人力為目的的經濟結構重整，使得危機二十年的時代充斥了一股陰霾的政治低壓。一代以來，眾人已經習於全面就業的榮象，就業市場上信心飽滿，大家都相信找工作不難，自己所要的差事隨時就在那一個角落等待。一九八〇年代初期的蕭條烏雲初起，也只有製造業工人的生活受到威脅。一直要到了一九九〇年初期，這股工作不保、前途未卜的憂慮，才開始降臨到如英國等國白領階級與專業人士的心頭。英國境內，最繁榮的眾行業之中，有半數人擔心丟掉工作。這是一個人們迷失方向不知所措的年代，他們原有的生活方式，更早已遭到破壞，紛紛崩潰粉碎（見第十及十一章）。「美國史上十大屠殺案件……八件係於一九八〇年後發生」，通常犯案者多係三、四十歲的白人中年男子，「在長久孤寂之後，挫折已極，充滿著憤怒感」，而且在遭到人生重大打擊如失業或離婚之下，一觸即發犯下滔天大案⑩。這種現象，難道是巧合嗎？或許，甚至連對其有推波助瀾之「功」的「美國境內那種日益猖獗的仇恨文化」(Butterfield, 1991)，可能也不盡屬偶然吧？這股恨意，在一九八〇年代開始透過流行歌曲歌詞公然發聲，更顯露在電視電影日益明顯的殘暴鏡頭之中。

這股失落不安的感覺，爲已開發國家的政治地層造成巨大的裂痕及移動。甚至在冷戰告終，西方幾家國會民主政治賴以穩定的國際勢力平衡狀態也從此遭到破壞之前，即已出現。碰上經濟不順的年頭，選民自然把罪過怪到不管誰當政的頭上，可是危機二十年政治生態的最大特色，卻在於當政者的受挫，不見得就能使在野者獲利吃香。其中最大的輸家，是西方的社會民主及勞工政黨，它們藉以贏取支持民眾歡心的最大利器——亦即以政府爲主導的社會、經濟措施——如今一一失去了它的法力。而它們的選民基石——工人階級——也一潰而成碎石片片(見第十章)。在跨國性的新經濟世界裡，國內工資暴露於外國競爭冽風之下的程度更甚以往，而政府插手蔽護他們的能力也更減低。在此同時，蕭條氣氛之下，人心渙散，傳統集結在社會民主大旗下的各方人馬開始離心離德：有人工作暫穩(相對性地)，有人飯碗不保，有人仍守住帶有強烈工會色彩的老區及老工業，有人則遷移到比較不受威脅、不屬於工會的新區位新工業去。至於那批在壞年頭裡到處不受歡迎的倒楣受害者，則一沉到底，淪落爲「下層階級」。更有甚者，自從一九七〇年代開始，許多支持者(主要係年輕或中產階級)棄離了左派陣營，轉向其他更爲特定的運動效力——其中尤以環保、婦運，以及其他所謂的「新社會運動」爲著——更進一步削弱了社會民主黨派的力量。一九九〇年代初期，勞工及社會民主性質的政府，再度成爲如一九五〇年代般稀有的現象，因爲甚至連那些由社會主義人士象徵性領導的政府，不管是出於自願或勉強，也放棄了它們傳統的政策。

踏進這個政治眞空的新力量，是一個各色攙雜混合的大拼盤，從右派的懼外症與種族主義開始，經過主張「分離主義」(secessionism)的大小黨派，一直到據有左線的各種名目「綠」黨及其他種種「新社會運動」，五花八門，不一而足。其中有部分在本國建立了相當的地盤，有時甚至在一地一區成爲一霸；不過及至短促二十世紀時期結束爲止，尚無一支新軍，能夠眞正取代原有確立的舊型政治勢力。至於其他群體獲得的支持，則強弱不定波動甚大。然而，多數有影響力者，均駁斥普世性公民民主政治的標籤，卻改投向某種個別群體性的認同，因此對於外國及外人，以及美法革命傳統代表的全盤接收的民族國家體制，有著發乎心底的敵意。我們在後面將討論這類新「認同性政治」現象的興起。

然而，這些運動之所以重要，不端在其積極內容，而在其對「舊政治」的駁斥。其中某些勢力最龐大者的主要基礎，甚至便建立在這種否定性的意見之上，如義大利主張分離主義的「北方聯盟」(Northern League)即是，以及一九九二年際竟有兩成的美國選民，在總統大選中將一票投給了一名黨外怪胎的德州富佬。一九八九及一九九〇年際，巴西及祕魯二國，甚至眞的基於「此人名不見經傳必然值得信任」之故，分別選出了新的總統。而英國則全虧採取「非比例代表制」的選舉制度(unrepresentative electoral system)之故，才免於一九七〇年代以來不時有第三大黨誕生的危機。英國的自由派人士，先後曾或獨力、或與由工黨逸出的社會民主派聯合出擊、或雙方合併，一度獲得足與其他兩大黨之一旗鼓相當的民眾支持——甚或更勝一籌。自從一九三〇年代那前一個不景氣的時期以來，發生於一九八〇年代末期及一九九〇年代初期，那種具有悠久執政紀錄的老政黨卻大量流失支持基礎的崩散狀況，可謂聞所未聞——如法國的社會黨（一九九〇），加拿大的保守黨（一九九三），義大利政府黨派（一九九三）。簡單地說，在危機二十年裡，資本主義民主國家固有的穩定政治結構開始分崩離散。更有甚者，諸多新起的政治力量之中，最具成長潛力者，往往屬於以下成分的結合：民粹性質的煽動渲染，高度曝光的個人領導，以及對外人外國的敵意心理。面對這個光景，活過戰間期九死一生的倖存之人，能不感心灰意冷者幾希矣？

3

一九七〇年起，類似的危機其實也開始侵蝕屬於「中央計畫經濟」的「第二世界」，只是這個趨勢，一時尚未爲人注意。其病象起先被極度缺乏彈性的政治制度所隱蔽，其病情隨後卻因同樣原因而愈造沉疴，因此當變局來臨之際，其勢益感突兀，如一九七〇年代末期毛死後的中國，以及一九八三至八五年間布里茲涅夫死後的蘇聯均是（見第十六章）。經濟上，自一九六〇年代中期開始，中央式國家計畫領導的社會主義顯然便已迫切需要改革；進入一九七〇年代，更處處出現退化跡象。此時此刻，也正是這個制度的經濟——跟世上其他眾國一般，即使程度不及——開始曝曬於跨國性世界經濟烈日之下，飽受其難於控制的流動，與無法預期的波動風雨吹打之際。蘇聯大舉進入國際穀物市場，以及一九七〇年代石油危機造成的巨大衝擊，在在為「社會主義陣營」的臨終場景添上戲劇化的一筆。社會主義國度，從此再不是與外隔絕，不受世界市場風吹草動影響的自給性地區經濟了(見五六〇頁)。

東西兩大陣營，不但在任何一方都無法控制的跨國經濟下奇妙地結合起來，冷戰世局下權力系統間的相互倚賴，愈使其密不可分。我們在第八章已經看見，兩大超級強權，以及夾在它們之間的世界，曾因此獲得一個穩定的局面，因此當平衡不復之際，雙方便都先後陷入亂象。而亂象不只在政治上出現，也包括經濟層面。當蘇聯領導的政治體系突然倒坍，原先在其範圍內發展出的各區經濟分工與互賴網絡，便也隨之崩離零落。原有的隊伍既散，其中的國家及地區，如今便只好一個個獨自面對它們根本不具備任何條件應付的世界市場。同樣地，西方世界也措手不及，不知如何將這一批新來乍到的大批游勇——亦即舊共產主義「平行世界體系」(parallel world system)的殘餘——整編入自己的世界市場之中。而且就算後者有心加入，歐體組織卻拒不收納，即是一例⓫。芬蘭的經濟，是戰後歐洲最成功的實例之一，待得蘇聯體系垮台，也隨之陷入嚴重蕭條。德國，擁有歐洲最強大的經濟實力，也由於其政府完全低估了吸納人口達一千六百萬餘的東德所需的經濟成本及難度(其實，東德尚只是社會主義經濟之中，比例相當微小的一支)，而為自己及歐洲全體帶來了莫大的負荷挫傷(應該強調的是，德國銀行曾有警告，德政府卻一意孤行)。然而這一切，卻是未曾預期的後果，事實上一直到蘇聯集團真正解體之前，事先誰都沒料到此事竟會發生。

總而言之，過去想也不曾想過的念頭，如今在西方發生了，也在東方出現了；而過去隱而不見的問題，如今也開始一一浮現。於是無論東西，環境保護運動成為一九七〇年代的重大議題，從鯨魚到西伯利亞的貝加爾湖(Lake Baikal)，保護的對象範圍五花八門。由於在蘇聯集團社會之內，公共討論受到限制，我們無法精確地尋索出其種種重大觀念發展的過程，不過及至一九八〇年際，這些政權內部一流的前改革派共產經濟學者，如匈牙利的柯耐(János Kornai)，即已對社會主義經濟制度提出值得注目的負面分析，並對蘇聯式社會體系的缺陷從事凌厲探討。這方面的批評著作，在八〇年代開始對外露面，可是其醞釀卻顯然早在新西伯利亞(Novosibirsk)及其他的學術圈內進行多時。至於眾家共產領導人物本身，到底在何時也真正放棄了對社會主義的信仰，其時間表更難擬定。因為自從一九八九至九一年後，箇中人等都喜歡將自家改宗的日期向前提早一番。經濟上如此這般，政治上的發展更難逃此路，如戈巴契夫開放政策即為一例，至少在西方的社會主義國家均如此。不管它們對列寧的歷史崇敬與歷史感情多深多厚，若能從頭再來，相信眾多的改革派共產人士，都希望放棄列寧主義留下的政治遺產，雖然在表面上，少有人願意如此公然承認(甚為改革派共產東方所心儀的義大利共產黨，即為少數例外)。

社會主義世界的改革家們，他們的希望係將共產主義轉變成類似西方社會民主性質的制度。他們所欲效法的對象，乃是斯德哥爾摩(Stockholm)而非洛杉磯——在莫斯科或布達佩斯，可看不見多少私下仰慕海耶克及弗里德曼自由化學說的人。但是說起來這些改革派的運氣實在不佳，共產體制的危機，正好碰上資本主義黃金年代的危機期，同時也是社會民主制度的危機時刻。更倒楣的是，共產主義突然垮台，使得漸進的改革計畫非但不受歡迎，事實上也礙難實行。更何況此時的西方，又碰上鼓吹純粹自由市場之流的激烈意識（暫時），甫擺脫共產主義歸來的眾家政權，便不幸地誤撞上這股理論大風，從中尋得靈感。殊不知在實際上此路不通的眞相，各地皆然。

不過，儘管東西兩方的危機並行，而且同樣都因政治、經濟，被捲入同一股國際危機風暴之中，其中卻有兩項極大的不同。對共產世界來說，至少在蘇聯翼下的半球如此，它們的制度如此僵硬粗劣，這場危機遂成生死大事，結果係難逃一死。可是經濟存亡，在資本主義已開發國家裡卻始終不是疑問，其政治系統雖呈崩離之狀，其體制能否存活則不成問題（至少目前尚無問題）。這個事實，或許能解釋——雖然卻不能證實其正確性——美國某位作家在共產主義告終之際，令人難予置信地公然宣稱，人類未來的歷史將從此走上永遠的自由民主之路。總之，資本主義體系只有在一事上出現不穩的狀況：亦即它們作爲單一領土國家的保證開始受到動搖。不過在一九九〇年代初期，遭受分離主張威脅的西方民族國家當中，尙無一國眞正步上分裂的命運。

回到當年大災難的世代，資本主義的末日反而似乎較近，那一場經濟大蕭條，曾被當時一本著作的書名形容爲「這場最後危機」（*This Final Crisis*, Hutt, 1935）。卻少有人對已開發資本主義的未來，做出任何立即的末世預言。不過法國有位歷史家暨藝術經紀人，倒曾堅定預測西方文明將在一九七六年壽終正寢，因爲前此一直肩負資本主義前進重擔的美國經濟衝力，如今已經氣衰力歇（Gimpel, 1992）——這種說法，不無幾分道理。他同時又表示，目前不景氣的衰象，將「一直繼續，進入下一個千年階段」。對此，我們只能持平地加上一句，其實直到一九八〇年代末期爲止，也少有人以爲蘇聯的末路已近。

然而，也正因爲資本主義經濟動態較強，同時較不易控制，西方社會的肌理所受的破壞，也因此遠較社會主義國家爲烈；所以就這一方面而言，西方的危機更形嚴重。而蘇聯與東歐社會的組織紋路，乃係因制度本身的崩潰而告支離，卻非造成制度崩潰的原因。以東西兩德這兩個可以相比較的社會爲例，傳統德意志的習慣價值，似乎在共產主義的緊密嚴蓋之下，反而比在西區的經濟奇蹟裡保存得較爲完整。而由蘇聯移入以色列的猶太人民，則爲故土新居重建起古典音樂風光，因爲聆聽現場演奏會的習慣，至今猶爲他們所來之國正常文化行爲中的一支，至少對猶太人係如此。事實上那裡的音樂會人口，並未縮減成一小群以中老年人爲主的少數⑫。莫斯科及華沙的居民，也較少擔憂著紐約或倫敦市民的心頭煩惱：明顯升高的犯罪率、公眾的缺乏安全感，以及種種難以預料的問題青少年暴力。在共產的社會裡面，自然也少有人公然展示那些甚至連西方也會大感愕然，爲保守人士大怒斥爲文明敗壞又一立證，並黯然嘆息爲「威瑪」的特立奇行。

東西社會之間的差異，究竟有幾分可歸因於西方社會巨大的財富以及東方嚴格的管制，答案殊難料定。其實就某些方面而言，東西方進展的方向頗爲一致。兩方的家庭人數都變少了，婚姻的破裂更自由了，人口的成長也幾趨於零(至少在都市及工業化地區如此)。西方傳統宗教在兩地的影響力也急遽減弱——不過上教堂的人數一時倒未減少——雖然根據調查人員表示，在前蘇聯的俄羅斯地方，宗教信仰似有復興之象。一九八九年後，波蘭婦女也顯然步上義大利婦女的後塵，不再願意讓天主教會指定她們婚配的對象——雖然在共產統治時期，波人曾經基於民族主義及反蘇心理，對教會擁有熱烈的依戀之情。簡單地說，在共產主義的政權裡面，可供形形色色次文化、反文化、地下文化生存的空間有限，異議的聲音往往受到壓制。更何況這些國家，飽經層出不窮的殘酷歲月及大量恐怖的人們，即使在統治之手變得比較輕柔之際，也傾向於保持低首馴從的姿態。不過，社會主義人民顯現的相對平靜，並非由於懼怕所致；它的人民，完全被體制包圍與外絕緣，既不曾受到西方資本主義的半分衝撞，自然也隔離於西方社會轉型的全面巨擊。他們經歷的變化，均係經由國家的作爲或本身對國家的作爲的反應而來。但凡國家不打算進行改變的層面，通常便也維持著大致不改的舊觀。共產主義權力上的矛盾之處，即在於它其實是保守勢力。

4

在第三世界的廣大地帶(包括那些如今正步上工業化的地區)，卻沒有一個概括性的詞句可以完全形容。凡是可以從整體出發探討的事象，筆者均已在第七及第十章中有所交代。危機二十年對第三世界地區的影響，正如我們在前面已經看見，在一地一處具有非常不同的面貌。我們怎可將南韓，這個在一九七〇到八〇年十五年間，電視機擁有率從總人口百分之六點四躍升爲百分之九十九點一的國家(Jon, 1993)，與一個如祕魯般，半數人口生活在貧窮線下——比一九七二年還要眾多——而且平均消費水準也在直線下降的國家相提並論(Anuario, 1989)？更何況撒哈拉沙漠以南那些飽受摧殘破壞的非洲國家？浮現在印度次大陸上的壓力情緒，原係一個成長中的經濟與一個轉型中的社會現象。而到了索馬利亞、安哥拉及賴比瑞亞等地的緊張狀態，卻屬於一個瀕臨滅散的世界，一個少有人對其前途感到樂觀的離亂大陸。

對於異多同少的第三世界，其中只有一種概括性的敍述尚稱允當：亦即這些國家幾乎均陷入債台高築的境地。一九九〇年際，它們包辦的巨額債務從國際債務國的三大巨頭開始：巴西、墨西哥及阿根廷（從六百億到一千一百億美元不等），到各自欠下百億美元的二十八國，以至欠有一、二十億的眾「小兒科」。在世界銀行（World Bank）監察的九十六個「中」「低」收入經濟地區之中，只有七國外債被列為顯著低於十億美元以下（世界銀行職責所在，對此一定得打聽清楚）。這七小名單，包括如賴索托（Lesotho）、查德之列的國家，其實就連它們的外債，也比數十年前超出多倍。一九七〇年際，外債在十億美元以上的國家只有十二國，在百億以上者不見一國。但是及至一九八〇年時，以實際名目而言，卻已有六國欠下的債務之高，幾等於它們的國民生產毛額總值，甚或更高。到了一九九〇年間，更有二十四國的「所欠」多於他們的「所產」，包括撒哈拉沙漠以南的全部非洲地區在內。債務相對最高的國家，通常多位於非洲——莫三比克、坦尚尼亞、索馬利亞、尚比亞（Zambia）、剛果、象牙海岸——自然不足為奇，它們有些飽受戰爭所殘，有些則受到出產外銷價格的崩流所害。然而肩負這筆鉅大債務最為沉重的地方，亦即外債高達全國總出口四分之一或以上的國家，卻不只集中非洲一地，而遍布於其他各大洲。事實上以全球的角度而言，撒哈拉以南非洲大陸的外債對出口比例，倒沒有惡劣到以上所說的程度，比起南亞、拉丁美洲、加勒比海，以及中東地區，可算好得多了。

這筆驚人的龐大數字，事實上沒有一文將予償還，可是銀行只要一直有利息可賺——一九八二年的平均年息為百分之九點六(UNCTAD, 1989)——就不在乎是否拿得回本金。一九八〇年代初期，國際金融界確實起過一陣恐慌，因為從墨西哥開始，拉丁美洲幾個主要的債務國家一窮二白，連利息錢也付不出來。西方銀行體系幾乎瀕於崩潰，幾大銀行在一九七〇年代肆意放債(正當油元如洪湧進，呶呶急尋投資去處之時)，如今利錢落空，就嚴格技術層面而言已經形同倒閉。好在拉丁美洲的巨型債務國不曾共同採取行動，富國經濟總算大難不死，經由個別安排，重新定下了償債的時間表。銀行也在各國政府及國際組織的支持之下喘過氣來，逐步將壞債從帳面勾銷，在技術上維持住了償付能力。債務危機雖未就此終止，至少不再有致命危險。當其時也，恐怕是自一九二九年來資本主義世界經濟面臨的最險關頭。這一頁故事，其實至今猶未完篇。

債務高漲，這些貧窮國家的資產，或潛在的資產卻並未加增。在危機年代裡面，以利潤或可能利潤絕對掛帥的資本主義世界經濟，顯然決定將第三世界的一大部分由投資地圖上完全抹去。一九七〇年際，在四十二個「低收入經濟」的地區裡面，十九國的外來淨投資全部掛零。進入一九九〇年，更有二十六國全然失去了爭取外商直接投資的吸引力。事實上在歐洲地區之外幾達一百個「低」「中」收入的國家裡面，只有十四國擁有五億美元以上的外來投資額，十億以上者更只有八國，其中四國在東亞及東南亞一帶(中、泰、馬、印尼)，三國在拉丁美洲(阿、墨、巴)⓭。不過愈發走向跨國整合的世界經濟，也並沒有完全忽略了那些境外之地，一些面積較小、風景較優的地區，具有成為旅遊勝地，以及避開政府管轄的境外天堂潛力。此外，原本乏人問津的地方，如果忽然發現了可資利用的資源，情況也會大為改觀。然而就整體而言，世上有極大部分地區完全自世界經濟的隊伍中退出；蘇聯集團崩解之後，從的港(Trieste)到海參崴的廣大地區，似乎也加入這個「化外」行列。一九九〇年際，唯一吸引了任何外來淨投資的東歐社會主義國家，只有波蘭及捷克斯洛伐克兩國(UN World Development, 1992, Tables 21, 23, 24)。至於前蘇聯的碩大地面之內，顯然也有某些資源富饒的地區或共和國，吸引有像樣的眞正投資。在此同時，卻另有一些運氣不佳的地帶，只能自求多福地掙扎了。但是不管命運的方向爲何，前第二世界的多數眾國，如今正一步步向第三世界的地位「看齊」。

因此危機二十年的主要影響，即在於貧富國家之間的鴻溝日闊。在撒哈拉以南的非洲，其一九六〇年的平均實質國內生產毛額，僅爲工業國家的百分之十四，及至一九八七年更跌落爲百分之八。而那些「開發程度最低」(least developed)者的境況更慘(包括非洲及非非洲的國家)，竟由原本的百分之九，一降而至百分之五[14](UN *Human Development*, 1991, Table 6)。

5

隨著跨國性經濟控制世界的鐵掌愈形收緊，同時也嚴重地毀壞了人類社會的一大制度，亦即自從一九四五年來屬於普世性的一大制度：建立在領土主權之上的民族國家。因爲如今這些國家，對其事務控制掌握的範圍日漸縮小，凡是其行動運作係立足於領土疆界之內的各類組織，如行業工會、國會、國家公共廣播系統等等，從此敗北。反之，其行動運作不爲領土疆界所局限的另類組織，如跨國公司、國際貨幣市場，以及衛星時代的全球媒體傳播事業，卻開始高唱凱歌。過去可以操縱附庸政權一舉一動的超級強權，如今也失去蹤影，更加強化了這種國界模糊化的趨勢。甚至連民族國家在二十世紀中所創設，那個最無可取代的重大功能：亦即經由社會福利、教育，或醫療以及其他各項資金分配的「移轉性支付」手段，所達成的「所得重分配」的功能，如今在理論上也無法於國界之內自足了——雖然在實際上多數得繼續如此——不過，超國家組織如歐體者，目前已開始在某些方面予以補助。在自由市場神學家如日中天的時節，國家觀念甚至更遭到進一步的破壞，因爲其時興起了一股大風，使得許多原本在原則上由公共事業體從事的活動，均被分解「回歸」於「市場」之手。

矛盾卻或許無足驚訝的是，民族國家衰頹的現象，卻與一股將舊有領土切割成眾小新國的熱潮並進。這些分割領土的主張，多數係基於某些群體對族裔語言文化獨佔的要求而起。一開始，這股自治分離運動之風的興起——主要自一九七〇年後——多屬於一種西方國家的現象，在英國、西班牙、加拿大、比利時，甚至瑞士、丹麥均可見到；一九七〇年代初期以來，更在中央集體色彩最淡的社會主義國家南斯拉夫境內出現。共產主義的危機來臨，遂將此風吹至東方，在那裡，一九九一年後方才成立的名義新國(new and nominally national states)，較二十世紀的任何一個時期均多。不過直到一九九〇年代，加拿大邊境以南的西半球並未受到此風半點動搖。至於在一九八〇及一九九〇年代多國紛告瓦解崩離的其他地區，如阿富汗及部分非洲，取代舊有國家而起的新形態，卻多係無政府的安那其亂象，而非分離成眾多新的國家。

這種發展的確充滿了矛盾，簡單地說，眾家迷你新國面對的種種煩惱，論其源頭，與舊國時代來自同一缺陷，而如今國小勢弱，毛病卻反而更大。但是它同時又無甚驚奇，因爲時至二十世紀末期，世上唯一現存的國家模式，亦只有劃疆立界、擁有自主機制的一型——簡而言之，亦即革命時代以來立下的民族國家模式。更有甚者，自從一九一八年以來，世上所有政權都投效在「民族自決」大原則的旗下，而其定義更日益局限在語言文化的族裔範疇之內。從這個角度出發，列寧與威爾遜總統的看法不啻一致。凡爾賽和約之下的歐洲，以及後來成爲蘇聯的廣大地界，都建立在由民族國家形成的組合之上。以蘇聯爲例(南斯拉夫日後亦仿蘇聯前例)，則由這一類民族國家聯合而成，後者在理論上——然非實際——保有自聯合中分離的權利⑮。這類聯合體一旦解體，自然沿著事前劃定的界痕而分裂。

然而在事實上，危機二十年的分離民族主義，卻與十九世紀及二十世紀初的民族國家草創期大有不同，它根本屬於三種現象的結合。其一，現有民族國家對本身降格爲區域成員之事極力抗拒。這種現象，在一九八〇年代歐體會員國(或可能會員國)努力保有自主權一事上愈發明顯。這些國家的政治性格也許相去甚遠——如挪威及柴契爾夫人治下的英國——但是在與本國攸關重大的事務方面，它們卻如出一轍，同樣想在泛歐全體的標準化中，保持自己一地一國的自主性。然而，傳統上作爲民族國家自衛的主要支柱，亦即保護主義，在危機二十年裡顯然比當年大災難時期脆弱許多。全球性的自由貿易，此時依然是最高理想，令人驚訝的是，甚至也不失爲當代事實——在國家統一號令的經濟制度崩潰之後，更係如此——雖然某些國家卻埋下暗樁，暗地保護自己對抗外來競爭，據聞日本與法國就是此中高手。不過義大利佬竟然也有高招，始終能讓自家汽車——即飛雅特(Fiat)——吃住國內市場大餅的特大一塊，尤令人印象深刻。不過，這些都只能算作後衛性的防守，雖說愈戰愈烈而且有時頗爲成功，但是最激烈的火線，往往是在經濟以外尚涉及文化認同之處。法國人——德國人在某些程度之內亦然——就拚命爭取，意圖保全爲自家農民提供的高額補助。其中原因，不但是因爲農家握有攸關的選票，同時也由於法人眞心相信，一旦小農式的農業不存——不管這種方式多麼不經濟，多麼缺乏競爭力——那田園風光，那悠久傳統，那法國國家特徵的一部分，也將隨之俱滅。而美國也一再要求法國，開放影片及視聽產品的自由貿易，可是法國佬卻在歐洲其他國家的支持之下大力抗拒。因爲若應美方所請，美國娛樂事業挾著好萊塢的舊日雄風，在大有重建世界影視霸權的氣勢之下，其產品必將氾濫法國的公私銀(螢)幕(雖說這些以美國爲基地的娛樂霸業，如今已爲國際多國所有並控制)。但是眞正原因尚不止此一端，他們還覺得——倒也不失正確——豈可讓純粹成本計較的謀利經營，導致法語影片產製的末日。不論經濟的理由爲何，人生當中，畢竟還有一些必須刻意保護的東西。如果說，就算我們可以證明，在原地興建豪華旅館、購物中心、會議廳堂，將爲國民生產毛額帶來較原有觀光旅遊更大的淨值，任何一個國家的政府，難道便會因此認眞考慮，竟把自己的沙特爾聖母大教堂(Chartres Cathedral)或泰姬瑪哈陵(Taj Mahal)鏟爲平地嗎？像這一類的問題，只消提出，答案便早已在那裡了。

第二個現象，最可以藉富者的集體自我中心做一描述，同時也反映了各個大陸之內，國家之間，以及地區之內貧富差異愈烈的現象。老式的眾民族國家，不論是中央或聯邦性質，以及如「歐盟」

類的超國家聯合實體，通常都負起開發其整體區域的責任，就某種程度而言，也平攤了它們之間總體的負擔與利益。這項舉動，意味著比較貧窮落後的地區，可以自較進步富有的地區獲得補助(經由某種中央分配的機制體系)，有時甚至予以優先投資，以求縮小差距。但是歐體組織實際得很，它的會員資格，只授予貧窮落後程度不致造成其餘會員國過度負擔的國家。這種挑精揀肥的實際作風，卻不見於一九九三年的「北美自由貿易區」(North American Free Trade Area, NAFTA)。美國及加拿大(一九九〇年平均國民生產毛額爲二萬美元)，只好挑起國民生產毛額只有其八分之一的墨西哥國重擔⑯。而一國之內，富區不願意補助貧區的心態，向爲研究地方政府的學者所熟悉，美國就是最佳例證。美國的「都市內城」(inner city)貧民匯集，更由於原居民紛紛遷離，向郊區出奔，以致稅收不足，箇中問題即多肇因於以上所述心理。誰願意替窮人出錢？洛杉磯的富裕郊區如聖塔莫尼卡(Santa Monica)及馬里布(Malibu)兩地，即因此選擇退出洛市；一九九〇年代初期，東岸的史坦登島(Staten Island)也出於同樣理由投票主張脫離紐約。

危機二十年裡的分離立國運動，有一部分即培養自這種集體的自我中心心態。南斯拉夫的分離壓力，來自「歐裔」的斯洛文尼亞及克羅埃西亞；捷克斯洛伐克的分裂力量，源於大聲叫囂位於「西部」的捷克共和國。加泰隆尼亞與巴斯克兩地，是西班牙最富裕最開發的地區；拉丁美洲一帶唯一最重大的分離運動，亦出自巴西最富庶的一州南格蘭特州(Rio Grande do Sul)。而其中最可代表這種自掃門前雪心理的現象，當屬一九八〇年代末期興起的倫巴底聯盟——日後改稱北方聯盟——其目標，乃係將以義大利「經濟首都」米蘭爲中心的地區，自政治首都羅馬的統治分離出來。該聯盟的語彙，不斷指涉過去中古時代的榮光，以及倫巴底當地的方言，是民族主義者常用的煽動性辭藻。可是眞正的關鍵所在，卻在於富區不願自家的肥水外流。

其三的因素，或許主要係屬於一種反應，一種對二十世紀後半期發生的文化革命，亦即在傳統的社會常態、紋理及價值的解體之下產生的回響。已開發世界中有許多人，在這場驚天動地的社會文化變革中成爲被棄的孤人游魂。「社群」（community）一詞，在這數十年間濫用得如此空洞抽象，不切實際——如「情治族」、「公關族」、「同性戀族」等等——因爲原有社會學意義的所謂社群，在現實生活中已經再難尋得。於是所謂「認同群體」(identity group) 興起，亦即一個人可以毫無疑惑，確實肯定地「歸屬」於某種「族類」；這種現象，自一九六〇年代末期開始，即在一向擅於自我觀察的美國境內爲人指出。其中絕大多數，自然都訴諸於共同的「族群」背景，不過但凡以集合性分離主義爲目標者，都喜歡借用類似的民族主義式語言，比如同性戀捍衛者即愛用同性戀國度 (the queer nation) 一語。

這種「新族」現象，在最具有多族群結構的國家裡亦層出不窮，顯示所謂認同群體的政治性質，與傳統的「民族自決」大相徑庭。後者追求的目標，是創造出一個擁有一定國土的國家，與特定的「人群」認同，基本上屬於民族主義者的思想。可是分離國土的要求，對於美國黑人，或義大利人而言，並不是他們「族群政治」的一環。同樣地，加拿大境內烏克蘭裔的政治屬性，也不屬烏克蘭而係加拿大[17]。事實上，在天生便屬於異質社會的都市內部，其族群政治或類似政治的本質即在相互競爭，亦即不同的族群在一個非族群的國家裡面，各自發揮效忠己群的心理爲政治作嫁，共爲分食那一塊資源大餅而較勁。如紐約市的政客操縱改劃選區，以爲拉丁裔、東方裔及同性戀團體選出代表，這種人一旦當選，所求於紐約市者自然更多。

族群認同政治，與世紀末的種族國家主義具有一項相同之處，亦即兩者俱都堅稱，在一個人對群體的認同裡面，包含著某種關乎生存、所謂與生俱來、不可更易、因此屬於永久性的個人特質。而這些特質，只與群體中的其他成員所共有，除此之外，別無他人擁有。絕無僅有的排他性，便成了最高精義，因爲各個人類社會之間的相異性，事實上已經極爲稀薄。於是美國的猶太年輕人迫切尋「根」，因爲當年指認他們爲猶太族的鮮明印記已經失去效力，二次大戰之前的隔離歧視更不復見。加拿大的「魁北克」，雖然口口聲聲力主自己是一個「截然不同的社會」，但是魁省之在加國成爲一支主要力量，卻正在它褪下了直到一九六〇年代以前始終「截然不同」的鮮明色彩之後方才發生(Ignatieff, 1993, pp.115-17)。都市社會中的族裔成分變遷流動，若高舉族裔作爲分辨群體的絕對依據，實有專斷造作之嫌。以美國爲例，除黑人、西語裔，以及具有英國及德國血統者是爲例外之外，在美國當地出生的各個族裔女性，至少有六成係與外族通婚(Lieberson, Waters, 1988, p.173)，於是「個人的認同性」愈發需要建立在「他人的不同」之上。若非如此，我何以存？德國的新納粹光頭族，穿制服、理光頭、踏著四海皆同的青少年文化的音樂起舞，若不痛打當地的土耳其人及阿爾巴尼亞人，如何確立他們的德國屬性？若不盡數翦除那些「不屬於」我們之人，又如何在那有史以來的多數時間裡面，即爲各民各族各宗教混居爲鄰的地面上，建立起我們克族(Croat)，或塞族(Serb)的「特有」性格？

這種高具排他性的認同政治，不論其終極目標爲何，不論其是否係求建立獨立國家，其悲劇性卻在它根本就行不通，衆人只能在表面上佯裝，它是可以實現的事實。布魯克林(Brooklyn)的義裔美人，對本身的義大利特色極爲強調(可能還日益強烈)，他們喜歡用義語彼此對談，爲自己對本來應該是母語的語言不甚流利感到抱歉[18]。可是他們生活工作的所在，明明是美國經濟社會，義大利與否，除了對某些極小的特殊市場而言，根本無關緊要。至於所謂黑人、印度人、俄羅斯人、或女性、或任何一種認同群體，自有其本身不可對外言喻、不可爲外了解的眞理心法，這種說詞，只有在其唯一功能即爲鼓勵這種觀點的機制裡面，才能生存，一旦出外根本站不住腳。伊斯蘭基本教義派人士研究的物理學，並不是伊斯蘭物理學；以色列工程師學的工程學，也不是猶太哈錫德派(Chassidic)專有的工程學。甚至連文化民族主義觀念最強烈的法德兩國，也不得不承認身在科技專家學者共同合作的地球村裡，勢必需要一種類似中古拉丁文般的國際共通語言；而今世的國際語言，恰好出於英語。也許在歷代的種族屠殺、集體驅離、「族裔淨化」之下，在理論上，這個世界已經依族裔線被分裂爲許多同質性的領土。然而即使在這樣一個世界裡面，卻由於人口的大量流動(工人、旅客、生意人、技術專家等等)、時尚的風行，以及全球性經濟無孔不入的觸角，而無可避免再度變成異質性的社會。此情此景，於中歐歷歷在目；而此地於二次大戰期間及戰後，卻曾遭過「族裔淨化」的毒手。此情此景，也必將發生在一個愈發都市化的世界裡面。

因此認同式的政治，以及世紀末的民族主義，並不是用來處理二十世紀末期種種困境難題的方法，它只是面對這些難題時產生的情緒反應。然而在本世紀接近尾聲之際，解決這些難題的機制何在？方法何在？卻顯然越來越成問題。民族國家不再能挑起這個任務。可是誰能夠呢？

自從聯合國於一九四五年成立以來，世人不知設立了多少機構以處理這類問題。聯合國的創設，乃是建立於美蘇兩強繼續肩負國際事務的假定上，可是這個美夢不久便破滅了。不過比起它的前身國際聯盟，聯合國畢竟還有一項成就差強人意。它總算歷經二十世紀下半期的時光而始終存在；而它的會員資格，也逐漸成爲國際間正式承認一個國家獨立主權的身分證明。然而根據其本身憲章所定，聯合國的權力來源及資源全部來自會員國的授與，因此它並沒有獨立行動的權力。

國際間對協調的需要既然日增，危機二十年裡，新國際組織紛紛出現的速度便比之前任何一個時期均快。及至一九八〇年代中期，全球已有三百六十五個官方級的國際組織，而非官方的單位更不下四千六百一十五家，比一九七〇年代初期超過兩倍有餘(Held, 1988, p.15)。更有甚者，對於諸如環境生態保護等重大事宜，眾人也愈發省察應有立即採取國際共同行動的必要。可惜唯一能夠達成以上目標的程序，卻曠日廢時，拖泥帶水，因爲國際協定必須經過各個國家分別簽字認可方能生效。在保護南極大陸及永久禁止獵鯨二事之上，即可見其效率遲滯之一斑。而一九八〇年代的伊拉克政府，竟然將毒氣瓦斯用在自己國民身上，等於從此打破了世上少有幾項眞誠的協定之一，亦即一九二五年禁止使用化學武器的日內瓦公約，更進一步削弱了現有國際手段的效力。

幸好除此之外，國際行動的保證還有兩條路子可走，而這兩項方法在危機二十年裡也獲得了相當程度的強化。其一，許多中型國家紛紛將國家權力交出，自動讓予超國家的權力機構掌有，因爲它們感到本身的力量不足，無法繼續單獨在世上屹立。一九八〇年代改名爲「歐洲共同體」，再於一九九〇年代改爲「歐洲聯盟」的「歐洲經濟共同體」，於一九七〇年代成員加倍，進入一九九〇年代，亦極有再度擴張的可能，同時並不斷強化它對會員國事務的決定權力。歐體成員數目的增加，以及歐體本身權力的擴大，雖然難免引發各會員國政府及國內輿論的不滿及抗拒，可是其規模權力的增長，卻是不容置疑的事實。歐體的力量之所以如此強硬，係因它非經選舉設立的布魯塞爾中央，可以獨立裁定決策，根本上完全不受民主政治的壓力左右。唯一極爲間接的影響，只有經由各會員國政府的代表舉行定期會議及協商(各會員國政府則是由選舉誕生)。歐體特殊的辦事方式，使得它可以以一個超國家權力機構的方式有效運作，只須受到某些特定的否決權牽制而已。

整合國際行動的另外一項利器，同樣係在免除主權國家及民主政治的牽涉之下運作，其程度或無過之，但起碼旗鼓相當，亦即二次大戰之後設立的國際金融組織，其中以國際貨幣基金，以及世界銀行爲其首要(見第九章第四節)。這兩家機構係在主要資本主義國家的寡頭壟斷支持之下，於危機二十年裡獲取了日益強大的決定權力——這幾大國係以「七大工業國」(Group of Seven)的模糊頭銜名之，而「七大」的寡頭勢力，自一九七〇年代以來，愈有成爲正式制度化存在之實。國際匯兌的風雲變幻，第三世界的債務危機，以及一九八九年後蘇聯集團經濟的崩潰倒坍，使得世上越來越多的國家，必須仰賴富國鼻息，倚仗後者是否同意出借貸款的意願行爲。而種種借款，更日益走上一個先決條件，亦即債務國的經濟政策，必須合於國際銀行當局的心意方可。一九八〇年代正值新自由神學意氣飛揚之際，它們的主張表現爲政策，即是有系統地走向民營化，以及實行自由化市場的資本主義。這兩項政策，被強行加諸於那些已經傾家蕩產，根本沒有絲毫力量抗拒的政府身上；

也不管它們對這些國家的經濟問題，能否產生立即關聯（蘇聯倒閉後的俄羅斯即是一例）。凱因斯及懷特兩人，若見到當初自己建立的這兩項世界金融組織竟然一變至此，將不知做何感想。他們當初懷有的目的——更遑論兩人在各自國內達成全面就業的目標——與今天的演變完全不同。然而，這項疑問縱然有趣，但是啊，卻沒有任何意義了。

然而，這些卻是極爲有效的國際權力機構，尤其是富國將政策強加於貧國之身的最佳利器。本世紀即將結束，這些政策的後效如何，對世界的發展將有何種後果，答案依然尚未完全出現。世上有兩大地區，將對它們的果效進行檢驗。一是蘇聯地區及與它相關的歐亞地帶的經濟，它們自西方共產制度垮台之後已經一片廢墟。另一是充滿了社會火藥庫的第三世界。我們在下一章將會看見，自從一九五〇年代以來，第三世界即已成爲地球上政治不安的最大來源。

註釋

❶一九六〇至七五年間，在「已開發的市場經濟」之內，十五到二十歲之間的人口暴增約有兩千九百萬眾。但是到一九七〇至九〇年間，卻只增加了六百萬人左右。附帶的是，一九八〇年代歐洲年輕人的失業比率驚人地高，只有實行社會民主制的瑞典及西德例外。歐洲年輕人的失業率幅度之廣（一九八二—八八），從英國的百分之二十以上，到西班牙的百分之四十以上，以至挪威的百分之四十六（World Economic Survey, 1989, pp.15-16）。

❷眞正的冠軍，亦即幾尼係數(Gini coefficient)高於零點六者，都是一些比較小的國家，但是也同樣位於美洲。所謂幾尼係數，是一種衡量貧富不均程度極爲方便的測量，其量表刻度，由代表收入分配均等的零點零開始，一直到極端不平等的一點零爲止。宏都拉斯在一九六七至八五的係數爲零點六二，牙買加爲零點六六(UN Human Development, 1990, pp.158-59)。

❸某些貧富最爲懸殊的國家，往往缺乏相關的比較數據，這些國家，自然也少不了非洲及拉丁美洲數國，以及亞洲的土耳其及尼泊爾。

❹一九七二年間，十四個名列這些富國行列國家的中央歲出，平均約有百分之四十八係用在平價住宅、社會安全福利、社會救濟及醫療費用之上，一九九〇年時更增加爲百分之五十一。這十四國爲澳大利亞、紐西蘭、美國、加拿大、奧地利、比利時、英國、丹麥、芬蘭、西德、義大利、荷蘭、挪威、瑞典(依據UN World Development, 1992, Table 11計算而得)。

❺諾貝爾經濟學獎係於一九六九年設立，一直到一九七四年前，受獎者顯然都不屬於主張「自由放任政策」的一派。

❻一九九〇年代初期，部分國家的輸血單位即發現(當然不是英國)，某些接受商業來源輸血的病人，不幸被帶有免疫失調／愛滋病毒(HIV/AIDS)的病血所感染，狄特姆斯這項立論遂獲得實證。

❼一九八〇年代之際，日本最富有的百分之二十人口的總收入，是爲最貧窮的百分之二十的四點三倍，這個比例，比其他任何(資本主義)工業國家均低，包括瑞典在內。反觀歐體內工業最發達的八個國家，其貧富收入的比例平均則爲六倍，美國更高達八點九倍(Kidron/Segal, 1991, pp.36-37)。換用另個角度來看，亦即一九九〇年的美國，擁有九十三名十億萬級富豪，歐體有五十九位——這還不包括寓居瑞士及列支敦斯登的三十三人——日本則僅有九名(出處同上)。

❽中國、南韓、印度、墨西哥、委內瑞拉、巴西、阿根廷(Piel, 1992, pp.286-89)。

❾至於由加勒比海及拉丁美洲移往美國的黑色移民，基本上則與其他移民社區殊無甚異，也不似美國本土黑人般，如此自外於勞力市場的門限。

❿「對於數百萬邁進中年，重新打起精神振作的人來說……尤其眞切。他們好不容易走到這一步，如果又忽然失去工作，眞是無人可以投靠。」

⓫作者猶記得一九九三年某場國際討論會上一位保加利亞人士的痛苦吶喊：「你們要我們怎麼辦啊？我們已經失去了以往社會主義國家的市場，我們出口的東西，歐體又不要。作爲聯合國的忠實會員，爲了配合波士尼亞的封鎖，我們也不能把東西賣給塞爾維亞。我們無路可走，到底還有何處可去？」

⓬在世界兩大音樂都會之一的紐約市內，據說其一九九〇年代初期前往聆賞古典音樂會的觀眾，只靠千萬人口當中的兩萬至三萬人眾支撐場面。

⓭八國中剩下的另一個引起投資者興趣的國家，說來有些奇怪，竟是埃及。

⓮「開發程度最低國家」此一類別係由聯合國所設立，多數僅有三百美元以下的「平均每人每年國民生產毛額」。「個人平均實質國內生產毛額」則係另一種衡量方式，根據「國際購買力平價」(international purchasing power parities)量表而定，顯示「平均每人每年國民生產毛額」可在當地所購之值，而非單以官方匯率爲準。

⓯這一點它們與美國聯邦大異其趣。自從一八六五年南北內戰結束以來，美國各州即無片面退出聯邦的權利——或許，德州是一例外吧。

⓰歐盟中最貧窮的成員葡萄牙，其一九九〇年的GNP爲歐體會員平均的三分之一。

⓱通常當地的移民社區，至多只能形成某種所謂的「長途式民族主義」(long-distance nationalism)，以代表它們的

來源或所選擇的祖國，不過這一類行動都屬相當極端的民族主義政治傾向。北美的愛爾蘭人及猶太人，即是這一派的開山始祖。但是隨著國際間移民帶來的離鄉背井日多，這一類組織大有愈見衍增之勢，如來自印度的錫克教移民圈即是一例。長途式民族主義，在社會主義世界崩潰之後，更有蒸蒸日上的氣象。

⑱作者曾在紐約百貨公司無意聽到這類對話。其實他們當初移民來美的父母或祖父母輩，講的多半是那不勒斯語、西西里語，或卡拉布里亞語(Calabrian)，而根本不是義大利語。

第十五章

第三世界與革命

一九七四年一月，阿貝貝(Beleta Abebe)將軍於視察半途，順路在戈德(Gode)營部停留……不想次日竟有報告抵達皇宮，將軍已被該處士兵拘捕，並強迫他吃下士兵伙食。那些伙食腐壞到無以復加，有些人擔心將軍恐怕會因此生病死去。(衣索比亞)皇帝連忙派遣貼身禁衛軍的空勤單位前往，總算把將軍救出，送往醫院診治。

——《皇帝大人》(Ryszard Kapuscinski, *The Emperor*, 1983, p.120)

咱們把(大學實驗農場上)能宰的牛隻全都宰了。可是正在動手大宰的當兒，那裡的農婦卻開始痛哭失聲：這些可憐的畜牲，爲什麼要這樣痛宰牠們？牠們到底幹了什麼錯事？太太小姐們這麼一哭，噢可憐東西，咱們也只好停手不幹了。可是咱們大概早已經做掉了四分之一，差不多有八十頭左右。咱們的意思是把牠們全部宰光，可是不行哪，因爲農家婦女們都開始哭了起來。

> 咱們在那兒待了一會兒之後，便有一位先生騎上他的馬兒，跑到阿雅庫喬那一頭去，他是去告訴大家這裡方才發生了什麼事情。因此哪，到了第二天，整樁事都在空中之聲電台(Las Voz)的新聞裡播報出來。新聞播出，咱們剛好就在回去的路上，有些同志正巧帶著有那種小不點兒的收音機。大夥便都聽著，哈，這可讓咱們感覺挺好受的，可不是嗎？
>
> ——「光明之路」某位年輕成員語(Tiempos, 1990, p.198)

1

發生於第三世界的種種變遷及逐漸解體的現象，與第一世界有一點根本上的不同。前者形成了一個世界性的革命區域——不管其革命已經達成、正在進行，或有望來臨——而後者的政治社會情況，一般而言，在全球冷戰揭幕之際多屬相當穩定。至於第二世界，也許內部蒸氣沸騰，可是對外卻都被黨的威權及蘇聯軍方可能的干預嚴密鎮蓋。只有第三世界，自一九五〇年以還(或自它們立國以來)鮮有幾國未曾經歷革命、軍事政變(其目的也許是鎮壓革命、防範革命，或甚促成革命)，或其他某種形式的內部軍事衝突。及至本書寫作為止，唯一能夠避免這種命運的例外只有印度，以及幾處在高壽的家長式威權人物統治之下的前殖民地，如馬拉威(Malawi)的班達(Dr. Banda)——前身係尼亞撒蘭(Nyasaland)殖民地——以及(一直到一九九四年為止)象牙海岸那位彷彿永遠死不了的烏弗埃博瓦尼(M. Felix Houphouet-Boigny)。這種持續性的政治動盪不安，便成了第三世界共有的一大現象。

這種現象，美國自然也看得很清楚。作爲「保持國際現狀」的最大護法師，美國將第三世界的動盪種子歸咎於蘇聯共黨；至少，它也把這種騷亂狀態，看作對方在全球霸權爭奪戰中的一大資產。幾乎自冷戰初起，美國便全力出擊對抗這項威脅，從經濟援助開始，到意識宣傳，正式與非正式的軍事顛覆，一直到掀起大戰，可謂無所不用其極。它採取的方式，以與當地友好政權或收買當地政權合作爲上策，可是如有必要，即使沒有當地擁護也不惜爲之。於是在一、二兩次大戰戰火告息，世界自十九世紀以來進入最長一段和平時期的同時，第三世界卻成了一片戰區。及至蘇聯體系倒塌以前，據估計，一九四五至一九八三年間發生過一百次以上「大型戰爭、軍事行動，與軍事衝突」，死亡人數高達一千九百萬人——甚至也許達兩千萬眾——這些大小戰事幾乎全部發生在第三世界區域：其中九百萬死在東亞，三百五十萬在非洲，兩百五十萬在南亞，五十餘萬在中東。這還不包括當時方才開火，堪稱慘酷之尤的兩伊戰爭(一九八〇—八八)；只有拉丁美洲的死難人數較少(UN World Social Situation, 1985, p.14)。一九五〇至五三年的韓戰，犧牲者據計爲三、四百萬之間(韓國總人口也不過三千萬人)(Halliday/Cumings, 1988, pp.200-1)，而長達三十年的幾場越南戰爭(一九四五—七五)，其慘重更列所有之冠。韓越兩戰，是美國軍方大規模直接參與的僅有戰事，先後分別有五萬名美軍因此陣亡。至於越南百姓與中南半島其他居民的人命損失，更是難以估算，最保守的統計也應有兩百餘萬。然而除此以外，其他間接與反共有關的戰爭，其殘酷程度亦與此不相上下，尤以非洲地區爲最。據估計一九八○至一九八八年間，在莫三比克及安哥拉兩地共有一百五十萬人死於反政府的戰爭之中(兩國人口共爲兩千三百萬)，另有一千兩百萬人則因此流離失所，或瀕臨飢餓威脅(UN, Africa, 1989, p.6)。

第三世界的革命潛力，亦多具有共產屬性，不爲別的，單就這些殖民地解放領袖均自認爲社會主義者一事即可看出，他們從事的解放手段及現代化運動，亦以蘇聯爲師，採取同一路線。這些人若受過西式教育，可能甚至將自己視爲列寧與馬克思的從人。不過，強有力的共產黨派在第三世界相當少見，而且除在蒙古、中國及越南三地以外，共產黨在本國的解放運動中均未扮演過主要角色——然而，畢竟也有幾處新政權看出列寧式政黨的好用之處，並向其借鏡或移植挪用，如一九二○年後孫逸仙在中國即是。另有一些獲得相當勢力及影響的共產黨派，則不是被請往靠邊站去(如一九五○年代的伊朗及伊拉克)，就是慘遭大肆荼毒。一九六五年的印尼，在一場據說有親共傾向的軍事政變之後，約有五十萬名共產黨或有共黨嫌疑之人遭到處決——可能是有史以來最大的一場政治屠殺。

幾十年來，基本上蘇聯都採取相當實際的態度，來處理它與第三世界革命派、激進派，或解放運動的關係，因爲蘇方並不打算，也不期望，擴大它現有在西方世界的共黨地盤，以及中國在東方一帶的介入範圍(不過它對中國的影響力無法全盤控制)。這種政策，即使在赫魯雪夫時代(一九五六—六四)也不曾改變。當時各地有許多「國產」革命，乃是靠著自家力量取得政權，共產黨派卻不曾在其中扮演任何重要角色，最著名的例子首推古巴(一九五九)及阿爾及利亞(一九六二)。而非洲殖民地紛紛獨立，也將當地各國領袖人物一一推上權力舞台，他們的野心目標，最多不過是「反帝國主義者」、「社會主義者」，及「蘇聯之友」的頭銜。尤其在蘇聯伸出援手，提供科技等各項不帶舊殖民主義腐敗氣息的援助之際，更願與蘇聯友好。傾向此道者不乏其人：如迦納的恩克魯瑪、幾內亞的杜瑞、馬利的凱塔(Modibo Keita)，以及比屬剛果悲劇下場的盧蒙巴(Patrice Lumumba)——盧蒙巴不幸被刺身亡，因此成爲第三世界的烈士神明，蘇聯爲紀念其人，特將一九六〇年爲第三世界學生成立的「人民友誼大學」(Peoples' Friendship University)改名爲「盧蒙巴大學」。莫斯科同情這類新起的非洲政權，並且予以協助，可是沒有多久，就放棄對它們過度樂觀的期望。如比屬剛果這個龐大的前殖民地，在匆忙被授與獨立之後，立刻步上內戰之途。蘇聯於內戰中提供盧蒙巴派軍火援助，對抗美國及比利時的代理或傀儡政權(剛果內戰並有聯合國部隊從中介入，同爲兩大超級強國所不喜)，結果令人失望❶。而各地新政權中的一支，卡斯楚的古巴，在出乎眾人意料之外正式宣布自己乃是共黨政權之際，蘇聯雖將之收編翼下，可是在此同時，卻不打算因此永久地破壞它與美國的關係。一直到一九七〇年代中期，都沒有任何明顯證據顯示，蘇聯意欲藉革命將共產陣營地盤向前推展。即使到了七〇年代中期以後，蘇聯的動作也表示它只是無心栽柳，剛巧從中得利罷了。老一輩的讀者也許還記得，赫魯雪夫一心一意，只指望社會主義在經濟上的優越性，可以把資本主義埋葬而已。

事實上，當一九六〇年蘇聯在國際共產運動的領導地位遭到中國以革命之名挑戰之際(挑戰者還包括各種名目的馬克思派異議人士)，第三世界遵從莫斯科號令的眾家政黨，也始終維持其刻意的修正路線。在這一類國家裡面，資本主義——就其存在而言——不是它們的敵人，它們的敵人是資本主義的前身(pre-capitalism)、當地的利益，以及在背後支持這些邪惡勢力的帝國主義(美帝)。武裝鬥爭，並非向前躍進，卻是「民族」布爾喬亞家或小資產階級攜手的廣大人民或民族陣線。簡單地說，莫斯科的第三世界策略，沿續著一九三〇年代的共產國際路線，反對一切定罪它背離十月革命大義的指責聲音(見第五章)。這項政策，自然激怒了那些主張槍桿子者的心意，可是有時卻頗為奏效，如一九六〇年代初期在巴西及印尼，以及一九七〇年在智利皆是。但是也許無足驚訝的是，一旦這個策略達到目的，卻立刻為繼起的軍事政變所中斷，隨後而來的更是恐怖統治。一九六四年後的巴西，一九六五年後的印尼，以及一九七三年的智利，即為佐證。

儘管如此，第三世界畢竟成為那些依然深信社會革命之人的信仰希望基石。它擁有世上絕大多數的人口，它彷佛一座遍布全球，隨時等待爆發的火山，它是一處稍微顫抖，便表示大地震即將來臨的地震帶。即使是那位認為意識形態已經在黃金時代自由安定的資本主義西方世界裡告終的學者(Bell, 1960)，也承認千禧年與革命的希望並未就此亡去。第三世界的重要性，並不限於十月傳統的老革命家，或對一九五〇年代雖興旺卻世俗的平庸現象感到灰心的所謂浪漫人士。整個左翼路線，包括人道主義的自由派人士，以及溫和派的社會民主黨人，都需要一樣東西賜與他們理想希望——單單是社會安全制度立法，以及不斷升高的實質所得，哪裡足夠——第三世界，可以保存他們的理想；而遵循啓蒙運動偉大傳統的黨派，除了理想之外，也需要實際的政治以供他們行動。少了這些，他們便無法生存。否則，我們如何解釋那些主張非革命性的進步楷模：斯堪地那維亞國家、荷蘭，以及那相當於十九世紀宣教團使命的二十世紀後期(新教)「世界基督教會協會」(World Council of Churches),種種熱情支援第三世界的舉動?就是這股熱情,在二十世紀後期引導著歐洲各地的自由派人士,扶持著、維繫著第三世界的革命人與革命作爲。

2

最使革命正反兩方同感驚訝的事情是,自從一九四五年後,游擊戰法,似乎成爲第三世界革命——亦即世界各地革命——的主要鬥爭形式。二次大戰以來,共有三十二場戰事名列一九七〇年中期纂集的「游擊戰大事年表」,除了其中三項以外——四〇年代末期的希臘內戰、五〇年代塞浦路斯,及一九六九年北愛爾蘭的對抗英國——其餘全部發生在歐洲北美以外的地區(Laqueur, 1977, p. 442)。自此之後,這張名單很快地又加長了。但是革命都是從山林草莽間發動的印象,並不盡然正確,未免低估左翼軍事政變在其中扮演的角色。後面這種方式,在葡萄牙於一九七四年戲劇性地創下首例之前,在歐洲似乎不能發揮能耐,可是卻屬伊斯蘭世界的家常便飯,在拉丁美洲也非意料之外。一九五二年的玻利維亞革命,便是在礦工與軍方叛變分子攜手之下發起;而祕魯社會最激烈的改革,則係由一九六〇年代後期與一九七〇年代的軍事政權推動。同樣地,都市民眾具有的革命潛力,也是一支不可忽視的舊力量,一九七九年的伊朗革命,以及日後的東歐社會,就是最佳例證。不過回到本世紀的第三階段,世人的眼光都以游擊戰爲焦點,游擊戰術的優越性,也一再爲不滿蘇聯路線的激烈左派意識思想家所鼓吹。與蘇聯交惡分裂以後的毛澤東、一九五九年後的卡斯楚——更確切地說，應該是卡斯楚那位英俊瀟灑的同志，天涯浪子蓋瓦拉（Che Guevara, 1928-67）——即是他們的精神領袖。至於堪稱此中翹楚，實行游擊戰術最成功的頭號隊伍：越南共產黨，先後甚至擊敗法國及強大的美國，受到舉世熱烈推崇。可是，它們卻極不鼓勵眾家崇拜者在左派意識的內門中自相殘殺。

一九五〇年代的第三世界，充滿著層出不窮的游擊戰鬥，而這些戰事，幾乎全部發生在殖民勢力（或移居當地的殖民者）不願放手讓前殖民地輕易和平立國的國家裡面——如分崩離析的大英帝國治下的馬來亞、肯亞毛毛運動，和塞浦路斯。至於其中最嚴重的戰事，則發生在日薄西山的法蘭西帝國內部，如阿爾及利亞與越南。但是說也奇怪，最後將游擊戰推上世界頭版地位的事件，卻是另一樁規模小得許多的行動——肯定比馬來亞叛變爲小（Thomas, 1971, p.1040）——亦即不按常理出牌，結果卻大獲成功，於一九五九年一月一日取得加勒比海古巴島政權的一場革命。卡斯楚其人，其實倒也不是拉丁美洲政治場上不常見的人物：年輕、強悍、充滿領袖魅力、出身良好的地主家庭；政治觀點模糊，卻決心一展個人英勇——管它是在哪一種自由抗暴的旗幟之下，只要恰當時機出現，立意在其中成爲一號英雄。甚至連他提出的口號，也屬於舊一波的解放運動，雖然可敬，卻缺乏精準的內容（「沒有祖國就是死」——原爲「不是勝利，就是死亡」，以及「我們會出頭天」）。在哈瓦那大學（Havana University）舞槍弄棒的少年黨中，度過一段藉藉無名的學生政治期後，卡斯楚投入對抗古巴獨裁者巴蒂斯塔將軍（Fulgencio Batista）政府的陣營——巴蒂斯塔自當年以士官身分，於一九三三年軍事政變中首次登場之後，即是古巴政壇上家喻戶曉的殘暴人物，並於一九五二年再次奪得政權，一手廢去憲法。卡斯楚以積極行動的姿態進行抗爭：一九五三年攻擊一處軍營，然後坐牢、流亡，再度率領游擊部隊攻回古巴，並在二度進擊之際，於偏遠的山區省分奠定勢力。這場準備並不充分的賭博，竟然大獲回收——其實就純粹軍事角度而言，挑戰的難度並不甚高。那位游擊戰的天才領袖，阿根廷醫生出身的蓋瓦拉，只帶領了一百四十八名兵勇，便繼續前往征伐古巴餘境，及至最後大功告成之際，全隊也只增加到三百人而已。而卡斯楚本人的部隊，則只在一九五八年十二月，佔取了他們手下第一座擁有千名人口的村鎮(Thomas, 1971, pp.997, 1020, 1024)。一直到一九五八年前，卡斯楚的最大成就——不過確也非同小可——在於他顯示了區區一支非正規的軍力，卻可以控制一個廣大的「解放區域」，而且力能抵擋正式軍隊的攻擊——當然後者士氣低落，已是公認事實。卡斯楚之所以獲勝，在於巴蒂斯塔的政權本身脆弱不堪，除了爲圖自己方便利益者外，別無眞誠擁護，其領導人物本身，又在腐化之下怠惰懶散。於是從民主資產階級到共產黨派，各方政治路線攜手的反對力量一起，獨裁者自己的左右軍警爪牙也認定他氣數已盡，這個政權便立時崩解了。卡斯楚提供了這個氣數已盡的證明，他所率領的勢力自然便入承大統。叛軍勝利的一刻，多數古巴民眾均眞心感到解放來臨，從此希望無窮；而這個解放與希望的象徵，就具現在那位年輕的叛軍指揮身上。短促的二十世紀，是充滿了天生領袖氣質人物，站在高台之上、麥克風前，被群眾當作偶像崇拜的年代。在這些天縱英明的領袖當中，恐怕再沒有第二號人物能像卡斯楚般，擁有如此眾多深信不疑、滿心愛戴的聽眾。這名身材高大、滿臉鬍鬚的英雄，一身縐巴巴的戰服，毫無時間觀念，一開口就能夠滔滔不絕地講上兩個小時。雖然內容蕪雜，思緒紊亂，卻能贏得群眾毫無質疑的全神傾聽(包括筆者在內)。終於有這麼一回，革命成爲眾人的集體蜜月經驗。它會帶我們往哪裡去？一定是什麼更好的所在吧！

一九五〇年代拉丁美洲的眾家反叛人士，最後難免發現，革命不能單靠自家歷史上解放英雄的教誨，如全拉丁美洲的革命英雄玻利瓦(Bolívar)，以及古巴自家的偉人馬帝(José Martí)，一九一七年後的反帝社會革命傳統，亦即左派理論，顯然也不可缺。兩者都主張「農業改革」——不管它代表什麼意思(見五三一頁)——而且，(至少在表面上不曾明說)都具有反美的心情。尤其是貧窮的中美地帶，「離老天爺這麼遠，離美國卻這麼近」——套用墨西哥老號強人迪亞茲(Profirio Diaz)的話。而卡斯楚一幫人雖屬激進，但是除了其中兩人，他本人及他的同志們都不是共產黨，甚至也不曾表示得到任何馬克思門派的同情支援。事實上，古巴當地的共產黨——是智利以外拉丁美洲的唯一這類大黨——不但與他們毫無淵源，一開始甚至不表同情，直到相當後期方才有部分人士參與卡斯楚的活動。雙方關係顯然至爲冷淡，害得美國外交人員及政策顧問時起爭議，搞不清楚卡斯楚這一股人馬到底贊成還是反對共產黨。如果的確是共產黨，美國中央情報局成竹在胸，很知道該怎麼處置——它已經在一九五四年解決過一個瓜地馬拉改革派的政府了——可是現在，卻顯然認定古巴一系不屬共產黨。

但是當時發生的各種狀況，卻在在推使著卡斯楚的運動一直往共產主義方向行去。從那些傾向於拿起槍桿子打游擊戰的人士開始，他們所鼓吹的一般性社會革命理論，到麥卡錫參議員在美國掀起反共高燒的十年之間，都自動使得反對帝國主義的拉丁叛軍，與馬克思思想較爲情投意合。全球性的冷戰局面，更使整件事水到渠成。如果新政權討厭美國——十之八九，一定如此——只消對美方投資造成威脅，保證可以得到美國頭號大敵的同情支援。更有甚者，卡斯楚經常在數百萬民眾前喃喃獨白式的治理作風，也不是治天下的方式，就連任何一個小國或革命也不能長久。即使是民粹主義，也需要某種形式的組織；而共產黨則是唯一站在革命一方，並可以提供他這種組織的團體。兩方彼此需要，不久遂結爲一體。不過，及至一九六〇年三月，早在卡斯楚發現古巴必須走上社會主義路線，自己也得變成共產黨之前(但是他這個共產黨，自有其別具一格的風格)，美國便已經決定把他當作共產黨來處置，中央情報局被授命進行推翻他的任務。一九六一年中情局發動古巴流亡人士進攻豬玀灣(the Bay of Pigs)失敗未成，一個共產政權的古巴便在美國最南端小島基維斯(Key West)的七十哩外存活下來，並在美國封鎖之下，對蘇聯的仰賴日深。

在保守主義的氣燄於全球高張了十年之後，再也沒有另一場革命能像古巴一樣，令西半球及已開發國家的左翼人士歡欣鼓舞了，也只有這場革命，爲游擊戰法帶來了最佳宣傳。古巴革命裡什麼都不缺，要什麼有什麼：有山林草莽的英雄浪漫、有學生出身的年輕領袖，貢獻出他們青春歲月的慷慨無私——年紀最長者也僅過而立之年。一個快樂喜氣的民族，在一個熱帶的旅遊天堂，帶著倫巴韻律的脈動氣息。更重要的是，它的成就、它的作爲，可以被舉世的左派人士歡呼高舉。

事實上，古巴一舉，最可能向它歡呼擁戴的是莫斯科的批評者；長久以來，他們對蘇聯決定與資本主義和平共存爲第一優先的政策極爲不滿。卡斯楚立下的榜樣，激動了拉丁美洲各地好戰派的知識分子。這片大陸，一向充滿了隨時準備扣下板機，以英勇無私爲尙，尤愛展現英雄作風的熱血人物。一段時間過去，古巴開始鼓動南美大陸上的叛變行動，蓋瓦拉更不斷鼓吹敦促；他是泛拉丁美洲革命的首號鬥士，大力主張應該製造出「兩個、三個、更多的越南」來。至於思想方面，則有一位年輕聰穎的法國左派（除此其誰？）提供了合用的意識理論。他整理出一套理論，亦即在一個革命成熟的大陸之上，唯一所缺的需要，就是將小隊武裝人馬送入山區，據山爲站，形成群眾解放鬥爭的「中心焦點」（focos），便能水到渠成。

於是這股游擊風遂席捲了拉丁美洲，一群群熱情激昂的青年男子，紛紛在卡斯楚、托洛斯基或毛澤東的旗幟之下發動了他們的游擊戰鬥。可是只有在中美及哥倫比亞一地，由於當地擁有農民支持武裝鬥爭的基礎是爲例外之外，這些游擊武力都同遭立即覆滅的下場，只遺下無名英雄及赫赫人物的屍骨遍地——包括蓋瓦拉本人死於玻利維亞，以及另一名與他同樣英氣勃發，教士出身的叛軍領袖托雷斯（Camilo Torres）神父死在哥倫比亞。這項戰略的策劃效果實在欠佳，尤其是如果條件得當，在這些國家進行持久並有效果的游擊戰其實不無可能。一九六四年以來，具有正式共黨身分的「哥倫比亞武裝革命部隊」（Armed Forces of the Colombian Revolution, FARC）一直延續至今，其活動到本書寫作之際猶在進行，即爲明證。一九八〇年代在祕魯興起的毛派「光明之路運動」，則是另一例證。

然而，雖然農民也走上了游擊之路，游擊戰本身卻絕非一個農民運動——「哥倫比亞武裝革命部隊」是極爲稀有的例外。游擊運動進入第三世界的鄉間，主要係年輕知識人的作爲，而這些年輕人的來源，先爲本國已有身家基礎的中產階級，隨後又有一批農村小資產階級的兒女作爲新血（兒子爲主，女兒較少）。日後當游擊戰由內陸的農業大地轉進都市，如一九六〇年代後期某些第三世界左派革命的做法即是（如阿根廷、巴西、烏拉圭及歐洲）❷，其成員也不外以上兩種來源。事後的發展顯示，在都市裡，游擊隊反而比農村容易運作，因爲前者無須借助群眾的合作或默許，反而更能利用大都市環境的匿名掩護，以及金錢購買力與少數基本支持者的相助（多爲中產階級）。這些「都市游擊隊」或「恐怖分子團體」發現，在都市中可以達成更震撼的宣傳效果，殺傷力也更爲驚人——如一九七三年佛朗哥元帥指定繼承人海軍上將布蘭科（Carrero Blanco）之死，即是分離運動組織巴斯克自由黨下的手；以及義大利總理莫洛（Aldo Moro）於一九七八年被刺，係義大利紅色旅隊（Red Brigades）所爲——而這些攻擊行動進帳的能力，更是不在話下。總之，在都市進行游擊戰，戰果比在本國鄉間推動革命輝煌多了。

即使在拉丁美洲，政局變化的主力還是來自文人政客以及軍方。一九六〇年代，一波波右翼軍事政權席捲南美大部地區，其主因其實並非針對武裝叛變而起——至於中美一帶，軍政府始終當令流行，只有革命時代的墨西哥及小國哥斯大黎加是爲例外，後者甚至在一九四八年一場革命之後，一舉將它的軍隊給廢了——阿根廷的軍方推翻了民粹派首領貝隆，貝隆的勢力，則來自勞工組織及窮人的動員力量（一九五五）。自此之後，阿國軍人間歇執政，因爲一方面貝隆派的群眾運動始終難以摧毀，另一方面卻再也沒有穩定的文人政府起而代之。一九七三年貝隆自外流亡返國，這一回，則有當地許多左派抓著他的褲腳助陣。貝隆之歸，再度顯示其支持人眾的實力。於是軍隊又一次發動流血拷打，標榜著愛國辭藻奪回大權，一直到他們輸掉了那場短暫、無謂、卻具有決定性的福克蘭之戰(一九八二)，被逐下台爲止。

巴西軍方在一九六四年接管政權，趕走的也是類似敵人。巴西偉大的民粹領袖瓦加斯(一八八三—一九五四)，他的傳人在一九六〇年代初期開始向左轉，提倡民主化及土地改革，並對美國政策提出質疑。其實出現於一九六〇年代末期的小規模游擊行動，對軍政權根本不具威脅，卻成爲後者大肆無情鎮壓的藉口。不過一九七〇年代初期以後，當局的鐵腕漸有放鬆之勢，及至一九八五年，並將國事交還文人主政，這一點不可不提。至於智利軍方的大敵，則是社會主義、共產主義，以及其他進步派人士的左翼聯盟——亦即歐人(對此智利亦不例外)素稱的「人民陣線」(見第五章)。這個聯合陣線，早於一九三〇年代便曾在智利贏得選舉，當時華盛頓對此沒有如今緊張，智利也被一般公認爲文人主政的憲政體制。聯合陣線的首腦，社會主義人士阿葉德(Salvador Allende)，於一九七〇年當選總統，但是政權不穩，旋即於一九七三年爲一場背後有美國支持(恐怕係美方主謀)的軍事政變推翻。智利從此走上一九七〇年軍事政權的當家本色——處決、屠殺(官方或半官方式)，有系統地折磨虐待監獄人犯，政治反對人士相繼大批出亡。軍方首腦將軍皮諾切特執政十七年裡，在經濟上卻執行極端的自由主義。因此再度證明，別的不論，政治的自由民主，與經濟的自由主義，在現實上並非絕對的天生夥伴。

一九六四年後，玻利維亞的革命政權被軍方推翻，此事也許和美國擔心古巴在玻國的影響日盛有關。當年浪子英雄蓋瓦拉，便在一場事機不熟的游擊行動裡於玻國不幸身亡。可是玻利維亞這個國家，不管其統治者多麼殘忍，卻不是一個能讓任何當地軍人長久統治的地方。於是在一連串將軍上台下台更替執政之間，在他們對毒品貿易的暴利越來越眼紅心動之際，玻國軍政於十五年後結束。至於烏拉圭的軍隊，則利用當地一場極為高明的「都市游擊」運動為藉口，進行其司空見慣的殘殺凌虐，可是最後在一九七二年造成軍方奪權的最大主因，卻來自「廣義左派」(Broad Left)人民共同陣線的興起，直接與該國傳統的兩黨政治相抗衡。但是這個可稱為南美唯一民主政治最為悠久的國家，總算保住其相當傳統，至終畢竟否決了軍事統治者賜予他們的那部帶著手銬腳鐐的殘缺憲法，並於一九八五年重回文人政制。

在拉丁美洲、在亞洲、在非洲，游擊戰術堪稱成就非凡，並且有可能再上層樓。但是若將戰場移到已開發的國家，游擊之路則無甚意義。不過在第三世界農村與都市游擊戰雙管齊下之下，第一世界年輕的叛逆者及革命人士——或只是文化上的異議分子——受到的激勵日廣，自是無足訝異。有關搖滾樂的報導，便將當年伍茲達克(Woodstock)的音樂節慶(一九六九)，比作「一支和平的游擊部隊」(Chapple and Garofalo, 1977, p.144)。蓋瓦拉的畫像，則被巴黎東京的示威學生當作偶像般舉來抬去；他那頭戴貝雷帽、滿臉大鬍腮、顯然充滿男性氣息的模樣，挑動了每一顆心，甚至連「反文化」圈中最不具政治色彩的心靈，也因此為之跳躍不已。雖然第一世界的左派在實際示威活動之中，較常吟唱的口號往往是越南領導人胡志明的名字(「嗨唷！嗨唷！胡志明！」)，但是全球「新左派」在一九六八年曾有過一場極為完備的意見調查，蓋瓦拉的大名卻是最常被提起的一個——僅次於哲學家馬庫色(Marcuse)。於是在對第三世界游擊隊的支持之下，以及一九六五年後，美國青年反抗被政府送去與第三世界游擊隊作戰的抗議聲中，左派因此產生了大結合的聲浪；唯一能與這兩股凝聚力相媲美者，只有反核一事。《地上的可憐人》（*The Wretched of the Earth*）一書的作者，原係加勒比海地區一名心理學者，曾參與阿根廷的解放戰爭。書中歌謳暴力，認爲它是被壓迫者的一種精神解放形式。知識圈中的某些行動派閱此深受震撼，此書遂成他們的重要寶典，影響日巨。

簡而言之，身穿迷彩出沒熱帶林木的游擊形象，成爲一九六〇年代第一世界激進派的中心印象，甚至是他們最主要的激發靈感。「第三世界論」者相信，世界的解放，將由周邊窮苦的農業地帶發動完成，這些被剝削、被壓榨、被日漸眾多文獻稱爲「世界體系」裡的「核心國家」所迫、淪於「依賴地位」的廣大地區，卻要回頭來解放全世界。這個理論，抓住了第一世界左派理論家多人的心靈。如果說，根據「世界體系」說，世上的煩惱之源，非自現代工業資本主義的興起，卻在第三世界於十六世紀陷於歐洲殖民主義之手，那麼，只要在二十世紀，將歷史的過程反轉過來，第一世界感到束手無策的眾家革命人士，便能突破有路，衝出這個無能爲力的困境了。難怪有關這方面最有力的言論，往往來自美國的馬克思派，因爲想要靠美國的內部力量，生出贏取社會主義勝利的希望，實在太渺茫了。

3

時至今日，在繁榮興旺的資本主義工業國度裡，若以叛亂騷動，以及群眾行動的古典模式引發社會革命，這種可能性如今根本沒有人認眞考慮了。然而就在西方繁景的最巔峯裡，在資本主義社會的最核心內，各國政府卻忽然意外地——剛開始甚至甚感不解地——發現自己竟面對著一種彷彿類似舊式革命的現象。此中現象，透露了貌似穩固、卻實有漏洞的政權的弱點。一九六八至六九年間，一波反叛狂飆，吹遍了三大世界（至少其中的一大部分）。暴動的浪頭，爲一股新生的社會力量——各地學生——送往各個角落。此時甚至在中型的西方國家裡面，學生人數也已經以數十萬計，不久更要高達以百萬計（見第十章）。更有甚者，學生除了人數衆多，更有三項政治特徵助其威風，愈增其政治訴求的效力。其一，他們全部聚集在碩大無朋的知識工廠之中，動員容易，比起社會眞實大工廠裡的工人，空閒時間綽綽有餘。其二，他們通常都在各國首都大城之內，隨時在政客的眼目及媒體的照相機緊盯之下。其三，身爲受教育的階級，經常也是紮實的中產階級之後，而且更是本國社會擢取統治新秀的供應來源（舉世皆然，尤以第三世界爲最），當局對他們自然多有容忍，不會像對付下等階級般輕易開槍掃射。在歐洲，不論東西地帶，甚至在一九六八年的五月巴黎，那場驚天動地的大暴亂及街頭格鬥當中，學生都不曾遭到嚴重的傷亡。有關當局小心戒愼，全力避免造成烈士的出現。至於在確有重大屠殺事件發生的地方，如一九六八年的墨西哥市——在軍隊驅離一次公共集會的騷亂當中，根據官方統計，共有二十八人死亡，兩百人受傷（González Casanova, 1975, vol.II, p.564）——墨國政治日後的軌道，即因此而永久地改變了。

學生人數的比例雖然不高，但是由於以上緣故卻極具成效。尤其在一九六八年的法國，以及一九六九年「炎秋」的義大利，學生暴動引發了巨大的工人罷工浪潮，甚至造成全國經濟暫時癱瘓。

然而，它們畢竟不是眞的革命，也不可能發展成眞正革命。對工人來說，他們加入這些行列，只是從中發現一個機會，原來自己在工業中具有討價還價的能力；而這個講價實力，他們已經默默積聚了二十年而不自覺。工人，不是革命人。至於第一世界的學生驕子，他們對推翻政府、奪取權力這類錙銖小事，更不看在眼裡。不過一九六八年五月法國的一場學生大亂，卻也差點使戴高樂將軍跌下寶座；事實上，也的確縮短了他的統治生涯（戴氏於一年後告老退休）。而同一年美國學生的反戰示威，則將詹森總統（L. B. Johnson）扯下台來（第三世界的學生，對權力的現實面看得比較清楚；至於第三世界的學生，則深知自己對權位最好敬而遠之）。西方學生的叛亂行動，文化革命的色彩較濃，是一種抗拒的表現，排斥社會上由「中產階級父母」價値觀所代表的一切事物，其中細節已在第十章及十一章內有所討論。

儘管如此，這一代反叛學生裡面，畢竟有相當數目之人因而開始注意政治，他們自然都接受了激進革命及全面社會轉型的教導，以它們的精神領袖爲導師——亦即非史達林派的十月革命偶像馬克思以及毛澤東。自從反法西斯的世代以來，馬克思思想第一次走出家門，不再限於莫斯科正統理論的禁錮，吸引了西方大批年輕的知識群眾（對於第三世界來說，馬家思想的魅力自然從來未嘗停息）。這是一個奇怪的馬克思學說現象，不以行動爲戰場，卻在討論會中學術場上喋喋不休，再加上當時學界流行的各類思潮，有時還湊上其他七七八八的意識思想、國家主義、宗教學說。這一片花花世界聲音，完全從課堂上迸發而出，而非工人生活的實際體驗。事實上，這些思想、討論，與這一群馬氏新門徒的實際政治行爲毫不相干。他們大聲疾呼，主張進行激進的戰鬥手段，而這種戰鬥行爲，其實根本不需要任何研究分析。當初的烏托邦理想如泡沫散滅之後，許多人又回到——或可說轉向——左派的老路上去(如法國的社會黨，即在此時重整，義大利共產黨是另外一例)，而如今的左翼黨派，在年輕新血的注入之下，也頗有部分振興的氣象。這既是一場知識人的運動，自然也有許多成員被拉入學術圈的陣營，在美國的學術界裡，便因此造成政治文化激進分子空前的眾多。另有部分人士，則視自己爲承續十月傳統的革命人，遂紛紛參加或重建列寧式訓練有素的小團隊，最好是祕密性質的「先鋒」型幹部組織爲佳，以向大型團體進行滲透，或以恐怖行動爲目標。於是在此，西方與第三世界合而爲一，後者也有數不盡的非法戰將，摩拳擦掌準備以小團體的暴力，補償前線大規模的敗退。一九七〇年代的義大利，曾出現各種名目的「紅色旅隊」，可能便屬於布爾什維克一系在歐洲最重要的勁旅。於是一個奇特的祕密世界從此冒出，在這裡，國家主義的行動團體，與社會革命意識的攻擊部隊，共同在國際密謀網中相結合。其中有「紅軍」(一般規模甚小)、有巴勒斯坦人、有西班牙巴斯克叛亂分子、北愛爾蘭共和軍，以及其餘形形色色各路人馬，並與其他非法地下網路相重疊，同時又爲情報組織所滲透，受到阿拉伯與東方國家所保護，必要時甚至予以援助。

這是一個大千世界，是諜報小說恐怖故事作家筆下最好的素材，對後者來說，一九七〇年代眞不啻黃金時光。這是西方歷史上殘暴與反恐怖行爲並行的最黑暗時期，這也是現代殘虐暴行的黑色時代。死亡與綁架部隊的魔爪蔓延，還有那標幟不明、使人「神祕失蹤」的汽車橫行——可是人人都知道那些車輛來自軍警、來自特務諜報單位、來自已經脫離政府掌握，更遑論民主手段控制的超級組織。這是一場難以啓齒的「骯髒戰爭」❸。甚至在擁有深厚憲法程序傳統的國家如大不列顛者，也可見到這種不堪手段的運用。北愛爾蘭衝突初起的早年，便曾出現過相當嚴重的狀況，引起「國際特赦組織」(Amnesty International)關切，納入其有關虐待狀況的報告書中；而最惡劣的例子則出在拉丁美洲。至於社會主義國家的箇中情況，雖然並沒有太多人予以注意，不過它們卻並未受到這股邪惡風氣的感染，它們的恐怖時代已經拋在背後，國境內也沒有恐怖分子活動。只剩下一小群異議人士深深知道，在他們的處境之下，筆的力量遠勝於劍。或者可以說，打字機的威力(再加上西方公眾的抗議支援)，遠勝過砲彈的破壞力量。

一九六〇年代末期的學生反抗運動，是舊式世界革命的最後歡呼。這個運動，從兩方面看皆具有革命意義。其一，在於其古老的烏托邦理想追尋，意欲將現有價值觀做永久性的翻轉，追求一個完美的新社會。其二，在其訴之以行動的實際運作方式：走上街頭，登上山頭，架起防栅，炸之襲之。這也是一股國際性的革命運動，一方面因爲革命傳統的意識思想，從一七八九年到一九一七年，始終是普世性國際性的訴求——甚至連巴斯克地方主張分離運動的自由黨，這般具有強烈民族主義氣息的團體及一九六〇年代的標準產物，也宣稱自己與馬克思派有些牽絆瓜葛。而另一方面，也因爲有史以來第一次，這個世界眞正成了一個國際性的社會——至少在那些高談闊論思想意識的學生圈裡，世界的確是一家了。同樣的書刊，紛紛在布宜諾斯艾利斯、羅馬、漢堡各地的書店出現，而且幾乎同時出現——一九六八年時，馬庫色的著作，更是這些書店架上必然包括的一本——同樣的一群革命客，穿過大陸，橫渡大洋，從巴黎到哈瓦那到聖保羅到玻利維亞。一九六〇年代末期的學生驕子，是將快速廉價的航空電傳視為理所當然的第一代人。索邦(Sorbonne)、柏克萊(Berkeley)、布拉格，無論何地有事，學生群都能毫無困難地立刻體會，因為這是同一個地球村發生的同一事件的一部分。而根據加拿大大師麥克魯漢(Marshall McLuhan，一九六〇年代的又一時髦人物)的指示，我們都生活在這同一個地球村中啊！

然而這一場似乎彷彿的革命，卻不是一九一七年那一代革命人所認識的世界革命。它只是一個已逝的春夢，夢想的事物其實早已不存在了。其中的所作所為，只是一種自欺的假相，好像只要我們假裝戰鬥的壁壘已經築起，它就眞的築起，在共鳴交感的魔力之下自動築起。難怪那位保守派的才子阿宏(Raymond Aron)，會將巴黎的「一九六八年五月事件」打趣成一齣街頭大戲，或是一場心理實驗劇罷了(psychodrama)。

再沒有人指望西方世界會眞的爆發社會革命了。多數的革命人，甚至不認為工人階級——那被馬克思譽為「資本主義掘墓人」的一群——在根本上屬於革命的同路人；只有那些對正統教條依然死忠之人，才會抱著這個說法不放。在西半球，無論是拉丁美洲堅守理論的極左派，還是北美學生的實際行動派，舊有的「普羅大眾」甚至被他們嗤之以鼻，被視為激進主義的大敵。因為在他們的眼裡，「普羅」也者，如今若不是享有優惠的勞工貴族，就是愛國心迷的越戰擁護者。革命的前途，現在只在第三世界(人口正在迅速減少之中的)農民大地手裡了。然而這些小農百姓，必須靠遠地而來的武裝福音使徒——在卡斯楚、蓋瓦拉一派的率領之下——才能震醒，才能將他們從過去的被動服從中搖撼出來。這個事實，卻顯示舊有的信念似乎已露疲憊：所謂「地上被咀咒的一群」(damned of the earth)——那被國際歌頌讚揚的一群——必將「獨力」掙開他們的鎖鍊的說法，這種歷史必然性的推論，顯然不大說得通了。

更有甚者，即使在革命已經成爲事實，或極可能發生的地方，它還眞能保有它的世界性嗎？一九六〇年代革命人士希望所寄的眾家運動，事實上根本與傳統革命的普世性背道而馳。越南、巴勒斯坦，以及各式殖民地的游擊解放行動，其關心焦點，都只集中在本國本民。它們之所以與外面較大的天地有所關聯，只是因爲其領導人或是共產分子之故。而只有共產黨人，方有較爲世界性的任務在身。另外一個原因，則係由於冷戰世界體系之下的兩極結構，自動將它們歸位——敵人的敵人，就是朋友。舊有的普世取向，如今已經變得微不足道，從共產中國一例即可明證。中共口裡依然宣講著世界革命的高調，但是在實際行動上，卻採取毫不留情絕對自我中心的國家政策。在這個本國第一的政策掛帥之下，它先後於一九七〇及一九八〇年代，與美國聯手，轉與共產蘇聯爲敵，進而與蘇聯及越共發生眞正的武裝衝突。而目標理想超越國界以外的革命，只有在某些區域性的行動中保存下來，如泛非、泛阿拉伯，尤其是泛拉丁美洲等沖過水的稀薄運動。這一類運動，倒也擁有某種普遍程度的眞實性，至少對於講同一種語言、並能在各國之間自由遊走的好戰派知識人係如此(如西班牙語、阿拉伯語)，如那些流亡者及叛變行動的策劃人士即是。我們甚至可以說，他們之中某些人的確具有國際性的色彩——尤以卡斯楚式一門爲最。蓋瓦拉本人，便曾在剛果作戰；而古巴也曾於一九七〇年代，派軍往非洲合恩角及安哥拉兩地協助當地的革命政權。但是出了拉丁美洲左派的大門，到底有多少人眞心期待社會主義的解放，能獲得一場全非洲或全阿拉伯的勝利？由埃及、敍利亞，加上附帶的葉門，三角組成的短命「阿拉伯聯合共和國」(United Arab Republic, 1958–61)，不久迅即解體。敍利亞及伊拉克兩地，雖由同樣主張「泛阿拉伯主義」與社會主義的阿拉伯復興社會黨派執政，兩國間卻時起摩擦。豈不在在證明，超國性革命主張的脆弱，及其在政治現實上的不實際嗎？

世界革命已然褪色，最戲劇性的證據，卻正來自致力於世界革命的國際運動的解體。一九五六年後，蘇聯，以及在它領導之下的國際運動，開始失去獨家控制，不再能一手掌握革命訴求，及其訴求背後具有團結效力的理論意識。如今馬克思新店紛紛開張，還有另幾家馬列混合式的小吃，甚至連那兩三家於一九五六年後，依然在旗幟上保留史達林肖像的共產黨老店，也一一亮出了不同的新招牌(中國、阿爾巴尼亞，以及與正統印度共產黨分家的馬派印度共黨)。

以莫斯科爲中心的國際共黨運動殘餘，在一九五六至一九六八年間崩潰流散。一九五八至六○年間，中共與蘇聯正式決裂，並呼籲其他各國效法，退出蘇聯集團，另行組織共產黨派與之較勁(不過成果甚微)。而其他共產黨派(以西方爲主)，則在義大利領頭之下，公開表示與莫斯科保持距離。甚至連最原始的一九四七年「社會主義陣營」，如今也開始分裂成對蘇聯效忠程度不一的各種隊伍，從全面輸誠的保加利亞起❹，一直到完全自己當家作主的南斯拉夫。一九六八年蘇聯軍隊侵入捷克，其目的在於以另外一套政策，取代當時捷國共黨實行的新政策。蘇聯此舉，爲「普羅國際主義」的棺木敲下最後一枚釘子。從此之後，甚至連行走莫斯科路線的共產黨派，也開始公開批評蘇聯，並採取與莫斯科意見相左的政策——如「歐洲共產主義」(Eurocommunism)即是。種種唱反調的現象，遂成爲正常狀況。國際共產運動的落幕，也是其他任何一種主張國際路線的社會主義或社會革命的尾聲，因爲這些異議分子與反莫斯科人士，除了各成宗派互別苗頭之外，再也無法組成有效力的國際組織。唯一尚能模糊喚起普世解放傳統印象的機構，只剩下社會主義國際（Socialist International, 1951）。這個組織，如今代表的卻是已經正式放棄管它任何一種革命路線的政府及黨派，其中多數位於西方；更有甚者，多數甚至連對馬克思思想的信仰也完全放棄了。

4

一九一七年十月的社會革命傳統固已喪盡——有人甚至認爲，連革命的老祖宗，一七九三年法國雅各賓黨一脈的傳統也已完全失傳——促成革命爆發的社會政治動盪卻始終存在，社會不安的火山依然活躍。一九七〇年代初期，資本主義的黃金時代告終，新一波的革命浪潮，開始席捲世上大部分地區。緊接著進入一九八〇年代，西方共產集團發生危機，至終導致它們在一九八九年間的破產。

一九七〇年代的革命事件，雖然大多數發生在第三世界地區，但事實上其地理分布及政治體制的牽涉範圍極廣。令人驚奇的是，序幕的揭起卻首先發生於歐洲：一九七四年四月，歐洲大陸壽命最長的右派政權，葡萄牙首被推翻；不久，相較之下極爲短命的希臘極右翼軍事獨裁也宣告倒閉（見五二四頁）。一九七五年，佛朗哥元帥總算盡享其天命謝世，西班牙政權在和平轉移下由威權統治走上國會政治，這個南歐國家回歸憲政民主的漫長之旅至此終於完成。以上這些轉變，其實都可以看成法西斯主義與二次大戰世代在歐洲留下的未了之帳的最後清算。

葡萄牙革命政變中的激進軍官，係在葡國與非洲殖民地解放游擊部隊的多年作戰之下，徒勞無功的挫敗感中產生。葡萄牙軍隊自一九六〇年代初期開始，就在那裡纏戰不休，雖然葡軍並未遭到重大戰局，可是在小小的殖民地幾內亞比索，卻碰上了恐怕名列非洲解放領袖能幹之最的卡布拉爾(Amilcar Cabral)。及至一九六〇年代末期，竟能打成了兩軍對峙，僵持不下的局面。剛果衝突之後，又有南非當局加強「黑白隔離政策」(apartheid)火上加油——劃出一塊黑人「家園」限其居住；以及沙佩維爾(Sharpeville)大屠殺等——非洲游擊運動在一九六〇年代遂迅速繁衍。不過一般而言卻不甚見果效，加以部落互戰，中蘇對抗，其勢更形衰頹。進入一九七〇年代初期，蘇方的援助大增，游擊戰又再度死灰復燃——中國當時卻開始忙著在自家發瘋：毛澤東發動了「文化大革命」的大變亂。可是最後還是由於葡萄牙本國起了革命，眾殖民地才於一九七五年獲得獨立。莫三比克與安哥拉，卻旋即投入了一場更爲血腥殘暴的內戰，起因又是由於南非與美國從中介入之故。

正當葡萄牙帝國崩潰之際，另一個非洲獨立資格最久的古老國家，也同時爆發重大革命。爲饑荒所苦的衣索比亞，老皇於一九七四年被趕下寶座，政權最終爲一個與蘇聯密切合作的左派軍團所把持。蘇聯因此也將它在本區的支持對象，由索馬利亞的巴烈軍事獨裁政權身上轉開，當其時也，後者正熱情地對馬列主義心嚮往之。而衣索比亞的新政權在國內一直有人挑戰，終於也在一九九一年被推翻下台，取而代之者，則是同樣走馬克思路線的地區性解放／分離運動。

這一類變化，爲投效社會主義(至少在紙面上投效)的政權創造了一股新流行。達荷美(Dahomey)宣布自己是一個「人民共和國」，雖然它還是在軍人統治之下，同時也已將國名改爲貝南。同樣在一九七五年，馬達加斯加——即馬拉加西(Malagasy)——在司空見慣的軍事政變之後，宣布致力於社會主義。軍人當政的剛果，更強調自己作爲一個「人民共和國」的特色——此小剛果非彼大剛果。後者係前者的巨大強鄰，現已改名薩伊的比屬剛果，執政者係貪婪出名的親美軍人莫布杜(Mobutu)。而南方的羅德西亞——即今辛巴威(Zimbabwe)——白人移民企圖在此建立一個由白人統治的獨立政權，十一年嘗試未果之後，終在兩大游擊運動日增的壓力下於一九七六年畫上終點。但是兩股游擊勢力，則因部落認同及政治傾向有異分裂不合(一方親俄，一方親中)。一九八〇年際，辛巴威在其中一名游擊首領的統治之下宣告獨立。

在紙面上，這些運動都屬於一九一七年革命世家的一員；在事實上，它們卻是截然不同的一支異類。這種變調是無可避免的後果，尤其因爲當初馬列二聖精心研究設計以爲對象的社會，與今日撒哈拉沙漠以南後殖民世界的非洲國家之間，有著極大的分野。唯一符合他們分析條件的非洲國家，只有那個由移住民建立的資本主義國度，經濟開發、工業發達的南非。於是一股跨越部落種族界限的眞正群眾解放運動——非洲民族議會組織——開始在南非出現；爲其助一臂之力者，有當地另一股眞正的群眾工會運動，以及效能極高的共產黨派。及至冷戰結束，甚至連堅持黑白隔離的政權也不得不向其低頭。但是即使在此地，革命的運動力也非普遍存在，某些部落對革命的使命感特強，有些卻相形甚弱——如祖魯族(Zulus)——這種狀況，自然也爲黑白隔離政權從中利用，並發揮了某些效用。至於非洲其他地區，除了一小群受過教育及西方化的都會知識分子之外，一般建立於所謂「國家民族」或別種因素之上的動員訴求，根本上，其實只是基於向本部落效忠或部落之間的聯合而已。於是愈發予帝國主義者以可乘之機，鼓動其他部落向新政權發出挑戰——安哥拉就是最著名的例子。像這一類國家，若與馬列思想有任何關聯，充其量也只是借用它的祕方，以組成訓練有素的幹部黨團及威權體制罷了。

美國自中南半島的撤退，更加強了共產主義的挺進。越南全境，如今已經在共產政府獨一無二的完全統治之下，類似政權也在寮國與高棉出現。紅色高棉(Red Khmer)尤其是一個特別嗜殺的血腥政權，是其頭目波布(Pol Pot, 1925-)的巴黎咖啡座式毛派思想，與誓以摧毀都市墮落文明爲己任的內陸叢林農民武裝部隊的結合產物。新政權肆意屠殺自己的百姓，其中枉死的人數，即以我們這個世紀的標準來看，也都龐大得令人咋舌——絕對不下於其全部人口的百分之二十——直到它被越南入侵趕下台去，才於一九七八年恢復了一個比較合人性的政權。此後中美兩國卻出於反越反蘇的理由，繼續給予波布政權的餘黨以支持——這是縱橫捭闔的國際外交上，令人感到消沉的一頁。

一九七〇年代末期，則見革命的大浪直接撲向美國。中美洲及加勒比海一帶，原是華盛頓鐵腕獨斷的禁臠，如今卻似乎迤邐向左馳去。一九七九年的尼加拉瓜革命，推翻了美國在本區這個小共和國內的首腦人物索摩查家族(Somoza)；薩爾瓦多的游擊隊勢力日益猖獗；坐鎮在巴拿馬運河旁的托里霍斯將軍(Torrijos)，更是一個問題人物。可是這些狀況，對美方在此地的獨霸其實都沒有造成嚴重威脅，至少絕不比當年古巴革命的衝擊爲大。至於一九八三年發生在迷你小島格瑞那達

(Grenada)讓雷根總統動其全軍一擊的革命事件，更屬微不足道。但是這些成功的革命事例，卻與一九六〇年代的失敗前例恰成強烈對照，因此，一時之間，確讓華盛頓在雷根總統的年代(一九八〇—八八)，興起了一小陣歇斯底里的恐慌。這些事件都屬革命，自是無庸置疑，不過其中卻帶有極爲眼熟的拉丁美洲風情。最令傳統老左派惶惑不解的新鮮事，是其中竟有馬克思派的天主教士投身支持，甚而領導叛亂行動。傳統的左派，向來是反教士的俗世運動，看到這種新現象自是匪夷所思。這股風氣的始作俑者，起於古巴革命❺；更在哥倫比亞一場聖公會大會(一九六八)支持的「解放神學」之下，進而有了法理基礎。這股趨勢在最最意想不到的圈子當中——飽學的耶穌會教士——得到了有力支持。至於梵諦岡的反對，自是意料中事。

這些貌似與十月傳統有裙帶關係的一九七〇年代革命，事實上卻與十月革命相去甚遠。史家在此，固然能看出這中間的差異；然而換在美國眼裡，卻難免把它們一律視爲共產強權的全球攻勢。這種推理，一部分係出於冷戰年代零和的遊戲規則：一方所失，必爲另方所得。既然美國已經自行與第三世界的保守勢力站在一邊——進入一九七〇年代尤甚——自然愈發發現，如今自己站在革命的輸家一方。更有甚者，華盛頓認爲，應該對蘇聯核武裝備的進展提高警覺。總而言之，資本主義的黃金年代已經落幕了，黃金年代裡美元扮演的主角也隨之下台。在越南戰場上，美國果然如世人早已料定般終告敗退；世上最強大的軍事力量於一九七五年撤出越南，美國的超級強權地位遂大爲動搖。自從巨人哥利亞(Goliath)被小大衛的彈弓擊倒以來，人間還未見過這等大不敵小的潰敗陣仗。一九七三年石油輸出國組織大搞石油政變，要是當時的美國信心強悍一點，說不定就不會如此不加抵抗，便輕易屈服了？徵諸一九九一年對伊拉克的波灣一戰之後，更令人不得不有此一問。石油輸出國組織是啥玩意兒？不就只是一群阿拉伯之類的輕量級國家，在政治上無足輕重，在軍事上也尚未裝備到家，只不過靠著它們的油井，向世人強索高價罷了？

美國眼看著自己在全球霸權的滑落，自然視這一切爲向它的最高挑戰，更認爲這是蘇聯獨霸世界野心的信號。一九七〇年代的革命，因此帶來所謂的「二度冷戰」(Halliday, 1983)。這一回，跟以往也沒有兩樣，係由兩方的代理政權披掛上陣拚死鬥活，主要戰場便在非洲，後來又延伸到阿富汗——阿富汗事件，是二次大戰以來，蘇方首度親自出馬，派軍跨出自家地盤作戰的戰爭。但是蘇聯自己，想必也看出新的革命情勢一片大好，對它極爲有利——這個說法，我們也不能一概抹煞。至少，蘇聯一定覺得，眼前局勢可以爲自己的損失扳回一城。當時它在中國及埃及兩地的影響力，由於華盛頓大拉交情從中作梗，遭受到重大的外交挫敗。此外，蘇聯雖然不曾去蹚拉丁美洲的渾水，可是卻在別處大染其指，尤以非洲爲最，其牽涉程度比以往都要爲甚，且有相當程度的斬獲。單看蘇聯竟允許卡斯楚古巴派軍前赴衣索比亞及安哥拉，分別對抗美國在索馬利亞新出爐的代理政權(一九七七)，以及有美國在背後撐腰的叛軍行動安哥拉全面獨立聯盟(National Union for the Total Independence of Angola, UNITA)，與南非軍隊，即可看出箇中蹊蹺。於是在蘇聯發表的各項聲明當中，除了百分之百的共產政權以外，現在也把「傾向社會主義」的國家包括在內。於是安哥拉、莫三比克、尼加拉瓜、南葉門及阿富汗等國，便都頂著這個稱謂參加了一九八二年布里茲涅夫的葬禮。這些革命政權並非由蘇聯起，也不控制在蘇聯手中，可是後者無疑對它們大表歡迎。

然而接下來各個政權紛紛垮台，或被推翻，卻證明不論係蘇聯的野心，抑或「共產黨的世界陰謀」，都與這些天翻地覆的大變動扯不上眞正關係。不看別的，就連蘇聯自己也難逃命運手掌。一九八〇年起，它也開始趨於不穩，及至八〇年代結束更完全分崩解體。「實存社會主義國家」的覆亡，以及其覆亡本身有幾分可以視爲革命，均將在另一章有所討論。不過在東歐各國出現危機之前，曾有另一場驚天動地的革命先行發生，對美國打擊之重，比之一九七〇年代其他任何變化均爲深刻——然而卻與冷戰毫無關係。

這就是發生在一九七九年際推翻了國王的伊朗革命，也是一九七〇年代最浩大的一次，勢必被歷史記載爲二十世紀最重大的社會革命之一。革命之起，係針對當時伊朗國王急進激變的手段而爆發。伊王一有美國堅定的撐腰，二有該國石油的財富做後盾（一九七三年石油輸出國組織大鬧油價革命之後，伊國亦因而暴富），還推動閃電式的現代化與工業化建設（其大肆擴充軍備，更是不在話下）。作爲一名擁有強大恐怖祕密警察力量的絕對君主，該有的誇大狂特徵伊朗國王都有了；除此而外，他顯然也希望成爲西亞地區的一方獨霸。就他的觀點而言，現代化即意味著農業改革，於是眾多的小戶佃農，被翻身成眾多缺乏經濟規模的小農；或變成失業勞力，只好往大都市另尋生計，德黑蘭（Teheran）人口由一百八十萬（一九六〇）驟增爲六百萬。而政府獨鍾的資本密集高科技農業，卻使得勞工愈形過剩，對平均農業生產額卻毫無助益，於一九六〇及一九七〇年代間一路下降。及至一九七〇年代末期，伊朗所需的糧食多需仰賴輸入供給。

農業既然不濟，伊王遂愈發倚重靠石油收入養活的工業，而伊國工業在世界無法競爭，只有靠國內保護推動。農業衰退，工業不彰，巨額的進口——武器自是大宗——再加上高漲的油價，伊國通貨膨脹遂不可免。對於多數與現代經濟部門或都市新興工商階級沒有直接關係的伊朗人民來說，他們的生活水準，在革命前數年間極可能不高反低。

伊王大力推動的文化現代化運動，更產生了反彈作用。國王伉儷確有心改善婦女的生活地位，可是在一個回教國家裡面，這種做法很難得到民眾的支持——日後阿富汗共產黨也會有同樣發現。至於伊王對教育一事的熱情誠意，卻爲他自己製造出相當人數的革命學生與知識分子(不過伊朗半數人口仍爲文盲)。而工業化一事，則加強了工人階級的戰略地位，尤以石油工業爲最。

伊王之得位，係於一九五三年在美國中情局策劃之下重返寶座的一場返國政變，當時曾與極具規模的群眾運動相抗，因此伊王並沒有太多的民意基礎及合法地位可資倚仗。他本身系出的巴勒維王朝(Pahlavis)，其實也只源於早年發動的另一場政變，開朝始祖禮薩王(Reza Shah)，原只是哥薩克旅的一名士兵，於一九二五年僭奪了皇室的頭銜。不過在一九六〇與一九七〇年代，舊有的共產黨及民族主義者，都在祕密警察的鐵掌下動彈不得，地方上及族群性運動遭到鎮壓，而左派的游擊團體——無論正統的馬克思派或伊斯蘭式馬克思——自然也難倖免。以上這些勢力，都無法提供革命爆發的火花，因此這一場驚天動地的大爆炸，基本上屬於都市性的群眾運動——頗有回歸一七八九年巴黎，及一九一七年彼得格勒古老傳統的意境——而伊朗鄉間，則始終一片沉寂。

那一朵火花，來自伊朗大地上的特殊風土，亦即素有組織並在政治上極爲活躍的伊斯蘭宗教導師，他們在公共政壇上佔有的積極地位，是其他回教世界所未有，即使在其什葉教派(Shiite)內部也屬少見。宗教導師，加上市集上的商人工匠，向來在伊朗政治中扮演著行動派的角色，現在又動員上新起的都會群眾，後者人數龐大，擁有充分的理由起來反抗。

這一股綜合大力量的領導人柯梅尼(Ayatollah Ruholla Khomeini)，年高望重，充滿了報復心理。他曾在一處名爲庫姆(Qum)的聖地領導過多起示威，抗議一項就土地改革進行公民投票的提案，以及警察對宗教導師活動的鎮壓。於是一九六〇年代中期起他在國外流亡，並公開抨擊伊朗王朝違反伊斯蘭教義眞諦。進入一九七〇年代中期，他開始傳講一種完全採取伊斯蘭形式的政府，鼓吹宗教導師有責任起來反抗暴政，甚至進一步取得權力。簡單地說，就是發起一場伊斯蘭式的革命。這種觀念，的確是一項極端的創新，即使對政治行動一向積極的什葉教派宗教導師也不例外。柯梅尼的教誨，遂透過後可蘭經時代的新工具——錄音機——傳布給回民大眾，而大眾也側耳傾聽。於是虔誠的年輕學生在一九七八年於聖城庫姆付諸行動，發動示威，抗議據說係爲祕密警察策劃的一樁暗殺。遊行的學生慘遭射殺。更多的示威，更多的遊行，爲犧牲的烈士舉行悲悼。這類活動每四十天便重複一次;人數愈增愈多，及至同年底，已成百萬人走上街頭向當局抗議示威。游擊隊也開始採取行動，在一場極具成效的關鍵性罷工裡面，石油工人關掉油田，市集商人閉上店門，全國陷入一片停頓，軍隊不是無法便是拒絕鎮壓暴動。最後一九七九年一月十六日伊王出亡，伊朗革命獲得勝利成功。

這場革命的新奇之處，在於其意識形態。原本一直到此時爲止，世界各處的革命都遵循同一種思想，在基本上，也都基於同一種辭彙，亦即一七八九年以來的西方革命傳統。更精確一點，始終在某一型俗世左派，亦即社會主義或共產主義的路線上一體遵行。傳統性的左派的確也曾在伊朗出現，並且極為活躍，而它在推翻伊王一事上所扮演的角色——如策動工人罷工——事實上也不容小覷。但是革命新政權一起，左派勢力便被立刻掃除。伊朗革命，是第一次在宗教性基本教義派旗幟下發起並獲勝的革命，也是第一起藉民粹神權取代舊政權的革命。而這項民粹神權宣示的計畫目標，乃是要返回西元七世紀的社會——或者換句話說，既然我們所談的是一個伊斯蘭的世界，它所要重返的乃是神聖的可蘭經撰成之際，穆罕默德出奔(hijra)之後的社會環境。對老一派的革命分子來說，這種新發展就如同教宗庇護九世(Pius IX)，竟然起來領導一八四八年的羅馬革命般不可思議。

伊朗革命雖然成功，然而這並不表示從此革命大纛就將在宗教呼聲之下揮舞。不過自一九七〇年代時起，在人數日增的伊斯蘭世界裡面，宗教運動的確也成為中產階級與知識分子群中的一大政治力量，並受到伊朗革命的激勵而轉趨叛亂。伊斯蘭基本教義派的教眾，在阿拉伯復興社會黨當權的敍利亞起來反抗，被殘酷地予以鎮壓；在虔信的沙烏地阿拉伯，群擁那最神聖的神座之處；於埃及在一名電機工程師的領導之下，刺殺了該國總統；這一切，都發生在一九七九至八二年間❻。然而除此之外，畢竟沒有任何革命教導，能夠取代一七八九／一九一七年傳下的革命傳統；除了將舊政權推翻以外，畢竟沒有任何主導的計畫，從事世界性的改造。

伊朗革命的事象，甚至也不代表舊有的傳統從政治場上消失，或就此失去了推翻政權的力量。不過蘇聯共產主義的覆亡，的確將傳統革命的角色從世上極大部分抹去。但是在拉丁美洲，它依然有著相當的影響，當地在一九八〇年代爆發的最大叛亂行動，祕魯的所謂「光明之路」，即以毛澤東思想爲帥旗呼召。它在非洲，在印度，也還是生氣蓬勃；更有甚者，出乎冷戰一代意料之外的是，蘇維埃式的「先鋒」統治黨派，即使在蘇聯亡後猶存世間，尤以落後國家及第三世界爲最。它們不但在巴爾幹南部的眞選舉中贏得勝利；在古巴，在尼加拉瓜，在安哥拉，甚至在蘇聯部隊退出之後的喀布爾，它們也證實自己並非純粹扮演蘇聯的代理傀儡而已。然而，即在這些地方，舊革命傳統的精神也遭蝕融，而且常常從內部毀壞。如在塞爾維亞，當地的共黨一改本來面目，轉成主張大塞爾維亞沙文主義之黨。又如在巴勒斯坦運動裡，俗世左派的領導地位正不斷受到伊斯蘭基本教義派興起的侵蝕之中。

5

二十世紀末期的革命，因此具有兩項特徵：一是既有革命傳統的萎縮，一是群眾力量的復興。我們已經看到（參見第二章），一九一七至一九一八年後以來的革命，鮮有建於草根基礎之上者。多數均由行動派的少數推動，全力投入，組織有素；或從上層發動，強制施之，如軍事政變或軍方佔領——雖然這並不表示在適當的狀況之下，它們就沒有眞實的群眾基礎（只有當變動係來自外來的征服者時，情況才會有所不同）。但是到二十世紀末期，「群眾」再度回到舞台之上，這一回，再不只是充任背景的支持角色，反而一轉身擔綱演出。而少數人進行的行動主義，則以農村或都市游擊隊及恐怖分子的姿態出現，繼續在已開發世界的地區活動，而且甚至成爲當地固有的風土現象。在南非的重要地帶，在伊斯蘭教義的區域，它們也是經常不斷的景觀。根據美國國務院的統計，國際恐怖分子事件已由一九六八年的一百二十五起，增加到一九八七年的八百三十一起，犧牲在它們手下的人數則由二百四十一人增爲二千九百零五人(UN World Social Situation, 1989, p.165)。

政治暗殺的名單也愈來愈長——埃及的沙達特總統(Anwar Sadat, 1981)、印度的甘地母子(Indira Gandhi, 1984; Rajiv Gandhi, 1991)，不過其中一二。愛爾蘭共和軍在英國，巴斯克自由黨在西班牙，這兩個團體的活動也都屬於典型的小群暴力行爲。它們的優點是，可以藉區區數百人，甚至數十人達成任務。因爲有爆炸力超強、價格極廉、攜帶甚便，以及興隆的國際軍火貿易大批發源源供應的武器炸藥相助。這是三大世界日趨野蠻的一大徵候，生活在千年末世的都會人群，愈發學會如何日日生活在爲恐怖不安污染的氣氛之中。但是這些行動，對政治革命的眞實貢獻卻極小。

但是群眾的力量則不然。正如伊朗革命所示，數以百萬眾的人民百姓，隨時願意走上街頭，對革命影響深巨。十年後的東德亦然：德意志民主共和國的民眾，打定了主意，用他們的雙腳，用他們的汽車投票，紛紛向西德方向出發，顯示其反對東德政權的決心。這一場大遷移，事先沒有任何組織，完全是自發性的現象——不過匈牙利決定大開門戶，自然也有加速促成的作用。區區兩個月內，在柏林圍牆倒塌之前，即有十三萬東德人民踏上這條西奔之路(Umbruch, 1990, pp.7-10)。還有羅馬尼亞，是電視媒體第一次抓住革命那一刻鏡頭的地方。爲政權召集來到公共廣場上的民眾，不但沒有鼓掌喝采，反而開始噓聲四起，獨裁者鬆弛下垂的老臉，反照的正是群眾顯現的革命意志。更有在巴勒斯坦被以色列佔領之處，掀起了大規模的不合作運動(intifada)，自一九八七年發起之時開始，證明從今而後，以方只能用全力鎮壓，方能維持它的佔領。按兵不動，默許接受，已經鎮不住澎湃洶湧的巴勒斯坦民情。一向缺乏活動力的滯鈍黎民，到底是受到什麼刺激忽然翻身改採行動——現代傳播科技如電視錄音機者，使得即使最偏遠隔離之人，也難自外於世局衝擊——但是歸根結柢，群眾蓄勢待發準備上陣的態勢，才是決定一切的關鍵所在。

但是群眾運動，並不曾也不能單靠自己便推翻政權。某些實例顯示，這股力量，有時甚至立即被高壓及槍彈擋了回去，如一九八九年中國要求民主的大規模動員人潮，便在北京被天安門廣場的屠殺所阻擋(不過，即使當時天安門廣場上的人數再多，這一場學生與都會的抗議行動，充其量也只是碩大中國的一小部分人口而已。但是反過來說，它畢竟也浩大到非同小可，足讓中共政權行動之際認眞感到躊躇)。這一類民眾大規模動員運動的最大成就，在於凸顯出政權已經失去其合法的代表地位。在伊朗，以及在一九一七年的彼得格勒，政權合法性的失去，係以最古典標準的形式展示之，亦即軍警拒絕繼續聽命政權行事。在東歐，群眾運動則讓已經在蘇聯拒伸援手之下銳氣大挫的舊政權認清事實，恍然自己的氣數已盡。這眞是列寧格言的教科書標準範例：人民用腳投票，可能比眞正的選票更爲有效。當然，單單靠老百姓的眾腳無以成事，革命不會因此便得。他們不是軍隊，只不過是一堆群眾而已，或係各個人在統計上的聚合。他們需要有人領導，他們需要政治上的結構或策略方能成效。伊朗民眾之所以能夠動員，乃是出於一場反對伊王政權的政治抗議運動，但是將這個運動轉化成一場革命的中心關鍵，卻在數百萬人欣然從之。群眾應上層政治呼召所請，直接大規模地介入。眾多前例，亦都符合這同一類的模式——如一九二〇及一九三〇年代印度國大黨呼籲民眾，對英國採取不合作的運動（見第七章）；以及阿根廷有名的「效忠日」（Day of Loyalty）上，貝隆總統的支持群眾，在布宜諾斯艾利斯的主廣場（Plaza de Mayo）要求釋放他們被捕的英雄（一九四五）。更有甚者，最重要的因素並不在其人數，卻在如此眾多的人數可以在一個讓他們高度發揮成效的狀況之下進行。

爲什麼用腳投票的現象，在二十世紀最後十年當中成爲政治場上如此重大的一部分，對此我們還不甚了解。若試探其原因，其中之一，必定由於在這段時期裡面，統治者與被統治者之間的距離，幾乎在世界各處都加深加巨。不過在設有政治機制時時探索民意，並立有方式讓民眾表達其政治所好的國家，差距日重的現象，便不足以造成革命事件，或導致上下之間完全斷層。全民一致喪失信心的表現，最有可能發生的地方，係在早已失去或從來不曾擁有合法基礎的政權（如以色列在其佔領地即是），而在當權者猶自極力掩飾事實眞相的地方更爲顯著[7]。但是即令在國會體制一向根深穩定的民主政體內部，大規模反抗現有政治或政黨體系的示威活動也所在多有。如一九九二至九三年義大利的政治危機；以及諸多國家出現的新選民力量。這股強大新趨勢的共同現象，即在其對任何固有的政黨，都不予以「認同」。

然而群眾運動的復甦還有另外一項因素：亦即全球的都市化，尤其在第三世界爲最。在早期古典的革命世代，從一七八九年到一九一七年際，舊政權都是在大都會中遭到推翻；可是後來新起的政權，卻是在話都講不清楚的鄉村草民擁戴之下成爲永久。一九三〇年代之後的革命階段，其新奇之處，即在於革命係從鄉間發動，一旦勝利之後，再行輸入城市。但是到了二十世紀後期，除了幾處實在落後退步的地區之外，革命又開始由城市啓動，甚至在第三世界也不例外。此中趨向，勢無可免，因爲如今任何一個大國家的人民都大多居於城市（至少看來如此）。而且，也由於權力中心所在的大都會，力足以抵擋農村來的挑戰（現代科技之功，自然絕不可沒）——只要當權者尚未失去眾百姓的民心即可。阿富汗戰爭（一九七九—八八）即證明，一個以城市爲基地的政權，依然可以在農村反叛力量層出的典型游擊戰鄉間繼續生存。因爲它有人在後撐腰，有人供予資金，更有現代高科技的武器裝備。甚至在它一度全力仰賴的外來軍隊撤出之後，也依然可以不爲所動。納吉布拉（Najibullah）總統的政府，出乎眾人意料之外，在蘇聯部隊撤退數年之後依然殘存。即使它最後終於倒閉，也非出於喀布爾再不能對付農村武力而不支，卻係因爲它自己麾下的職業戰士決定倒戈。一九九一年波斯灣戰爭之後，海珊（Saddam Hussein）也照樣屹立於伊拉克而未倒，雖然軍力元氣大傷，卻依舊能夠南征北討，對付其國內的反叛勢力。其中原因，即在他未曾失去巴格達城（Baghdad）之故。二十世紀後期的革命若欲成功，必須在都市起事方能達成。

這一波都市革命會否繼續進行？二十世紀的四大起革命風雲：一九一七至二〇年、一九四四至六二年、一九七四至七八年、一九八九年迄今，是否還會有另一波崩潰倒閉的洪流跟進？回頭望去，世間能不經過幾許革命、武裝反革命、軍事政變、平民武裝衝突❽，而能存在於今的政權屈指可數。看過了這樣一個流血革命的百年間，誰還敢下賭注，敢擔保和平憲政式的轉變，眞能在普天之下勝利成功？——當一九八九年際，某些深信自由民主憲政的人士欣喜若狂之餘，便曾誇下此等空想預言。然而進入第三個千年階段的世界，可並不是一個擁有安定國度與社會的世界。

不過，雖然世界鐵定將繼續充滿狂亂不安——至少極大一部分地區將會如此——這些變亂的本質卻依然不明。在短促的二十世紀行將結束之際的世界，係處於一種社會崩流而非革命危機的狀態，雖然其中難免也包括如一九七〇年代伊朗般的國家。在那裡，具備著起來推翻已然失卻合法性並為民所深憎的政權的條件，在力足以取而代之的領導帶動之下，民眾掀起叛亂反抗：如本書寫作之際的阿爾及利亞，以及在黑白隔離政權下台之前的南非即是(不過，即使革命的條件潛在或確在，革命也非必然成功)。然而在今天，像這樣一鼓作氣、集中焦點對現狀不滿的現象並非所在多有，一般較普遍的情形，多為分散式地排斥現有狀況，或政治組織不存，對政治組織感到極端地不信任。總而言之，也許根本就屬於一種解體流散的現象，各國的國內外政治也只有盡其所能，竭力地適應。

這個新現象也充滿了暴力不安——戾氣之重，比前更甚——同樣關鍵的是，並有各式武器橫流。即以希特勒奪得德奧兩國政權之前的幾年為例，當時種族之間的緊張與恨意雖重，卻很難想像他們會惡化到如同今天的新納粹青少年光頭黨(neo-Nazi teenage skinheads)般，縱火焚毀一間土耳其移民人家，燒死了其中六口。然而到了一九九三年間，當這個激烈行徑發生在德國的寧靜深處，特別恰好又是在其工人階級社會主義傳統最為深厚的所在之一的索林根(Solingen)城內，卻已是司空見慣、令人見怪不怪的常事了。

更有甚者，具有高度爆破力的武器彈藥，如探囊取物，隨手可得，以致一度為已開發社會獨霸的軍備優勢，也不再是世間的理所當然。前蘇聯集團境內，如今是一片貧窮不堪貪欲橫流的無序亂象。核子武器的擁有，甚至製造方法，極有可能流入政府以外的團體手中——這種駭人的可能性，也不是難以想像的事情了。

因此，進入第三個千年的世界，顯而易見，必將仍是一個充滿了暴力政治與激烈政治劇變的人間世。唯一不能確定的是，我們不知道這一股亂流，將引領人類往何處去。

註釋

❶某位出色的波蘭記者，當時從（理論上屬於）盧蒙巴派的省分報導，對於剛果當地的無政府亂象有著極爲生動的描述(Kapuszinski, 1990)。

❷其中最大的例外要數所謂「族裔聚居」型的游擊戰爭，如北愛爾蘭地方鄉間的愛爾蘭共和軍、爲期短暫的美國黑人運動「黑豹黨」(Black Panthers)，以及由難民營中產生的巴勒斯坦游擊隊。它們的成員多爲甚或全爲街頭之子，而非來自學術研討會的殿堂，在族裔聚居處缺乏顯著的中產階級之地尤著。

❸有關阿根廷「骯髒戰爭」(一九七六—八二)中的「失蹤」與被害人數，最正確的估計約爲萬人左右(Las Cifras, 1988, p.33)。

❹保加利亞好像還眞的要求過蘇聯收納它成爲正式一員，加入蘇維埃共和國聯邦的陣營，可是卻以國際外交爲由遭到拒絕。

❺作者猶記得曾在哈瓦那親耳聽見，卡斯楚本人對此也感到驚異不置。在他又一次長篇大論的偉大獨白演說裡面，

卡氏對於這種新發展大表愕然，不過他敦促聽衆們張開雙臂，對這一批新戰友表示歡迎。

❻至於同時期顯然也屬於暴力型政治的宗教運動，則缺乏普世性的取向訴求（事實上根本刻意排除），因此通常應視爲族裔性質的動員較爲恰當，如斯里蘭卡僧伽羅族的佛教好戰派，以及印度境內的印度教及錫克教極端主義等皆是。

❼即使在德意志民主共和國倒閉之前的四個月，當地選舉還依然賜與執政黨高達百分之九十八點八五的選票。

❽若除去那些人口不足五十萬的迷你小國不計，世上唯一持續實行「憲政」政體的國家只有美國、澳大利亞、加拿大、紐西蘭、愛爾蘭、瑞典、瑞士，以及大不列顛（除去北愛爾蘭不算）。至於在二次大戰期間與之後遭到佔領的國家，則不被列入憲政連續未斷之列。不過若眞要計較起來，倒也有幾處前殖民地或落後地區，從不知軍事政變或國內武裝挑釁爲何物，因此也可視爲「無革命」國家行列：如蓋亞那、不丹(Bhutan)、阿拉伯聯合大公國等。

第十六章
社會主義告終

（革命俄國的）身體狀況，端繫一項不可或缺的關鍵因素：亦即絕不容許任何地下權力的市場存在（就好像一度曾發生於教會的情況一般）。要是一旦歐洲那種金權相結的現象，也滲透進了俄國，那麼敗亡的恐怕不是國家，甚至也不是黨，而是共產主義本身了。

——德國哲學家班雅明（Walter Benjamin, 1979, pp.195–6）

單單靠一個官方黨綱，再也不能指導行動方針。不止一種的意識思想，各種混合的想法與參考架構，如今一起並存。不但在社會上如此，甚至在黨裡，在領導階層中亦然……除了官方的辭令以外，一個嚴峻法條式的「馬列主義」，再不能回應這個政權的眞正需要了。

——列文（M. Lewin in Kerblay, 1983, p.xxvi）

現代化的關鍵在科技發展……空談沒辦法把我們變成現代化。我們一定得有知識，有訓練過的人員……現在看起來，中國的科技、教育，都比已開發國家足足落後上二十年……早在明治維新的時候，日本人就開始努力發展科技及教育。從事明治維新的人，是當時日本剛剛興起的資產階級。我們作為普羅階級，應該比他們，且可以比他們做得更好才是。

——鄧小平語，〈看重知識，看重有技術的人員〉，一九七七

1

一九七〇年代裡有一個社會主義國家，特別憂心其在經濟上相當不如人的落後狀態。不論別的原因，單看緊鄰它的日本，竟然是一個最為輝煌燦爛的資本主義成功範例，就令它著急不已。中國的共產主義，事實上絕不只能看作蘇聯共產門戶下的一個分支，而它作為蘇聯衛星集團一員的色彩更淺。即以一點來論，中國的人口便遠比蘇聯為多，事實也比世界上任何一個國家為眾。中國的實際人數也許不能肯定，但是一般估計，地球上每五人裡，便有一人係居於中國（東亞及東南亞一帶亦有大量的華裔人口移居）。更有甚者，中國民族的同質性不但遠超過其他許多國家——百分之九十四的人口為漢族——並且作為一個單一的政治實體（雖然其間或有分裂中斷），至少可能已有兩千年歷史之久。更重要的是，在兩千年中華帝國歲月的極大多數時間裡，並在極大多數關心天下事的中國人心目當中，中國是世界文明的中心與典範。反之，在所有其他由共產政權獲勝當政的國家之中，

除了極其稀少的例外，由蘇聯開始，一路都是自認爲文化邊區，相較於先進文明中心顯然落後不毛的國家。史達林年代的蘇聯爲什麼極聲尖叫，一再強調自己無須仰賴西方的智識科技，大力堅持本土自力研製從電話到飛機所有的先導性創新發明，就是它自認不如人心態的明顯流露❶。

但是中國可不這樣想。它認爲——相當正確的看法——自己的古典文明、藝術文字，以及社會價值系統，是他國公認的精神鼓舞及模仿對象，對日本尤其恩深澤重。像這樣一個文化大國，不論由集體角度觀之，或從個人地位與其他任何民族相較，自然毫無半點智識文化不如人的自卑感覺。而中國周圍的鄰近國家，也沒有一國能對它造成絲毫的眞正威脅；再加上中國發明了火器炸藥，更可高枕無憂，輕而易舉將犯境的野蠻人拒之邊外。於是中國人的優越感，更獲得進一步的肯定，雖然這種心態，卻使得它在面對西方帝國的擴張之時，臨時措手不及。十九世紀之時，中國在科技上的落後，變得再也明顯不過——因爲科技不如，直接便表現爲軍事上的不如。但是這種落後現象，事實上並非由於中國人在技術或教育方面無能所致；歸根究柢，正出在傳統中國文明的自足感與自信心。因此中國人遲疑不願動手，不肯像當年日本在一八六八年進行明治維新一般，一古腦兒便跳下全面歐化的「現代化」大海之中。因爲這一切，只有在那古文明的捍衛者——古老的中華帝國——成爲廢墟之上才能實現；只有經由社會革命，在同時也是打倒孔老夫子系統的文化革命之下，方能眞正展開。

中國共產黨，因此既具有社會主義性質，又兼有民族主義氣質——希望這個字眼不致有倒答爲問的嫌疑。點燃共產主義火把的爆炸物，是中國人民極端的貧困受壓。首先是中南部沿海大城帝國主義租界(有時並有不失現代的工業)裡的勞工群眾(上海、廣州、香港),其後則有佔中國百分之九十人口的小農加入陣營。中國農民的境況,甚至比都市人口更慘,後者的平均消費是前者的兩倍半還有餘。中國之貧窮,西方讀者難以想像。在共產黨取得政權之際(根據一九五二年的數據),中國平均每人每天只有半公斤的穀糧得以活口,每年亦僅有八公錢的茶葉可享用。至於他或她的足下,則每約五年才有一雙新鞋上腳(China Statistics, 1989, Tables 3.1, 15.2, 15.5)。

中國共產主義的國家性格,係經由上層與中層知識分子的血脈流送,他們為二十世紀的中國政治運動,提供了大多數的領導人才。而它的國家性格,同樣也透過中國民眾普遍感受的心情傳布。中國人民認為,那一批批野蠻的洋鬼子,不論對與他們有過接觸的中國人個人而言,或對中國作為國家整體來說,都沒有半點好處。自從十九世紀中期以來,但凡每一個力所能及的外國勢力,中國都受過它們攻擊、曾被它們擊敗、慘遭它們瓜分、受到它們剝削利用;因此中國人這種深惡痛絕的感受,自然絕不是無的放矢。早在天朝傾覆之前,中國便已經掀起過數次帶有傳統意識色彩的反帝國主義運動,如一九九〇年的所謂「拳亂」即是。而共產黨的抗日,無疑是共產黨翻身的關鍵時刻,使它由一個潰敗的社會亂源(亦即它們於一九三〇年代所處的地位),搖身一變,成為全中國人民的領導及代表。共產黨同時呼籲對中國的窮苦百姓進行社會解放,自然使得它對國家民族進行解放復興的政治訴求,在以農村為主的大眾眼裡更為可信。

因此在這一點上,共產黨比它的對手佔有優勢。一九一一年帝國傾覆後的中國,到處是軍閥割據為戰。(早期的)國民黨,打算在這滿地殘破上重建一個強大單一的共和新中國,一時之間,兩黨的近程目標似無不協之處。雙方的政治基礎，都在南方中國較先進的幾處大城（共和國便奠都於此）；雙方的領導階層，也都由頗為類似的知識菁英組成——不過一方較親企業，另一方則貼近農工大眾——比方說，兩邊都擁有同樣比例的傳統地主與學紳階級出身的男子，亦即帝國中華的菁英分子，不過共產黨內，西式教育程度較高者似乎較眾（North/Pool, 1966, pp.378-82）。雙方發起運動之始，也俱出於一九〇〇年代的反帝國主義思潮，並經「五四運動」（一九一九年後北京學生教師發起的一場民族思想浪潮）愈發強化。國民黨的領袖孫逸仙，是一位愛國家、民主人士，同時又是社會主義者，他接受蘇維埃俄羅斯的教導及支持——當時唯一的革命及反帝國主義力量——同時發現布爾什維克式的一黨模式，比西方模式更適合他達成任務。事實上，共產黨之所以在中國成為主要大黨，多半係透過這個與蘇聯攜手的路線之故。中共不但由此整合入正式的國家運動，及至孫氏於一九二五年逝世之後，更加入共和國，將其勢力延展至北方中國的北伐大軍。孫逸仙的繼承人蔣介石（一八九七——一九七五），始終不曾在全中國完成全面控制，雖然他在一九二七年與俄國人鬧翻，並且進行清黨，鎮壓共產黨人。而後者當時擁有的群眾基礎，主要僅係一小群都市工人階級而已。

於是共產黨不得不將注意力轉向鄉間，在那裡，如今掀起了一場對抗國民黨的游擊戰鬥，但是整體而言，成效甚微——共黨本身內部的鬥爭混亂，以及莫斯科對中國現況的距離不解，自然有火上加油之功。一九三四年，在那場英雄式的「萬里長征」之後，中共軍隊被迫退居西北部邊區的遙遠角落。種種情勢，使得長久以來即贊成採取農村戰術的毛澤東，遂於中共困守延安年間，躍居而成它無可置辯的當然領袖。但是就共產黨本身的躍進而言，新情勢卻沒有提供任何前景可寄。相反地，國民黨卻逐步確立了它對中國大部分地區的統治，及至一九三七年日本發動侵華爲止。

但是國民黨畢竟缺乏吸引中國人民大眾的眞正訴求，再加上它棄絕了當時同時亦具有現代化及復興民族意義的革命路線，因此自不是共黨敵手。蔣介石始終不曾成爲另一個凱末爾——凱末爾同樣也帶領了一場現代化、反帝國主義的民族戰爭，一方面與年輕的蘇維埃共和國爲友，一方面又利用本地的共產分子以爲己用，然後再一腳踢開；只是凱末爾的手段沒有蔣那麼咄咄逼人罷了——蔣介石跟凱末爾一般，同樣擁有一支軍隊，可是這卻不是一支向國家效忠的部隊，更無共黨部隊所有的革命氣節。這支部隊的成員，是那些知道大可憑一桿槍、一身制服，在動亂中打出天下的一幫人。而帶隊的軍官，則是一群深諳「槍桿子可以出政權」——正如同毛澤東本人也深諳此道——同時也可以「出財富」的傢伙。蔣在都會中產階級當中，擁有相當的擁護基礎，海外華僑對他的支持恐怕更巨。可是中國的老百姓，卻有九成住在城市之外，中國土地亦有九成屬於鄉間。這些廣大的地面——如果有半點控制的話——都在當地有力人士手中，從擁軍自重的軍閥，到前朝遺留的仕紳，不一而足，而國民黨則與他們達成妥協。日本人大規模發動侵華，國民黨部隊無法抵禦日軍對其精華力量所在沿海諸城的猛烈攻擊。而在中國其餘各地，國民黨則終於成爲它一向有可能變成的又一個地主加軍閥的腐化政權，就算它從事抗日，效果也極其有限。在此同時，共產黨卻發揮了群眾動員，在敵後進行抗日，卓有成效。及至一場幾乎毫不留情大宰國民黨的短暫內戰之後，共產黨於一九四九年全面接收中國，帝制王朝結束之後的四十年中斷空白，總算告一段落。對於所有中國人民來說——除了逸逃他處的國民黨殘餘是爲例外之外——共產黨才是中國的合法政府，繼中國政權正朔的眞正繼承人。在眾人眼裡，它們也被如此看待。因爲憑著多年實踐馬列黨綱的經驗，共產黨的統治足以通令全國，建立一個全國性的嚴格體系，從中央開始，一直及於龐大國土最偏遠的鄉野——在多數中國人的心目裡，一個像樣的帝國就該如此。組織紀律，而非教條學說，是列寧布爾什維克主義對這個變化中的世界的最大贈禮。

然而，共黨中國絕非只是舊有帝國的再興。當然，中國歷史的千年不墜，共產黨受惠良多。因爲在這綿延不斷的悠久時光當中，中國老百姓學會了如何面對應「天命」而生的政權統治；而那些當政主事之人，也嫻熟了治理之道。請看世上找不出第二個共黨國度，竟會在其政治辯論之中，引用十六世紀某官員對嘉靖皇帝的忠耿進言可知❷。一九五〇年代有位老牌中國觀察家——《泰晤士報》特派員——當時即曾語出驚人(包括本書作者在內)作此預言：待得二十一世紀時，除了中國以外，舉世將再無共產國家；而共產主義，亦將在中國成爲民族性的意識思維。他的意思即在於此。因爲對多數中國人而言，這場革命，主要也是一場「復舊」：回歸和平秩序與福利安康，重返襲自唐代的政府制度，恢復偉大帝國與文明的舊觀。

剛開始的頭幾年裡，這似乎也是中國老百姓得到的賞賜。農民的穀糧生產，在一九四九至一九五六年間，增產了七成之多(China Statistics, 1989, p.165)，大概是因爲他們尙未受到太多攪擾之故罷。及至中國開始介入一九五〇至一九五二年的韓戰，雖然難免引起一陣相當恐慌，但是面對強大的美軍，中共軍隊竟然能先挫其勢，後又能續拒其於雷池之外，這份力量實在不容小覷。而工業與教育的發展計畫，自一九五〇年代中期亦已開始。但是沒有多久，新成立的人民共和國——現在牢牢握在無人挑戰也無人能予挑戰的毛澤東手中——旋即捲入一場二十年期的災難，而這場多係人爲導致的變故，卻由專斷獨行的偉大舵手本人一手挑起。從一九五六年起，中共與蘇聯的交情迅速惡化，一九六〇年兩大共產政權終告決裂，於是莫斯科盡撤其重要的科技與各項支援。但是中國人民的苦難並不由此而起，蘇援的撤退只更令其加深罷了。他們受難的十字苦架主要來自三處：一是一九五五至一九五七年間小農制的高速集體化；二是一九五八年的工業「大躍進」運動，接著有一九五九至六一年的三年大饑荒，恐怕也是二十世紀史上人類最大的一場饑荒❸；三是十年的「文化大革命」浩劫，隨著毛在一九七六年離世方告結束。

幾場浩劫性的冒進賭博，一般以爲，多半係因毛本人而起。他的政策，在中共黨中央內部往往只得到勉強的接受，有時甚至面對公開坦白的反對——大躍進中便可見最顯著的例子。他對付這些反對意見的手段，就是掀起「文化大革命」。但是我們必須先了解中國共產黨特有的本質，才能對這些事做進一步的認識；而毛自己，就是其中最佳的代言人。中國共產黨與俄共不同，它們與馬克思及馬克思的思想，等於沒有任何直接關聯。它乃是一場「後十月革命」的運動，係經由列寧，方才接觸了馬克思，或者更精確一點的說，它係經過史達林的「馬列主義」才知道了馬克思。毛本人對馬克思學說的認識，看來幾乎全部襲自史達林派所著的《蘇聯共產黨史第二卷：一九三九年》（*History of the CPSU* [*b*]: *Short Course of 1939*）。在馬列主義的澆料於上層配味之外，骨子裡卻是道道地地的中國烏托邦思想——這一點在毛身上尤其明顯。直到他成爲國家領導人之前，毛始終未曾出過國門，其理念智識的形成，全係中國本土製造。但是即使是中國的烏托邦，也有與馬克思思想接近之處，因爲所有的社會革命夢想，都有其共通之處，而毛呢——毫無疑問具有十分誠意——正好抓住了馬列思想中幾點符合他見解的地方，用以證明自家理論的正確性。然而他所設想的理想社會，一個眾人異口同聲，意見完全一致的社會，「個人全面自我犧牲，全面投入社會集體，最終將止於至善……一種集體主義的神祕思想」，事實上正好與古典馬克思思想完全相反。至少在理論及終極目標之上，後者的主張，乃是個人全面的解放與自我的完成（Schwartz, 1966）。中共以爲，一個人可以經由改造，產生集體精神。這種強調心靈變化能力的唯心論，雖然係先後得自列寧及史達林兩人對意識知覺與自由意志力量的信仰，可是未免發揮得太過火了。儘管列寧對政治行動決心的角色深信不疑，可是他卻從不曾忘卻現實——他怎麼能？——他知道行動的效力，受到現實狀況的局限；甚至連史達林，也清楚其權力的行使有其限制。然而，若非深信「主觀意志」的力量無限，若不是以爲只要願意，人必可以移山勝天，「大躍進」這種瘋狂行爲，根本難以想像，又怎麼可能發生？專家可以告訴你，什麼事辦得到什麼事辦不到；可是只要有了革命狂熱，卻可以克服一切物質障礙，意志力能夠轉變外物。因此「紅」的意義，並不在其比「專」重要，而在它指出了另一條路。一九五八年間，中國各地同聲掀起一陣熱情高潮，這股熱情，將使中國「立即」工業化，一跳躍過好幾個年代，進入未來。而在未來，共產主義必將「立即」全面實行。於是無數劣等的自家後院鍋爐，紛紛投入了生產洪流；靠著土法鍊鋼，中國的鋼鐵產量在一年之內加倍——及至一九六〇年際，甚至還眞的增加三倍以上。可是一九六二年，卻又跌回比大躍進之前還要低的程度。這些土造鍋爐，只是轉型中的一面。另有兩萬四千個「人民公社」，於一九五八年區區不到兩個月內成立；公社內的眾位農民，代表著另一面的轉型。這些公社，是道道地地十足的「共產」，不但將農民生活所有的層面都全部集體化了，包括家庭生活在內——如公社一手包辦的育兒園及食堂，解脫了婦女家事及育兒的操勞，反之，卻將她們編成隊伍送下田去——並以六項基本供應，全面取代農家的工資與金錢收入。這六項供應是：糧食、醫藥、教育、喪葬、理髮及電影。顯然地，這一套並不靈光。不出數月，在眾人的消極抵制之下，公社制度中最極端的例子終被放棄，不過一直要到一九六〇至六一年間，天災人禍聯手造成了大饑荒（正如史達林推動的集體化行動一般）方才結束。

就一面來說，這種對意志力量的信仰，其實主要來自毛對「人民」的信仰：人民隨時願意接受轉變，因此也願意——帶著他們的創造力，以及所有中國固有的智慧與發明能力——參與這項偉大的大躍進工程。基本上，這是藝術家浪漫的觀點，雖然這位藝術家——根據具有品鑑其詩詞書法資格者的意見——並不怎麼高明（「沒有希特勒那麼糟糕，卻不及邱吉爾出色」）：這是英籍的東方專家韋理（Arthur Waley）借畫比擬詩詞的評語。就是這股浪漫心態，引導他不顧黨內其他領導人士提出的疑慮與務實忠告，逕自於一九五六至五七年間，發動他「百花齊放，百家爭鳴」的運動，呼籲舊菁英分子出來響應，自由發表貢獻他們的看法。毛發起這個運動，係基於一項假定，他以爲這些老知識分子，或許已經在革命之下（甚或由於他本人的感召），完全改造過了。結果，正如其他「感召力量比較欠佳」的同志所擔心的一般，這股自由思想的突然奔流，反證眾人對新秩序毫無一致認同的熱情。毛心中對知識分子天生具有的那股不信任心理，於是獲得證實；他對知識分子的懷疑不信，在十年文化大革命中達到最高表現。十年之間，中國的高等教育等於完全停擺，原有的知識分子紛紛被送到鄉間勞改❹。然而毛對農民群眾的信任卻始終不變，大躍進期間，在同樣的「百家爭鳴」(亦即發揮各地的本土經驗)原則之下，他力促後者找出種種辦法解決生產問題。毛澤東在根本上深信，鬥爭衝突、緊張壓力，不但是生命中不可或缺之事，而且唯有如此，方能避免中國重蹈舊社會的覆轍。因爲舊社會堅持的和諧不移，正是中國的弱點所在——這一點，其實是毛在馬克思學說中找出論點支持自己想法的又一章。革命，以及共產主義本身，必須靠不斷的一再鬥爭，方能保持血脈暢通而不滯。革命，永遠不能停止。

毛澤東路線的奇特之處，即在其「既是極端的西化，卻同時又局部的回歸傳統」。傳統模式，事實上正是毛政權甚爲倚重的基礎。因爲中國舊王朝的特色，即在統治者的獨裁專制，以及臣民的順服默從——至少在帝王權勢穩固強大，因此而擁有正朔地位之時係如此(Hu, 1966, p.241)。單看短短一年之內，百分之八十四的中國農家竟然一聲不吭，默默讓中共將他們納入集體農場(一九五六)，卻顯然沒有發生類似蘇聯進行集體化時的後果，即可見其中一斑。至於以蘇聯爲模式，具有高度重工業傾向的工業化發展，更是絕對的第一優先。大躍進的荒謬殘忍，主要來自一種盲目的看法——這一點中蘇相同——認爲不但要以農業養工業，在此同時，農業還得想法子自力更生，因爲所有的資源都必須挹注到工業之上。這種重工輕農的做法，意味著以「精神」回饋，取代「物質」誘因。轉爲現實，在中國就變成以無止盡的「人力」替代不可得的「科技」。中國鄉間，始終擔任著毛式體系的基石，正如同當年游擊年代以來，一直未曾改變。大躍進運動排山倒海而來，中國鄉間又成爲工業化的最佳場所，這一點則與蘇聯有異。在毛的統治之下，中國不曾發生過任何大規模的都市化發展——又與蘇聯不同——一直要到一九八〇年代，農村人口才降至八成以下。

毛澤東統治的二十年間，是一頁無人性、反智、反文化的荒謬歷史，攙雜著悖情違理彷彿超現實的幻象，以那神聖偉大領袖的名義出之。對此亂象，世人自然感到震驚。但是我們也不可忘記，若以飽受貧窮折磨的第三世界標準而言，中國老百姓的日子其實不算太壞。毛時期結束之際，中國人平均糧食消耗額（以卡路里計）剛好居世界各國的中位數（median）以上，並領先美洲十四國、非洲三十八國，在亞洲諸國內也屬居中——遠超過新加坡、馬來西亞兩國以外的南亞及東南亞全部地區（Taylor/Jodice, 1983, Table 4.4）。中國人出生時的平均預期壽命，也由一九四九年的三十五歲，增加為一九八二年的六十八歲——死亡率則持續下降（Liu, 1986, p.323-24）。而即使將大饑荒列入考慮，從一九四九年以迄毛澤東去世之間，中國人口還是由五億四千萬左右成長為九億五千萬餘，可見得中國經濟畢竟有法子餵飽大家——比起一九五〇年代的水平略見增長——衣類的供應也比前稍有進步（China Statistics, Table T15.1）。至於中國教育，卻同時遭到饑荒與文化大革命的波及，甚至連初級教育也不例外。天災人禍之下，分別使入學人口銳減兩千五百萬及一千五百萬。但是不能否認的事實是，在毛死去的那一年裡，全中國進入初小的學童人數，比起當年他初得政權之際多出六倍——亦即高達百分之九十六的註册率，比起即使在一九五二年間猶不及百分之五十的比例，當然更見成就。誠然，縱使到了一九八七年間，二十歲以上的全部人口當中，仍有超過四分之一目不識丁或屬半文盲——女性中不識字的比例更高達百分之三十八——但是我們不要忘記，讀書識字，在中國是一件極為困難之事；一九四九年以前出生的百分之三十四人口當中，有幸完全就學者可謂少之又少(China Statistics, pp.69, 70-72, 695)。簡單地說，在抱持懷疑心理的西方觀察家眼中——其實有很多人根本缺乏懷疑主義的精神——毛澤東時期的成就也許不堪一提；可是換作印度人或印尼人來觀看，他的成就卻相當不凡。對於百分之八十屬於農民階級、與外界隔絕的中國老百姓而言，自然也算得差強人意了。他們的期望，最多也就同其祖先一般。

不過在國際舞台之上，中國自革命以來顯然大爲落後，尤其與非共產的鄰國相較，表現更見不如。它的國民平均經濟成長率，雖然在毛澤東統治期間頗爲出色(一九六〇—七五)，可是比起日本、香港、新加坡、南韓，以及台灣這幾個中共當局必然密切注意的東亞國家，顯然相形失色。中共的國民生產毛額總值固然龐大，卻只與加拿大的總值相當，比義大利爲小，更只有日本的四分之一(Taylor/Jordice, Table 3.5, 3.6)。總之，一九五〇年代中期以來，在偉大舵手帶領下的這趟迂迴之旅，險象環生，之所以尚能持續進行，係因爲毛於一九六五年在軍隊撐腰之下，發動了一場剛一開始，係由學生領頭的無政府「紅衛兵」運動，藉以對抗已經在默默跟他唱反調的黨中央領導人士，並用以對付所有知識分子。這就是陷中國於多年浩劫的文化大革命。到了最後，毛必須徵召軍隊入場，方能收拾殘局，重新恢復秩序。同時發現他自己也不得不稍做屈服，將黨的控制力做某種程度的回復。毛本人顯然已瀕垂死邊緣，沒有了毛的毛澤東主義更缺乏實質支持。於是一九七六年際偉大的領袖死後不久，毛派便立即失勢，由其遺孀江青領頭的「四人幫」更幾乎即刻被捕。緊接著鄧小平率領的實用主義路線，便馬上上場了。

鄧在中國實行的新路線，不啻爲最坦白公開的承認：「實存社會主義」的構造需要大事修改。而且除了中國而外，當世界由一九七〇年代步入一九八〇年代之際，但凡世上自稱爲社會主義的制度，顯然都出了極大的毛病。只見蘇維埃式的經濟衝力漸緩，所有可以計算的重要成長數字，也隨著一九七〇年後的每一個五年計畫逐期降低：國民生產毛額、工業產品、農業生產、資本投資、勞工產能、實質平均所得，比比皆是。就算沒有在眞正的退化之中，蘇聯經濟畢竟露出疲態，宛如牛步進行。更有甚者，蘇聯不但未曾變成世界貿易裡的工業巨人，反而在國際市場上向後倒退。回到一九六〇年際，它的輸出品猶以機械設備、運輸工具，以及金屬及其產品爲大宗。到了一九八五年間，卻轉以能源爲主(百分之五十三，亦即石油及天然氣)。反之，如今它的進口貨物之中，幾有百分之六十爲機械及金屬類等，以及工業消費產品(SSSR, 1987, pp.15-17, 32-33)。換言之，蘇聯的地位已經宛如專事生產天然資源的殖民地般，爲其他較先進的工業經濟提供能源——事實上，後者主要就是它本身在西方的附庸國家，尤以捷克斯洛伐克與德意志民主共和國爲主。而後兩國的工業，也可以仰賴蘇聯無限制且要求不高的市場供應[5]，無須從事重大改進以補自身不足。

事實上及至一九七〇年代，社會主義國家不但經濟落後，連一般性的社會指標如死亡率也停止進步，對於社會主義的信心打擊之重，莫此爲甚——因爲根據社會主義的精神，它應無須過度倚重其創造財富的能力，即可經由社會正義，改進一般人民的生活品質。蘇聯、波蘭、匈牙利三地人民於出生時的平均預期壽命，在共產主義崩潰前的二十年內幾乎毫無變化——事實上還時見下降之勢。這實在是一個值得嚴重深思的問題，因爲同時間在其他多數國家裡面，平均預期壽命卻在延長（值得一提的是，甚至連古巴，以及一些可以獲得數據的亞洲共產國家，此時都在增長之中）。一九六九年際，奧地利、芬蘭、波蘭三國人民，平均可享同樣壽數（七十點一歲），但是到了一九八九年間，波蘭的預期壽命卻比奧芬兩國少上四年。也許這表示活著的人比較健康——如人口學家即如此表示——但是那也只是因爲在資本主義國家中可以繼續救活的病人，換到社會主義國家就只有死路一條了（Riley, 1991）。各地的改革人士，包括蘇聯在內，對此趨勢都不免憂心如焚（World Bank Atlas, 1990, pp.6-9 and World Tables, 1991, passim）。

就在此時，另有一個有目共睹的現象，反映出蘇聯制度的日趨衰頹，亦即「當權階級」（nomenklatura）一詞的出現（此名似乎係經由異議人士的文字傳達西方）。直到當時爲止，共產黨的幹部團隊——亦即列寧式國家的號令系統骨幹——在國外一向爲人敬重，並享有幾分不情願的豔羨之情。雖然其手下敗將的本國反對人士，如蘇聯的托洛斯基派，或南斯拉夫的吉拉斯，卻曾指出這支隊伍也頗有官僚腐化的潛在危險。不過在一九五〇年代，甚至進入一九六〇年代，西方一般的看法——尤其是美國——卻認爲共產主義向全球挺進的祕密法寶正在其中，在共產黨嚴密的組織系統，及它那完全不容派別歧見、無私無我的幹部團隊，忠心耿耿地（也許是殘忍地）執行著黨的「路線」（Fainsod, 1956; Brzezinski, 1962; Duverger, 1972）。

但在另一方面，「當權階級」一詞（這個名詞在一九八〇年以前幾乎沒沒無聞，只曾在蘇共行政體系的詞彙中出現而已），卻正好暗示了布里茲涅夫時期那自私自利官僚系統的弱點所在：亦即無能與腐敗的混合體。事實上情況也愈來愈明顯，蘇聯本身的經營，的確是在走後門、拉親戚、照顧自己人等，一個充滿了營私舞弊的系統之中進行。

除了匈牙利以外，自從布拉格之春以後，歐洲的社會主義國家在氣餒之餘，事實上都放棄了認眞改革的努力。至於偶有幾個企圖重拾中央號令經濟舊路的例子，或採史達林式（如西奧塞古治下的羅馬尼亞），或採毛式以精神力及道德狂熱取代經濟學理（如卡斯楚），有關它們的下場在此還是少提爲妙。布里茲涅夫的年代，最後被改革人士冠上「停滯時期」的稱號，主因即在其政權根本放棄了任何認眞的嘗試，以挽回這個顯然日走下坡的經濟。在世界市場上購買小麥餵飽百姓，比在自家努力解決農業生產問題容易多了。靠無所不在的貪汚賄賂，爲這具生鏽的經濟引擎上油潤滑，也比大加清洗、重新校正——更別提把整部機器換掉——簡單多了。將來會怎麼樣，誰又知道呢？至少在眼前，能保持著讓消費者高高興興地過日子——最不濟，不要讓他們太不高興——顯然比較重要。因此在一九七〇年代的前半期裡，蘇聯居民很可能覺得日子過得還算不錯，最起碼，比起他們記憶中的其他任何時候都要好得多了。

歐洲「實存社會主義」最大的頭痛問題，在於今天的社會主義世界，已經不像兩戰之間的蘇聯，可以置身於世界性的經濟之外，因此也免疫於當年的「大蕭條」。如今它們與外界的牽連日重，自然無法逃遁於一九七〇年代的經濟衝擊。歐洲的「實存社會主義」經濟，以及蘇聯，再加上第三世界的部分地區，竟成爲黃金時期之後大危機下的眞正犧牲者；而「已開發市場經濟」雖然亦受震盪，卻終能歷經艱難脫身而出，不曾遭到任何重大打擊(至少直到一九九○年代初期係如此)。這實在是歷史的最大諷刺。事實上直到九○年代初期以前，某些國家如德國、日本，更是一路衝刺毫無半點踉蹌。相形之下，「實存社會主義」不但得面對本身日益棘手的制度問題，同時還得應付外面那個問題叢生且不斷在變化中的世界；它們自己，則越來越成爲這個世界的一部分。箇中情況，也許可以用國際石油危機的曖昧例子解說。一場危機，改變了一九七三年後的世界能源市場，論其影響，因正反兩面俱在因此極爲曖昧。在全球產油國的卡特爾組織——「石油輸出國組織」——壓力之下，當時極低廉的油價(其實就實際價格而言，自大戰以來甚至一路下降)，於一九七三年間幾乎猛漲四倍，到了一九七○年代末了伊朗革命餘波之際，又再度做三級跳。漲幅之巨，實在超出想像：一九七○年時每桶油價爲二點五三美元，及至一九八○年代後期，每桶已經高居四十一美元左右。

一方的石油危機，對另外一方卻顯然福星高照，其中好處有二：就包括蘇聯在內的產油地而言，黑油搖身一變成爲黑金，就好像有一張保證每週中獎的彩券一般。不費吹灰之力，數以百萬的鈔票便滾滾而來，一時之間，不但可以省卻經濟改革的麻煩；腰包鼓漲的蘇聯，也可以靠石油進帳支付它向西方日益增多的進口。在一九七○至一九八○年十年之間，蘇聯輸往已開發國家的出口總額，由原本佔其總輸出不足百分之十九的比例，躍升爲百分之三十二(SSSR, 1987, p.32)。有人認爲，就因爲忽然有了這股意想不到的暴富，才使得布里茲涅夫政權在革命潮再度掃遍第三世界的一九七○年代中期，躍躍欲試，意圖與美國於國際場上一爭短長(見第十五章)；而也正因如此，使它一頭撞進了自殺性的軍備競爭(Maksimenko, 1991)。

石油危機帶來的另外一項機遇，在於不斷由億萬富豪產油國(這些國家的人口通常極稀)向外奔流出去的油元，如今正在國際銀行體系手中，以借款形式存在，等著任何想借錢的人開口。開發中國家當中，鮮有幾國抗拒得了這股誘惑，遂紛紛伸手將一筆又一筆的鉅款塞進口袋，至終引發了一九八〇年代初期世界性的債務危機。至於向這股銅臭風屈服的社會主義國家——最顯著者爲波蘭及匈牙利——這些錢彷佛天賜神助，不但可以用來投資刺激成長，同時也可提升人民的生活水準。

然而，種種現象卻只使得一九八〇年代的危機愈發嚴重，因爲社會主義的經濟制度——花錢如流水的波蘭又是最佳例證——實在缺乏彈性，根本不具備利用這股資源產能暴增之流的能力。爲了因應上漲的油價，西歐國家的石油消耗量降低四成(一九七三—八五)，可是同一時期的東歐，卻只減少了兩成稍多一點。兩造之別，立判分明(Köllö, 1990, p.39)。蘇聯的生產成本驟升，羅馬尼亞的油田乾涸，能源經濟化的利用愈發艱難。及至一九八〇年代初期，東歐陷入了嚴重的能源危機，繼而造成糧食及製造品的極度短缺(除了如匈牙利這類栽進高築的債台，通貨膨脹愈烈，實質薪資走低的國家之外)。這就是當「實存社會主義」步入至終證明爲其最後十年的時刻之際，所面臨的箇中狀況。唯一能夠解救這種危機的方法，便是回返史達林的老路，嚴格實行中央號令及約束——至少在「中央計畫」尙能作用的地方係如此(但是如匈牙利及波蘭兩地，中央計畫早就不靈光了)。這項老法子，在一九八一到一九八四年間，倒也起了一些作用，債務普遍降低百分之三十五至七十(只有波匈兩國例外)。一時之間，彷佛點燃了一種幻覺，認爲可以無須進行基本改革，便能重新恢復經濟成長的動力。結果卻更促成了一場「大躍『退』，債務危機再現，經濟前景愈發黯淡。」(Köllö, p.41) 這就是當戈巴契夫登上領導人寶座之際時蘇聯的光景。

3

談過了經濟面，現在我們轉過來看看「實存社會主義」的政治面。因爲正是政治一事，造成了東歐與蘇聯走向一九八九至一九九一年的崩潰。

政治上，東歐是蘇聯體系的致命要害，而波蘭(匈牙利亦然，不過程度較輕)，更是它最脆弱的部位。我們已經看見，自從布拉格之春以後，這一地區的大小共產附庸政權，顯然都已失去其正統的合法地位❻。它們之所以繼續維持，完全係在國家的高壓之下，並有蘇聯前來干涉的威嚇作爲後台——或如匈牙利般屬於最好的情況，賜予人民遠超東歐其他國家的物質生活條件，以及相當程度的自由，才得苟延殘喘，可是旋即卻又在經濟危機的壓力之下癱瘓。然而，除了波蘭例外，各國卻難有重大的組織性政治力量或公開反對出現。波蘭因擁有三項因素匯合，遂使得這個力量得以產生。其一，該國輿情甚爲一致，因爲眾人不但憎恨當朝政權，並且有反俄(並反猶)情緒，且在羅馬天主教意識掛帥的波蘭民族主義之下，聯合陣線。其二，教會在波國境內，始終維持有獨立的全國性機構。其三，波國的工人階級，自一九五〇年代中期以來，先後藉大規模罷工多次證明它們的政治實力。長久以來，波蘭政權早就聽任民情，默許容忍他們的行動，甚至有撤退屈服的跡象——如一九七〇年的罷工，即令當時的共黨領袖罷黜下台——只要反對者不曾形成組織性的力量即可。雖然它本身運作施展的範圍，事實上已經日形縮小，瀕臨危險關頭。可是一九七〇年代中期起，波國政權開始面對一股具有政治性質的組織化勞工運動，這股勢力，不但有精於政治運作的異議知識分子作爲後盾——主要以「前馬克思主義者」爲主——又有企圖心日大的教會支持。而教會之所以受到激勵，卻因爲一九七八年羅馬天主教會選出了歷史上第一位波蘭籍的教宗，亦即若望保祿二世所致。

一九八〇年際，行業工會的運動「團結工聯」大奏凱歌，事實上它也是一股以大罷工爲武器的全國性公開反對運動。它的勝利，證明了兩件事：波蘭的共產政權已經黔驢技窮，但是它卻又不可能被群眾騷動的方式推翻。一九八一年教會曾與國家默默合作，悄無聲息地抑止了一場蘇聯武裝干涉的危險（蘇方其實正在認眞考慮插手），雙方同意實行幾年戒嚴，由武裝部隊司令維持政局。後者既有共產黨的身分，又擁有國家合法地位，應該可以說得過去。於是由警察而非軍隊出面，治安迅即恢復。但是對經濟難題始終一籌莫展的政府當局，卻沒有任何良策，對付那繼續存在、並作爲輿情組織性出口的反對勢力。眼前只剩下兩條路：若不是俄國人決定插手來管，就是共黨當局放棄一黨當家的局面——也就是下台一鞠躬退位去也。但是當其他附庸國家一方面緊張地注視波蘭情勢的發展，多數一方面也徒勞地抑止本國人民起而效尤之際，其中有一件事很明顯：那就是蘇聯再也沒有前往干預的打算了。

一九八五年，一位熱情的改革人士戈巴契夫，出任蘇聯共產黨中央總書記的職位。戈氏的出現，其實並非偶然的意外。若不是重病纏身的前總書記及蘇俄安全頭子安德洛波夫（Yuri Andropov,

1914-84)之死，改變的時代早在一兩年前就開始了(安氏本人，也早在一九八三年就已經與布里茲涅夫時代劃清界線)。蘇聯的軌道內外，所有其他共產國家政府都很淸楚，重大的轉變勢在必行。然而，即使對這位新出爐的總書記來說，改變會帶來什麼樣的後果，卻依然一片朦朧。

爲戈巴契夫所聲討的「停滯年代」，事實也是蘇聯菁英階級處於激烈政治文化動盪的年代。這些人不但包括那一小群高居蘇維埃聯邦階梯頂層(亦即眞正決定、並唯一能決定政治方針的所在)，以及自我選拔誕生的共黨頭目；同時也涵蓋人數相當衆多、受過教育及技術訓練的中產階級；以及實際負責國家運轉的經濟管理人員：包括各種學術界、科技知識分子、專家、主管等等。就某一方面而言，戈巴契夫本人，也代表這新興一代受過教育的骨幹——他研習的是法律。而老史達林派幹部一步步爬上來的老路，卻係由工廠出身，經由工程或農經學位才鑽入黨國的大機器(令人驚訝的是，這條正統老路似乎依然不衰)。而且這股大騷動的深度，並不能以如今公開現身的異議分子實際人數爲準——後者至多也許只有數百人。各種被禁或半合法的批評或自我批評，在布里茲涅夫時代即滲透進蘇聯都會的文化圈，包括黨及政府內部的重要部門，尤以安全及外勤機構爲著。否則，當戈巴契夫高聲一呼「開放」，那種四方如斯響應的現象，實在很難找出其他可能的解釋。

然而政治及智識階層所起的響應，卻不可與蘇聯廣大人民的反應混爲一談。因爲蘇俄老百姓跟歐洲多數共產國家人民不同，始終接受蘇聯爲他們的合法政權。最起碼，也許是因爲他們不知道，也無從知道，還會有其他政府存在(除了一九四一至一九四四年間，在德國佔領下是爲例外。德國的統治，當然不可能讓他們欣賞)。一九九〇年際，但凡六十歲以上的匈牙利人，多少都有共黨統治之前的記憶，也許是青春歲月，也許是成年時期。可是遍數蘇聯固有國境之內，卻找不出一名八十八歲以下者擁有這類第一手的經驗。如果說，蘇聯政府當政的歷史悠久，可以一直回溯到內戰時期，始終不曾中斷；那麼俄國作爲一個國家，其延續性更爲久長，幾乎無時或斷（一九三九至四〇年間，那些新獲或重得的西部邊界領土例外）。如今的蘇聯，不過是舊有的沙皇俄國換人經營罷了。這也是爲什麼在一九八〇年末期之前，蘇聯境內均不曾出現過任何重大的政治分離主義之故，只有波羅的海一帶，以及西部的烏克蘭例外，或許也包括比薩拉比亞（Bessarabia）——今摩達維亞。（波羅的海諸國在一九一八至一九四〇年間曾爲獨立國家，烏克蘭在一九一八年前屬於奧匈帝國而非俄羅斯帝國，比薩拉比亞於一九一八至一九四〇年間則爲羅馬尼亞的一部。）但是即使在波羅的海，公開的異議意見，也比俄羅斯境內多不了多少（Lieven, 1993）。

更有甚者，蘇維埃政權不但是根於斯長於斯，土生土長的本國貨（隨著時間過去，甚至連起初帶有強烈大俄羅斯風味的黨本身，也開始向其他歐系及外高加索地區的共和國吸收新血），就連其中的人民，也藉著種種難以確切描述的方式，同樣地調整自己，與政權多所配合；當然政權也試著適應他們。正如諷刺家異議人士季諾維也夫（Zinoviev）所指出，世上的確有一種所謂「新蘇維埃人」存在——雖然正如蘇維埃境內的一切事物一般，這個新人的表裡之間，與其外在的公開形象差異甚大（當然，這個他換作她也是一樣，不過新蘇維埃『女』人少之又少）。他或她在這個體制裡安之若素，自在得很（Zinoviev, 1979）。在這裡，生活有保障，福利又完全，雖然水準平平，但是貨眞價實絲毫不假。這的確是一個在社會上、經濟上，眾生俱都平等的社會，至少也是社會主義傳統理想之一的實現，亦即拉法吉(Paul Lafargue)所說的「什麼都不做的權利」(Right to Idleness, Lafargue, 1883)。更有甚者，對大多數蘇聯人民而言，布里茲涅夫年代可不是什麼「停滯時期」，卻是他們本人，以及他們的父母，甚至他們的祖父母，所知道所生活過的最好時代。

難怪改革家們發現，自己面對的頑敵，不只是蘇聯的官僚系統，更包括蘇聯的人民大眾。某位改革派即以那種反庶民階級的典型口吻，滿腔不快地寫道：

> 我們的制度，已經製造出一批由社會供養的個人，他們對「取」的興趣，可比「予」高得多了。所謂平等主義，已經完全侵蝕了蘇聯，而這就是這種政策之下產生的結果……社會分成了兩個部分，一邊是做決定做分配的人，另一邊則是命於人受於人的人。這種狀況，對我們社會的發展大車，形成了一個主要的煞車效果。蘇維埃人種(Homo sovieticus)……既是壓艙底的底貨，又是停止前進的煞車。就一方面來說，他反對改革，就另一方面而言，他同時又是維繫現有體系的支撐基礎。(Afanassiev, 1991, pp.13-14)

社會上與經濟上，蘇聯社會大部分維持著相當性的穩定。其中緣故，無疑部分來自高壓威權及言論的檢查，以致蘇聯人對其他國家的無知所致，可是這卻絕對不是全部原因。不像波蘭、捷克斯洛伐克或匈牙利，蘇聯始終不曾發生過類似一九六八年學生暴動般的事件。即使在戈巴契夫的領導之下，其改革運動也不能將年輕人大舉動員(除了在西部主張民族主義的地區之外)。這一場改革運動，正如有人所說，乃係「三、四十歲者的叛變」，亦即生於二次大戰之後，可是卻又在布里茲涅夫那倒也不難過的痲痹年代之前出生的一輩。種種情況，可是偶然？蘇聯境內要求改革的壓力，無論來自何方，鐵定不是由草根而起。

事實上，它的動力來自上方，而且也唯有來自這個方向。這位熱情洋溢、誠意十足的共產黨改革家，到底是在怎樣一種情況之下，繼承史達林的寶座，於一九八五年三月十五日成爲蘇聯共黨的當家領袖？箇中情由，外界仍不甚了然。這段祕辛，恐怕要到蘇聯最後數十年的歷史經過，成爲史學界研究的對象之際——而非猶爲互相攻訐或自我辯護的現在——才能眞相大白。但是無論如何，重要的並不是誰在克里姆林宮裡黨同伐異、上台下台，而是其中存在的兩項條件，方才使得像戈巴契夫這類人士得以上台掌權。其一，是布里茲涅夫時代共黨領導階層中愈形嚴重、而且益發遮掩不住的腐敗現象，看在黨內依然篤信共產思維的一群人眼裡(不管這種信仰是採取多麼扭曲的形式出之)，自然只會感到憤怒不已。而一個共產黨派，不管墮落到什麼程度，如果其中缺少一些社會主義者的領導人士，那就像一個羅馬天主教會，沒有由天主教徒出任主教及樞機主教一般；因爲兩者都是建立在眞實信仰的體系之上。其二，那些受過教育、具有科技能力、眞正保蘇聯猶運作於不息的一群人，他們都深深感受，若再不出以激烈手段，進行根本上的變革，蘇聯經濟遲早就會完蛋。不單單因爲體制內天生缺乏效率彈性，同時也由於它意欲登上軍事霸權寶座，愈發深化了它的弱處——像這樣一個衰退中的經濟，根本就不可能支撐它的軍事欲求。自從一九八〇年以還，軍事需求對蘇聯經濟造成的壓力，已達危險境地，因爲忽然之間，蘇聯軍隊發現，多年以來自己頭一次直接投入戰場——蘇方派軍前往阿富汗，以在當地建立某種穩定局面。阿國自一九七八年開始，便在該地一支信仰共產主義的人民民主黨(People's Democratic Party)下統治，然後又陷入衝突分裂。但是兩方都目中無神，提倡土改與女權，遂得罪了當地的地主階級、回教神職人員，以及其他相信維持現狀是爲上策的人士。自一九五〇年代初葉以來，阿富汗一向都安安靜靜地坐在蘇聯的影響圈內，不曾發生過任何令西方人士血壓升高的大事。但是美國卻選擇了視蘇聯行動爲大規模向自由世界軍事進犯的看法，於是透過巴基斯坦，美方的金錢武力，開始源源不絕湧入，將先進武器裝備，送到回教基本教義派的高山戰士手中。結果不出所料，在蘇聯大舉支援之下應戰的阿富汗政府，輕易地守住國內各大城市，可是蘇聯爲這場戰爭付出的代價卻非同小可。最終——華盛頓方面，顯然有人極具此意——阿富汗變成了蘇聯的越南。

可是，除了立即跟美方結束二度冷戰——而且越快越好——中止這個令蘇聯經濟大出血的對峙局面之外，蘇聯這位新領袖還有什麼其他法子可想？這項決定，當然是戈巴契夫的立即目標，也是他的最大成就。因爲在令人驚訝的極短時間之內，他甚至說服了多疑的西方政府，使它們相信蘇聯確有此意。這項成就，爲戈氏在西方贏得了莫大好評及持久名望，卻恰與蘇聯國內對他日益缺乏熱情的狀況成對比。最後在一九九一年，他終於成了這種局勢之下的犧牲品。如果說，有任何一個人隻手結束了四十年的全球冷戰，這項榮銜自非戈巴契夫莫屬。

一九五〇年代以來共產黨經濟改革者的目標，均爲經由市場價格，以及企業利潤得失計算的手段，企圖使中央計畫的控制經濟，更爲理性化及彈性化。匈牙利的改革家們，就在這個方向上經營了相當路程；若非蘇聯於一九六八年派軍進佔，捷克的改革人士也將有更大成就。兩國也都希望，這項手段，同時可以有助於政治制度的自由及民主化。這也是戈巴契夫的立場❼，想當然爾，他認為如此方能回復或建立一個比「實存社會主義」為佳的社會主義制度。至於全然放棄社會主義，蘇聯境內有影響力的改革家們也許有過如此想法，然而事實上極不可能。不論別的，單就政治面就極難實行。一九八〇年代之際，蘇聯內部首度開始對自己的缺失進行有系統的研究分析，但是為時已晚，在別處曾有過改革經驗的經濟家們，此時已經看出，這個體制已經不可能由內部改革了❽。

4

戈巴契夫以兩項口號，發動他改造蘇維埃社會主義的運動，一是「重建」，政治經濟並行；一是「開放」❾。

結果證明，在重建與開放之間，卻有著不可解的衝突存在。因為唯一能讓蘇聯體制運作或轉型的事物，就是沿襲自史達林時代的黨政合一號令結構。這種構造，即使回到沙皇年代，也是俄國歷史中熟悉的景象。改革從上而來，可是在此同時，黨國本身的結構，卻成為進行改革的最大障礙。這個系統係由它所造，它也為此調整適應，它在其中有著極大的既存利益，現在要它為這個系統找出第二條路，實在是強其所難❿。當然，現實的障礙絕對不止這一項；而且歷來的改革派（不獨俄國為然），都喜歡把國家人民反應冷淡的原因，怪罪到「官僚體系」身上。但是有一件事卻不能否認，那就是對於任何重大改革，黨國大機器都多半反應遲鈍，骨子裡更藏著一股敵意。「開放」的目的，即在動員黨國機器內外的支持，以對抗這種抗拒勢力。但是如此一來，卻正好毀掉了唯一還可以行動的一股力量。我們在前面也曾提過，蘇維埃的制度及運作方法，基本上其實是軍事性的，軍隊民主化，並不能改進它們的效率。而另一方面，如果不再需要這個軍事化的系統，那麼在動手毀掉之前，就應該仔細籌劃，先把替代的文人系統建立起來，否則改革非但不能帶來重整，反而導致崩潰。戈巴契夫領導下的蘇聯，便是陷落在「開放」與「重建」之間，日愈深刻的斷層中了。

更糟糕的是，在改革人士的心目裡，「開放」一事，遠比「重建」更具有確定的內容。開放，意味著引進——或重新引進——一個建立於法治與公民自由之上的憲政民主政制。背後的涵義，便是黨與國的分離，並將大有爲政府的所在，由黨還給國家（這一點當然與史達林興起之後的發展完全背道而馳）。如此一來，自然又表示一黨專政系統的結束，黨所扮演的領導角色從此告終。這種結果，顯然也意味著「蘇維埃會議制度」將在各個層級復活——可是這一回，卻將由經過眞正選舉誕生的代表組成，層層相沿，一直到位於最上一層的「最高蘇維埃」。後者則將是一個具有實權的立法議會，而強勢行政部門的權力由它所授，同時卻也受它控制。至少，在理論上如此。

事實上，新的憲政體制最後也眞的設立了。可是新經濟的改革系統，在一九八七至八八年間卻幾乎不見成形。因爲第一，私營小企業——亦即「次級經濟」的多數形態——合法化的推行不見誠意。第二，原則上卻又決定讓那些永遠賠錢的國營事業逕行破產。經濟改革的高調，與日走下坡的經濟現實，其間的鴻溝只有越來越深。

這種狀況實在危險已極。因爲憲政的改革，只是徒然將現有的一套政治機制換掉，改成另外一套而已，至於新制度到底該做些什麼事情，這個問題卻未獲得解答。不過可想而知，民主政治的決策過程，顯然比軍事號令系統累贅多了。對多數人來說，如今有了新的制度，一方面表示每隔一陣子就有一場選舉，大家可以照自己的意思做出眞心選擇；而選舉之間，也有機會聽聽反對人物批評政府。而在另一方面，「重建」一事所依據的準繩，並不在經濟的大原則到底爲何，卻在它日復一日的日常表現，其成效可以輕易指明並測量——判斷的標準，完全在其成果。就大多數蘇聯人民而言，所謂成果，就表現在他們的實質收入、爲收入所必須付出的代價、接觸範圍之內商品勞務的數目種類，以及獲取的難易程度之上。不幸的是，經濟改革家們對自己所反對、所要掃除的事物，雖然界定得很清楚，但是在積極的另一面上，亦即他們所提出的「社會主義市場經濟」之路——那個由公私或合作經營的大小企業，在經濟上有生存力，在運作上有自主權，並在「經濟決策中心」的總體統籌之下配合無間的經濟社會——卻終始只是空論的高調而已。這徒然是一種理想，表示在魚與熊掌之間，改革派想要兩者兼得，一方面得到資本主義的好處，一方面又不失去社會主義的優點。但是實際的方法爲何，如何才能把一個由國家主導中央號令的經濟體制，過渡成爲理想中的新制度，卻沒有人有半點主意。同樣重要的是，在這個可想見的未來必然有公私營制度並行的經濟體系裡，到底該如何運作，同樣也無人知曉。柴契爾及雷根派的極端自由市場主義，之所以吸引年輕的改革知識分子，就在它提供的處方不只是一劑猛藥，同時也應許他們，所有的毛病都將迎刃而解，自動痊癒（結果它並沒有這種靈效——其實事先就該料到）。

最接近戈巴契夫一派改革家理想的藍圖，恐怕要數一九二一至二八年間的「新經濟政策」了。當年的模式，留下了幾許模糊的歷史記憶。說起來，這項政策畢竟「卓有成就，在農業、貿易、工業、財政諸方面都頗有一番復興氣象，於一九二一年後維持了幾年的好風光」。同時它也「藉市場之力」，重新使一個已經崩潰的經濟恢復健康(Vernikov, 1989, p.13)。更有甚者，自毛澤東路線停擺以來，一項極爲類似的市場自由化及地方分權化政策已在中國開花結果，獲致了驚人成就。一九八〇年代中國的國民生產毛額成長，僅次於南韓，每年幾乎平均高達百分之十(World Bank Atlas, 1990)。反觀一九二〇年代的俄國，民不聊生、科技落後，且大部分爲農業；及至一九八〇年代，今日蘇聯卻已經高度都會化及工業化。但是國中最爲先進的工業部門，亦即軍事—工業—科學的大結合體(包括太空計畫在內)，卻只能倚賴那獨一無二的唯一顧客。如果說，假定一九八〇年代的俄國一如當年，百分之八十的人口仍爲村民(就像八〇年代的中國一般)，「重建」效果可能就會大不相同。因爲在一名農村居民的心裡，今生對財富的最大野心，恐怕便只是擁有一架電視機——可是早在一九七〇年代，蘇聯就已經有七成的人民，每天平均觀看一小時半的電視了(Kerblay, pp.140-41)。

但是中國固然在時間上有著落後，這一點卻不能完全解釋兩國在「重建」效果上的顯著對比。至於中國人依然小心翼翼，保持著他們的中央號令體制原狀不變，也非造成兩國差異的全部原因。遠東的文化傳統，到底對中國人有何幫助？能夠在無論哪一種社會之下，都對經濟發展產生助力？這個問題，就得留待二十一世紀的史家去探索了。

一九八五年際，有沒有人認眞以爲，六年之後，蘇維埃社會主義共和國以及它的共產黨，即將不存於世？事實上，連歐洲其他所有的共產政權，也都會一起消失？從西方政府對一九八九至一九九一年間共產世界的敗亡完全沒有準備的跡象看來，他們所做的種種預言，所謂西方的意識思想大敵即將覆滅云云，其實只是把平常的公開辭令小做修改而已。事實上將蘇聯加速逼近斷崖絕壁的眞正原因，是「開放」導致的權威解體，以及「重建」對原有機制造成的無盡破壞，兩者相乘，卻不曾提供另外一個替代之道，人民生活水平因而愈發崩頽。在此同時，蘇俄卻又走上多黨制的選舉政治，全國終於陷入無主的經濟亂象：自從計畫經濟問世以來，俄國頭一回不見五年計畫(Di Leo, 1992, p.100n)。種種因素湊在一起，造成高度的爆炸力，蘇聯政治經濟一統的薄弱基礎，至此完全破壞無遺。

因爲此時的蘇聯，正在結構上快速地步向地方化，尤以布里茲涅夫執政的多年歲月裡發展最速。它的各個共和國之所以尙能聯合一起，主要係由於集合全蘇聯存在的黨政軍制度及中央計畫所致。然而在事實上，蘇維埃聯邦只是由「自治封建領主」組成的一個體系，各個地方上的首領們——亦即共和國的黨書記、其手下的地方司令，以及維持經濟運轉的大小生產單位主管——只有在對莫斯科黨中央機器的倚賴一事上結成一家。後者對他們具有提名、調職、罷黜、選舉的權力，以視需要完成莫斯科「精心設計」的計畫任務。在這些極爲寬廣的權限之內，各地首腦其實擁有相當的自治權力。事實上，若非有著那些負責實際業務者發展出一套作業網路，在中央之外建立了側面的橫向關係，蘇聯經濟根本無法運作。在蘇聯名義上的中央計畫表相內部，實際進行的手法，卻是各地同病相憐的地方幹部，以協商、交換、互惠的方式彼此幫忙，這套系統也可稱爲另一個「次級經濟」。

我們也可以這麼說，在蘇聯日趨成爲一個複雜的工業化與都市化社會之際，那些擔任實際生產、分銷及民生任務的事務中堅，對於高高在上的政務官及純粹黨官，顯然愈來愈離心離德。因爲後者雖然是他們的上司，但是除了中飽私囊以外，職務及功能卻不清楚——布里茲涅夫當政時代，這些人當中營私舞弊者大有人在，而且其索求無饜，常令人嘆爲觀止。衆人對當權階級貪汚現象的反感愈重，遂促成要求改革的原始動力。而戈巴契夫的「重建」政策，亦獲得經濟部門的幹部支持，尤其是那些在軍事—工業生產單位服務之人，更衷心希望這個在效能上停滯不進、在科技上痲痺不靈的經濟體系，在管理上能夠有所改進。沒有人比他們更淸楚，事情到底已經惡劣到了什麼地步。更有甚者，這些人也不需要黨來繼續攪局，就算黨的官僚系統不在了，他們依然會在。他們才是不可或缺之人，黨可不是。事實上果不其然，蘇維埃聯邦崩潰了，他們卻存留下來，如今，在新組成的「工業科學聯盟」(Industrial-Scientific Union, NPS, 1990) 及其後繼者中，扮演著壓力團體的角色。其後並於共產主義破產之際，在自己原先負責管理、卻沒有合法所有權的企業裡面，獲得成爲合法所有人的可能。

然而，黨領導的中央號令制度雖然腐化，雖然沒有效率，甚至幾乎全然痲痹，可是它畢竟是一個以控制爲基礎的經濟之所繫。如今黨的威信既去，一時之間，取而代之的卻並不是憲政民主的權能，反而是國中無主的茫然。事實上，這正是當時發生的眞實情況。戈巴契夫，以及他的繼位者葉爾欽 (Boris Yeltsin)，均將其權力基礎由黨轉向政府。作爲一個憲政總統，他們更合法地靠政令累積自己的統治權力，有些時候，甚至比蘇聯任何一位前頭目享有的威權都大，連史達林也不例外 (Di

Leo, 1992, p.111)。但是除了在新成立的民主議會(或所謂憲政公共議會)內部以外，會外根本沒有人給予「人民大會」(People's Congress)及「最高蘇維埃」半點注意。蘇聯境內，已經無人管事，也沒有誰聽誰的了。

於是就像一個破損的巨大油輪駛向暗礁一般，無人掌舵的蘇聯逐漸漂向解體的命運。而最後終將造成崩離的裂縫，其實早已經在那裡了：一邊是聯邦制度之下的地方自主權力系統，一邊則是擁有自主動力的經濟體系。而蘇聯制度所賴以立的官方理論，一向建立在民族自治之上，包括其中十五個聯邦共和國，以及各個共和國內部的自治地區[11]。因此民族主義的罅隙，早就暗納在系統之內——不過在一九八八年之前，除了波羅的海三小國之外，各地倒不曾在「分離主張」上起過念頭。直到一九八八年時，才有第一家民族主義「陣線」及運動，在「開放」的呼聲之下回應成立(愛沙尼亞、拉脫維亞、立陶宛、亞美尼亞四國)。然而，即使在這個階段，分離的主張也不見得係對中央而發——甚至在波羅的海諸國亦然——主要係反對那能力不濟的戈派地方黨團。或如在亞美尼亞地方，係與隔鄰的亞塞拜然對抗所致。它們當時的目標，均非獨立，不過到了一九八九至一九九〇年間，民族主義的呼聲卻迅速趨向極端。原因有三：其一，各地匆匆趕搭選舉式民主列車所造成的衝擊；其二，現存的黨勢力集中全力頑抗，與激進派之間衝突日烈，兩方勢力在新選出的議會中激烈格鬥；其三，戈巴契夫與他的眼中釘——亦即原爲他手下敗將、後爲他競爭對手、至終成爲他接任者的葉爾欽——兩人之間的嫌隙亦日深。

激進派的改革人士，爲擊破黨層級的高壘深溝，基本上只有向各地共和國的民族主義者尋求支持，於是就在這個過程當中，愈發鞏固加強了後者的力量。在俄羅斯的本地，大聲疾呼俄羅斯利益第一的新訴求，遂成激進派的一項有力武器，在他們趕走躲在中央權力機構壁壘背後的黨官體系的鬥爭中，發揮了極大作用。這種俄羅斯利益高於周邊共和國利益的主張頗具吸引力，因爲後者不但接受前者補助，日子也過得比俄羅斯本身寫意。不平感覺，在俄羅斯民眾心中越來越強。而葉爾欽其人，原是舊有號令社會出身的黨內老頭目，手腕高明，左右逢源，不但會玩那一套老政治的把戲（作風強悍、個性狡滑），也懂得新政治中的一切手段（善於煽動、製造氣氛、深諳面對媒體之道）。對他來說，爬登層峯之路，即在攫得俄羅斯蘇維埃聯邦社會主義共和國（RSFSR）大權，如此即可越過戈巴契夫掌管的蘇聯體制。因爲截至當時爲止，在蘇維埃聯邦與其最大成員俄羅斯聯邦之間，兩者實無太大區別。但是葉爾欽一手將俄羅斯也變成跟大家一樣的共和國，等於在事實上宣告了蘇維埃聯邦的喪鐘，並改由他統治的俄羅斯來取代。其後於一九九一年發生的實際狀況，的確便是這般情節。

經濟上的解體，加速了政治上的解體；而經濟解體之所從來，卻是由政治解體培養而生。隨著五年一度「計畫」的停止，以及黨中央命令的告終，蘇聯根本沒有一個可以有效運作的「全國性」經濟體系。取而代之的，只見各個社區、各個地方、各個單位，只要力能爲之，便都一窩蜂地趕緊豎壘自保、尋求自足，或進行雙邊交易。對擁有龐大事業單位的地方城鎮黨政軍負責人來說，這其實是他們慣有的生存手法。生產單位與集體農場之間，一向藉物物交換，以工業產品換取糧食。舉一個予人印象深刻的事件爲例：列寧格勒的共黨頭目吉達斯波夫（Gidaspov），即曾以一通電話，解決其市內嚴重的糧食短缺危機。吉達斯波夫打電話給哈薩克的共黨頭子那札巴耶夫(Nursultan Nazarbayev)，雙方議定以前者的鞋類鋼鐵，換取後者的穀物米糧(Yu Boldyrev, 1990)。但是即使像這一類由舊有黨層級首腦人物安排的交易，事實上也等於視國家號令的分配系統爲無物。結果，實施「地方經濟自由化法令的眞正效果，似乎便是造成『地方獨立運作意識』(particularism)及自主自治的興起，並回歸以物易物的原始交易行爲」(Di Leo, p.101)。

一條漫漫的不歸路，終於在一九八九年後半期，正當法國大革命兩百週年那年，抵達再也不能回頭的最後關卡。當其時也，法國「修正派」史學專家正忙著證明當年的一場革命，事實上根本不存在或與二十世紀政治無甚關係。然而正如十八世紀的法國，二十世紀末葉的蘇聯政治體系，也是在新成立的民主(或大致上可算民主)議會於夏天召開之後，旋即於同年出現崩塌現象。一九八九年十月到一九九〇年五月的數月之間，經濟解體也勢成無法挽回的定局。不過這個時候，世人的目光卻正緊盯著另一場雖屬相關，事實上卻爲次要的突發事件：亦即歐洲共黨附庸政權的驟然崩解，這同樣是一場事先完全不曾逆料的演變。從一九八九年八月開始，及至同年年底，歐洲地區的共黨勢力相繼瓦解，不是被逐下台，便是從此消失。波蘭、捷克斯洛伐克、匈牙利、羅馬尼亞、保加利亞、德意志民主共和國，紛紛加入行列；除了羅馬尼亞之外，甚至不曾發出一槍一彈。緊接著，巴爾幹半島上兩家非蘇聯門下的共記字號，南斯拉夫與阿爾巴尼亞，也退出了共黨政權之列。東德不久被併入西德，南斯拉夫則很快陷於分裂內戰。這一連串驚人的發展過程，不但天天在西方世界的電視螢光幕上盛大演出，而且也受到其餘各洲共黨政權的密切注視。這些一旁嚴密觀察的共黨國家，從激進改革派的中國(至少在經濟事務上係如此)，一直到強硬堅持舊式中央集權的古巴(見第十五章)，所在多有。對於蘇聯當局貿然放手，縱身便跳進全面開放、削弱權威的大膽作風，它們恐怕都心存疑戒，不以爲然。及至自由化及民主運動的風潮襲至中國，北京政府便決定以最明確的手段——顯然是在相當的遲疑與激烈的內部爭執之後——重建它的權威。它使用的方法，便是一度亦於法國革命期間，派軍鎮壓民亂的拿破崙所謂的「一記霰彈輕煙」。中共出動軍隊，驅離在首都主要廣場上的大規模示威學生群眾，無數學子的性命遭到犧牲，可能有數百人之多——雖然在本書寫作之際尚無可靠資料。天安門廣場上的大屠殺，震驚了西方輿論；在年輕一代中國知識人的心中(包括黨員在內)，中國共產黨恐怕也從此失去僅存的一點合法地位。但是中共當局此舉，無疑保持了它的江山，使其得以繼續經濟自由化的成功政策，而不必面對立即的政治困擾。一九八九年後共產政權的相繼倒塌，遂局限於蘇聯及其軌道上繞行的衛星政權(並包括在兩次大戰間選擇了蘇聯羽翼而非中國支配的外蒙古)。三家猶存的亞洲共黨政權(中國、北韓、越南)，以及遙遠孤立的古巴，則未曾受到立即影響。

5

一九八九至一九九〇年間發生的演變，其實可以看成一場東歐革命。這種觀點似乎相當合理，更何況時間上正當一七八九年的兩百週年。至於就這些事件徹底推翻了當政政權一面而言，確也有其革命性質可言。然而革命這個字眼，雖然不失恰當，在此卻難免有幾分誤導作用。因爲事實上，這些東歐政權沒有一個是被人民「推翻」的。除了波蘭而外，也沒有一國內部擁有一股力量，不論是有組織或臨時聚合，足以對當局造成嚴重威脅。更有甚者，正因爲波蘭有這一支強大的政治反對勢力，反而愈發保證其共產制度不會於一夕間突然倒閉。相反地，波國係經由不斷協商改革的過程，方才取代了原有制度：這種情況，與一九七五年佛朗哥將軍謝世之後，西班牙過渡到民主政體的安排頗相類似。而當前諸東歐附庸國面對的最大威脅，只可能來自莫斯科，可是後者已經將心意表露無遺，絕不會再像一九五六年及一九六八年般，插手管它們的閒事了——也許是因爲冷戰已奏尾聲，它們對蘇聯的戰略地位已經不再那麼必要了罷。如果這些國家還打算生存下去，照莫斯科的想法看來，它們最好也趕緊追隨波蘭及匈牙利共黨的自由化、彈性化改革路線。同理，莫斯科也不會再來柏林或布拉格，幫它們強迫死硬派屈服。總而言之，它們現在全得靠自己了。

蘇聯撒手不管，愈發造成東歐共黨政權的破產。它們之所以依然在位，只不過因爲多少年來，它們已經在自己周圍製造了一個眞空地帶。異議人士除了移居國外（如果有可能的話），或由知識分子組成一些微不足道的異議群體之外（人數極少），在現有狀況之下，共黨政府的權力並沒有第二種勢力可以取代，眾多的東歐百姓只有接受眼前一切，因爲他們沒有第二條路可供選擇。但凡有活力、有才幹、有野心之人，都只能在體制內經營運作，因爲所有需要這些能力的職位，甚或任何能讓他們公開發揮才能的途徑，都只在體制內部存在，或得到體制的允許方可進行。即使連那些與政治無關的活動，如撐竿跳或下棋等才藝技能也不例外。這項原則，甚至延伸到登記在案註冊許可的反對團體，主要是一批文人（共產體制漸衰，方才開放允許這些勢力成立）。可是這些不曾選擇移民之途的異議作家，卻在共產主義傾覆之後吃上苦頭，發現自己被人列爲舊政權的同謀⑫。難怪多數人寧願安安靜靜地過日子——雖然如今威權已逝，不滿的聲音不再受到嚴厲處罰——這種過日子的方式，包括表現出對體制依舊支持的動作，如行禮如儀的投票或遊行。但是在骨子裡，只有天眞的小學生還信仰這個體制。舊政權倒塌之後，飽受眾人憤怒抨擊，其中原因之一，即在於：

> 在那些裝飾門面的選舉中，大多數人之所以前去投票之故，主要是爲了避免不愉快的後果——雖然並不很嚴重。他們參加硬性規定的遊行活動……因爲警方輕而易舉，就可以招來告密者。只需施以小惠，再加上一點小小壓力，後者便同意從命了。（Kolakowski, 1992, pp.55-56）

但是表面儘管屈從，卻鮮有人眞心相信這個體制，也無人對它保持效忠，甚至連當政者亦不例外。但是當最後群眾終於不再被動，開始喧叫出他們的異議不滿，當局顯然大吃一驚——這驚愕的一刻，已經永遠捕捉在錄影帶上。亦即一九八九年十二月間，羅馬尼亞總統西奧塞古面對滿地群眾，不想眾人發出的竟是噓聲，而非忠實掌聲——可是令共產頭子驚奇的事情，並不是人民的不滿情緒，而是他們竟然付諸行動。於是在眞理曝現的那一刹那，沒有一個東歐政府下令開槍，諸政權都自動悄然讓出大權。只有羅馬尼亞例外，其實即使在那裡，臨去的垂死抵抗也極短暫。事實上，它們也許再不能重奪政權，而且也沒有一國作此嘗試。各地的極端共產黨派，更沒有一人起來爲他們的信仰——甚至爲了這四十年來成績其實不算平平的幾處共產統治——戰死在壕溝裡面。因爲如果他們起來作戰，到底是爲了捍衛什麼而戰呢？是事實擺在眼前，他們已經遠遜西方鄰國，如今更一路下滑，證明完全不可救藥，連認眞改革及高明處方都回天乏術的經濟呢？還是那一套在過去，曾經支持其共黨前輩掙扎奮鬥，如今卻已然失去的存在理由，亦即所謂「社會主義優於資本主義，並注定取而代之」的那個體制呢？事到如今，還有誰再相信這個天方夜譚？——雖然回到一九四〇甚或一九五〇年代，這段理論看來並非不可行也。如今即使連共產國家，也不再聯合一致，有時甚至還彼此交戰（如一九八〇年代初期中越之戰），因此還可以再談什麼「共產陣營」？舊日理想如今僅存的希望，只有那十月革命的國度——蘇聯——依舊是全球兩大超級強國之一的事實了。也許只有中國除外，其他所有的共產政府，以及第三世界眾多的共產黨派、政權及運動，大家都很清楚，幸虧有這位大哥大撐場面，才能與對方陣營的經濟及戰略霸勢相抗衡，挽回一點平衡局面。可是如今的蘇聯再也不能負荷，顯然決意卸下這項政治軍事重擔。甚至連那些並不依靠莫斯科爲生的國家，如南斯拉夫及阿爾巴尼亞，也頓然感到若有所失。這才發現蘇聯一去，損失多麼重大。

無論如何，在東歐，一如在蘇聯，過去一直靠舊信仰支持的共產黨人，如今俱已成過去式。一九八九年際，但凡年紀在六十歲以下者，已經沒有幾人還有著把共產主義與愛國情操併爲一體的經驗了——亦即二次世界大戰與地下抵抗運動——至於五十歲以下之人，更少有人對那時代存有第一手的親身記憶。因此當政者的合法地位，完全要靠官方辭令及老一輩話說當年軼事來維持⓭。上一代之外，甚至連黨員本身，也可能不再是舊日意義的共產黨了；他們只不過是一批事業有成的男男女女(哦，女性實在很少)，而他們所在的國家，剛巧是由共產統治罷了。時辰一變——如果情況允許——他們二話不說，立刻便會改投門派，換上不同的行頭。簡單地說，主管蘇維埃衛星政權的眾家將們，早已失去了對本身制度的信心——也許從來就不曾有過。如果這套系統還能運轉，他們就繼續運轉它。待得情勢明朗，連蘇聯老大哥自己都砍斷纜繩，任它們漂流而去，改革派政權便試著謀求和平轉移(如在波蘭及匈牙利)。強硬派則仍然堅持到底(如在捷克及東德)，一直到大勢已去，人民顯然不再服從聽話，方才棄械投降——雖然事實上它們依然可以指揮軍警。但是不管是哪一種情形，原有的共黨政權一旦認清自己氣數已盡，便都靜靜自行下台。這一招，無形中卻正給了西方宣傳家一記耳光。因為後者早就一再辯稱，要「極權政權」自動地安靜交出大權，無異緣木求魚。

短時間內，取而代之者是一群代表著異議之聲的男女(在此，女性再度極少)，或是那些曾經組織過，甚或成功地號召過群眾起來示威，向舊政權發出和平退位信號之人。除了擁有教會及行業工會作為反對力量基石的波蘭之外，上述人士多為某些極有勇氣的知識分子，並屬於階段性的領袖——而且正如一八四八年革命之際(作者正好想起這個前例)，多屬於學界中人或文人——一時之間，發現自己忽然變成一國人民的領導。於是屬於異議人士的匈牙利哲學家、波蘭的中古歷史學者，便都被列入總統或總理的考慮人選。在捷克斯洛伐克，甚至有一位劇作家哈維爾(Vaclav Havel)眞的當上總統，身邊則圍繞著一群奇奇怪怪的顧問人員，從醜聞不斷的美國搖滾樂手，到哈布斯堡貴族家族一員——史華曾堡王子(Prince Schwarzenberg)。有關「市民社會」(civil society)的討論，在各地掀起一股如海嘯般的浪潮——亦即由市民志願團體或私人性質活動的大結合，取代過往威權政府的角色功能。此外，眾人也紛紛談論，如何重返起初的革命原則，回復它在受到布爾什維克黨人扭曲之前的本來面貌⓮。啊，就像在一八四八年際一般，這一刻自由與眞理的火光卻不曾久存。新氣象一閃即逝。各國政治，以及它們的主政職務，不久便復歸那些通常原來就會佔有這些職位者的手中。啣特殊使命而起的「陣線」或所謂「市民運動」，正如它匆匆而生一般，便曇花一現地倏忽謝去。

這種情況，同樣也出現在蘇聯境內。蘇聯共黨及政府的傾覆，一直到一九九一年八月之前，進展均較緩慢。「重建」政策的失敗，以及隨之而來戈巴契夫的遭民拒斥，都一天比一天更爲明顯。然而西方對蘇聯國內的現象卻不曾認識淸楚，對戈氏始終保持著極高(其實也應當)的評價。種種演變，使得這位蘇聯領袖不得不退而求其次，在背後密謀運作，不時在蘇聯政治步上國會化之後興起的不同政治群與權力群中，改換並選擇戰友。這種做法，遂使他失去了早先與他並肩作戰的改革派的信任(後者在他一手扶持之下，已經成爲一支對國事舉足輕重的改變力量)，而權力已經被他一手擊破的黨部集團，對他也同樣疑懼叢生。戈巴契夫，在已過與未來的歷史上，都是一名悲劇人物，是一名如「亞歷山大二世」(Alexander II, 1855–81)般的共產黨版「解放者沙皇」(Tsar-Liberator)。他摧毀了他所要改革的事務，最終，連他本人亦在這個過程中遭到毀滅⓯。

風度迷人、態度誠懇、眞心爲共產理想所動，卻眼見它自史達林興起以來徹底墮敗的戈巴契夫，說來矛盾，事實上卻是一個色彩強烈的組織人，與他自己一手創造的民主政治喧囂格格不入。他坐在委員會裡計畫研討的風格太強，不容易採取決斷行動；他與都會及工業性格的俄羅斯經驗相距太遠——他從來沒有這方面的管理經歷——無法如老共產頭子般，深刻地體會現實的草根一面。戈巴契夫的問題，並不完全在他缺乏一套有效的經濟改革策略（自從他下台以後，也不曾有人有過），卻在他與本國民衆的日常經驗，距離太過遙遠所致。

他這方面的缺陷，若與另一名戰後中生代的共產領袖相比，便可一目了然。年紀也是五十餘歲的那札巴耶夫，於這一波改革風中在一九八四年接掌亞洲的哈薩克共和國。但是他正如蘇聯其他許多政治人物一般（卻與戈巴契夫，事實上更與非社會主義國家任何一名政壇人士不同），乃係由工廠層次起家，然後才一路爬升至全面的公職生涯。他從黨務轉職政府工作，成爲其共和國的總統，大力推動必要的改革方針，包括地方化及市場化的進行。並先後度過戈氏下台及蘇共解體的兩度風波——可是這兩項發展，他都不表歡迎。蘇聯解體之後，他也依然是空虛蒼白的「獨立國家國協」(Community of Independent States)中最有影響力的人物之一。那札巴耶夫一向是個實際派，他不遺餘力，有組織地推展各項可以改善其封邑及臣民生活的改革政策。他也小心翼翼，確保市場性的改革不致造成社會上的崩解。市場運作是要的，但是毫無控制的價格上漲，則絕對不行。他最青睞的策略，就是與蘇聯（或前蘇聯）其他共和國進行雙邊交易——他贊同組成一個「中亞蘇維埃」共同市場(Central Asian Soviet common market)——並與國外資金一同創辦事業。他也不反對激進派的經濟主張，因爲他不但從俄國召來一批此派學者，甚至遠赴非共國家，請來了一位創下南韓經濟奇蹟的智囊之一。種種舉措，顯示他對二次戰後眞正成功的資本經濟範例頗有認識。生存之道，甚至邁向成功之道，其主要成分，恐怕不多在立意的良善，卻在靠現實主義的堅石鋪路吧。

蘇維埃聯邦日薄西山，其最後幾年的光景，就彷彿一場慢動作的大災難。一九八九年歐洲附庸政權紛紛瓦解，再加上莫斯科勉爲其難接受了德國統一的事實，證實蘇聯已不復爲國際間的一個大國，更遑論其超級霸權的世界地位了。一九九〇至九一年間波斯灣危機風雲變起，蘇聯依然無能爲力，無法扮演任何一種角色，只不過再度強調它無可挽回的敗落之勢。就國際觀點而言，蘇聯就好似經歷了一場大戰，遭到全面潰敗——只是事實上並沒有這場戰爭。但是它仍然保留著它作爲前超強身分的軍力及軍事工業複合體(military-industrial complex)，反而對它的政治活動造成某些局限。然而，蘇聯國際地位的決堤，雖然助長了某些民族主義情感強烈的共和國的分離主張，尤以波羅的海諸國及喬治亞爲最——立陶宛首探水溫，於一九九〇年三月挑釁地先行宣布獨立⑯——蘇聯最後的解體，卻非來自民族主義的壓力。

蘇聯的覆亡，主要係由於中央權力的解體，迫使境內各個區域或次級單位，不得不開始自己照顧自己，並全力搶救眼前這已成一場糊塗的殘存經濟。蘇聯最後兩年發生的大小事象，背後都有著飢餓及短缺兩項因素存在。改革派失望灰心之餘(他們多數係開放政策下最明顯的受惠者——學者中人)，被迫走上預言式的極端：除非舊系統完全瓦解，有關它的一切全部毀去，否則將一籌莫展。就經濟角度觀之，亦即以完全的私有化，徹底粉碎之，並以百分之百的自由市場，立即取代之，而且不計任何代價，務在必行。於是在數週或數月之內，迅速推動這項計畫的驚人藍圖成立了，當時甚至有一個所謂「五百天計畫」之說。可是這些政策，並非基於對自由市場及資本經濟的任何認識，但是來自英美經濟界的訪問學者及金融專家，對此卻熱烈推薦。後者的高見，同樣也不是基於對蘇聯經濟眞相的任何了解。雙方面都認爲，現有的制度（或者換句話說，目前還存在著的那個中央號令制度），遠遜於以私有財產制及私人企業爲基礎的經濟制度。他們也同時看出，舊有的系統即使再經修補，也必將注定滅亡。以上看法固然相當正確，但是他們卻不曾處理實際上的問題，亦即如何將這樣一個中央計畫號令型的經濟，轉型變成無論哪一種的市場驅動經濟。相反地，他們只一味抽象述說，證明在五年經濟期內，市場經濟將帶來何等好處。他們聲稱，一旦供需法則得以自由發揮，屆時貨架上將自動推滿一度爲廠商扣壓的商品，而且價格實惠合宜。可是長久以來受苦受難的蘇聯百姓，知道這種好事不會發生——待得舊系統消失之後，這種震盪式的自由派療法，亦曾獲得短暫施行，結果好夢果然沒有成眞。更有甚者，當時凡是態度嚴肅的觀察人士，都相信到了西元兩千年時，蘇聯經濟的國營公營部門，還將佔有極大比例。這種公私制並行的混合經濟，根本就爲海耶克及弗里德曼的信徒所駁斥。他們毫無操作或轉變這種經濟的良策。

但是最後的關頭來臨，卻不是一場經濟危機而是政治風暴。因爲在蘇聯現有的整個體制裡面，從黨開始，計畫人員、科學家、政府一路到軍隊、安全機構、體育單位，所謂蘇聯體系的全面分裂，這種想法，根本無法被接受。至於出了波羅的海諸國，其他任何民眾有無如此冀求過、甚至曾經臆想過這種情形——即使在一九八九年後——我們也不能臆測。不過，事實上卻不大可能，因爲在一九九一年三月的一場公民投票裡面，畢竟仍有百分之七十六的蘇聯選民，依然希望維持蘇聯架構——雖然我們對這個數字也許有所保留——「以更新的聯邦形式，由各個具有主權且平等的加盟共和國所組成，不分國籍族裔，人人的權利自由獲有保障。」（*Pravda*, 25/1/91）蘇聯的解體，當然也不是聯邦內任何一名重要政治人物的正式政策。但是中央權力的解散，終不可免加強了離心勢力的力量，分裂之途勢成定局。何況又有葉爾欽從中攪局，隨著戈巴契夫的主星漸黯，他的幸運明星直入中天。事到如今，聯邦已成一道灰影，只有各共和國才是千眞萬確的實物。四月底，在九個主要共和國的支持之下⓱，戈巴契夫開始協商一紙「聯邦協約」（Treaty of Union），頗有一八六七年「奧匈帝國協議」（Austro-Hungarian Compromise）的折衷風味，其主要精神在於維持一個中央聯邦的權力所在（並設立直選誕生的聯邦總統），主管軍事外交，並與世界各國協調有關財務經濟事宜。協約定於八月二十日生效。

對於舊有的黨政勢力而言，這又是戈巴契夫另一次的紙上談兵，跟他以往提出的處方一樣注定失敗，因此他們視這紙合約爲聯邦的墓石。於是就在生效兩天之前，幾乎包括聯邦中央所有重量級人物在內：國防及內政部長、蘇聯國家安全局（KGB）的頭目、蘇聯副總統及總理，以及黨內要人，宣布總統暨總書記不克視事（度假時遭到軟禁），改由一個緊急委員會（Emergency Committee）接管國政。這其實不太算是一場政變——莫斯科無人被捕，甚至連廣播電台也未被接收——卻是一種宣示，表示眞正的權力機器現在又回來當家，重回秩序與大政，相信民眾一定會熱烈歡迎，至少也會默不作聲靜靜接受事實。而此舉最後失敗，其實也非因民眾起來革命或騷動所致，因爲莫斯科市民始終保持安靜，那一項籲請眾人共同罷工，反對政變的要求也無人理睬。正如蘇聯過去許多頁歷史一般，這是一場由少數演員，踩在長期受苦的民眾頭上的演出。

不過也不盡然——區區十年之前，只消一聲令下，宣布實權誰屬，即可大事底定。但是反過來說，即使到了十年後的此時，多數蘇聯民眾還是低首俯從，一聲不吭。根據一項調查，百分之四十八的蘇聯百姓，以及百分之七十的黨委（這一點倒無足驚訝），支持這項「政變」（Di Leo, 1992, pp. 141, 143n）。同樣重要的是，雖然口裡不肯承認，事實上國外也有許多政府以為政變將會成功⑱。可是舊式黨政軍權力的認定，在於全面普遍自動的贊同，而非一一清點人頭。然而及至一九九一年際的蘇聯，中央權力已不復存，全民服從也無蹤跡。如果這是一場貨眞價實的眞政變，倒有可能在蘇聯多數地區成功，獲得多數民眾支持。而且，縱使軍隊及安全部門內部迭有裂隙、情況不穩，應該也可以召集足夠的部隊，在首都進行一場成功叛變。可是今天的情形已然改觀，徒然在形式上象徵性宣示權力，已經不復足矣。戈巴契夫畢竟沒錯：「重建」政策，改變了這個社會，打垮了陰謀叛變者的企圖。可是，也同樣擊垮了他自己。

象徵性的政變，可以用象徵性的反抗擊退。因為主謀者最沒有準備、也最不希望發生的一件事，就是出現內戰。事實上他們的舉措，其用意正好與民意不謀而合，即在於制止民眾最擔心害怕發生的變故，亦即演變成一場衝突。因此，當灰影朦朧的蘇維埃聯邦，與主謀者採取同一步調之時，灰濛色彩不下聯邦的俄羅斯共和國——如今在剛由相當多數選票選為總統的葉爾欽當政之下——卻沒有隨之而去。數以千計的民眾，趕來葉爾欽的指揮部捍衛助威，而葉爾欽本人則為了全球螢光幕的收視大做其秀，故意向駐紮在他門口的坦克部隊挑戰，部隊大感尷尬。主謀者經此一場對抗，除了自承失敗，還有何計可施？葉爾欽的政治稟賦及決斷能力，與戈巴契夫的風格恰成對比。此時見機不可失，他遂大膽地，並且也很安全地，解散並徵收了共黨，並將蘇聯僅餘資產盡納俄國腰包。數月後蘇維埃聯邦正式告終，戈巴契夫本人也被推到為世人遺忘的角落。原本準備接受那場政變的外面世界，現在自然接受了這個顯然有效甚多的葉氏政變，並將俄羅斯視為已故蘇聯在聯合國以及其他所有組織的當然繼承人。原本打算搶救蘇聯老骨架的企圖，反而比任何人所能想像地更為突兀、更無可挽回地把它給完全拆散了。

但是，經濟、國家、社會，諸般問題卻一項也未解決。就某方面而言，現在反而比原來更糟，因為其他共和國小弟弟，都開始害怕起俄羅斯老大哥了——在此之前，它們根本不用擔心不講民族主義的蘇聯。更何況俄羅斯民族主義，正是葉爾欽手上最有用的一張好牌，可以用來籠絡以大俄羅斯人民為核心的軍隊。而且，由於各共和國之內住有大量的俄羅斯裔居民，葉爾欽也暗示可能有重談版圖的必要，於是更加速了全面分離的腳步：烏克蘭立刻宣布獨立。突然之間，原本同受中央集權一視同仁蹂躪的廣大人口(包括大俄羅斯本部人民在內)，現在卻頭一回開始擔心莫斯科會以大欺小，為本國利益欺壓他們。事實上，這份心事也終結了在表面上維持一個聯邦的假相，因為繼蘇聯而起的「獨立國家國協」幻影，不久便失去所有的真實性。甚至連蘇聯所餘的最後一支隊伍，那支在一九九二年奧運會上擊敗美國，極為成功的聯合代表隊(United Team)，也注定不能長久。於是蘇聯的毀滅，逆轉了幾達四百年的俄羅斯史，使得這個國家重返彼得大帝(Peter the Great, 1672-1725)之前的幅員與國際地位。自從十八世紀中期以來，不論是在沙皇亦或蘇聯治下的俄國，一直是世上一大強國。因此它的解體，遂在的港與海參崴之間，造成一個現代世界史上前所未有的國際權力真空，除了一九一八至二〇年俄國內戰的一段短期間是為例外。這一片浩大無垠的地面，充滿著亂象、衝突與潛在的巨變。這也是本千年將盡之際，有待世上外交家與軍事家處理解決的課程。

6

我們可以以兩項觀察，在此爲本章做一結論。其一，自從伊斯蘭創教的那個世紀以來，共產主義固然是唯一能在短時間內，快速地建立起廣大地盤的一個意識信仰，然而它擁有的實際支配力，卻如此虛浮表面。雖說西起易北河，東到中國海，馬列主義曾以一種簡單化的面目，成爲這一片大地上眾民的正統教條。可是一旦強制執行這個信仰的政權不存，它也於一夜之間立刻消失。像這般驚人的歷史現象，也許可以用兩個原因來解釋。共產主義並不是一個奠基於多人改宗的宗教，卻是一個建立在「基本幹部骨幹」的信仰，或借用列寧之語，乃是靠「先鋒」殺敵陷陣。而且，甚至連毛澤東那有名的譬喻，所謂游擊隊在農民大眾中成功運作，「如魚得水」，也暗指著兩項不同的成分：一是主動的「魚」，一是被動的「水」。非官方的勞工及社會主義運動(包括某些大規模的共產黨派)，也許與他們所在的社區或選民共息共存，如煤礦村鎮之例。可是另一方面，共黨的統治階級卻全都是——經由挑選和限定的——少數菁英人士。「群眾」是否贊同共產主義，並不在他們本身的意識信仰，卻在於他們對共產黨的評價——共產政權能夠爲他們帶來什麼樣的生活，而他們的生活，與他人相較又如何。一旦共產黨不再能蒙蓋事實，不再能將民眾與外界隔離起來，不需直接接觸，只消聽到外頭一點風聲，就足以動搖人民前此對共產黨的評價。更進一步，共產主義亦屬於一種工具式的信仰：「目前」之所以有價值，完全在於它是達成尚不明確的「未來」的手段之故。除了極少數的例子以外——如爲愛國而戰，眼前的犧牲可以換得將來的勝利——這種將目光放在未來的理想式信仰，比較適合少數宗派或菁英群體，卻不適合作爲普世教眾的原則。因爲後者的運作範圍——不論它終極救贖的盼望多麼偉大——卻落在，也一定要落在平常人日常生活的範疇之內。即使對共產黨的幹部而言，一旦他們獻身的目標，那屬世救贖的千禧年國度，變成不可望也不可即的未來時，便也得將目光抛注在俗世生活的平凡滿足之上。但是一旦這種轉變發生——相當常見的情況——他們到底該怎麼做，黨卻不再給予他們任何指導。簡單地說，依照共產主義本身的意識思想，它要求的判斷標準，是眼前立即的成功；對失敗，則打擊不遺餘力。

可是，到底共產主義爲什麼會失敗，或甚至覆亡？矛盾的是，蘇聯帝國的滅亡，卻正好爲馬克思自己所做的一番評析，提供了最有力的論點之一。馬克思在一八五九年寫道：

> 人類爲求生存，在他們社會生產的手段中，進入一種獨立於其意志之外的絕對必要關係，亦即一種與其物質生產力特定發展階段節節相關的生產性關係。……可是發展到了某一階段，社會中的物質生產力，卻開始與現有的生產關係，或換用法律觀點表示，亦即與前此運作的財產關係，發生了矛盾。因此，原本作爲生產力發展形式的這些關係，此時卻成爲手銬腳鐐。於是我們便邁進了革命時期。

馬克思筆下所述：亦即在社會、制度及意識思想的超結構之下，落後的農業社會轉型成先進的工業社會，此時卻與舊有的生產力發生衝突。原本是生產力的力量，反而轉變成生產的桎梏——再也沒有比社會主義革命更淸楚明白的實例了。於是依此理論發動的「社會革命時期」，它的第一項結局便是舊系統的解體。

可是舊的垮了，有什麼新的可以替代嗎？在此我們卻不能如十九世紀的馬克思那般樂觀。他認爲一旦舊制度敗亡，必能引進更好的新制度，因爲「人類只會發動自己有能力解決的問題」。可是「人類」，或可說布爾什維克黨人，在一九一七年揪出來的問題，卻是在他們的時空環境之下無法解決的問題，至少不能完全解決。而在今日，恐怕也要很有信心的人才敢宣稱，在可預見的將來，將會有顯而易見的答案，解決蘇聯共產主義敗亡後產生的種種問題。同樣地，又有誰敢誇口，在下一代的世代裡，靈感將會從天而降，使前蘇聯及巴爾幹半島上前共產政權的百姓們，忽然找到改善問題的答案？

隨著蘇聯的傾覆，「實存社會主義」的實驗也到此告終。因爲即使在共產主義依然存留甚或成功的地方，如中國，也放棄了原有的理想，不再從事以完全集體化爲基礎——或可說合作式共同擁有，卻毫無市場機制——由獨一中央計畫控制的經濟社會。「實存社會主義」是否會再度復活？答案是絕對不會照著蘇聯的發展模式復活，恐怕也不會以任何形式復活。唯一的例外，只有全面的「戰時經濟」，或其他類似的緊急狀況。

因爲蘇聯的實驗，並非建立在取代全球資本主義的規模之上，卻是一組在特定時空的歷史場合之下產生的特定回應，用以解決一個廣大無垠、卻驚人落後的國家的特殊狀況。這個歷史時空，不可能再回頭出現。而革命在其他各地的失敗，更迫使蘇聯只得獨力發展社會主義。可是蘇聯，卻是一個依照一九一七年馬克思派的一致看法（包括俄羅斯本國的馬克思派在內），根本不具備進行社會主義條件的國家。結果強行嘗試之下，雖然達成相當了不起的成就——能在二次大戰中擊敗德國，即非同小可——可是卻付出了昂貴的代價：令人無法原諒的慘重人命犧牲、至終陷入死胡同的癱瘓經濟，以及一個令人不知該說些什麼才好的政治制度。（「俄羅斯馬克思思想之父」普列漢諾夫〔George Plekhanov〕，不是即曾預言，十月革命的成就再大，最多也只能造成一個紅色的「中國式帝國」而已？）至於其他在蘇聯羽翼下興起的「實存社會主義」國家，也面對著同樣不利的條件，也許程度較輕——而且人命代價遠沒有蘇聯慘重。因此這一類型的社會主義，若想再行復生或振興，機會不但渺茫，而且也沒有人想要它，更毫無必要可言——甚至在有利條件存在之際亦無必要。

蘇聯實驗的失敗，對傳統社會主義的大計畫有何影響？令世人對它產生幾許懷疑？這卻是另外一個不同的大問題。所謂傳統社會主義，在基本上，乃是建立於一種社會對生產、分銷及交換手段擁有主權，並從事計畫性經濟的制度。這份經濟理想，在理論上自有其合理性，早在一次大戰之前，就已經為經濟學者所接受——奇怪的是，這套理論的創始者，卻不是社會主義人士，而是非社會主義的純經濟學家們。不過實行起來，難免會有實際上的缺陷，卻是明顯的事實——至少官僚化就是一端。此外，如果社會主義也打算考慮消費者本人的喜好，而非只一味告訴他們何者對他們有益，就勢必得從「價格」入手——至少一部分地——由市場價格與「會計價格」(accounting prices)兩者並進。這個話題，在一九三〇年代自然非常熱絡，事實上，當時西方的社會主義經濟學家亦已假定，必須經由「計畫」(最好是非中央集權式的計畫)，配合「價格」，雙管齊下。但是去證明這樣的一個社會主義經濟能夠實際運作，當然並不是要證明——比方說——比起黃金時期混合經濟年代某些比較公平的經濟制度，前者一定比較優越。而且即使可行，世人也不一定願意採納。在此，提出這個問題的目的，主要係將整體性社會主義的問題，與特定性的「實存社會主義」經驗做一分野。蘇聯社會主義的失敗，並不表示其他形式的社會主義便不可行。事實上，就因爲蘇聯式中央號令計畫的死巷經濟此路不通，無法將它自己改造成「市場性社會主義」，更證實兩者之間存在著極大的差異。

十月革命的悲劇，即在它只能製造出自己這一型殘酷的支配型社會主義。記得一九三〇年代最成熟最有智慧的社會主義經濟學家之一，藍之(Oskar Lange)，離開美國重返波蘭祖國，爲建立社會主義鞠躬盡瘁，到最後進入倫敦一家醫院死在病床上爲止。臨終之前，他曾對友人及前來看望他的仰慕人士說過一些話，作者亦在其中。根據我的記憶，以下便是他的感想：

如果說一九二〇年代時我在俄國，我會是一名布哈林派的漸進主義者。如果有機會爲蘇聯的工業化進言，我會建議一套比較有彈性的特定目標，就像那些能幹的俄國計畫人士所做的一般。但是現在回想起來，我卻要問我自己，一再地問：有沒有可能，會有另一條路，可以取代當時那種不分青紅皀白、凡事一把抓、慘無人道、基本上根本等於沒有計畫便胡亂衝刺的第一次「五年計畫」？我眞希望我可以回答，有的。但是我不能。我找不到任何答案。

註釋

❶俄國在一八三〇至一九三〇年百年間的知識暨科學成就實爲驚人，並在科技上有數項極爲輝煌的創新發明。然而俄國的落後，卻使這些成就鮮能達到經濟生產。然而，少數幾名俄國人士的才智，與其在世界上的名氣，愈使俄國不及西方之巨更爲突出。

❷參見一九五九年《人民日報》〈海瑞諫帝書〉。該篇作者吳晗，並於一九六〇年爲北京京劇團編了一齣《海瑞罷官》。幾年後，這齣戲卻爲文化大革命提供了發動的藉口(Leys, 1977, pp.30, 34)。

❸根據中國官方統計，一九五九年全國人口爲六億七千二百零七萬。依照前七年每年至少千分之二十的自然成長率推算(確切數字是千分之二十一點七)，一九六一年時中國人口應該到達六億九千九百萬才是。可是事實上卻只有六億五千八百五十九萬，換句話說，亦即比預期數字少了四千萬(China Statistics, 1989, Tables T3.1 and T3.2)。

❹一九七〇年際，全中國「高等學習」的學生總數僅有四萬八千人，技術學校學生兩萬三千名(一九六九)，師範學校一萬五千名(一九六九)。研究生人數資料的缺乏，顯示當時中國根本沒有研究所的設置。一九七〇年，一共只有四千二百六十名學生進入「高等學習機構」研習自然科學，研習社會科學者僅得九十名。這是一個在當時擁有

八億三千萬人口的國家(China Statistics, Tables T17.4, T17.8, T17.10)。

❺「在當時這些制定經濟政策的人士眼中，蘇聯市場彷彿是一塊取之不竭，用之不盡的寶地。蘇聯可以保證必要的能源及原料產量，爲全面不斷成長的經濟發展做後盾。」(D. Rosati and K. Mizsei, 1989, p.10)

❻巴爾幹半島上發展較落後的地區，如阿爾巴尼亞、南斯拉夫南部、保加利亞等國，也許是爲例外。因爲那裡的共產黨，仍然在一九八九年後的第一次多黨選舉中獲得勝利。但是好景不長，共產制度在此地顯露的弱象，不久也變得極爲明顯。

❼甚至在他正式選舉之前，戈巴契夫即曾公開表示，他與極爲「廣義」且實際上等於社會民主派的義大利共產黨的立場甚表認同。

❽其中最重要的論著，係匈牙利學者柯耐的大作，尤以其《短缺經濟論》(*The Economics of Shortage*)一書最著(Amsterdam, 1980)。

❾官方改革人士及民間異議思想之間，在布里茲涅夫時代的相互滲透狀況，於此可見一斑。大文豪索忍尼辛(Alexander Solzhenitsyn)即曾在他被逐離開蘇俄之前，於一九六七年致蘇聯作家協會代表會議(Congress of the Union of Soviet Writers)的公開信中呼籲開放。

❿一九八四年際，時值某次類此的改革中途，一名中共官僚即曾如此告訴作者：「我們正在重新把資本主義的成分帶進我們的體制裡面，可是我們怎麼知道，我們打開門讓自己走進去的，到底是什麼世界？自從一九四九年以來，大概除了上海有幾位老人家以外，全中國沒有半個人有過經驗，知道資本主義這玩意是怎麼回事。」

⓫除了俄羅斯是爲幅員最廣的一員之外，尚有亞美尼亞、亞塞拜然、白俄羅斯、愛沙尼亞、喬治亞、哈薩克、吉爾吉斯、拉脫維亞、立陶宛、摩達維亞、塔吉克(Tadjikistan)、土庫曼(Turkmenistan)、烏克蘭、烏茲別克(Uzbekistan)。

⓬甚至連熱烈反對共產主義的作家如索忍尼辛，其寫作生涯也是於體制內而建立。爲了推動改革派的目的起見，索氏最初幾部小説曾爲當局允許或鼓勵出版。

⓭這顯然卻不是第三世界共產國家如越南等的情況。在那裡，解放戰爭一直到一九七〇年代中期猶在進行。可是解放鬥爭中造成的內戰分裂，恐怕卻在民眾腦海中留下更鮮活的印象。

⓮作者記得，一九九一年某次華盛頓研討會上曾對此進行討論。西班牙駐美大使便一語道破箇中情況，他還記得一九七五年佛朗哥將軍死後，西國年輕學生(當時主要係自由派的共產黨)及前學生們也有過類似感覺。他以爲，所謂「市民社會」，只表示一時之間，那些發現自己眞的在爲民請命的年輕熱心家們，卻誤以爲這是一種永久現象。

⓯亞歷山大二世解放農奴，並採取一連串的改革措施，結果卻被在他統治期間第一次成爲一大勢力的革命黨人暗殺身亡。

⓰亞美尼亞的民族主義，雖然曾因向亞塞拜然申張對喀拉巴克(Karabakh)山區的主權，因而引發了聯邦的解體危機，它卻還不敢過分造次到冀望蘇聯消失，因爲若非蘇聯，根本不會有亞美尼亞共和國的存在。

⓱亦即除去波羅的海三國，以及摩達維亞、喬治亞、吉爾吉斯三共和國以外的九國。吉爾吉斯不曾支持的原因不明。

⓲「政變」發生的第一天，芬蘭政府的官方新聞摘要，僅在四頁公告第三頁的下半截處，簡略提及戈巴契夫遭到軟禁的消息，卻沒有附加任何評論。直到政變企圖顯然失敗之際，芬蘭才開始表達一些意見。

第十七章
前衞已死
一九五〇年後的藝術

藝術可以作爲一項投資，是一九五〇年代初期方才興起的一種新觀念。

——《品味經濟學》(G. Reitlinger, 1982, vol. 2, p.14)

白色系列的大件商品——如電冰箱、爐灶，以及過去那一切雪白磁製的器具——那些在以往推動著我們的經濟運行的白色玩意兒，如今都上了淡彩了。這是一種新現象。而且市面上也有很多普普藝術品跟它們搭配。非常好的東西。你打開冰箱取橘子汁，就有魔花曼陀羅(Mandrake the Magician)從牆上走下來看著你。

——《分隔的大街：美國》(Studs Terkel, 1967, p.217)

歷史學家總喜歡將藝術人文的發展單獨處理，與其所在的背景分離開來——包括作者本人在內——卻不管事實上它的根源與社會聯結得有多紮實、有多深刻。我們總將藝術人文，當作一支擁有本身特定規則的人類活動，因此也可以在這種隔離的條件下加以評價。然而在革命爲人類生活面貌帶來重大改變的世代裡，這種對某層面的歷史進行單獨研究的老法子，雖然現成，雖然方便，卻顯然越來越不合實際了。其一，這不只是因爲「藝術創造」與「人工巧製」之間的分野越來越趨模糊——有時甚至完全消失；或許係因爲在這世紀末的時刻，那群頗具影響力的文學批評家們認爲，若硬要決定莎士比亞的《馬克白》(*Macbeth*)與《蝙蝠俠》(*Batman*)孰優孰劣，不但是不可能、沒有意義的做法，而且有反民主的嫌疑。其二，同時也由於種種決定藝術事件產生的力量，也越來越起於藝術本身之外。在這個科技革命高度發展的世代，許多因素更屬乎科技性的一面。

科技爲藝術帶來的革命，最明顯的一項就是使藝術變得無所不在。無線電廣播已將音波——音樂與字詞——傳送入已開發世界的家家戶戶，同時也正繼續向落後世界的地區滲透。可是眞正讓無線電廣播普及全球的玩意兒，卻是電晶體及長時效電池的發明。前者不但縮小了收音機的體積，也使其更便於攜帶；而後者則使收音機擺脫了官方正式電力網的限制(亦即以都市爲主的限制)。至於留聲機及唱機都是老發明了，雖然在技術上經過改進，可是相對地使用起來，卻仍然笨重不便。一九四八年發明的長時間唱片(long-playing record, LP)，在一九五〇年代很快便受到市場歡迎(Guiness, 1984, p.193)。它對古典音樂的愛好者嘉惠良多，因爲這類樂曲的長度往往甚長——與流行樂曲不同——很少在舊式七十八轉的三十五分鐘限制之內即可結束。可是眞正使得眾人走到哪裡，都可以欣賞自己愛好的音樂的發明，卻是卡式錄音帶，可以放在體積日趨縮小、隨處攜帶、並用電池供電的錄放音機內播放。卡式錄音帶遂於一九七〇年代風靡全球，而且還附帶有方便拷貝的好處。及至一九八〇年代，音樂便可以處處飄送處處聞了。不管進行什麼活動，人人都可以帶著耳機，連接到一個其尺寸可以放進口袋的裝置，靜靜地私下享受由日本人首先發明(經常如此)的這項玩意了。或者正好相反，從裝有強力喇叭的手提音響(ghettoblasters)——因爲廠商還未成功地設計出迷你型喇叭——向所有人的耳朵強迫傳送。這個科技上的革命，有著政治及文化兩方面的影響。一九六一年，戴高樂總統成功地呼籲法國兵士，起來反對他們司令官策動的政變。到了一九七〇年代，流亡在外的未來伊朗革命領袖柯梅尼的演說，亦藉此送進伊朗，大事拷貝，廣爲流傳。

電視機則始終未曾發展成收音機那麼便於攜帶——也許是因爲一旦體積縮小，電視所損失的東西遠比聲音爲多——可是電視卻將動畫的影像帶入家庭之中。更有甚者，雖然電視遠比收音機昂貴笨重，卻很快就變成了無遠弗屆、隨時可看的必要家電，甚至連某些落後國家的窮人，只要都市裡有這份設備網路，也都可以享受。一九八〇年代之際，如巴西即有八成人口可以看到電視。這種現象，遠比美國於一九五〇年代、英國於一九六〇年代，分別以電視新媒體取代電影及無線電收音機爲標準大眾娛樂方式的情況更爲驚人。大眾對電視的饜求簡直難以招架。在先進國家裡面(經由當時仍算比較昂貴的錄放影機），電視更開始將全套電影視聽帶入家庭。為大銀幕製作的影像效果，雖然在家中的小螢幕上受到一點折扣；可是錄放影機卻有一項優點，那就是觀者幾乎有著無窮盡的選擇（至少在理論上如此），包括看什麼片子以及什麼時候看。隨著家用電腦的日趨普及，這方小螢幕似乎更變成了個人與外界在視覺上的聯結點。

然而科技不但使得藝術無所不在，同時卻也改變了人們對藝術的認知印象。這是一個流行樂的標準製作方式為電子合成音樂的時代，這是一個隨便哪名兒童都會按鈕停格、倒帶重放的時代（而過去唯一可以倒退重讀的東西，只有書本上的文字），這也是一個科技出神入化，可以在三十秒電視廣告時間之中，就盡述一則生動故事，相形之下傳統舞台效果又算得什麼的時代。對於在這樣一個世代中長大的現代觀聽眾來說，現代高科技可以讓他在數秒之內轉遍全部頻道，怎麼可能再叫他捕捉這類高科技出現之前的那種按部就班、直線式的感受方式？科技使得藝術世界完全改觀，不過受其影響最巨最早者，首推流行藝術與娛樂界，遠勝於「高尚藝術」，尤其是較為傳統的某些藝術形式。

2

可是，藝術界到底發生了些什麼事？

乍看之下，最使人印象深刻的變化，恐怕要數以下兩項：一是大災難時期過後，世界高尚藝術的發展發生了地理上的變化，由精粹文化的傳統中心地帶（歐洲）向外移出；二是基於當時全球空前繁榮的景象，支持高尚藝術活動的財源也大爲增加。但是若再仔細研究，卻可發現，其實情況並沒有乍看起來那麼值得人歡欣鼓舞了。

「歐洲」不再是高尚藝術的大本營(對一九四七至一九八九年間的多數西方人士而言，所謂歐洲即指「西歐」)，已成衆所周知的共同觀察。紐約，以它取代了巴黎藝術之都的地位而傲。這項轉變，表示如今紐約乃是藝術市場的中心，換句話說，藝術家們在這裡成爲高價商品。意義更爲重大的變化，則在諾貝爾文學獎的評審諸公——其政治意味，似乎比其文學鑑賞的品味更令人尋味——自一九六〇年代起，開始認眞考慮非歐系作家的作品。在此之前，這方面的作品幾乎完全被他們忽略——只有北美地區例外，自一九三〇年辛克萊路易斯首度得到這項桂冠以來，便陸續有其他得主出現。及至一九七〇年代，凡是嚴肅的小說讀者，都應該接觸過拉丁美洲作家的作品。而嚴肅的電影欣賞者，也一定都會對自一九五〇年代起由黑澤明(Akira Kurosawa, 1910-)領銜，先後征服世界影壇的多位日本大導演，或印度孟加拉的導演薩耶吉雷(Satyadjit Ray, 1921-92)崇敬不已，至少也得在嘴巴上讚不絕口。及至一九八六年，首位撒哈拉沙漠以南的非洲人士，奈及利亞的索因卡(Wole Soyinka, 1934-)獲得諾貝爾文學獎，更沒有人感到大驚小怪了。

藝術重心由歐洲遠移，在另一項絕對視覺藝術上，亦即建築，表現更爲顯著。我們在前面已經看見，現代派建築運動於兩次大戰之間甚少建樹，及至二次大戰結束，「國際派」才聲名大噪，在美國達於巔峯，在此發表的作品最大又最多。而且還更上層樓，主要係經由美國於一九七〇年代在世界各地有如蛛網密集般經營的旅館連鎖，向全球輸出它彷彿夢幻宮殿的奇特形式，爲僕僕風塵的高級主管及絡驛於途的遊客提供服務。通常這種典型的美式設計，一眼即可認出，因爲它入門處一定有一間大廳，或宛如一處大溫室的通堂，裡面花木扶疏，流水潺潺，並有室內或室外型的透明電梯上下載客，只見隨處都是玻璃，滿眼都是劇院式的照明。這樣的設計，是爲二十世紀後期的資產階級所建；正如傳統的標準歌劇院建築，是爲了十九世紀的布爾喬亞而造一般。可是現代派流風所及，不止美國一地，在他處也可見到它們出名的建築：柯比思耶在印度建起了一整座都城——昌迪加爾(Chandigarh)；巴西的尼邁耶爾(Oscar Niemeyer, 1907-)也有類似偉業——新都巴西利亞(Brasilia)。至於現代派潮流最美麗的藝術品(也是由公家委託而非私人斥資興建)，大概首推墨西哥城內的國立人類學博物館(National Museum of Anthropology, 1964)莫屬。

而原有的藝術中心歐洲，顯然在戰火煎熬下露出疲態。只有義大利一地，在反法西斯自我解放的精神鼓舞之下(多係由共產領導)，掀起一股文化上的復興，持續了十年左右，並經由義國「新寫實」(neo-realism)的電影，在國際上留下其衝擊的印痕。至於法國視覺藝術，此時已不復兩戰之間巴黎派的盛名，其實就連兩戰間的光采，也不過是一九一四年前霞光的餘暉罷了。法國小說家的名氣，也多建立在知性而非文采本身：不是徒弄技巧——如一九五〇及一九六〇年代的新小說(nouveau roman)——就是像沙特一般非小說性質的作者，以其豐富的創造性作品聞名。一九四五年之後法國從事純文學的「嚴肅」小說家們，及至一九七〇年代，有哪一位在國際文壇上獲得類似聲名？大概一位也沒有罷。相形之下，英國的藝術界就活潑多了，最大的功勞可能要歸倫敦於一九五〇年後轉型爲世界樂壇及舞台的主要表演場地之一。此外，英國也出了幾名前衛建築家，他們憑著大膽創新的作品，在海外——巴黎、德國斯圖加（Stuttgart）——闖出比在國內為大的名氣。然而，雖說戰後英國在西歐藝壇所佔的地位比戰前進步幾分，可是它向來最擅長的文學成就卻不甚突出。即以詩而論，小小的愛爾蘭在戰後的表現，就足可勝過英國而有餘。至於德意志聯邦共和國，以其豐富的資源與其藝術成就相較，或者說，拿它輝煌的威瑪時代，與今天的波昂相較，對比實可駭人。這種令人失望的表現，不能只用希特勒十二年統治留下的創傷一味搪塞。尤其值得注意的是，在它戰後五十年的歲月裡，西德文壇上最活躍的幾名才子〔策蘭〔Paul Celan〕、葛拉斯〔Gunter Grass〕，以及由東德來的眾多新秀〕，都不是西德本地出身，卻來自更向東去的幾處地方。

德國，當然啦，在一九四五年至一九九〇年間陷於分裂狀態。兩德之間的強烈對比，卻反映出高尚文化流向的奇特一面——一邊是積極實行民主自由、市場經濟、西方性格的西德；另一方則是教科書上的標準實例，典型的共產中央集權。但是在共產政權之下，它反而花葉繁茂（至少在某些時期如此）。不過這種現象，顯然並不能應用於所有藝術項目，當然也不會出現在那些被眞正暴君鐵蹄蹂躪的國家（如史達林、毛澤東）。即使在其他瘋狂程度比較次微的暴政裡，如西奧塞古統治時的羅馬尼亞（一九六一—一八九），或金日成治下的北韓（一九四五—九四），也同樣不能成立。

更有甚者，藝術既然有賴公家贊助（亦即中央政府），獨裁者好大喜功的誇張心態之下，可供藝術家選擇發揮的空間自然因而縮小——如最爲官方所愛的格調，就是那種被稱爲「社會主義寫實」（socialist realism）、充溢樂觀多感氛圍的神話手法。空曠的廣場，矗立著一排又一排「新維多利亞式」的建物——一提及此，莫斯科的斯摩稜斯克廣場（Smolensk Square）便馬上映入我們腦海中

——這種一九五〇年代的標準風格，有一天也許會有人欣賞，可是對建築這門藝術究竟有何貢獻，恐怕只有留待將來評定吧。不過另一方面，我們也得承認，在某些並非上級一個命令，藝術家便得一個動作的國家裡面，當地共產政府對文化活動的補助極厚，出手甚爲大方（有人則說，這是他們缺乏會計頭腦之故），顯然對藝術嘉惠良多。一九八〇年代西方的前衛歌劇導演，便是羅致自東柏林的人才，這應該不是沒有緣故吧。

而蘇聯呢，則一致保持著化外之地的狀態，至少比起它在一九一七年以前的那段輝煌歲月，實在今非昔比，甚至連一九二〇年的動亂時代亦爲不如。只有詩壇例外，因爲唯有詩，是最可以在私密下進行的一項藝術；而且也唯有藉著詩，偉大的二十世紀俄羅斯傳統，方能在一九一七年後繼續保持不墜——阿赫馬托娃（Akhmatova, 1889–1966）、茨薇塔葉娃（Tsvetayeva, 1892–1960）、巴斯特納克（Pasternak, 1890–1960）、布洛克（Blok, 1890-1921）、馬雅可夫斯基（Mayakovsky, 1893–1930）、布羅斯基（Brodsky, 1940–）、沃茲涅先斯基（Voznesensky, 1933–）、阿赫瑪杜琳娜（Akhmadulina, 1937–）。而蘇聯的視覺藝術，卻因受意識思想、美學、制度等多方面規條的嚴格限制，再加上長期與外隔絕，蒙受到極大傷害。狂熱的文化民族主義之風，於布里茲涅夫時期在蘇聯部分地區開始興起：如索忍尼辛所表現的正統及尙斯拉夫風格，以及帕拉加諾夫（Sergei Paradjanov, 1924–）電影中所傳達的亞美尼亞中古神祕主義氣息等皆是。其中原因，即在藝術家無路可走，他們既然反對政府及黨標榜的一切事物（正如許多知識分子一般），便只有向本土的保守風格汲取傳統。更有甚者，蘇聯的知識階層，不但完全隔離於政府體系之外，與蘇聯一般平民大眾也格格不入。後者接受了共產統治的合法地位，並調整自己，默默配合這個他們唯一所知的生活方式；而事實上在一九六〇及一九七〇年代之際，他們的生活可說有著長足的進步。知識分子憎恨統治者，鄙視被統治者，即使在他們歌謳農民、將理想化的俄羅斯精神，寄寓在俄羅斯農民形象之上時亦不例外（如那些「新尚斯拉夫派」即是）。其實，他們理想中的農民化身早就不存在了。對於富有創意的藝術工作者而言，這實在不是理想的創作氛圍；矛盾的是，一旦加諸於智識活動的高壓禁錮消蝕崩散，卻反使種種創作才情轉趨煽動。極可能以二十世紀偉大文學家盛名傳世的索忍尼辛，卻還得寫小說來諄諄誨道——《伊凡杰尼索維奇的一天》（*A Day in the Life of Ivan Denisovich*）、《癌症病房》（*The Cancer Ward*）等等——正因爲他還不能自由說教、任意批判歷史啊。

至於共產中國，一直到一九七〇年代末期仍在無情的鎮壓之下。期間或偶有極爲稀少的鬆禁時刻（如「百花齊放」），可是其目的卻在辨認下一波整肅鬥爭的犧牲對象。毛澤東的統治於一九六六至一九七六年的文化大革命時期達於巔峯，這項運動的根本目的，即在反文化、反教育、反智，在二十世紀史上可說無出其右。十年動盪，中國的中等及高等教育等於完全關門，西洋古典及各類音樂活動也全面停止（必要時甚至將樂器破壞殆盡）。全國的影劇劇目，也削減得只剩下半打政治意識正確的樣板戲，一再重複上演（由偉大舵手的妻子，曾是上海二流明星的江青親自挑選編列）。文化大革命的慘痛經驗，再加上向來強制遵循正統思想的中國古老傳統（毛後時期曾對此加以修正，卻從未全面放棄），共產中國發出的藝術幽光遂愈發黯淡了。

但是在另外一面，創作力的光輝卻在共產政權下的東歐大放光華，至少在強調正統的禁錮稍有放鬆之際便立即四射，如「鏟除史達林」(de-stalinisation)的時期，發生的情況便是一例。波蘭、捷克、匈牙利的電影界，在此之前，即使在本國也沒沒無聞，自五〇年代末期開始，卻出人意料突然開遍一地花朵，有段時期甚至成爲奇片的重要來源之一。從此之後，一直到共產主義覆亡，共黨文化生產機制亦隨之解體爲止，其間甚至連壓制手段的復現(如捷克於一九六八年後，波蘭於一九八〇年後)，也不能遏止這股豐沛的電影創作洪流。不過一九五〇年代初期一度欣欣茁長的東德電影，卻在政治壓力之下夭折。一個如電影這般倚賴政府資金的藝術，竟然能在共產政權之下崢嶸，卓有藝術成就，實在比文學創作的表現更爲讓人驚訝。因爲文學作品，即使在不容異己的政府箝制之下，也可以私下寫就「藏諸屜底」，或寫給圈中密友傳閱❶。事實上，多名共產國家的作家即在國際間享有殊榮——儘管當初他們執筆之初，設定的讀者群也許甚小——包括東德，以及一九六〇年代的匈牙利。東德產生的文學人才，遠比富庶的西德爲多；匈牙利的作品直到一九六八年後，方才經由國內外的移居流動而抵達西方。

這些人才擁有一項共同條件，是已開發市場經濟的作家及電影人所少有，更是西方劇場工作者夢寐以求的理想：亦即一種被其公眾需要的感覺(美英兩國的劇場工作者，自一九三〇年代開始，就染有政治激進主義的癖習)。事實上，在沒有眞正的政治生活及自由的新聞事業之下，也唯有從事藝術工作之人，才能爲老百姓——至少爲其中受過教育者——紓解心聲。這一類感受，並不限於共產國度的藝術家，同樣亦出現於那些知識分子也與當前政治制度不和，雖然並非毫無限制、卻多少可以公開暢所欲言的國家裡面。以南非爲例，便因黑白隔離制度的刺激，使得反對者當中產生了許多優秀的文學作品，是這個次大陸前所未有的豐富現象。一九五〇至一九九〇年代間，墨西哥以南拉丁美洲諸國的多數知識分子，一生中恐怕也都曾經歷過某段政治難民的日子。他們對西半球內這一地區的文化貢獻，自是不容忽略；土耳其知識分子的情況亦然。

然而，某些藝術在東歐曖昧地開花吐蕊，其中意義，並不僅限於在政府的容忍下扮演反對角色。年輕的藝術家們，事實上係受到希望之火的激揚；他們希望，在戰爭的恐怖歲月終於過去之後，儘管事實上的政權差強人意，自己的國家總算能夠步入一個新紀元。他們當中某些人——雖然如今再不願提起——當初甚至眞正感覺到青春之帆，正在理想國的清風下飽滿顫動，至少戰後初年如此。少數幾位，甚至一直受到身處時代的激勵：如第一位引起外面世界注意的阿爾巴尼亞作家卡達瑞(Ismail Kadaré, 1930–)，與其說他是霍查(Enver Hoxha)治下強硬派政權的應聲筒，不如說是這個小小山國的代言人，爲它在世上首度贏得一席之地(卡達瑞後於一九九〇年移居他國)。但是大多數人，卻旋即走上程度不一的反對之路。不過反對儘管反對，在這個政治系統二元相對的世界，他們卻也常常拒絕了眼前唯一的另一條路——不論是穿過西德邊界出奔，抑或透過「自由歐洲之音」(Radio Free Europe)的廣播，都非他們所願。即使在如波蘭之類的國家，縱使當前政權已經受到全面反對，但是除了年輕人外，一般人對本國自一九四五年來的一段歷史淸楚已極，所以他們知道在宣傳家不是黑便是白的兩極對比中，還有那深淺濃淡不同的灰色地帶。這份對現實無奈的辨識能力，遂使得捷克導演瓦伊達(Andrzej Wajda, 1926–)的影片添加了一分悲劇層次。一九六〇年代三十餘歲的捷克導演，以及東德作家吳爾夫(Christa Wolf, 1929–)、穆勒(Heiner Müller, 1929–)諸人的作品，那種曖昧難明的氣氛，便是因爲他們的夢雖已碎，卻始終不能忘卻啊。

一個弔詭的現象卻是，在社會主義第二世界及第三世界的某些地區，藝術家及知識分子往往享有極大的尊榮，並較一般民衆擁有較好的生活條件及某些特殊權利——至少在當局每隔一陣便又興起的迫害之間係如此。在社會主義的國度裡，他們甚至可能身列國中最富裕的一群，並在這個集體式的監獄中享有最爲稀有的一項自由，亦即出國的權利，有時甚至有機會接觸外國文學。社會主義制度之下，他們的政治影響力自然是零；可是在各個第三世界國度裡面(短時間內，亦出現於共產敗亡後的前「實存社會主義」世界)，身爲知識分子，甚或藝術家，卻是一項貴爲公共資產的身分。拉丁美洲首屈一指的優秀作家們，不論其政治立場如何，幾乎一律有外放出使的機會，尤以巴黎爲最理想的地點。聯合國「國際教育科學文教組織」(UNESCO)的總部在此，但凡有意的國家，都可以派駐好幾名人員，來到這人文風流的「左岸」(Left Bank)咖啡座勝地。而大學教授，也有加入政府組閣的指望，其中又以經濟部門最是首選。一九八〇年代藝術界人士紛紛藝而優則仕，搖身一變成爲總統候選人，或眞的登上總統寶座的現象似乎很新(如祕魯某位小說家即出馬競選；而共產主義下台後的捷克及立陶宛總統大位，則眞的由文人出任)，事實上早在幾代以前，在歐非兩洲某些新生國家即已有過先例。它們往往將尊位榮銜，授予本國少數幾位能在國外享有大名的傑出公民——多半係鋼琴演奏家，如一九一八年的波蘭；或法文詩人，如塞內加爾；或舞蹈家，如幾內亞。但是反過來，大多數已開發西方國家的小說家、戲劇家、詩人、音樂家等藝術人士，則往往與政治龍門完全扯不上關係，甚至連他們當中具有知性傾向者亦然。唯一的例外，可能只有文化部門的職位——如法國、西班牙兩國文化部長一職，即由作家馬爾羅(André Malraux)及森普隆(Jorge Semprún)分別出任。

在這個空前繁榮富裕的世代，公私資金挹注於藝術的雄厚自然遠勝以往。甚至過去從來不甚積極照顧藝術的英國政府，一九八〇年代後期也以極大手筆，在藝術項目上足足花去十億多英鎊，相形之下，它在一九三九年際卻只有九十萬英鎊的藝術類支出(*Britain: An Official Handbook*, 1961, pp.222; 1990, p.426)。至於私人贊助的比重則較低，只有美國例外。在財務優惠的鼓勵之下，美國的億萬富豪熱心捐助教育、學術、文化，出手比世上任何一處都爲大方。一方面係出於對生活中更高層次事物的眞心喜愛——尤其是那些白手成家，第一代的企業大亨——另一方面，也因爲美國社會缺乏正式的社會層級，能夠有一點文化世家貴族的地位，總是聊勝於無，算是次好的了。於是這些大手筆的藝術豪客們，不但紛紛將自己的收藏品捐獻給國家或市立藝術館(這是過去的老做法)；更競相成立以自己爲名的展覽場地，至少也在已有的博物館內，擁有一處自己的廂廊。而其中的藝術品，則根據所有人或捐獻者規定的形式展出。

至於藝術市場，自一九五〇年代起，更發現將近半世紀之久的不景氣已經解套。藝術品的價格，尤其是法國印象派，後期印象派，以及近世最出名的早期巴黎現代畫派(modernism)一門的作品，開始暴漲直達天價。直到一九七〇年代之際，國際藝術市場的重心，首度由倫敦轉至紐約。此時國際藝術市場的身價，已與《帝國的年代》時代的最高紀錄相埒。進入一九八〇年代瘋狂暴漲的市場，更破紀錄一路飆升。印象派及後期印象派作品的價格，於一九七五至一九八九年十五年之間，暴增了二十三倍（Sotheby, 1992）。不過從此開始，藝術市場的面貌已經再不能與過去類比。不錯，有錢人依然繼續蒐藏——一般來說，世祿舊家的銀子，偏愛老一輩大師的珍品；而新出爐的富貴中人，則追逐新奇的名作——不過時至今日，越來越多的人是爲了投資而購買藝術，就好像過去競購金礦股份般是爲了同一動機。「英國鐵路養老基金」（British Rail Pensions Fund），就在藝術品上大賺幾筆（聽從了最佳的建議）。像這樣一個出購對象，當然不能視爲藝術的愛好者。而最能凸顯一九八〇年代末期藝術交易特色的一宗買賣，則首推澳大利亞西部一名暴富的大亨，以三千一百萬英鎊的價錢，購得一張梵谷（Van Gogh）作品。其中一大部分資金係由拍賣單位借貸，雙方自然都希望價錢可以繼續上漲，如此，不但作爲銀行貸款抵押品時的身價可以更高，經紀商也可從中獲得更豐厚的利潤。結果，兩方都大失所望：伯斯（Perth）的邦德先生（Bond）落得破產下場，投機大風造成的藝術市場景氣，亦於一九九〇年代初期全面破滅。

金錢與藝術之間的關係，往往曖昧難明。二十世紀後半期的重大藝術成就，是否有幾分歸於金錢助力，殊難料定。不過只有建築除外，在這個領域裡，一般來說大就是美，至少也比較容易獲得入選旅遊手册的青睞。但在另一方面，尙有另一項經濟上的發展，對藝術顯然產生了莫大影響，亦即藝術之融入學術生活，進入高等教育的學府——後者的快速擴充，前章已經有所討論（第十章）。這種現象的發展，具有普遍及特定的兩種層面。總的來說，二十世紀文化的決定性發展，首推以大眾爲對象的通俗娛樂事業，其革命性的蓬勃成長，不但將傳統高尙藝術推往局限於菁英階級的小圈子內；而且自本世紀中期開始，這個菁英文化圈的成員亦多屬擁有較高教育層次之人。舉凡戲劇歌劇的觀眾、本國文學經典及純文學詩作散文的讀者、博物館及藝廊的參觀者，絕大多數，都屬於至少完成中等教育者。只有社會主義世界爲例外，因爲它始終不准以最大利潤爲取向的娛樂事業越其雷池一步——不過一旦共產政權倒閉，它卻再也不能拒其於門外了。任何一個二十世紀末期的都會文化，都係以大眾娛樂業爲根本——電影、廣播、電視、流行音樂，不一而足——菁英階級雖然也分享這一份通俗文化(自然由於搖滾樂攻城掠地的斬獲所致)，但是作爲知識分子，同時卻難免爲它添加幾分學院派的頭巾氣，以便更合乎自己的高級品味。除去這一點交流之外，兩類觀聽眾完全隔離。因爲大眾市場工業爭取的大多數人，只能在極偶然的機會下一窺藝術門徑，親炙所謂「高尚文化族」咻咻誇口的藝術類型。如一九九〇年的世界杯足球大賽，竟有帕華洛帝(Pavarotti)演唱普西尼(Puccini)的詠嘆調以爲開場，或韓德爾(Handel)、巴哈(Bach)的古典樂，成爲電視廣告不知名的背景配樂。因此如果一個人不打算加入中產階級，就不必費事觀賞莎士比亞名劇。反之，若眞有意躋身中產之列(最當然的途徑就是通過中等學校的規定考試)，就無法避免跟莎翁筆下的主人翁打照面了——因爲它們都是學校考試的指定科目。最極端的情況，可以以階級分明的英國爲例：那裡的報紙分爲兩種，一以受教育階級爲讀者爲對象，一以未受教育者爲對象；視其內容，宛如兩個星球的產物。

而就特定一面而言，高等教育的驚人擴張，提供了就業機會，爲原本不具商業價值的男女學人，也帶來了市場天地。這種情況，尤其在文學上最爲突出。詩人在大學開課，至少也成爲駐校詩人。在某些國家裡面，小說家與教授的職業甚至重疊到極大的程度，一種全新的文學類型遂於一九六〇年代活躍起來。因爲在可能的讀者群中，大多數都對培養出這種類型的氛圍極其熟悉，亦即學院文學。它不以一般小說的主題，亦即男女的情愛爲素材；卻轉而處理其他更爲奧祕難解的題目，進行學術的交流、國際的對話，表達校園的絮語、學子的癖性。更危險的是，學術的需要，反過來也刺激了合乎這一類解剖式研討分析的創作的出現，並援大文豪喬艾思的前例，因作品中的複雜性——如果不是由於其費解度——而更身價十倍。喬氏日後作品擁有的評論人數，恐怕不下於眞正的讀者數。於是詩人的詩，係爲其他詩人而作，或者說，乃是爲了可能研討其作品的學人而作。於是在學校薪水、研究補助金，以及修課必讀書單的保障之下，這一群非商業的藝術創造驕子，雖然不見得有富貴榮華的指望，至少也可以過一份舒適寫意的生活。可是，看呀，學院吹起的這股新風，卻又造成另一種附帶效應，破壞了他們自己建立的成功地位。因爲這些皓首窮經、追究每一個字義、不放過每一個意象的現代訓詁學者，竟然主張文字獨立於作者之外，只有讀者的領會，才是決定作品意旨的眞正尺碼。他們認爲，闡釋福樓拜（Flaubert）作品的評論者，其對《包法利夫人》（*Madame Bovary*）擁有的創作者地位，不下於福樓拜這位作者本人——恐怕還更勝作者本人。而且，因爲一部作品的流傳，只能經由他人的閱讀，尤其是出於學術目的的研讀，方才得以存世。其實長久以來，這項理論即爲前衛派戲劇工作者所擁戴，對他們來說（也是老一派的演員經紀人及電影大亨的意料中事），不論莎士比亞或威爾第（Verdi），只不過提供了原始素材，至於眞正的闡釋，則有賴他們大膽發揮——具有刺激的挑動性發揮更佳。然而這一類做法有時固然極爲成功，卻同時更加深了高尙藝術殊難領會的奧祕風格。因爲如今它們成了評論的評論，闡釋的闡釋，對前人的批評行批評，爲他人的意見做意見；除了同門中人之外，很難解其中之妙。這項風氣，甚至染及民粹派類型的電影新導演，因此在同一部影片裡面，一方面向高級品味的菁英，推介自己涵厚精深的電影學養——因爲只有後者，才能了解影片中所要傳達的暗喻——另一方面，卻只要拿外表的拳頭枕頭、那些血腥色情滿足通俗大眾（當然最好連票房在內）就可以了❷。

二十一世紀的文化史家，對本世紀下半期高尚藝術的成就，將會有何種評斷？這個答案顯然很難猜測。不過，他們一定會注意到一項變化，那就是曾絢爛於十九世紀並延續入二十世紀上半期的「標準藝術類型」，進入二十世紀的下半時期，卻開始出現至少係地區性的凋零現象。雕塑，便是立即躍入腦海的一個例子。不論別的，單看這門藝術最主要的發表形式，亦即公共性的紀念建築物，在一次大戰後幾乎等於完全死亡，即可見其一斑。只有在獨裁者的國度裡，還可見到新作品處處聳立——只是質量之間，並不能劃上等號，這是世人都同意的概念。至於繪畫，即使與兩戰之間的年代相較，也難免立刻產生今非昔比的印象。細數一九五〇至一九九〇年間的畫家，恐怕很難找出一位舉世公認的大師級人物（比方說，其作品值得本國以外博物館館藏的藝術家）。可是若拿出兩戰之間的名單，浮上心頭的馬上便有好幾位世界級大師，至少可以列出巴黎派的畢卡索、馬蒂斯、史丁（Soutine, 1894–1943）、夏卡爾（Chagall, 1889–1985）、魯奧（Rouault, 1871–1955），以及克利等兩三位俄羅斯及德國大家，再加上一兩位西班牙及墨西哥的畫家。像這樣一份重量級的名單，二十世紀下半期如何與之相較？就算把紐約「抽象表現派」（abstract expressionism）的幾位翹楚，如培根（Francis Bacon），以及幾位德國人包括在內，恐怕也是小巫見大巫、不堪比評吧。

至於古典音樂，舊類型的日走下坡，也被外表的欣欣向榮所蒙蔽：因爲發表的人數及場次雖然大增，演出的劇碼及曲目卻始終限於作古已久的古典作品。一九五〇年後創作的歌劇新戲碼，有多少齣在國際甚或本國的劇目中奠定地位？事實上世界各地的歌劇，一直在不停地循環重複演出老戲碼，它們的作者當中，最年輕的一位也出生於上一世紀的一八六〇年。除了德英兩國而外——亨策（Henze）、布瑞頓，以及最多再加上其他兩三位——一般作曲家根本很少嘗試創作大型歌劇。而美國人，如伯恩斯坦（Leonard Bernstein, 1918–90），則偏愛風格比較不那麼正式的另一類型：音樂劇。此外，除了俄國人外，如今世上還有多少作曲家寫交響樂，這個被視爲十九世紀器樂演奏的帝王❸？音樂天賦依舊蓬勃、音樂人才仍然充沛的今天，這些人才卻紛紛放棄了傳統的表現途徑——雖然古典音樂，在「高尚藝術」市場上依然佔有支配的地位。

十九世紀另一項藝術表現類型，小說，顯然也有類似的全面退卻跡象。不錯，小說依然在大量地生產著，並且被人購買，爲人閱讀。但是，我們若要爲本世紀下半期的文學界，仔細尋找其中的偉大小說及偉大小說家——那種以整個社會橫剖，或整個時代歷史縱深爲主題的作品及作者——卻得向西方文化中心地區的外圍勘察——唯一的例外，恐怕又是俄國。隨著索忍尼辛早期作品的問世，小說再度浮上枱面，成爲俄國作家整理其史達林經驗的主要創作方式。俄國而外，小說的偉大傳統則在幾處西方文化的邊陲地帶出現，如西西里的蘭佩杜薩（Lampedusa），其作品《花豹》（*The Leopard*）；南斯拉夫的安德里奇（Ivo Andrič）、克爾萊札（Miroslav Krlež a）；以及土耳其等地均是。至於拉丁美洲，當然更可以找到它的蹤跡。一九五〇年代前，此地的小說除了在作者本國以外，在外界都沒沒無名。可是自此開始卻脫穎而出，蜚聲鵲起，從此緊緊地攫住了文壇的注意焦點。馬奎斯的《百年孤寂》(*A Hundred Years of Solitude*)這部立即被全球公推爲傳世傑作的偉大小說，係來自哥倫比亞，一個小到連已開發國家受過教育的人士，都很難在地圖上指認的國家——直到它與古柯鹼聯爲一體相互爲伍爲止；可是它卻爲世人創造了一部偉大作品。而猶太裔小說的地位，在多國境內亦值得注目——尤以美國及以色列爲著——它的興起，或許反映出猶太民族在希特勒荼毒下遭受的創痛至深。這一份慘痛的創傷經驗，猶太作家感到自己必須直接或間接地面對克服，才能有所交代吧。

高尚藝術及文學古典類型的沒落，自然並非出於人才的凋零。就算我們對天才及異稟在人世間的分布變化不甚了然，卻可以很有把握地假定，時至今日，促使這些人才發表其天賦的原因，已經激生相當劇烈的變化。其發表的管道、動機、形式，以及刺激，亦都產生巨大變貌。古典的沒落，實在非因人才供應的減少。我們沒有理由認爲，今天的義大利托斯坎尼人，才藝便沒有以前出色；我們甚至也不可以假定，他們的審美趣味，必不及佛羅倫斯文藝復興時期的中古世紀。歸根究柢，今天的藝術人才，根本放棄了尋求表達的舊方式。因爲新方式已經誕生，其吸引力更甚，報酬更豐。正如年輕一代的「前衛」作曲家——即使早在兩戰之間的年代——如奧瑞克及布瑞頓，即可能受不住誘惑，改替電影配樂而不爲弦樂四重奏作曲。而繪事上的許多細節，如今已被照相機的勝利取代，即以時裝的展現爲例，便由照片完全接收，再無須勞動畫筆細描。至於連載小說，在兩戰之間即已瀕臨死亡，進入電視時代，更全面投降，將地位讓予螢光幕上的連續劇。而電影一門，更取代了小說及戲劇的雙重地位。因爲在工廠式的好萊塢大製作制度淪落以後，新一代的電影不但容許個人才情做更大發揮，而且又有大量的電影觀眾，回歸於各自家中的電視機前，先是收看電視節目，接著觀賞錄影帶的演出。在今天的文化社會中，若每有一位熱愛古典文化的人士，可以從不過五名依然在世的劇作家中，正確地指認兩部舞台劇的作者；相對地，就可以找出五十名電影迷來，能夠如數家珍，背出一打甚至一打以上導演的重要作品。事實上這是理所當然，再自然也沒有的結果。唯一仍在挽救傳統藝術類型，使其不致進一步快速墜落的原因，只剩下舊式「高尚文化」所伴同的社會地位了❹。

然而，眼前尚有兩項更重要的因素，也在破壞著古典藝術的高尚文化。其一，是大眾型的消費社會在世界各地大奏凱歌。自一九六〇年代開始，與西方世界眾人如影隨形的畫面——在第三世界都市地區也與日俱增——從生到死，盡是廣告、表現消費文化、致力大眾商業娛樂的各色事物。充斥於都市生活的萬籟，戶內戶外，都是商業性流行音樂的聲音。與這種無所不在、無孔不入的滲透比較，所謂「高尚藝術」的衝擊，即使在那些「最具文化修養者」的身上，恐怕至多也只能間歇接觸、偶一爲之罷。何況又有科技的精進，使得聲光畫面更上層樓，遂令一向以來，作爲高尚文化經驗延續最主要媒介的印刷文字，遭到嚴重壓力。除了娛樂型文學尙能一枝獨秀以外——如爲女性讀者寫就的言情小說；專攻男性讀者的各類恐怖小說；或在這個一切解放的時代裡，一些色情文學或黃色作品——還能在職業、教育或其他學習目的以外找到閱讀意義的認眞讀者，在今天已成爲少之又少的稀有動物。教育的革命，雖然在名目上大大擴增了受教人數，可是實際的閱讀能力，卻在許多理論上應該全民識字的國家裡日形低落。因爲印刷文字，已經不再是一扇大門，可以讓人進入那超越口耳相傳階段以外的廣大世界。一九五〇年代以後，甚至連西方富有國家受過教育者的兒女，也不再像其父母一輩，那麼自然地便親近書籍。

如今支配著西方消費社會的文字，再不是神聖經書，更非凡人作品，卻是商品——或任何可以金錢購買之物——的品牌商標。它們印在T恤上，附在其他衣物之上，宛如神奇的護身符般，使穿者好像立登龍門，在精神上取得了這些名牌所象徵並應許的生活方式(通常屬於一種年輕有活力的青春形態)。而成爲神祇偶像，受到大眾消費娛樂社會膜拜的圖像，則是明星與罐頭。難怪在一九五〇年代，在消費民主社會的核心重地，一群執當時牛耳地位的畫家，會在這些新圖像的製造者面前俯首稱臣。因爲比起舊有的藝術形式，後者的威力實在非凡。於是「普普藝術」的畫家們——沃荷(Warhol)、利希登斯坦(Lichtenstein)、勞申伯格(Rauschenberg)、歐登伯格(Oldenburg)——開始以無比的精確度，以及同樣無比的麻木，全力複製美國商業大海的視覺裝飾：湯水罐頭、旗幟、可口可樂瓶、瑪麗蓮夢露。

以十九世紀的定義而言，這種屬於「匠藝」(art)的新時尚自然難登大雅之堂。但是其中卻正證明大眾市場所以稱雄的基礎，不但建立於滿足消費者的物質需要，而且有相當一部分基於滿足消費者的精神需要。長久以來，廣告代理商就已經模糊地意識到這項事實，因此在他們發動的廣告宣傳當中，推銷的並「不是牛排，而是烤牛排的滋滋香味」(not the steak but the sizzle)；不是香皂，而是美麗的倩影；不是一罐罐的罐頭湯水，而是一家人用餐的其樂融融。一九五〇年代越來越明顯的一種趨勢，即在這類廣告手法，具有一種可以稱之爲美感經驗的層面，一種製作者必須全力以赴、競爭提供的草根性創作力(偶爾或帶有主動性的創造，多數時候則屬被動性)。一九五〇年代底特律的汽車設計，帶有著太多的巴洛克裝飾線條，就正是基於這項觀點。一九六〇年代，有一批優秀的文評家，開始深入探討在此之前一直被貶斥爲「商業藝術」，或毫無美感層次的創作活動。換句話說，就是那些眞正吸引街頭凡夫俗女的玩意(Banham, 1971)。而老一派的知識人，現在愈來愈被形容爲「菁英分子」，他們過去一向瞧不起平凡大眾，認爲後者只能被動地接受大公司大企業要他們相信的東西(「菁英」一詞，於一九六〇年代爲新一派的激進主義熱情採納)。然而一九五〇年代的降臨，卻藉著「搖滾樂」的勝利凱歌，最戲劇化地證實了大眾自己知道自己喜歡什麼，至少，可以認出自己喜歡的東西(「搖滾」之名，原是青少年語，沿自北美黑人聚居文化圈內那些自成腔調的都市藍調)。靠搖滾樂大發利市的唱片工業，並不是搖滾流行的創造者，更從不曾策劃搖滾的誕生；它們只不過是從首先發現搖滾的業餘者及街角小店手中，把它接收下來罷了。在這個過程當中，搖滾樂自然受到一些腐蝕作用。「匠藝」(如果可以用這個字眼形容)的精髓，遂被視爲來自泥土本身，而非泥土之中開出的奇花異果。更有甚者，隨著民粹意識同爲市場及反菁英激進主義共同擁抱，重要的已經不在如何分辨好壞，或區識繁簡，卻在看出哪一種藝術吸引的人比較多，哪一種吸引的比較少。在這種新思潮的衝擊之下，舊有的藝術觀念自然沒有多大空間可以容身了。

但是除此之外，另有一項破壞高尚藝術更巨的因素：亦即「現代主義」的死亡。自從十九世紀晚期以還，不以實用爲目的的美藝創造，即在現代主義的提攜下得以扶正。而「現代主義」更爲藝術家們，提供了打破一切限制束縛的有力辯白。創新，是現代主義的眞精神。藉科技以爲譬喻，所謂「現代」(modernity)，亦即暗地假定藝術也是進步式的，因此今日新潮，一定勝於昨日舊風。於是循此定義，現代藝術是「前衛」者的藝術（「前衛」一詞，在一八八〇年代開始進入藝術批評語彙），亦即少數人的藝術。在理論上，有朝一日必將能奪得多數人藝術的地位；可是在實際上，卻由於尚未多數化而沾沾自喜。不論其特定的形式爲何，基本上「現代主義」，係針對十九世紀布爾喬亞自由派趣味及舊習的反動，包括社會與藝術兩項。同時也基於一種認知，認爲有必要爲科技上與社會上都已經發生驚天動地大革命的二十世紀，創造一種比較合適的藝術形式。簡單地說，英國維多利亞女皇、德皇威廉，或美國威爾遜總統御下的舊日藝術，根本就不適合現代人的身分興味（參見《帝國的年代》第九章）。理想上，這兩項目標可以相輔相成：如立體派，即是對維多利亞畫派的駁斥，亦爲一種取代這種舊畫風的新途徑，同時更是一組由還其本我的「藝術家們」所創作的還其本我的「藝術作品」。但是在實際上，兩項目標卻不見得同時發生，正如許久以前，杜象的便壺及達達藝術精心傳遞的藝術性虛無主義，即已證實此論的不實。這些東西，並不打算被視爲任何藝術，事實上根本就反藝術。但是在理想上，「現代派藝術家」又以爲他們在二十世紀所尋找的社會價值，與將之訴諸於文字、聲音、圖像的方式應當自然融合匯流；正如它們在現代派建築上斐然的成果一般。因爲現代派的建築，不正是一種以適合社會烏托邦理想的形式，將社會烏托邦體現的建築風格嗎？但是在這裡，形式與實質卻再度缺乏合理的邏輯聯繫。比方說，爲什麼柯比思耶建造的「輝煌光城」(cité radieuse)內的高樓，就一定得是平頂，而不是斜頂的呢？

然而，正如我們所見，「現代主義」曾在本世紀上半期發揮過極大作用。當其時也，其理論基礎的薄弱處猶爲人所忽略；其應用公式在發展上的局限性也尚未爲人完全測試（如十二音階音樂、抽象藝術等）；而其質地織造，也還不曾被內部的矛盾與潛在的罅溝所斷裂。已過的戰爭、現存的世界危機、未來可能爆發的世界革命，種種經驗，使得前衛派的創新，仍然與社會的希望緊緊鎔鑄在一起。反法西斯的歲月，延後了省思的時刻。現代主義依然屬於前衛，依然列身反對，只有工業設計界及廣告代理界將它納入主流。現代主義，尚未得勝成爲正統。

除了社會主義政權之外，現代主義之風，也隨著對希特勒的勝利吹遍全球。現代派藝術與現代派建築風靡美國，於是大小畫廊，與素有名望大公司的辦公室裡，遂懸滿了這一類的作品。美國城市的上班區，充斥著所謂「國際風格」的象徵符號——細長的長方盒子條條豎立，直上雲霄，但是那扁平的樓頂，倒不像在「摩天」，反似削平了腦袋以「頂天」。有的姿態優雅，如密斯范德羅厄的西格拉姆（Seagram）大樓；有的徒有其高，如紐約的世界貿易中心（兩樓都在紐約市）。美國的這股新趨向，在舊大陸也受到幾許相隨，而現在眾人都傾向將「現代主義」與「西方價值」等同觀看。視覺藝術上的抽象主義——所謂「非造形藝術」（non-figurative art）——與建築上的現代主義，遂成爲既有文化景觀的一部分，有時且成爲其中的主調。甚至連在兩股風氣似乎已行停滯的英國，此時亦有死灰復燃之勢。

但是一九六〇年代末期起，對現代主義反動的現象開始愈爲明顯；及至一九八〇年代，在「後現代」（post-modernism）的標籤之下，這股風氣變得更加時髦起來。「後現代」其實說不上是一種「運動」，它的精神，在於拒絕現有的任何藝術評價標準；事實上，根本拒絕任何標準存在的可能。「後現代」在建築上首度亮相，便係在摩天大樓頂層蓋上十八世紀新古典奇彭代爾式(Chippendale)的山形牆尖頂。最令人感到刺激的一層，乃是向現代派挑戰者不是別人，竟就是「國際風格」一語創始人之一的約翰遜(Philip Johnson, 1906-)本人。入目處盡是隨意線條的曼哈頓(Manhattan)的天際輪廓，在批評家的眼裡，原是現代城市景觀的標準模型；如今他們卻發現原來那全無結構的洛杉磯市，才有其優點存在。放眼望去，只見有細節，卻沒有形狀；這眞是「各行其是」者的天堂樂園——或許是地獄。而現代派建築外表上看來也許毫無理性可循，事實上卻始終遵循著美感道德的法則行事。但是反現代發動了；從此開始，什麼規矩都沒有了。

回看現代派運動在建築上的成就，實屬有目共睹。自從一九四五年來，在它名下的建築，包括將世界聯成一家的飛機場，還有工廠、辦公大樓，以及許許多多依然待建的公共建築物——第三世界國家的首都，以及第一世界裡的博物館、大學及戲院。當一九六〇年代，全球大興土木，紛紛重建它們的都市之際，也是由現代主義發號施令。此外，由於現代派建築在材料工法上的創新，可以於短時間內興建起大批平價住宅，進度既快，成本又廉，遂連社會主義國度的地平線上也出現了它的芳蹤。現代主義，無疑造就了相當數目的美麗建築，有的甚至可列入不朽傑作。醜陋者亦不在少數，最多的卻是毫無特色缺乏人性的螞蟻窩。而戰後現代派在繪畫雕刻上的成就，相形之下，就遜色甚多，而且它們的表現，也往往比兩戰之間的本科前輩爲劣。試將一九五〇年代巴黎畫派的作品，與一九二〇年代同派的畫作並列，兩者孰優孰劣，高下一望可知。戰後的現代派藝術，是一系列愈來愈窮急的伎倆，以求在瞬間建立個人特有的風格商標。是一連串沮喪與放棄的顯示，在「非藝術」洪流的襲擊之下，舊派別紛紛滅頂——如普普藝術、杜比飛(Dubuffet)的原生藝術(art brut)之類。是胡塗亂抹，以及與其他種種殘餘剩屑的拼湊組合，或者說，是將那種純爲投資目的而製作的「藝術」，以及此類藝術的收藏者，一併降爲可笑境地的荒謬手勢。比方說，在一落磚或一堆土上，加上一個人名即成——是之謂「最低限藝術」(minimal art)，或爲避免藝術成爲一項商品，故意掐短它的壽命，以去除其永久性——「表演藝術」是也(performance art)。

於是便從這些林林總總的過火「前衛」中，嗅出了現代派的死亡氣息。未來不再是他們的了，不過到底會是誰的，也沒有人知道答案。但是他們卻知道，自己的邊緣地位，比前更甚。而且，論概念的表達與理解，若與那些只以賺錢爲目的者藉科技達成的驚人效果相較，現代派波希米亞畫室實驗的形式創新，根本就只是小孩子的家家酒。未來畫派(Futurism)在畫布上對速度所作的描摹，怎堪與眞實速度相擬？甚至只消在火車頭駕駛台上架起一座攝影機——而且此事誰都會做——也比企圖藉畫布捕捉的速度不知眞實上千萬倍。現代派作曲家製作的電子音樂，他們所發表的實驗音樂會，更是每一個樂團都深悉的票房毒藥。他們的實驗結果，又怎能與將電子樂帶進百萬人音樂生活的搖滾音樂相比？如果將所有「高尚藝術」的人口分成小圈圈，難道前衛藝術家們看不出自己這一圈小到無以復加，而且還在不斷縮小之中？只要隨便把荀白克作品的銷售成績，與蕭邦一比，便一望可知。而隨著普普藝術的興起，甚至連現代派視覺藝術的最大重鎮，也失去了它的霸權地位。具象一門，再度成爲嫡系正統。

因此「後現代主義」攻擊的對象，便包括那自信滿滿的一系，也包括那江郎才盡的一門。換句話說，自信滿滿者，亦即那勢必繼續進行的活動——不論風格如何變換——如建築、公共工程。而江郎才盡者，則屬於在本質上並非不可或缺之流，如藝匠式的大批製造畫作，以便單張售賣。這兩項都遭到後現代的攻擊反對。因此，若誤以爲後現代的風氣僅限於藝術界，如同較早的前衛派般，那就大錯特錯。事實上，我們知道所謂「後現代」一詞已經廣布各界，其中有許多根本就與藝術毫無關係。及至一九九〇年代，世上已經出現了「後現代」哲學家、「後現代」社會科學家、「後現代」人類學家、「後現代」史學家，以及在過去始終無意向前衛藝術術語借鑑——就算它們恰好與其有些瓜葛——的其他各行各業。文學批評對其熱烈採用，自是當然反應，不足爲奇。事實上「後現代」這股時尚，在法語知識圈中曾以各式各樣名目打過先鋒——如解構主義(deconstruction)、後結構主義(post-structuralism)等等——然後一路銷入(美國)院校的文學科系，至終並打進其餘人文及社會科學。

所有的「後現代主義」都擁有一個共同特色，就是對客觀性現實的存在存疑；或可說，對藉理性方法達成共識的可能性，極表懷疑。它們都傾向於一種激進的「相對觀點」(relativism)，因此，它們也都對一個建立在相反假定之上的世界的本質，提出挑戰——換句話說，它們質疑的對象，就是這個被以此爲出發點的科技所轉型的世界，以及反映其本質的所謂進步式意識形態。在下一章裡，我們將進一步討論這奇特，但並非完全不能逆料的矛盾現象。至於範圍比較限定的高尚藝術界，其中矛盾就沒有這麼嚴重，因爲正如我們所知(參見《帝國的年代》第九章)，現代派的前衛藝術家們，已經將所謂「藝術」的局限發揮到了極致(至少，凡是可以做出成品，並或售或賃，或以任何方式，以「藝術」之名，離開創作人之手的獲利活動，都可以包括在內)。可是「後現代主義」造成的效應，卻是一道鴻溝(主要係屬代溝)。深隔在兩岸之人，一邊對眼中所見的新風格的虛無無聊，感到噁心之至；一邊卻認爲把藝術看得太過「嚴肅認眞」，正是已成荒廢之過去遺留下的又一陳俗。「文明的垃圾堆積場……上覆著塑膠僞飾」，曾如此激怒了著名法蘭克福學派(Frankfurt School)最後的中流砥柱——社會學哲學家哈伯瑪斯(Jürgen Habermas)。可是後現代主義者卻認爲，這又有什麼大不了(Hughes, 1988, p.146)？

因此，「後現代主義」並不只限於藝術一門。不過，這個名詞之所以首先出於藝術，恐怕卻有幾個很好的理由。因爲前衛藝術的核心本質，即在尋求嶄新的方式，用以表達那些不再能以過去舊辭令表達的事物，亦即二十世紀的新現實。這個願望，是本世紀偉大夢想中的一支；而另外一支，即在爲這個現實尋求出激烈的轉變。兩者在不同的字義上同具有革命意義，可是它們處理的對象卻又是同一世界。它們在一八八〇及一八九〇年代，曾有著某種程度的配合；其後在一九一四年至擊潰法西斯之間的歲月裡，又再度相隨出現。因爲這兩個時代的創作人才，往往都在這兩方面帶有著革命色彩，至少頗爲激進——通常均屬左派，不過絕非人人如此。然而，兩股理想都遭夢斷。但是在事實上，它們對兩千年世界造成的改變如此深遠，它們留下的痕跡自亦不可輕易抹去。

如今回溯起來，前衛革命的大業，從一開始便注定失敗的命運：一是由於其智性上的恣意專斷，另一則出於自由主義資產階級社會在製作模式上的藝術創作本質。在過去數百年裡，前衛藝術家所做的任何意圖性宣示，論其目的與手段，亦即目標及方法，幾乎都缺乏必然的一貫性。某種特定的創新形式，並不一定便是拒斥舊形式的必然結果。刻意迴避音調的音樂，不見得就是荀白克的序列音樂(serial music)——荀氏序列音樂，係建立於半音階上十二個音符排列而成——而且，這也不是序列音樂的唯一途徑；反過來說，序列音樂也不一定就是無調之樂。至於立體主義，不管它多麼富於吸引力，更毫無理論基礎可言。事實上，就連放棄傳統程序規則的決定本身，也與某種特殊新方法的選擇一般，純係一種極爲武斷隨意的作爲。「後現代」移植到棋術之上，所謂一九二〇年代之際「超高現代」(hyper-modern)門派的棋論——這一類棋手包括瑞提(Réti)、格朗菲德(Grünfeld)、尼姆佐維茨基(Nimzowitsch)等等——其實並不像某些人士，並沒有改變棋賽本身的規則。他們只不過充分利用弔詭原則，與傳統的棋路唱反調——亦即塔拉斯奇(Tarrasch)的「古典」棋派——故意以不尋常的手法開棋，並注意觀察中央地帶，而不一舉佔領。多數作家，尤其詩人，採取的也是同樣做法。他們繼續接受傳統設定的程序，比方在合適之處，就遵守格律韻腳，卻在他處以其他方式，特意推陳出新。因此卡夫卡便不及喬艾思「現代」，因爲他的文字沒有後者大膽。更有甚者，現代派人士雖然自詡其風格有知識上的理性基礎，比方說表達機器時代(或其後的電腦時代)的時代精神，但是事實上兩者之間，卻僅限於暗喻關係。總而言之，一方是「在這個紀元裡，具有『科技複製性』的『藝術所爲』」(Benjamin, 1961)，另一方卻是只知道藝術家個人靈感爲何物的舊有創作模式；兩者之間，若企圖產生任何同化，自然只有失敗一途。創作一事，如今在基本上已經變成合作而非個人，科技而非手工。一九五〇年代之際，法國一批年輕的影評人曾發展出一套電影理論，認爲電影是獨一創作者(auteur)的作品，亦即導演一人的成就(這個理論的基礎，來自他們對一九三〇及一九四〇年代好萊塢B級電影的熱愛)。可是此說根本不通：因爲協調妥善的分工合作方式，不但在過去是、並且在現在也是影視業及報章雜誌業的不二法則。二十世紀創作的典型模式，往往是應大眾市場而生的產品(或副產品)。進入這些行業的創作人才，絕不比古典十九世紀布爾喬亞模式的人才爲差，可是卻再也沒有古典藝術家孤人獨行的那份奢侈。他們與古典前輩之間，唯一尚存的環扣，只有透過古典「高尚藝術」的有限部門。而這個部門的運作，即使在過去，也一直在集體的方式之下進行：亦即透過舞台。如果黑澤明、維斯康堤(Lucchino Visconti, 1906-76)、艾森斯坦——試舉三名絕對可以名列本世紀最偉大藝術家的大師，三人都有著劇院經驗——竟希望以福樓拜、庫爾貝(Courbet)，甚至狄更斯等藝術家獨自營造的方式創造，恐怕沒有一位能達到什麼成就吧！

正如班雅明的觀察所示，這個「科技複製性」的世紀，不僅改變了創作方式——因此電影，以及其他所有由電影而生的事物(電視、錄影帶)，遂成爲本世紀的中心藝術——而且也改變了世人觀看現實並體驗創作物的方式。十九世紀布爾喬亞文明裡的典型表記，如博物館、畫廊、音樂廳、公共劇院，爲世間文化的膜拜者提供了瞻仰祈禱的廟堂，可是卻不再是本世紀的途徑了。如今擠滿在這些古典「教堂」裡的信眾，少有本地之人，多是被旅遊業帶來的外國遊客。旅遊與教育，遂成爲此種藝術消費形式的最後要塞。今日經歷過這種文化經驗的人數，自然遠比以往爲眾。可是就連這些在佛羅倫斯烏菲茲美術館(Florence Uffizi)急急擠到前排，然後在一片靜默的敬畏中，瞻仰名畫〈春〉(*Primavera*)的觀眾，或是那些爲準備考試，才不得不閱讀莎士比亞，結果卻深受感動的學子;他們日常的生活環境,卻是另一種於此完全迥異的知覺大千世界。感官印象、甚至連概念思想,都由四面八方向他們同時襲來——頭條、畫面、內文、廣告,在報紙上並列紛呈;而眼睛一面瀏覽著報頁,耳機裡同時又傳來陣陣聲音;於是圖像、人聲、印刷、聲音,五花八門、斑然雜陳——可是這一切訊息的接收狀態,卻呈枝節周邊,目不暇給、耳不暇聽,除非其中的某一樣訊息,可以攫得他們短暫的專注眷顧。長久以來,這已經是都市中人的街頭經驗,也是園遊賽會及馬戲雜耍式娛樂的運作方式,自浪漫時代以還,就爲藝術家及批評家所熟悉。到了今日,其新奇處則在科技之起,更使得藝術如水銀瀉地,浸入人們日常的公私生活作息。要想避開美感經驗,再也沒有比今天更難的了。但是「藝術所爲」,卻反而在川流不息的文字、聲音及影像的洪流當中消失了,在這個一度被稱爲藝術的廣大空間裡失去了蹤影。

它們還可以被稱之爲藝術嗎?對有心人而言,永久性的偉大作品,依然可以辨認出來。雖然在已開發國家當中,由單一個人創作,並且只可歸諸於其個人的創作愈來愈少。即使連那些不以再製複製爲目的,除此一家別無分號的單件工程或創造,也難再歸功於單獨一人——只有建築還算例外。布爾喬亞文明盛世的審美規則,還可繼續鑑斷評級今天的藝術嗎?答案是肯定的,也是否定的。年代的久遠與否,向來不適用於藝術。創作作品的好壞,絕不因其古老就變得比較美好(如文藝復興時期的謬觀);也不會由於年歲較淺,就忽然高人一等(如前衛派即持這種謬論)。而後面這項取捨標準,於二十世紀後期與消費者工業的經濟利益結合之下,變得極爲可笑。因爲大眾消費的最高利潤,即來自倏忽即逝的短暫流行,以及以高度集中卻爲時甚短的使用爲目的的立即大量銷售。

就另一方面而言，在嚴肅胡鬧之間，在偉大瑣細之間，在專業業餘之間，在美好劣拙之間，還是有可能也有必要進行藝術上的分野。更何況一群利之所在之人，竟口口聲聲，拒絕這種區別的存在。有些大言不慚地宣稱，只有銷售金額，才是區分優劣的唯一準繩；有些則自以爲高人一等，是菁英，是秀異；還有些（如後現代派）竟主張根本不可能進行任何客觀判定。因此辨認工作的必要性，遂愈爲之提高。事實上，只有販賣意識的思想客，以及販賣商品的推銷員，才膽敢厚顏無恥地如此公開表示。但是在私下裡，連這些人當中也有多位知道如何鑑別「好」「歹」。一九九一年際，某位生意發達的英國大眾市場珠寶商，即曾掀起一場風波。原來他告訴滿會場的企業界人士，他的利潤都來自賣爛貨給那些根本沒有品味使用好東西的菜鳥。這位老兄不像後現代主義的理論家，他知道價值的判定，仍然是生活中的一部分。

然而，如果這種判別仍有可能，是否便適用於今天的世界呢？這是一個對絕大多數都會居民來說，生活與藝術、內感與外情，甚至連工作與娛樂，兩者差異愈形模糊，彼此領域益發重疊的世界。或者說，在傳統藝術依然可以尋得棲身之地的學院小圈圈外，這些判定標準是否仍然有效？實在很難回答；因爲這一類的發問，不論找答案或擬問題，都難免有以假定爲論據的循環論證嫌疑。提筆寫一篇爵士樂史，或對爵士樂的成就進行討論，均可借用與古典音樂研究極其類似的角度爲之，只需充分考慮兩者社會情境的不同，以及此種藝術形式特有的聽眾及經濟生態即可。然而同一種研究方式，是否也能適用於搖滾樂呢？答案卻很模糊。雖然不論爵士與搖滾，兩種音樂都源自美國的黑人音樂。路易阿姆斯壯（Louis Armstrong）及派克（Charlie Parker）的成就爲何？兩人勝於同時代人的優點何在？答案已經有了，而且極爲明確。可是反過來說，對一個這輩子從來沒有特別鍾情過哪一種樂風的人，要他或她在過去四十年徜游於搖滾江河的無數搖滾團體之中，硬挑出一個隊伍，豈不難上加難？哈麗黛(Billie Holiday)的歌聲舞曲，即使在她逝世多年後方才出生的聽眾，也能與之產生共鳴。反之，曾在一九六〇年代攪動無比激情的滾石樂團(Rolling Stones)，如今若非他們同代之人，又有誰會興起任何類似當年的那種熱情？同樣地，反觀今日對某一種聲音、某一種圖像的狂熱激情，到底有多少是基於認同交感的歸屬意義？也就是說，它們之受到喜愛，是因爲本身的美妙可貴？抑或只因爲這是一首「我們的歌」？我們實在不能回答。而在我們能夠答覆這個問題之前，二十一世紀當代藝術所將扮演的角色，甚至存亡，都將始終面目隱晦。

可是科學則不然，只見它角色清楚，任務分明。

註釋

❶不過傳抄的工作仍然工程浩大，因爲唯一的工具，只有手動打字機及複寫紙，比此先進的科技完全不見蹤影。爲了政治上的理由，「重建」前的共黨世界不使用影印機。

❷因此狄帕馬(Brain de Palma)的《鐵面無私》（*The Untouchables*, 1987）一片，在外表看來，好像不過一部刺激熱鬧的警匪片，描寫黑道分子卡邦(Al Capone)縱橫之下的芝加哥。但是片中卻原樣引用了艾森斯坦導演的《波坦

金戰艦》一節。對於不曾看過原片那一段有名鏡頭，嬰兒車一路跌撞衝下奧德薩階梯的觀眾來說，便一定不解其意。

❸普羅高菲夫(Prokofiev)寫了七首，蕭士塔高維契(Shostakovich)寫了十五首，甚至連史特拉汶斯基也曾寫過三首交響曲。可是這些交響樂卻都屬於(或者說，成於)二十世紀的第一個五十年裡。

❹一位天才洋溢的法國社會學家，即曾在其著作《高人一等》(*La Distinction*)中，對「文化」製造社會「階級」的現象進行分析。

第十八章

魔法師與徒弟

自然科學門派

你認爲，今天世上還有一處可供哲學容身之地嗎？

當然，可是，卻只能建立在目前科學的知識與成就之上。……哲學家們再也不能把自己隔絕起來，與科學不相往來了。科學，不但已經大大地擴大並改變我們對生命及宇宙的觀念，對於知識人思維運作的法則，也掀起了革命性的變化。

——李維史陀(Claude Lévi-Strauss, 1988)

氣體動力學(gas dynamics)中的標準內容，係該作者擔任古根漢獎金研究員(Guggenheim Fellowship)時完成。它的形式，根據作者自己所言，係受到業界的需要左右。在這樣一個架構裡面，針對愛因斯坦的一般相對論予以證實，遂被視爲一項重要步驟，因爲它可以促成「經由對細微地心引力影響的考慮，造成彈道精確度」的改進。戰後物理學的發展，愈來愈集中於這類具有軍事應用的領域。

——雅各(Margaret Jacob, 1993, pp.66-67)

1

自然科學在二十世紀的無孔不入，二十世紀對自然科學的倚賴日深，兩皆史無前例。但是自伽利略(Galileo)被迫放棄自己對天文的學說以來，也沒有一個世代像二十世紀般，對自然科學感到如此地不自在。這種愛恨交織的弔詭，正是本世紀史學家必須處理的一大課題。不過在作者冒昧一試之前，對於這個矛盾現象，有幾項層面得先交代清楚。

回到一九一〇年際，英德兩國的物理化學家人數，全部加起來約有八千人。及至一九八〇年代末期，全世界實際從事研究及實驗的科學家及工程師們，據估計在五百萬名左右。其中有一百萬人，係在科學翹楚大國的美國；比此稍高一點的人數，則在歐洲❶。雖說科學家的總數，仍只佔人口的極少數——即使已開發國家亦然——可是他們的人數，卻在繼續驚人地增加之中，在一九七〇年後的二十年間，幾呈倍增之勢，連最先進的國家也不例外。事實上及至一九八〇年代末期，科學家人口只是一座更大冰山的小尖頂而已。這座冰山，是一股龐大的潛在科技人力，反映出本世紀下半期教育革命的成果(見第十章)，代表著全球總人口的百分之二，及北美人口的百分之五(UNESCO, 1991, Table 5.1)。而眞正的科學家，愈來愈透過高級「博士論文」的方式選拔，「博士論文」遂成爲進入科學這門行業的必備門票。即以一九八〇年代爲例，任舉哪一個西方先進國家，平均每年每百萬人口當中，便製造出一百三十至四十名的博士科學家來(Observatoire, 1991)。這一類的國家，也在科學上投下天文數字的投資，而且其款項多來自公共資金——甚至連最典型的資本主義國家也不例外。事實上，某些最昂貴的所謂「大科學」者，除了美國以外，還沒有其他任何一國單獨玩得起呢(到了一九九〇年代，連美國老大哥也供不起了)。

但是其中卻有一個嶄新現象存在。雖然約九成的科學論文(論文數則每十年倍增一次)，都以四種文字面世(英、俄、法、德)，事實上以歐洲為中心的科學發展，卻在二十世紀宣告終了。大災難的時期，尤其是法西斯主義暫時得逞的那個年頭，已經將科學的重心移向美國，並且從此由美國永執牛耳。一九〇〇至一九三三年間，美國科學家得諾貝爾獎者只有七人，但到了一九三三至一九七〇年間，卻暴增為七十七人。其他由歐洲移民組成的國家，如加拿大、澳大利亞，以及實力經常被人低估的阿根廷❷，也成了境外中心，獨立的研究重鎮。不過其中也有一些國家，如紐西蘭及南非，卻基於國小或政治之由，重要科學家們紛紛出走外流。在此同時，非歐系科學家也迅速升起，尤以東亞及印度次大陸為首要，且成長狀貌驚人。二次世界大戰結束以前，遍數亞洲地區，只得過一次諾貝爾科學獎的榮銜——印度的物理學家拉曼(C. Raman)於一九三〇年獲物理獎。但自一九四六年來，卻已有十位以上得主的大名，顯然是來自日本、中國、印度、巴基斯坦等地區。當然，光看諾貝爾獎紀錄不足為憑，顯有低估亞洲的科學成長之嫌；正如單憑一九三三年前的得獎名單，也有小覷當時美國的科學進展之虞。不過值此世紀末時，世上的確也有部分地區，論其科學家的人數，不但實際數字偏低，相對比例更低，比方如非洲及拉丁美洲即是。

但是可驚的是，亞洲裔桂冠得主之中，至少有三分之一是在美國名下得獎，而非以本籍獲此榮銜（事實上在美國得主裡面，身爲第一代移民者竟有二十七名之多）。因爲在這個日益國際化的世界裡，自然科學家講的是同一種國際語言，採取的是同一種研究方法，卻造成一種弔詭現象，那就是反使他們多集中於一兩處擁有合適設備資源的研究中心，亦即少數幾個高度開發的富國之內，其中尤以美國爲著。當年的大災難時期，世上的天才智囊爲了政治理由紛紛自歐洲出奔；但是自一九四五年來，主要卻是爲了經濟原因由貧國改投富國❸。這項趨勢並不足以爲奇，且看自一九七〇及一九八〇年代以來，已開發資本主義國家的研發支出，竟佔全球總研發開支的四分之三即知。貧窮國家（開發中國家）則少得可憐，甚至不及百分之二至百分之三（UN World Social Situation, 1989, p. 103）。

但是即使在已開發國家裡面，科學的分布也漸漸失去分散性，一方面因爲人口及資源集中（爲了效率之故），另方面則由於高等教育的巨大成長之下，無形在教育機構中形成了一個層級，或所謂寡頭階級。一九五〇及一九六〇年代之際，美國半數的博士，係出自十五家最負盛名的大學研究院，因此愈發吸引了最出色的年輕科學家趨之若鶩。在一個民主的民粹世界裡面，科學家卻成爲社會上的菁英階級，集中在數目極少、補助極厚的幾處研究聖地。作爲「科學族」，他們以群體的姿態出現，因爲對他們從事的活動而言，溝通交流（「有人可以共談」），是最大中心要件。於是隨著時間過去，他們的活動對非科學家的外人來說，愈發如謎，奧不可解——雖然作爲門外漢的一般凡人，藉著大眾化的介紹文字（有時由最優秀的科學家本人執筆），拚命地想去聽懂他們。事實上隨著各門科學的日益專門，甚至連科學家本身之間，都得靠學刊之助，才能向彼此解釋自己本行之外的發展動態。

二十世紀對科學倚賴程度至深，自是無庸多言。在此之前，所謂「高級／精深」科學，亦即那種不能自日常經驗取得，非多年訓練不得從事——甚至不得了解——最終以研究進修為最高頂點的知識學問，與今日相較，實際應用範圍極狹，直至十九世紀末葉方始改觀。十七世紀時的物理學及數學，主宰著工程師們；及至維多利亞女皇御下中期，十八世紀末期及十九世紀初期在化學及電氣方面的發現，已成為工業及傳播不可或缺之物。專業科學研究人員的研究探勘，也被體認為必要的前鋒部隊，甚至可帶來科技上的進步。簡單地說，以科學為基礎的科技，早已是十九世紀布爾喬亞世界的核心；雖然一般實際之人，並不曉得該把這些科學理論成就如何是好。唯一用途，只能在恰當時候派上用場，轉為意識形態發揮：如牛頓定理之於十八世紀，以及達爾文學說之於十九世紀末期。可是除此之外，人類生活的絕大多數層面，繼續為生活經驗、嘗試錯誤、技能，以及訓練過的常識所主導，充其量，也只能將人生累積的現有最佳方法技巧，加以有系統地傳布而已。其中包括農事、建築、醫藥，以及其他各種供應人生需要及享受的多項人類活動。

但是到了十九世紀最後三分之一之際，情況發生改變。進入「帝國的年代」，不但現代高級科技的雛型開始出現——單舉汽車、航空、無線電廣播、電影等為例即足——現代科學理論的輪廓亦於此時成形：如相對論、量子論（the quantum）、遺傳學（genetics）等等。更有甚者，連最奧祕、最具革命性的科學發現，如今也被視為可有立即實際的應用潛能：從無線電報到X光的醫學用途，都是深奧理論應用在實際技術上的實例，兩者均係一八九〇年代的發現。不過，儘管短促二十世紀的高等科學面貌，在一九一四年之前即已可見；儘管新世紀的高等技術，也已潛藏在高等科學之中，但是就當時來說，後者畢竟仍不是一件時時處處不可缺少，沒有它難以想像每日如何生活行動之物。

然而，這卻正是時至今日，當兩千年正近尾聲之際的現象。我們在第九章中已經看見，建立於高級科學理論研究的應用技術，壟斷了二十世紀下半期經濟的興旺繁榮，而且此景不限於已開發的世界。若沒有臻於藝術之境的遺傳科學，印度及印尼兩國，便不可能生產出足夠的糧食，餵飽它們爆炸般成長的人口。及至二十世紀結束之際，生物科技已成爲農事及醫事兩業極爲重要的一環。這一類先進科技的應用，予人印象最深之處，即在其根據的理論及發現本身，根本遠在一般人的日常生活範疇之外(包括最先進最開發的國家在內)，所以事實上全世界只有極少數人——也許幾十位，至多數百名——方一開始，就能領悟到它們可以應用在實際用途之上。當年德國物理學家哈恩(Otto Hahn)，在一九三九年初發現核子分裂之時，甚至連某些物理界最活躍的成員，如偉大的波耳(Niels Bohr, 1885-1962)，也懷疑這項發現能否在和平或戰爭上找到實際用途；至於眼前立即的應用，自然更是存疑。如果當初深諳其潛在用途的物理學家們，不曾把這項發現告訴眾家將軍及政治人物，這般武人及政客鐵定永遠懵然不知——除非後者本身也是高級物理學家，不過此事極不可能。再以圖靈(Alan Turing)一九三五年那篇爲現代電腦理論奠定基石的著名論文爲例，本來也只是數學邏輯學者(logician)純理論性的初探而已。戰爭爆發，遂給了他及其他科學家試將理論應用於實際的機會，主要係爲破解密碼之用。然而當圖靈論文初發表之際，除了少數幾名數學家外，連有興趣一讀之人都無，更遑論予以正視。甚至在他自己同事眼中，這名外貌粗拙、臉色蒼白的天才，當時猶不過是一名嗜好慢跑的後進新人，根本不是什麼舉足輕重的大人物——至少在作者記憶裡的他，絕非如此(可是他謝世以後，在同性戀者圈中卻廣受膜拜，頗有一代聖者之勢)❹。事實上，甚至當科學家的確在嘗試解決眾所周知的重大問題之際，也只有極少數的聰明人，在極為隔離的知識圈中，清楚知道這中間到底是怎麼一回事。記得當年作者在劍橋從事研究之時，克里克(Crick)及沃森(Watson)二位學者，也正在該處進行其著名的去氧核糖核酸(DNA)——「雙螺旋」(the Double-Helix)結構發現。研究結果一經發表，他們的成就立即被公認為本世紀最具決定性的突破。雖然我甚至記得，當時曾與克里克在應酬場合碰面，可是我們當中的多數人，卻懵然不知就在離我們學院大門不過數十碼處，那個我們每天走來走去經過的實驗室裡，以及我們每日閒坐喝酒的小酒吧中，正醞釀著一項非凡的發展。我們的不知情，倒也不是由於對這些事情沒有興趣，而是從事這類高深活動之人，找不出任何理由相告。因為對於他們的工作，我們既不可能有任何貢獻；對於他們遇到的難題，恐怕更連聽都聽不懂吧。

然而，不論科學發明多麼深艱難懂，一旦發展出來，便立即轉往實際科技用途。因此，電晶體是一九四八年固態物理研究(亦即稍有瑕疵的結晶的電磁性質)產生的副產品(八年之內，發明者便榮獲諾貝爾獎)；正如一九六〇年發明的雷射，也非來自光學研究，卻係研究電場中分子共振的附帶結果(Bernal, 1967, p.563)，雷射的發明人，也迅即得到諾貝爾獎以為酬報。而劍橋及蘇聯物理學家卡皮察(Peter Kapitsa, 1978)，亦由於低溫超導的研究獲此殊榮。一九三九至四六年間戰時的研究經驗證實——起碼對盎格魯撒克遜裔而言——只要將人力物力資源強力集中，再困難的科技難題，也可以在幾乎不可能的短時間內解決❺。於是更加鼓勵了不計成本，只要於戰爭有利，或於國家名譽有益的各種先鋒性科技研究(如太空探勘計畫即是)。因此，愈發加快了實驗室科學轉進爲實用技術的速度，其中某些項目，在日常生活中更是用途廣泛。雷射，就是實驗科學快速搖身一變，成爲實用技術的最佳例證。一九六〇年首度於實驗室中出現，及至一九八〇年代末期，已經以雷射樂碟(compact disc)的形態廣及消費者的手中。生物科技的腳步更快。去氧核糖核酸再製的技術(DNA recombinant)——亦即將一種生物基因，與另一種生物基因組合合併的技術——其實際用途的應用性，一九七三年首度獲得認可。不到二十年的光陰，生物科學已經是醫學及農業研究上主要的投資項目了。

更有甚者，多拜資訊理論及實務的爆炸成長所賜，科學新發展如今更以越來越短的時差，轉變爲種種末端使用者根本不需知其所以然的實用科技。最理想的成果，就是一組連傻瓜也會按的鍵鈕，只有按對了地方，就可以觸發一連串自我行動、自我校正、甚至能夠自我決策的程序，並且不再需要一般人有限且不可靠的智慧及技術，再予以任何指令。其實更理想的情況是，這一組程序可以事先以程式全盤設定，完全不用人爲插手，只要在出錯之時更正即可。一九九〇年代超級市場的結帳櫃枱，就是去除人爲行動的最佳例證。收銀員只要會認錢，知道什麼是元角分，什麼是一元十元，再把顧客遞來的錢鈔數額，打進收銀機即成。自動掃描機則將商品上的條碼轉成價錢，全部加妥，再扣除客人所付的金額，然後便告訴收銀員該找多少零錢回去。這一連串程序背後的實際作業，其實極爲複雜，要靠一組非常精密詳盡的軟硬體設備才能進行。但是除非出了什麼差錯，這一類二十世紀末期的科技奇蹟，往往只需收銀員認得一二三基本數字，具有最低限度的注意力集中時間，以及耐得住無聊就可以了。不需要識字，更不用有學問。對收銀員來說，這中間到底怎麼回事，機器怎麼知道客人該付多少，自己又該找多少，根本無關緊要，雖不懂也不必懂。他們的操作條件，並不需要知道其背後的所以然。魔法師的徒弟，再也不用擔心自己的學問不夠了。

就實際目的而言，超級市場的結帳櫃枱，的確代表著二十世紀末期人世的常態。先進前衛的科學技術奇蹟，不需要我們有任何認識，也不需我們進行任何修改——就算我們眞的了解，或自以爲了解——就可以輕鬆使用。因爲別人會替我們，甚至已經替我們想好做好了。更有甚者，即使我們本身是這一行或那一行的專家——亦即能夠設計、製造，或如果東西出了毛病，知道如何修理——面對著每天日常生活中所有其他科學技術結晶的產品，也不得不屈就門外漢的身分。而且，即使我們眞的了解，深悉箇中運作的奧妙原委，事實上這份知識也無必要，與我們實際的操作使用毫無干係。就好像撲克牌到底如何製造，對一名(誠實的)玩牌者而言，又有何意義可言？傳眞機的設計(爲什麼洛杉磯塞進一張紙頭，倫敦就如樣複製吐出一張)，乃是爲了那些對箇中道理毫無概念者所製作。同樣的傳眞機，換由電機系教授使用，也不會因此便產生更佳效果。

因此，透過密密纏集人類生活行動的實用技術，科學日日向二十世紀世界展示著它的神奇功力。不但不可或缺，而且無所不在——就像阿拉(Allah)之於虔誠的回民一般——甚至連最偏遠的人類社會，也知道電晶體收音機及電子計算機之爲何物。人類這股可以產生超人奇效的能耐，究竟於何時成爲共有的普遍意識，說法雖然紛紜，尤其在「已開發」工業社會的都會裡面，確定時日更不可考，不過一般來說，肯定自一九四五年第一顆原子彈爆炸之後即已存在。無論如何，二十世紀，是一個科學改變了世界以及人類對世界的認識的時代，卻是無庸置疑的事實。

依此推論，二十世紀的意識形態，應該沐浴在科學的勝利光輝中發揚發亮，正如十九世紀的現世意識一般，因爲這是人類意志的偉大成就。同理，傳統宗教思想對科學的抗拒，十九世紀對科學產生的重大疑慮，至此也應該愈形削弱才是。因爲宗教的影響力，不但在本世紀多數時期日走下坡（我們在後面將會有所討論）；即使連宗教本身，一如已開發世界中其他任何人類活動一般，也開始倚重奠定於高等科學的現代技術。遇上緊要關頭，一名一九〇〇年代的天主教主教、回教導師，或任何宗教的聖者，都大可根據十五世紀的技術方式，進行他們的宗教活動，宛如伽利略、牛頓、法拉第（Faraday）、拉瓦錫（Antoine Laurent Lavoisier）等人從來不曾存在似的。事實上，這一類十九世紀的科學技術，對於他們的宗教行事並無大礙，與其神學或經典內容也沒有不甚相容之處。可是時至一個梵蒂岡不得不用衞星舉行聖餐儀式；十六世紀以來一直保存在義大利杜林（Turin）教堂，被羅馬教會宣稱爲耶穌受難後的裹屍巾，也可以用輻射碳（radio-carbon）鑑定年代以辨眞假的今天，就很難令人忽略其中的矛盾不合之處了。柯梅尼流亡在外，向伊朗民眾傳布他的談話，使用的媒介是卡式錄音機；而決定獻身於可蘭經訓誨的國家，同時也全力進行本身的核武裝備。當代最精密複雜的科學，透過經由它們產生的實用技術，被人類在「事實上」（de facto）全盤接受。在世紀末的今日紐約，高科技電子產品及攝影器材的銷售，竟多成爲哈錫德教派中人的專業——哈錫德是美東地區一支彌賽亞的猶太宗派，除了儀禮嚴格並堅持穿著某種十八世紀波蘭服裝之外，並以對知識追求具有狂熱愛好聞名。就某種形式而言，所謂「科學」一詞的優越性，甚至以正式的姿態爲今天的宗教所接受並承認。美國的新教基本教義派，即駁斥進化論不合聖經教訓（亦即宇宙今日的面目，係六日之內的創造所成），要求學校以他們所稱的「創造論科學」(creation science) 取代達爾文學說，至少也應該兩說並陳，有所對抗。

但是儘管如此，在二十世紀與其最大成就及最大倚靠之間，卻感到侷促不安。自然科學的進步，係在充滿著疑懼的背景之下進行，偶爾甚或燃起恨火，排斥理性及其一切產品。在科學與反科學之間的不明地域，在永恆的尋求眞理之中，在充滿著幻想預言者的世界裡面，一種新的文學類型（主要係本世紀，尤其是本世紀下半期，多由盎格魯撒克遜裔所特有）因而產生，亦即「科幻小說」。這項新的類型，於十九世紀正進尾聲之際，由韋恩 (Jules Verne, 1828–1905) 最先提出，並由韋爾斯 (H. G. Wells, 1866–1946) 首發其軔。雖然在科幻作品最幼稚的表現裡，如電影、電視上常見的「太空西部片」，宇宙飛艙是馳過太空的馬匹，死光槍是其六發式的左輪槍，充其量不過是借用高科技的新玩意，延續其冒險幻想片的舊風而已。可是在本世紀下半期一些比較嚴肅的科幻作品當中，卻可見其偏向一股幽暗沉鬱，至少對人類現況與未來不敢肯定的模稜觀點。

眾人對科學的疑懼，主要基於四種感覺而生：科學的奧妙深不可解；科學的實用及後果晦不可測，甚至有災禍可能；科學愈發強調了個人的無助，並有損及權威之虞；我們更不可忽略那第四種心情，亦即就其對自然秩序造成的某種干擾程度而言，科學天生便具有危險性質。前兩種想法，爲科學家及一般人所共有；後兩種感情，多爲外行人所獨具。做爲門外者的個人，面對這種無助感覺，只有去尋找那些「科學無法解釋」的事物幫助，亦即循哈姆雷特（Hamlet）所云，「天地之間，有許許多多事物……遠超過你的大道理所能想像。」他們的解脫之道，就是拒絕相信這些事象可以用「官方科學」解釋；並飢渴地信仰那幽不可解的迷霧——「正因爲」這些迷團看來不合情理，極端荒唐。至少，在這個未知並且不可知的世界裡面，人人平等，大家都一樣無能爲力。科學的勝利愈明顯，尋求不可解的飢渴愈濃。二次大戰以核彈告終，戰後不久，美國民眾（一九四七）就開始沉迷於看見大批「不明飛行物體」出現（美國佬這股新風氣，不久就爲一向是他們文化跟屁蟲的英國人所跟從），顯然係受到科幻小說的想像激發。他們堅信，這些個不明飛行物，肯定是由外太空文明來的訪客；其文明不但與我們不同，而且更比我們優異。其中最狂熱的「目睹者」，甚至口口聲聲宣稱，親睹形狀怪異的外來客，由這些「飛碟」之中現身；有的還表示被它們招待上船兜風呢。這種現象，成爲世界性的奇觀，不過若打開這些外太空來客的分布圖一看，就可發現它們特別偏愛盎格魯撒克遜族，老喜歡在他們的地域上空降落或打轉。此外，若有誰對「幽浮」現象提出任何疑問，就被這批幽浮迷斥之爲科學家的小心眼，因爲他們不能對此現象提出解釋，因而產生的嫉妒心理作祟。甚至還有陰謀論一說，認爲某些人故意將高級智慧隱瞞起來，好讓一般人永處「不可使知之」的無知幽禁。

這些想法，卻與傳統社會對魔術及奇蹟的信仰不同；也與人類自古以來，即對神明靈怪充滿的永遠好奇心情有異。在傳統的社會裡面，現實中發生的奇物異事，往往是不可完全控制的人生中當然的一部分——事實上，看到一架飛機，或拿起話筒講話這類經驗，遠比自然中的奇異現象令傳統中人驚異多了。而自印刷術發明以來，從單面木刻的誌異開始，一直到今天美國超級市場收銀處擺賣的通俗雜誌，更充斥著種種古靈精怪的詭異報導。今日人的反應，都不屬以上感情，卻是對科學主張及統治的一種反抗心，有時甚至是有意識的抗拒心理。例如自從科學家證實了氟可以有效減低現代都會人口的蛀牙之後，一些邊緣團體(又以美國爲風氣中心)，便起來強烈反對在飲用水中加氟的做法。反對的理由，不但是基於每一個人都應該有選擇是否要蛀牙的自由；而且更把加氟一事視爲卑鄙的陰謀(這是最極端的看法)，乃是有心人意欲藉著強制下毒的手法，戕弱一般大眾的身體。庫柏力克(Stanley Kubrik)導演的《奇愛博士》(*Dr. Strangelove*, 1963)一片，即對這類意識有著極爲生動的描寫，將人類對科學的懷疑，及對其後果的恐懼，完全表露無遺。

隨著生活愈爲現代科技——包括其中的醫學技術——及與其同來的風險所呑沒，北美文化的孱弱體質，亦有助這類疑懼心理的散布。美國人性好訴訟，喜歡上法庭解決人生一切問題的這種奇怪癖性，更讓我們看清他們心中存有的恐懼(Huber, 1990, pp.97-118)。豈不見殺精型避孕藥(supermicide)導致畸型胎兒嗎?豈不見高壓電線對附近居民的健康有害嗎?專家有專家的判斷標準，平常人則有他們的希望恐懼，兩造之間的鴻溝，更由於雙方在意見上的差距而愈深。在專家只顧「一萬」的冷靜分析裡面，可能認爲利害相權之下，爲了更大的利益，値得付出小量風險。但是對只怕「萬一」的個人來說，想當然爾，自然只希望零度風險(至少在理論上如此)❻。

事實上，這種恐懼感正是只知道自己生活在科學掌管之下的平凡男女，對未知的科學威脅所持有的害怕心理。而其恐懼的強度與焦點，則依觀點不同，以及對現代社會懷有的畏懼而有異(Fischhof et al., 1978, pp.127-52)❼。

然而，在本世紀的前半時期，對科學造成最大戕害的來源，卻非上述這些在科學不可控制的無窮威力之下，卑躬屈膝的平凡眾生；而係那些自以爲可以控制科學之人。綜觀世上，一共只有過兩家政權（除了日後向宗教基本教義派回歸的政權亦爲特例之外），乃係基於「主義」，主動干涉科學研究，兩者都深入致力於技術上的無限進步。其中一門，甚至致力於一種與「科學」視爲一體的意識形態，並對理性及實驗的征服世界，發出歡聲慶祝。但是史達林作風與德國國家主義，都是爲了實際技術的目的才採納科學；而科學之爲物，卻是向一切以先驗性眞理形式存在的世界觀及價值觀提出挑戰。因此在實際上，這兩家政權都拒斥科學，不能接收它向既有事物挑戰的姿態。

因此，兩家政權都對「後愛因斯坦」的物理學大感不安。納粹斥其爲「猶太」邪說，蘇聯意識理論家則將其歸之於不夠「唯物」（materialists）——這個字眼，在此係根據列寧的定義而論——不過在實際上，雙方卻對此容忍，因爲作爲一個現代國家，絕對少不了標準的「後愛因斯坦」物理學家。不過國家社會主義卻將猶太及反對人士掃地出門，不但使它自己盡失歐陸的物理天才，同時也等於一舉戕滅了二十世紀初期德國科學原有的優越地位。一九〇〇至一九三三年間，六十六座諾貝爾物理及化學獎座中，有二十五座落在德國；但是一九三三年以來，德國得獎率卻十不及一。德俄兩政權與生物科學也不搭調。納粹德國的種族主義政治，嚇壞了嚴肅的遺傳學家，一次大戰後紛紛與其保持距離，不願與任何培選人類基因的政策搭上關係，主要係被種族主義者對優生學的狂熱激情所嚇阻（這項政策，並包括消滅掉在優勝劣敗法則之下的「不適者」）。不過悲哀的是，我們得承認，當時在德國生物學及醫界當中，確也有許多人相當支持納粹的種族主義政策（Proctor, 1988）。至於史達林治下的蘇聯政權，則基於意識理由，與遺傳學扞格不入。因為其國家政策所致力的原則主張，只要付出足夠努力，「任何」改變均可達成。可是科學卻不以為然，指出不論就總體的進化而言，或特定的農業而論，這都是不可能的結果。至於在其他情況之下，兩大派進化論生物學家之間的爭議，則得靠討論會及實驗室才能解決——一派追隨達爾文，認為遺傳特質由天生基因決定；另一派則師法拉馬克(Lamarck)，主張遺傳特質係從後天產生，在生物一生中獲得並演練完成——事實上，在大多數科學家的眼中，此事已經塵埃落定，勝方屬達爾文的一門。不論別的，單就找不到自後天取得遺傳特質的滿意證據，就可以決定答案了。但是在史達林的治下，一位偏激的非主流生物學家李森柯(Trofim Denisovich Lysenko, 1898-1976)，曾以拉馬克式的主張，贏得政治當局的支持。他認為若根據拉馬克的程序，縮短一般舊式工廠及飼養過程，農場生產將可大增。在當時那種時候，與當局唱反調自是極為不智之舉；蘇聯最負盛名的遺傳學者，院士瓦維洛夫(Nikolai Ivanovich Vavilov, 1885-1943)，即因不同意李森柯的謬論(其他的蘇聯正派遺傳學家亦不以為然)，病死奴工營中。不過蘇聯生物學致力駁斥遺傳學說，根據外面世界的了解，係於二次大戰之後才成為一體遵行的官方立場，並至少一直延續到其專制獨夫亡斃後方告終止。像這一類無理性的政策，對蘇聯科學戕害之大，自是後患無窮，可想而知。

德國納粹與蘇聯共黨兩大政權，雖然在許多方面截然不同，卻有一種共同信仰，認為它的公民都贊同一個「真正的信條」，只不過這個信條不是天定神喻，而係由世俗的政治—意識權威裁定。因此，眾多社會對科學同有的不安感覺，在此終於找到正式的官方出口——此地不像其他國家，後者在十九世紀漫長的時日之中，都已學得一門功課，就是民眾的個人信念茫不可知。事實上正統宗教式世俗政權的崛起，正如我們在前所見（見第四及十三章），原係大災難時期的副產物，壽命並不久長。無論如何，硬要把科學塞進意識形態的緊身衣內，根本就有違效果，如果還眞的認眞去行，其結果可想而知（如蘇聯亂搞其生物的做法）。就算放手讓科學自由，卻堅持意識至上，其現象也可笑至極（如德俄的物理界）❽。進入二十世紀後期，官方再度對科學理論施加條件的作風，則有以宗教基本教義爲基礎的政權接手。但是這股人與科學之間，扞格不合的不安感覺，卻一直持續著，更何況科學本身日進千里，越來越不可思議不可確定。不過要到二十世紀下半時期，這種心理才轉爲根基於對科學實際效應的恐懼所致。

誠然，科學家自己比誰都淸楚，也比誰都早知道，他們的發現可能帶來不測後果。自從第一顆原子彈實際進場以來，某些科學家便向他們的政府主子提出警告，要當心世界現在有了這個毀滅性的力量可供驅使。但是在科學與潛在災禍之間劃上等號，卻是本世紀下半期才發展出的概念。它的第一階段——亦即核子大戰的噩夢——屬於一九四五年後超強對抗的時期。它的第二階段，則屬於一九七〇年代揭幕的危機時期，範圍更爲廣泛。但是回到大災難的時期，也許是由於世界經濟成長的嚴重減速，人類還心安理得，大做其人定勝天的科學美夢。至少，如果最糟糕的情況眞的發生了，眾人也以爲自然之力無窮，自有辦法重新調整，適應人類闖下來的禍事❾。而另一方面，當時唯一令科學家輾轉難安之事，只是他們不知道自己的理論到底代表著什麼意義而已。

2

「帝國的年代」中的某一時期，科學家們的發現發明，與基於感官經驗(或想像)的「現實」之間的那道環扣，忽然喀嗒折斷。而在科學與基於常識(或想像)的「邏輯」之間的環扣，此時也同聲斷落。兩項斷裂，彼此強化，因爲自然科學的進步，愈來愈倚重用紙筆寫數學公式之人，而不靠實驗室內諸公。二十世紀，遂成爲理論家指導實用師的世界，前者告訴後者應該找些什麼，並且應該以其理論之名尋找。換句話說，這將是一個數學家的世界——不過根據作者得自權威的指點，只有分子生物，由於其理論依然稀少是爲例外。並非觀察與實驗淪爲次要，相反地，二十世紀科技的儀器、技術，比起七世紀以來任何一個時期的改變都更巨大，其中有幾項甚至因此獲頒科學界的最高榮譽——諾貝爾獎⑩。即以一事爲例，電子顯微鏡(electron microscope, 1937)及無線電望遠鏡(radio telescope, 1957)的發明，便突破了歷來光學顯微鏡放大的限制，使得人類可以更深入地近觀分子甚至原子世界，遠眺遙遠宇宙穹蒼。近幾十年來，在電腦的協助之下，種種手續過程的自動化，以及愈形複雜的實驗活動與計算，更使實驗人員、觀察人員，以及負責建立模型(model)的理論人員更上層樓。在某些學界，如天文學，儀器技術的進步更造成重大發現——有時甚屬無心栽柳的意外結果——並由此更進一步推動理論的創新。在基本上，現代天體學(cosmology)便係由以下兩大發現所促成：一是哈伯(Hubble)根據銀河系光譜(spectra of galaxies, 1929)分析所做的觀察結論：宇宙在不斷擴張之中；一是彭齊亞斯（Arno A. Penzias）與威爾森（Wilson）二人於一九六五年發現了天體背景輻射（cosmic background radiation）——電波雜音（radio noise）。但是，對短促二十世紀的科學研究而言，雖然理論與實務依舊並重，指揮全局者卻已是理論大家。

對於科學家本身來說，與感官經驗及常識告別，不啻意味著從此與本行經驗原有的確定感，以及過去習用的方法學分道揚鑣。這種現象的後果，可由儼然本世紀前半期眾科學之后的無上學科——物理學——箇中的演變一見分曉。誠然，物理學的關心焦點，仍舊是小到（不論死活）一切物質的最小成分，大到物質最大組合的質性結構。就這方面而言，它的地位依然無可動搖，即使在世紀末了的今天，仍舊是自然科學的中央樑柱。不過進入本世紀的第二時期，物理學的寶座卻面臨生命科學（life science）的挑戰；後者則因一九五〇年代後的分子生物學革命而完全改觀。

所有科學之中，再沒有一門學問，比牛頓物理的世界更堅實、更連貫，更講求方法。但是蒲朗克（Max Planck）及愛因斯坦的理論一出，再加以源自一八九〇年代放射線發現的原子理論問世，卻使其根基完全動搖。古典物理的世界是客觀的，亦即在觀察工具的限制條件之下（如光學顯微鏡或望遠鏡），可以對事物進行適當觀察。古典物理的世界也絕不模稜兩可：任何一種物體或現象，不是此就是彼，不是如此便是那般，其間的分野一清二楚。它的定律法則，放諸四海而皆準，不論微宇宙或大天體，在任何時空下均能同樣成立。銜接各個古典物理現象的機體，也明白可辨，可以用「因果」關係的名詞表達。在這個基本觀念之下，整個古典物理世界的系統屬於一種「決定論觀」（determinism），而實驗室實驗的目的，則專在摒除日常生活籠罩的複雜迷障，以展現其確定性的本相。只有傻瓜或小孩子，才會聲稱鳥群或蝴蝶可以不顧地心引力定律自由飛翔。科學家很知道世上有這種「不合科學」的說法，可是作爲科學中人，這些「胡說八道」不關他們的事情。

但是到了一八九五及一九一四年間的時代，古典律的世界卻被人提出質疑。光束，到底是一道連續的波動，抑或如愛因斯坦依據蒲朗克所言，乃係一連串間斷的光子(photons)放射而成？也許，有時候最好把它看作光波——也許，有時候以光點爲宜；可是波點之間，有沒有任何關聯？如有，又是何種關聯？光之爲物，「到底」是啥玩意？偉大的愛因斯坦本人，在他提出這道難解謎題的二十年後亦說：「對光，吾人現在有兩種理論，兩種都不可或缺，可是——有一件事卻不否認——儘管理論物理學家花了二十年的巨大工夫，兩種理論之間，卻仍舊找不出任何邏輯關聯。」(Holton, 1970, p.1017)而原子之內，到底有何乾坤？現在眾所周知，原子已經不是最小物質了(因此與其希臘原名的意味相反)，既非最小，自然亦非不可再分之物，其中更有大千世界，包含著更小更基本的各種物質。有關這方面的第一項假定，係於一九一一年拉塞福(Rutherford)在曼徹斯特(Manchester)發現原子核(atomic nucleus)後提出——這項偉大發現，可謂實驗式想像力的光榮勝利，並奠定現代核子物理學的根基，更開創至終成爲「大科學」一門的先河——他發現原子核外，尚有電子循軌道環繞，正如一個具體而微的太陽系般。但是更進一步研究，探索個別原子結構——其中尤以一九一二至一三年間波耳的氫結構研究爲最著名；波耳本人對蒲朗克的「量子說」亦有所悉——卻再度發現實際與理論不合。在他的電子，與他自己所說的「各項觀念連貫交融，令人稱羨，不愧確是電動力學(electrodynamics)的經典理論」(Holton, 1970, p.1028)之間，存在著重大衝突。波耳提出的模型雖然不失有效，具有精采的解釋及推測能力，可是卻與古典的物理世界大異其趣。從牛頓的機械觀點觀之，簡直「可笑並違反理性」，而且根本否認原子大千世界的內部眞相。因爲在實際上，電子係跳躍式而非循序漸進，或在不同的軌道出沒。發現它的一刹那，也許在此軌道上；下一瞬間，可能又在彼軌道行。來去之間，到底有何玄機？也非波耳模式所能解釋。

科學本身的肯定性，遂隨著這個「次原子」層次觀察現象的過程本身，發生改變，隨之動搖：因爲我們越想鎖定次原子級粒子(particle)的動向，它的速度卻越發變得迅不可捉。電子的「眞正」位置到底何在？有人便曾如此形容過這方面的努力：「看它，就得打昏它。」(Weisskopf, 1980, p. 37)這種矛盾弔詭，亦即德國那名年輕優秀的物理學家海森伯格，於一九二七年歸納出的著名理論：「測不準原理」(uncertainty principle)，並以其大名傳世。而此律之名，著重在「不準」本身，的確意義非凡，因爲它正標明了「新科學」中人的憂心所在。「舊科學」的十足肯定，已被他們拋在身後，「新科學」的一切卻那麼不可捉摸。並不是他們本人缺乏肯定，也非他們的結果令人懷疑。相反地，他們的理論推演，看起來再天馬行空，再不可思議，最後卻一一均爲單調無聊的觀察實驗所證實。從愛因斯坦的一般相對論起(一九一五)，即爲如此——相對論的最早證據，應係由一九一九年英國一支日蝕觀察隊伍提出，他們發現某些遙遠星光，一如相對論所推測，向太陽折射而去。其實就實際目的而言，粒子物理與牛頓物理無異，其規律同樣可測——雖然模樣性質大異其趣——但是至少在原子一級以上，牛頓與伽利略的學說依然完全有效。令科學家緊張的是，新舊之間，卻不知如何搭配是好。

到了一九二四至一九二七年間，在本世紀前二十五年裡令物理學家大感不安的二元現象，卻突然一掃而空，或可說一時靠邊站去。此中功臣，得歸因於數學物理一門的崛起所致，亦即在多國同時出現的「量子力學」(quantum mechanics)。原子世界之內的「眞相」，原不在「波」或「質」，卻在無可分解的「量子狀態」(quantum states)，能以「波」或「質」任一種情狀表之。因此，硬將其編列爲連續或間斷的動作，根本毫無意義。因爲我們不可能亦步亦趨，緊追著電子的腳步觀察。現在不行，將來也永遠不能。於是古典物理的所謂位置(position)、速度(velocity)、動量(momentum)等觀念，超出某個地步便不能再予應用，亦即海森伯格「測不準原理」所點明的界限。當然，出了這個地界，自有其他觀念可循，可以產生較有把握的結果。亦即(負極)電子，被限制在原子內部，貼近(正極)原子核之下，所產生的特定「波紋」或震動「模式」(pattern)。在這個有限空間裡接連發生的「量子狀態」，便形成了頻率不同、卻規則清晰的模式;並一如各個相關能量般，可經由計算取得，正如奧國的水丁格(Erwin Schrödinger)於一九二六年時所示。這些電子模式，具有驚人的預測及解釋效力。因此多年以後，當鈽(plutonium)首次爲阿拉摩斯(Los Alamos)核子反應器提煉成功，正式踏上製造第一顆原子彈之途之際，雖然所得數量極微，根本無法觀察其質性，但是根據鈽元素原子本身的電子數，再加上其九十四電子繞行核子的震動頻率，**就憑這兩項資料，再也沒有別的**，科學家就得以正確估出，鈽將是一種褐色金屬，每平方公分的質量約爲二十公克，並擁有某種電導熱導作用及延展性質。至於「量子力學」，也可以解釋爲什麼原子、分子，或任何其他由原子出發的更高組合，卻能以保持穩定;同時也指出，施以何種程度的額外能量，將可改變此等穩定狀態。事實上，便曾有人讚嘆道：

> 甚至連生命現象——舉凡去氧核糖核酸的形狀，以及各種不同的核甘(nucleotides)，在室溫下皆能抗拒「熱運行」(thermal motion)一事——都是基於這些根本模式存在。甚至連一年一度的春暖花開，也是基於不同核甘模式的穩定性而發動啊。(Weisskopf, 1980, pp.35-38)

然而這種種對自然現象探究的偉大突破，效果雖豐，卻係建立在過去的殘墟之上，並刻意迴避對新理論的質疑。所有以往被科學理論認定爲肯定允當的古典信條，如今俱已作廢；新提出的理論雖然匪夷所思，眾人卻將疑心暫時掛起。這種現象，不只老一代的科學家感到煩惱。以劍橋狄瑞克(Paul Dirac)的「反物質」(antimatter)說爲例，即係於他發現其公式可以解決某種電子狀態之後提出。借用他的公式，可以對帶有「低於」虛空空間零能力的電子狀態加以解釋。於是對日常事物毫無意義可言的「反物質」觀念，迅爲物理學家大加採用(Steven Weinberg, 1977, p.23-24)。這個字眼本身，便意味著一種不讓任何「既有現實」的成見，阻礙「理論演算」進步的刻意心態：管它「現實」如何，遲早總會趕上理論公式推算的結果。不過，這種觀念畢竟不易接受，甚至連那些早已將偉大拉塞福的教誨忘在腦後的科學家也不例外。拉塞福曾經有言，任何物理學說，若不能向酒吧的女侍解釋清楚，就不是好道理。

可是即使在「新科學」的開路英雄當中，也有人根本便不能接受「舊日肯定」時代的結束，甚至包括新科學的開山始祖，蒲朗克及愛因斯坦兩人在內。愛因斯坦本人，即曾以一句名言，一吐他對「純粹或然率式的法則」——而非「決定性的因果論」——的懷疑：「神，可不擲骰子。」他並沒有大道理可以辯解，可是「心裡有一個聲音告訴我，量子力學不是眞理」(M. Jammer, 1966, p. 358)。提出量子革命理論的諸大家們，也曾企圖左右通吃，以一套包一套的說法，去除當中的矛盾之處：水丁格便希望他的「波動力學」(wave mechanics)，可以澄清電子「跳」軌的現象，將之解釋爲一種能量變換的「連續」過程。如此，便可面面俱到，保存古典力學對空間、時間及因果關係因素的考慮。開拓新科學的先鋒大師，尤以蒲朗克及愛因斯坦爲著，對自己領頭走出的這條新路正在猶豫之間，一聞此說，不禁大爲釋懷。可是一切盡皆徒然。新球賽已告開場，舊規則再也不適用了。

物理學者，能否學著與這種永久的矛盾相安呢？波耳認爲答案是肯定的，而且勢在必行。自然萬象的宏大完整，受到人類語言特色的限制，不可能只用單一的描述解釋它的全部。描敍自然的模型，不可能只有區區一種，唯一能夠抓住現實眞相之道，只有從多種角度以不同方式報告之、集中之、互補之，「將其中外在有差異、內裡有矛盾的諸端形容描述，以無盡的組合重疊之」(Holton, 1970, p.1018)。這便是波耳「互補論」(complementarity)的基本原理，一種近似於「相對性原理」(relativity)的形而上學觀念，原係他由那些與物理毫不相干的作家的理念得來，並認爲此中精神，放諸四海而皆準之。而波耳提出「互補論」，並非有意鼓勵原子科學家更上層樓，卻只是一種想要安撫他們的困惑茫然的好意。它的魅力，原在理性之外。因爲我們眾人，不只是聰明絕頂的科學家們，都知道世間事多繁複，同一種事象，原本便有多種不同方式可以觀照。有時候也許不能類比，有時候甚至相互矛盾，但是每一種方法，都應該由事象的整體面去體會它。可是，這種種不同之間，到底有何連結相關，我們卻茫然不知。一首貝多芬奏鳴曲產生的效應，可以從物理、生理、心理，多方面研究考察之，也可以純粹經由靜耳傾聽吸收之。可是這種種不同的理解方式之間，究竟如何關聯，卻無人知曉。

但是儘管多方脫解，不自在的感覺仍然存留。就一方面來說，我們有新物理在一九二〇年中期的大合成，提供了解開自然奧祕的奇鑰。甚至及至二十世紀後期，量子革命的基本觀念也依然繼續應用。但是自從一九〇〇至二七年來，除非我們將電腦技術理論造就的「非線性式研究」(non-linear analysis)，也視爲離經叛道的激烈新改變，物理界可說無甚劇烈變動，卻只在同樣觀念架構之下，做演進式的躍進而已。但就另一方面而言，其中卻有著總體性的不連貫存在。一九三一年際，這股不協調的現象，終於延展至另一學科——連數學的確定性也面對重新考慮。一位奧地利數學邏輯學家哥德爾(Kurt Godel)證實，一組原理永遠不可能藉它本身成立：若要顯示其一致性或無矛盾性，必須藉用外界另一組陳述方可。於是徵諸「哥德爾定理」，一個內部無矛盾、自和諧的世界，根本便屬匪夷所思的想像了。

這就是「物理危機」(crisis in physics)——借用英國一位年輕馬克思派學人考德威(Christopher Caudwell, 1907-37)大作的書名(這名自學成功的學者，後在西班牙不幸殞命)。這不但是一個「基礎的危機」(crisis of the foundations)——正如數學界對一九〇〇至三〇年間的稱謂(參見《帝國的年代》第十章)——也是一般科學家共有的世界觀念。事實上，正當物理學者對哲學性問題聳聳肩膀，回頭繼續埋首鑽研開展在他們面前的新疆域時，第二階段的危機卻也正大行闖入。因爲及至一九三〇及一九四〇年代之際，顯現在科學家眼前的原子結構，一年比一年更複雜。什麼正核子負電子的二元原子世界，哪有這麼簡單。現在原子家族裡面，住著一大家「子」，飛禽走獸，萬頭鑽動，只見日盛一日，冒出各式各樣的初級成員，其中有些著實奇怪得很哩。劍橋的查德維克(Sir Edwin Chadwick)，於一九三二年首先發現這一大家「子」新成員中的一名，亦即不帶電的「中子」(neutron)——不過其他諸「子」，如「無質之子」(massless)，及不帶電的「微中子」(neutrino)等，在理論上早就推論得之。這些次原子的粒子，如蜉蝣朝露，壽命幾乎都很短暫；品目之多，更在二次大戰後「大科學」的高能加速器撞擊之下，繁生增多。及至一九五〇年代末期，已經超出百名以上；而其繼續加增之勢，也看不出有任何停止的可能。自一九三〇年代開始，更由於以下發現，情況變得愈形複雜：亦即在那些將核子及眾家電子結合一處的眾家帶電小子之外，另外還有兩名來路不明的力量，也在原子之家之中發揮作用。一個是所謂的「強作用力」(strong force)，負責將中子及帶正電的質子(proton)在原子核內結合起來；至於造成某些粒子衰變現象的責任，則得怪罪到其他所謂「弱作用力」(weak force)的頭上。

在這一切大變動中，在二十世紀科學崛起所立的頹垣之中，卻有一項基本事物，而且在根本上屬於美學的假定，未曾受到挑戰。事實上，正當「測不準」的烏雲，密罩在其他所有層面之際，這項假定卻一枝獨秀，愈發爲眾科學家所不可缺少。正如詩人濟慈，他們都相信「美即眞，眞即美」——雖然他們對美的取捨標準，跟濟慈並不一樣。一個「美好」的理論，本質上便是一項對「眞理」

的推論，其立論一定線條高雅，精簡流暢，其格局必然氣派恢宏，綜覽全局。它一定既能綜合，又能簡化，正如歷來偉大的科學理論所證，俱是如此。伽利略與牛頓時代產生的科學革命即已證實，同樣一種法則，掌管天，也操縱地。至於化學的革命，也將物質所繫的世間的形形色色、萬物萬貌，簡化成九十二種系統相連的基本元素。而十九世紀物理學的勝利果實，也顯示在電學、磁學與光學現象三者之間，有其共同根源。可是新一代的科學革命，帶來的卻非簡約，而是複雜。愛因斯坦那不可思議的相對高論，將地心引力形容爲一時空曲線的表現，的確將某種惱人的二元質性帶進自然：「就一方來說，是舞台——亦即這道彎曲的時空；就另一面而言，則是眾演員——也就是電子、中子、電磁場。可是兩者之間，卻沒有任何聯繫。」(Steven Weinberg, 1979, p.43) 在他一生當中最後的四十年裡，愛因斯坦這位二十世紀的牛頓，傾注全部精力，想要找出一個「統一場論」(unified field theory)，好將電磁場與引力作用合爲一家，可是他卻失敗了。現在可好，世間忽然又多出了兩股顯然毫不相干的力量，與電磁場及地心引力也談不上什麼關係。次原子級眾粒子的不斷繁生，即使再令人感到興奮，畢竟只能屬於一種暫時的、前期的眞理。因爲不管在細節上多麼美好，新時代的原子圖，總是比不上舊原子圖的美觀。甚至連本世代純講實際者流——對這種人來說，任何假說，並沒有別的判定標準，只要靈光就成了——有時也會忍不住做做美夢，希望能有一個高雅、美好又全面，可以解釋任何事物的「事事通」理論(everything theory)——借用劍橋物理學家霍京(Stephen Hawking)之言。可是這個美夢，卻似乎愈行愈遠，雖然自一九六〇年代起，物理學又再度開始體察到這種綜合總覽的可能性。事實上，及至一九九〇年代，物理學界普遍相信，他們已經離某種眞正的基本層次不遠。基層粒子的眾多名目，可能可以減化到幾種相當簡單卻一致的子群。

在此同時，種種異類學科如氣象學(meteorology)、生態學(ecology)、非核子物理(non-nuclear physics)、天文學(astronomy)、流體力學(fluid dynamics)，以及其他五花八門、形形色色的數學分支，先是在蘇聯獨力興起，其後不久亦出現於西方世界，更有電腦作爲分析工具及對視像靈感的驚人發展相助。在它們之間那廣大界線不明的地域裡面，一股新的合成之流開始興起——或謂復興——可是卻頂著一個稍帶誤導意味的頭銜——「渾沌論」(chaos theory)。這項理論揭櫫的道理，與其說是在全然決定論的科學程序之下，那不可測知的後果；倒更接近自然在它的千形百態之中，在它那種種大異其趣又顯然毫無相干的形貌之內，卻內含著一種驚人的普遍形狀與模式[11]。渾沌理論，爲舊有的因果律帶來了新意義。它將原有的「因果關係」與「可預測性」之間的關節打破，因爲它的精義，不在事本偶然，卻在那遵循著特定起因的最後結果，其實並不能事先預測。這項理論，也加強了另外一項由古生物學家首開風氣，並引起歷史學家普遍興趣的新發展。亦即歷史或進化發展的鎖鏈，雖然在**事後**可以獲得充分一貫性及合理解釋，可是事情演變的結果，卻不能在起始之時逆料。因爲就算是完全同樣的一條路，初期若發生任何變化，無論多麼微不足道，在當時看來多麼明顯地無足輕重，「演化之河，卻會岔流到另外一條完全大異其趣的河道上去」(Gould, 1989, p.51)。這種情況，對政治、經濟及社會造成的後果至爲深遠。

但是更進一步，新物理學家的世界，還有著完全違悖常理的層次，不過只要這股悖理保留在原子的小世界內，還不致影響人類的日常生活——這是連科學家本人也同居住的世界。可是物理界中，卻至少有一項新發現無法與世如此隔絕。亦即那項非比尋常的宇宙事實：整個宇宙，似乎正以令人暈眩的速度，在不斷擴張之中——此事早已爲人依相對論預測，並於一九二九年經美國天文學家哈伯觀察證實。這件擴張大事，後於一九六〇年代爲其他天文數據證實(可是當時卻連許多科學家也難以消受，有人甚至趕忙想出另外一說對抗——所謂的天體「穩定論」說是也)。因此，叫人很難不去臆測，到底這項無限高速擴張，將把宇宙(以及吾人)帶往何處？當初係何時開始？如何開始？宇宙的歷史又爲何？並由「大爆炸」(Big Bang)從頭談起。於是宇宙天體學開始活躍興盛，更成爲二十世紀科學中炙手可熱，最容易轉爲暢銷書大賣的一門題材。而歷史在自然科學中的地位(也許只有地質學及其相關副學科依然例外)也因此大爲提升——本來一直到此時爲止，後者都很傲然地對歷史不表興趣。於是在「硬性」科學與「實驗」之間，二者原本天生一對的親密關係，漸有逐漸削弱之勢。所謂實驗，本是對自然現象予以複製再現的手續；時到今日，請問科學，如何藉實驗再現那些在本質上天生就不可能重複的事象？擴張中的宇宙，遂使科學家與門外漢同感狼狽。

這個狼狽困惑的窘狀，證實前人所言不虛。早在大災難時期，即有有心人關心此事，並有明眼人一語道破。他們深信，一個舊的世界已告結束，即使尚未終止，至少已身處末期的大變亂中；可是在另一方面，新世界的輪廓卻仍朦朧不甚可辨。對於科學與外在世界兩項危機之間，偉大的蒲朗克斬釘截鐵，認爲有著不可否認的絕對關係：

> 吾人正居歷史上一個極爲獨特的時刻。此時此刻，正是危機一詞的充分寫照。吾人精神暨物

質文明中的每一支系，似乎均已抵達重大的轉捩關頭。這股面貌，不僅表現在今日公共事務的實際狀態之上，同時也存於個人與社會生活一般基本價值觀中。打倒偶像的觀念，如今亦侵入了科學廟堂。時至今日，簡直找不出一條科學定律，沒有人予以否定。在此同時，每一種荒唐理論，也幾乎都找得到信徒翕然風從。(Planck, 1933, p.64)

這一位成長於十九世紀凡事確定氣氛之中的德國中產階級，面對著大蕭條與希特勒崛起的時代氛圍，感慨萬千，說出此言，自是再自然也沒有的反應了。

但在事實上，他這股陰鬱消沉，卻與當時多數科學家的心情恰恰相反。後者的看法與拉塞福一致，拉氏對英國科學促進協會(British Association)表示(一九二三)：「吾等正生活於一個不凡的物理學時代。」(Howarth, 1978, p.92) 每一期科學學刊，每一場研究討論會——因爲科學家對於將競爭與合作集於一堂的喜愛之情，比前更甚——都帶來令人興奮的新消息、大突破。此時的科學界依然甚小(至少如核子物理及結晶學這一類先鋒性質的學科，仍係如此)，足以爲每一位年輕研究者帶來躍登科學明星的機會。科學家，是一席令人敬羨的崇高地位。英國前半世紀的三十名諾貝爾獎得主之中，多數來自劍橋；而當年劍橋，事實上「就是」英國科學本身。當時我們在此讀書的學生，心裡自然都很清楚：要是自己的數學夠好，眞正想就讀的就會是那一門科系了。

在這種時代氣氛之下，說眞的，自然科學的前途自然只有一片光明，除了更進一步的凱歌勝利，更上層樓的智識發明，還會有什麼不同的展望呢？眼前的種種理論，雖有支離零碎之憾，雖有不完美處，雖有即興拼補之嫌；但是再看看科學的光明未來，這一切毛病都可忍受，因爲它們都將只是暫時性的。不過二十餘歲，就得到那至高無上的科學榮譽——諾貝爾獎——這些年輕得主，有什麼必要爲未來擔憂嗎⑫？然而，對這一群不斷證實「所謂『進步』，是多麼不可靠的眞相」的男子來說（偶然亦有女性），面臨著大時代的災難變亂，正對著他們自己也身處其中的危機世界，又怎能置身事外，不爲所動？

他們不能，也不曾置身事外。大災難的時代，遂成爲一個相對比較起來，科學家也不得不受政治感染的少有時代之一。其中原因，不只係因爲許多科學人士，由於種族或意識不爲當局所容而大規模由歐洲外移，足證科學家也不能視個人政治免疫爲理所當然。追究起來，一九三〇年代的典型英國科學家，通常多係劍橋反戰會（Cambirdge Scientists Anti-War Group）的一員（此會爲左派），他或她的激進觀點，更在其前輩先進不假修飾的激烈贊同之中，獲得證實。後者則從皇家學會（Royal Society），一路到諾貝爾獎得主，盡皆赫赫有名之士：結晶學家伯諾（Bernal）、遺傳學家霍爾丹（Haldane）、化學胚胎學家李約瑟（Joshef Needham）⑬，物理學家布萊克特（Patrick M. S. Blackett）和狄瑞克，以及數學家哈代（G. H. Hardy）。哈代甚至認爲，整個二十世紀，只有另外兩名人物，列寧與愛因斯坦，足以與他的奧國板球英雄布萊德門（Don Bradman）並列匹配。至於一九三〇年代典型的美國物理學家，到了戰後的冷戰年代，更有可能因其戰前或日後持續的激進觀點，而遭遇政治上的困擾。如原子彈之父歐本海默（Robert Oppenheimer, 1904-67），以及兩度榮獲諾貝爾獎（其一爲和平獎）和一座列寧獎的化學家鮑林（Linus Pauling）即是。而典型的法國科學家，往往是一九三〇年代人民陣線的同情者，在戰時更熱烈支持地下抗敵運動——要知道多數法國人都不是後者。至於典型由中歐逃出的流亡科學家，不管他們對公共事務多麼缺乏興趣，此時也幾乎不可能對法西斯不含敵意。而走不成或留下來在法西斯國度或蘇聯的科學家們，也無法置身於其政府的政治把戲之外——不管他們本人事實上是否同意它的立場——不談別的原因，光是那種公開作態的手勢，便令他們無法迴避。就像納粹德國規定向希特勒致敬的舉手禮，大物理學家勞厄(Max von Laue, 1897-1960)便想盡方法避免：每回離家之前，兩手上都拿著一點東西。自然科學與社會或人文科學不同，因此這種泛政治的現象極不尋常。因爲自然科學這門學問，對人間事既不需要持有觀點，也從不建議任何想法(只有生命科學某些部分例外)——不過它倒經常對「神」之一事，有所意見主張。

然而科學家與政治發生關係，更直接的因素，卻因爲他們相信一件事(極爲有理)，那就是外行人根本不明白——包括政治人物在內——若妥當使用，現代科學將賜予人類社會多麼驚人的潛能。而世界經濟的崩潰，以及希特勒的崛起，似乎更以不同方式證明了這項觀點(相反地，蘇聯官方及其馬克思意識形態對自然科學的信仰投入，卻使當時西方的許多科學家，誤以爲它才是一個比較適合實現這番潛力的政權)。於是科技專家政治與激進思想合流，因爲此時此刻，唯有政治上的左翼，在它對科學、理性、進步的全面投身之下——它們則被保守派譏刺以「科學至上主義」(scientism)之名⑭——自自然然，代表著認識並支持「科學的社會功能」的一方。《科學的社會功能》(*The Social Function of Science*)，是當時一本極具影響力的宣告性書籍(Bernal, 1939)，可想而知，其作者正是當時典型的馬克思派物理家——天才洋溢，充滿戰鬥氣息。同樣典型的事例，還有法國在一九三六至一九三九年間的人民陣線政府，專爲科學設立了第一個「科學研究次長」職位，由居里夫人之女，亦爲諾貝爾獎得主的約利埃—居里(Irene Joliot-Curie)出任。並成立「國立科學研究中心」(Centre National de la Recherche Scientifique, CNRS)，至今猶爲提供法國研究資金的主要機構。事實上情況愈來愈明顯，至少對科學家係如此，科學研究不但需要公共資金支助，由公家發動組織的研究更不可少。英國政府的科學單位，於一九三〇年際，一共僱有七百四十三名科學人員——人手顯然不夠——三十年後，已經爆增至七千人以上(Bernal, 1967, p.931)。

科學政治化的時代，在二次大戰之際達於巔峯。這也是自法國大革命雅各賓黨時期以來，第一場爲了軍事目的，有系統並集中動員科學家力量的戰事。就效度而言，同盟一方的成就，恐怕比德義日三國軸心爲高，因爲前者始終未打算利用現有的資源及方法，速戰速決贏得勝利(見第一章)。就戰略而言，核子戰爭其實是反法西斯的產物。如果單純是一場國與國間的戰爭，根本不會打動先端的核子物理學家，勞駕他們親自出馬，呼籲英美政府製造原子彈——他們本身多數即爲法西斯暴政下的難民或流亡者啊。及至原子彈成，科學家卻對自己的可怕成就驚恐萬狀，到了最後一分鐘猶自掙扎，試圖勸阻政客及武人們不要眞的使用；事後，並拒絕繼續製造氫彈。種種反應，在在證明了「政治」情感的強大力量。事實上二次大戰以後掀起的反核運動，雖然在科學界普遍獲有重大支持，主要的支持一方，卻還是來自與政治脫不了干係的反法西斯世代衆科學家們。

在此同時，戰爭的現實也終於促使當政者相信，爲科學研究投下在此之前難以想像的龐大資源，不但可行，而且在未來更屬必要。但是環顧世上各國，只有美利堅一國的經濟實力，能夠在戰時找得出二十億美元巨款(戰時幣值),單單去製造一個核子彈頭。其實回到一九四〇年前,包括美國在內,無論是哪一個國家,恐怕連這筆數字的小零頭也做夢都捨不得掏出,孤注一擲,投在這樣一個冒險空想的計畫之上。更何況此中唯一根據,竟是那些一頭亂草的書呆子,筆下所塗令人摸不著葫蘆的神祕公式演算。但是等到戰爭過去,如今唯有天際(或者說舉國的經濟規模),才是政府科學支出及科學人事的界限了。一九七〇年代之際,美國境內的基本研究,三分之二係由政府出資進行,當時一年幾乎高達五十億美元,而其僱用的科學家及工程師人數,更達百萬餘名(Holton, 1978, pp. 227-28)。

3

二次大戰之後,科學的政治氣溫驟降。實驗室裡的激進思想,於一九四七至四九年間迅速退潮。當其時也,在他處被視為無稽或奇譚的思想,卻在蘇聯成為科學家必奉的圭臬。其嚴重程度,甚至連一向最忠貞的共黨信徒,也發現李森柯一派的謬論難以消受。更有甚者,情況越來越為明顯,眾家以蘇聯制度為楷模的大小政權,不論在物質上或精神上,實在都缺乏魅力,至少對科學家而言如此。而在另一方面,不論宣傳家叫囂得多麼賣力,東西兩大集團之間的冷戰對抗,始終不曾升起如法西斯主義曾在科學家中間激起的政治熱度。或許是因為自由主義與馬克思理性主義之間,素有傳統的親近關係之故。也或許是由於蘇聯,不似納粹德國,從來沒有那副力能吞沒西方世界的赫赫架勢——就算它私下裡眞的如此妄想，我們也很有理由對它的能力表示懷疑。對西方多數的科學家而言，蘇聯，及其衛星政權與共產中國，根本就是一堆令科學家境況堪憐的爛國，而非需要他們起來大聲呼籲抵制的邪惡帝國。

至於已開發的西方世界，其政治及意識形態的聲音，在自然科學的領域裡保持了一代沉默。如今自然科學享受著它在知識上的勝利，以及取之不竭的大量資源支持。政府及大公司企業對科學研究的慷慨解囊，的確助長了一批視龐大研究資金爲當然的研究人員。在本身的範圍之外，他們的研究工作到底有何更廣泛的影響及意義——尤其當它們屬於軍事性項目之際——科學家情願不去自尋煩惱。他們唯一的動作，至多也只有提出抗議，反對當局不讓他們發表此中的研究結果而已。事實上，以一九五八年爲迎戰蘇聯挑戰而成立的美國國家航空暨太空總署(National Aeronautics and Space Administration, NASA)爲例，在它那如今已經博士成林的隊伍當中，多數成員就如同軍隊中的行伍一般，對其工作任務的理論根據，不多置問。但是回到一九四〇年代後期，科學中人卻對是否加入政府機構，專事戰時生化研究，猶自掙扎痛苦不決[15]。時過境遷，如今這一類單位徵才之際，顯然就沒有這麼多麻煩需要考慮了。

有點意外的是，步入本世紀的下半時期，卻是在蘇聯集團的地面上，科學出現了比較強烈的「政治」氣息——如果帶有任何一種氣息的話。事實上蘇聯全國異議人士的主要發言人，竟是一位科學家沙卡洛夫(Andrei Sakharov, 1921-89)，也絕非由於偶然(沙氏係一九四〇年代末期蘇聯氫彈製造的主要負責人)。科學家，是大批新興科技專業中產階級的優秀代表人物。這個階級，是蘇聯制度的最大成就；可是在此同時，此階級卻也最直接警覺到制度的弱點限制所在。蘇聯科學家對其制度的重要性，遠勝過他們西方世界的同僚。因爲是他們，也唯有他們，才使得這個其他方面一無是處的落後經濟，可以神氣活現地面對美國，以另一超級強權的姿態出現。事實上在一段短時間內，他們甚至幫助蘇聯登峯造極，在科技的最高頂點領先西方，亦即外太空的探險。第一枚人造衛星——史波尼克(Sputnik，一九五七)，第一次男女太空人同艙飛行(一九六一、一九六三)，以及第一次太空漫步，都是由俄國人首開先河。集中在研究機構或特殊的「科學城」裡，當局又刻意加以懷柔，並容許某種程度的自由範圍，加以能言善道，可以侃侃而談，難怪實驗研究的環境中會培養出不滿的批評聲音。因爲蘇聯的科學家們，其聲望地位之高，原是其本國境內其他任何行業所不能望其項背的。

4

政治及意識氣溫的波動，是否影響到自然科學的進展呢？比起社會及人文學科——更遑論意識思想及哲學本身——答案是其實少得太多了。自然科學對科學家所處時代的反映，只能在經驗論者方法學的範圍之內顯示；而這項方法，則必然成爲在認識論上屬於不確定時代的標準法則。亦即可以經由實際驗證，證實爲「無誤」的假說——或借用英國的哲學家巴柏(Karl Popper, 1902-)所說，或許多科學家也有自家版本的相同說法——可以經由實際驗證，證實爲「錯誤」的假說。於是便替科學「意識化」的走向，加諸了某種限制。可是經濟學則不然，雖然也受邏輯及一貫性條件的規範，卻發達成某種形式的神學地位——在西方世界，可能更是一代顯學。也許正因爲經濟學之爲物，能夠——並且一向如此——擺脫開這種假設驗證的束縛。然而物理卻不能。因此，有關經濟思想上的學派矛盾、風氣改換，很容易便可以用來反映當代經驗與思潮的演變。可是屬於自然科學的天體宇宙學，卻沒有這種能耐。

不過，科學畢竟多少也能反映它的時代，雖然無可否認，某些重大的科學進展，其發生全然來自內部，與外界無關。因此無可避免，難怪理論學者眼見次原子家族中的粒子成員胡亂大爆炸之餘，尤其在它們於一九五〇年代加速現身之後，不得不開始尋思一種簡化之道。於是這個由質子、電子、中子，以及其他所有眾「子」組成的假想新「終極」粒子，（在一開始）其性質之偶然不定，可以從它的命名看出：夸克（quark, 1963）——原是取自喬艾思的《芬尼根守靈夜》（*Finnegan's Wake*）。不久，夸克家族也被一分爲三種（或四種）次族——並各有其「反夸克」（anti-quarks）成員——分別以「上」、「下」、「奇」、「魅」名之（編註：現今又發現了「底」、「頂」兩種）。更有帶領「風騷」（charm，註：夸克質性之一種）的一群夸克，每員擁有個別的「質色」（colour，註：夸克質性又一種）以爲特性。這些字眼，與它們平常的字義完全大異其趣。於是一如他例，科學家根據這個理論，成功地做出推測；同時使其中另一項事實隱而不彰，亦即以上任何一種夸克子的存在，在一九九〇年代都還未發現任何實據證明⑯。這些新發展，到底簡化了原有的原子迷宮，還是又爲它加上了一層撲朔迷離的複雜性？這個問題，得讓有資格的物理學家判定。但是我們心中存疑的外行人欣羨之餘，卻不得不想起十九世紀末期的前車之鑑。當時多少才華精力，都耗費在無妄的追求之中，以保持科學界對「以太」(aether)的莫名信仰。直到蒲朗克及愛因斯坦的研究一出，方才打破了這個科學神話，把它與「燃素」(phlogiston)一同放逐到「假理論」的博物館中展覽去也(見《帝國的年代》第十章)。

理論性的構成，與它們欲解釋的現實之間，卻如此缺乏聯繫(除非其目的係爲證實假說爲誤)，遂使其門戶洞開，大受外在世界的影響。在一個深受科技左右的世紀裡，機械式的類比豈不因此再度插上一腳？只是這一回的類比，係以動物與機器之間，在傳播及控制技術上的對照出現，一九四〇年來，遂發動了一支以各種不同名目問世的理論——如控制學(cybernetics)、總系統學(general systems theory)、資訊理論(information theory)等等。自二次大戰以後——尤其在電晶體發現之後——即以驚人速度成長的電子計算機，具有高度的模擬能力。因此一向以來，被視爲有機體(包括人類在內)物理及精神的運作範疇，現在極易發展出機械模式模擬之。二十世紀後期的科學家們，談起人腦，就彷彿它根本上是一部處理資訊的系統。而本世紀下半期最熟悉的辯論主題之一，便是「人類智慧」與「人工智慧」之間，是否有所區別？如果答案是肯定的，又如何區別？總而言之，即指人腦中到底有哪一部分，是理論上不能在電腦中以程式設定的？這一類科技模型的出現，更加速了研究進展，自是無庸置疑。人體神經系統的研究——亦即電子神經脈衝(electric nerve impulses)之學——若無電子研究的助力，能有什麼成就？不過追根究柢，這些類比都屬於「還原簡化」(reductionist)的觀點。將來有一天後人視之，恐怕正如今之視昔，就好像十八世紀用一組槓桿形容人體行動般的粗淺簡陋。

某些類比，的確有助於特定模式的建立。但是出了這個範疇，科學家個人的人生經驗，難免就會影響他們觀照自然的途徑了。我們這個世紀——借用某位科學家回顧另一位科學家一生時所言——是一個「漸進與驟變同時滲透人類經驗」的世紀(Steve Jones, 1992, p.12)。既然如此，科學當然也難逃此「劫」。

在十九世紀布爾喬亞進步與改造的時代，科學的範式(paradigm)係由連續與漸進所掌握，不論自然的動力爲何，它都不可以擅自躍動。地表上的地質變遷及生命演進，都非驚天動地的闊步邁進，而係一小步一小步的逐級改變。甚至那看來似乎極爲遙遠的未來，那可以想見的宇宙末日，也將是逐漸緩慢的結束。根據熱力學(thermodynamics)的第二定律，一點一點地，雖然感覺不到，卻至終無可避免，「能」將轉化成「熱」，亦即「宇宙熱死」論(heat death of the universe)。但二十世紀科學的世界觀，卻發展出一個全然不同的畫面來。

根據這項新觀點，我們宇宙的誕生，係源自一千五百萬年以前的一場轟然超級大爆炸。而且根據本書寫作之際的天體推論，本宇宙消滅之際，也必然以同樣一種轟轟烈烈的陣仗而亡。在這個宇宙裡面，星球的生命史，包括它們眾家行星的歷史在內，也如宇宙一般，充斥著大洪水般驚天動地的大混亂：新星(nova)、超級新星(supernova)、大紅巨星、小矮星、黑洞等各式各樣的名堂——凡此種種，回到一九二○年代以前，最多都只被歸類於周邊性的天文現象而已。長久以來，多數地質學家都抗拒地塊大規模側向移動的說法，如在整個地球歷史當中，大陸曾在地表向四處漂流，雖然此中的證據非常強烈。他們反對的理由，多係基於意識立場，從「陸塊漂流說」的主將韋格內(Alfred

Wegener)，所遭遇的爭議可知。反對者認爲絕不可能，因爲根本沒有造成這種移動的地質物理機制存在。但是他們這種說法，就實際證據而言，正如凱爾文(Lord Kelvin)曾於十九世紀主張，當時地質學者提出的地球時間表必然有誤一般，至多只是一種先驗性的假設。因爲根據當時的物理知識，將地球年齡估算得遠比地質學所需要的年代爲年輕。但是自從一九六〇年代開始，以往難以想像的臆說，卻成爲地質學崇奉的常識正統：亦即全球性的移動，有時甚至有巨型板塊快速漂流發生——「板塊構造學」(plate tectonics)是也⑰。

更重要的是，也許是自從一九六〇年代以來的「直接大災難說」，經由古生物學，重回地質學與進化理論之門。再一次，這似乎「初逢乍見」的新證據，其實早已爲人熟悉，每個小孩子都知道，恐龍於白堊紀時期在地球上滅種絕跡。因爲在過去，達爾文的教誨如此深入人心，眾人都依他所說，把生物演進視爲一種緩慢細微的漸進過程，蔓延在整個地質歷史之中，而非某種大變動(或創造)的突然結果。以至於如恐龍滅種，這種顯然屬於生物大災變的現象，很少引起人的注意。反正地質的時間表一定夠長，足供任何可見的演變結果發生。因此說起來，在人類歷史遭此巨變的世代，演化間斷的現象再度受到注目，也就不足爲奇了。我們還可更進一步指出，在本書寫作之際，最受地質及古生物巨變說學者青睞的機制，就是從天而降的外太空襲擊，亦即地球與一個或多個大型隕石相撞。根據一些計算，某些大到足以毀滅文明的太空遊星——亦等於八百萬個廣島原子彈的威力——每三十萬年就會來訪地球一次。這一類的情節，一向是遙遠史前史的一部分，回到核子戰紀元的年頭以前，有哪一位嚴肅的科學家會正眼瞧它一眼？演化緩慢的過程中，時不時被相當突然的變動打岔，這種「中斷了的平衡狀態」(punctuated equilibrium)理論，雖然在一九九〇年代依然屬於爭議之說，可是卻已經成爲科學界內部激辯的議題之一了。再一次，作爲門外漢的我們旁觀之餘，不得不注意到在離平凡人類思想最遙遠的一門裡面，近年來興起了兩大數學副支：亦即一九六〇年代出現的「災變說」(catastrophe theory)，以及一九八〇年代問世的「渾沌說」。前者屬於一九六〇年代，在法國首先發展的「拓撲學」(topology)之一支，主張對漸變造成的突然斷裂現象，加以探究——亦即在連續與間斷之間，有何相關關係。後者係源起於美國的新學說，建立於情況過程中的不確定性及不可測性的模式之上。亦即明明很細小的事件(如一隻蝴蝶拍拍翅膀)，卻可在他處導致巨大後果(造成颶風)。但凡經歷過本世紀後數十年動亂之人，應該都會理解，爲什麼像這一類渾沌及災變的圖像，也會進入科學家及數學家的腦海中吧。

5

然而自一九七〇年代起，外界開始更間接、也更強烈地侵入了實驗室及研討室的領域。因爲世人發現，原來以科學爲基礎的科技，在全球經濟爆炸之下力量愈形強大，同時卻對地球這個行星——至少就地球作爲生命有機體的棲息地來說——產生了根本、甚至可能永遠無法挽回的深遠影響。漫長的冷戰年月裡，眾人的腦海及良心，都被籠罩在人爲核子戰爭的災難惡夢之中。可是眼前的生態災難，卻比核子更令人心不安。因爲美蘇間一場世界核子大戰，畢竟可以想法避免，而且最後事實證明，人類的確逃過這場浩劫。但是科學性經濟成長下造成的副作用，卻沒有核戰那麼容易避開。一九七三年際，兩位化學家羅蘭(Henry Augustus Rowland)與馬林那(Molina)，首次注意到在冰箱及新近大爲流行的噴霧產品中廣泛應用的化學物質，氟氯碳化合物(冷媒，fluorocarbons)，已經造成地球大氣臭氧層的減少。若在更早以前，這種變化根本很難發現，因爲這一類化學物質(CFC 11及CFC 12)釋出的總量，在一九五○年代初期之前，一共不到四萬噸。可是及至一九六○至一九七二年間，卻總共有三百六十萬噸進入大氣天空[18]。及至一九九○年代，大氣中「臭氧層開天窗」，已是眾人皆知的家常便飯。現在唯一的問題，就是臭氧層將會多快告竭，會在什麼速度之下，到達連地球的自然修復能力也無法補救的程度。眾人也都知道，就算把CFC全部消除，它也鐵定會再復現。「溫室效應」(greenhouse effect)一說——亦即在人爲產品不斷釋放大量氣體之下，地球溫度將不可控制地繼續升高——於一九七○年左右開始受到認眞討論，並於一九八○年代成爲專家與政治人物共同關心的第一要事(Smil, 1990)。此中的危險性的確眞實無比，雖然有時難免過於誇大。

約莫在此同時，鑄造於一八七三年間的新詞：「生態學」——用以代表生物學的一支，處理機體與其環境之間的相互關係——也開始獲得它如今眾所周知的「類政治」涵義(E. M. Nicholson, 1970)[19]。這一切，都是世間經濟超級成長繁華之下的產物(見第九章)。

種種煩惱憂心，適足以解釋爲什麼進入一九七○年代，政治及意識形態再度開始環繞自然科學。更有甚者，這種外界壓力，甚至滲進科學內部，科學中人也開始進一步辯論，由實際及道德角度出發，探討科學研究是否有予以設限的必要。

自從神權治世的時代結束以來，這類問題從未被人如此嚴肅看待。想當然爾，疑問之所從起，來自一向對人事具有直接牽連（或看來似乎有所直接牽連）的學科：遺傳學及演化生物學。因爲在二次大戰後的十年之間，生命科學已在分子生物學的驚人突破之下，起了革命性的大改變。分子生物學揭曉了決定生物遺傳的共同機制：「遺傳密碼」（genetic code）。

分子生物學的革命成就，其實並非意外中事。生命現象，必須，也一定能夠，以放諸萬物皆準的物理化學角度解釋之，而非生命體本身具有的某種特異質素有以致之⑳，這種觀念，自一九一四年後已成理所當然。事實上，早在一九二〇年代，英蘇兩國的生物化學界，就已經提出基本模型（多數帶有反宗教的意圖），描述地表上可能的生命來源，始於陽光、甲烷（methane）、氨（ammonia）、水。並將這個題目，列入嚴肅的科學研究議程——順便提一句，對宗教的敵意感，繼續激發著這一行研究人員的前進：克里克及鮑林兩人就是最好的例證（Olby, 1970, p.943）。數十年來，生物方面的研究始終以生化爲最大推動力，然後物理的分量亦逐漸加重。因爲眾人發現蛋白質分子可以結晶，然後以結晶學的方式進行分析。科學家也知道有一樣稱作「去氧核糖核酸」的東西，在遺傳上扮演著中心角色，也許便是遺傳之鑰本身：它似乎是基因的基本成分，遺傳的基本單位。基因（或遺傳因子），到底如何「造成另一個與它完全一樣的結構的形成，甚至連原始基因的突變性質也原樣移植，照抄不誤」（Muller, 1951）？亦即遺傳到底如何發生？如何進行？這個問題，早在一九三〇年代後期，即已成學界認眞探討的題目。及至戰後——借用克里克本人的話——「奇妙大事顯然不遠」。克里克與沃森兩人，發現了去氧核糖核酸的雙螺旋結構，並用一個非常漂亮的化學機械模型，顯示這個結構可以解釋「基因抄襲」的作用。這份出色的成就，其光彩絕不因爲一九五〇年代初期，亦有其他研究人員獲致相同結論，而有任何稍減。

去氧核糖核酸的革命成就，「生物學上獨一無二的最大發現」（伯諾之語），遂在本世紀後半期主導了整個生命科學的研究。基本上，它係以「遺傳學」爲中心範疇，因爲二十世紀的達爾文學說，即係純粹以遺傳、演化爲主題㉑。但是這兩個題目一向以棘手聞名，一是因爲科學模型本身，便經常帶有某種意識形態的作用在內——達爾文的理論，即拜英國經濟學家馬爾薩斯(Malthus)思想之賜(Desmond/Moore, chapter 18)；二則由於科學模型，也經常回饋政治，爲其添加燃料——如「社會達爾文主義」(Social Darwinism)是也。「種族」的觀念，便是這種相互爲用的最佳例證。納粹種族政策的不堪回首，使得自由派的知識分子（科學家多在此列），簡直不敢想也不能碰這個題目。事實上，許多人甚至認爲，若對不同人類群體之間由遺傳決定的差異，進行有系統的探究，可能根本有違正當嫌疑；因爲這類研究結果，也許會鼓勵種族主義的言論出現。更廣泛地來看，在西方國家裡面，「後法西斯」時代的民主平等觀念，再度掀起舊日對「先天抑後天」、「自然或養成」(nature v. nurture)的爭辯，亦即「遺傳或環境孰重」的問題。簡單地說，個人的特質，兼受遺傳與環境兩面影響，既有基因的成分，也有文化的作爲。但是保守派往往迫不及待，樂意接受一個一切由遺傳注定的社會，亦即無法由後天改變先天上的不平等。相反地，左派人士卻以平等爲己任，戮力宣言所有的不平等都可以用社會手段除去，他們是徹頭徹尾的環境決定論者。於是爭議的戰火，便在「人類智慧」一事上爆發開來(因爲它牽涉到選擇性或普遍性教育的問題)，並具有高度的政治性質。智慧問題，遠比種族問題牽涉面廣，雖然它也離不開後者的瓜葛。至於到底有多廣？連同女性主義運動的再興(見第十章)，遂有某些意識家進而宣稱，在「心智面」、「精神面」上，男女之間所有的一切差異，基本上都係因文化，亦即環境，決定而成。事實上時下流行以代表「文化社會性別」的「性」(gender)，取代代表「生物性別」的「性」(sex)的風氣，即意味著「女性」在扮演其「社會角色」方面，實與男人無異，並不屬於另一種不同的生物性類別。因此凡是想涉足這一類敏感題目的科學家，都知道「他」自己必不可免地踏進了一個政治地雷區域。甚至連那些小心翼翼步入之人，如哈佛的威爾森(E. O. Wilson, b. 1929)，所謂「社會生物學」(socio-biology)的先鋒戰士，也不敢直截了當地把話說個清楚明白[22]。

愈使整個情勢火上加油者，卻是科學家自己。尤其是生命科學中最具社會色彩的學科——演化理論、生態學、動物行動學(ethology)，以及種種對動物社會行爲進行研究的科目。他們未免過度喜歡應用擬人化的隱喻，動不動便把結論應用到人類身上。社會生物學家——或是那些將其發現煽風點火，進一步加以通俗化的人——表示，遠古以前的數千年裡，原始男人作爲一個獵者，被自然挑選出來，適應並養成其廣大生存空間中比較具有掠奪性的性格(Wilson, ibid.)。這種特質，經由遺傳，甚至到今天依然牢牢控制著我們社會的存在。這下子惹惱的不只是女人，連歷史學者也大爲不悅。演化理論家並將自然的淘汰選擇——視同生物學上的重大革命主張——分析成「自私基因」(the Selfish Gene)(Dawkins, 1976)從事生存競爭的結果。如此一來，甚至連贊同「硬性派」達爾文主義之人，也不禁感到茫然，到底遺傳基因的選擇，與人的自我本位、競爭合作，有什麼關係呢？於是科學再一次遭到批評圍攻，不過說來意義深長，這一回砲火卻非來自傳統宗教，只有基本教義團體例外——不過這批人的意見在智識上不值一顧。如今神職中人，也接受了實驗室出來的領導地位，盡量從科學性的宇宙天體學中，尋找合乎神學教訓上的慰藉。所謂「大爆炸」的理論，看在信者眼裡，豈不正是世界係由某神所造的證據？在另一方面來說，一九六〇及一九七〇年代的西方文化革命，也對科學的世界觀發動一股屬於「新浪漫」(neo-romantic)、非理性的強烈攻擊，而且隨時可以由激烈先進，變得保守反動。

但是「硬性」科學純研究的中心碉堡，不像在外圍打野地戰的生命科學，卻始終老神在在，鮮爲外界的狙擊所動。這種局面，一直到一九七〇年代方才改觀。因爲如今情況愈來愈淸楚，科學研究，已經不能與因其技術所造成，而且幾乎是立即造成的社會後果分家。眞正立即引起眾人討論是否應對科學研究予以限制的導火線，係由「遺傳工程」(genetic engineering)而起——必然包括人類及所有其他生命形式的遺傳工程在內。有史以來頭一次，甚至連科學家本身也發出這種疑問之聲，尤其在生物學界之內。因爲事到如今，某些根本上具有作法自斃性質的科技成分，已經與「純研究」密不可分，更非事後而起的附帶效果。事實上，它們根本就**是**基礎研究本身——如基因組(Genome)計畫的任務，即係標出人類遺傳的所有基因。這些批評，遂嚴重破壞了長久以來，一直被所有科學家視爲科學中心的基本原則(多數科學家依然持此看法)，亦即除了在極邊緣性質的範疇之內，必須向社會道德的信念有所讓步之外㉓，科學，應該隨著研究追求帶領的腳步，極力追求眞理，至於科學研究的成果，被非科學之人如何使用，科學家無須負責。但是到了二十世紀的今天，正如某位美國科學家於一九九二年所言：「在我認識的分子生物學家之中，沒有一位，不在生物科技工業上投下某些財務賭注。」(Lewontin, 1992, p.37; pp.31-40)再引另位所言：「(所有)權狀，是我們所做的每一件事的核心。」(ibid, p.38)所謂科學純粹的振振有詞，還不令人更起疑竇嗎？

如今問題癥結所在，不在眞理的追求，卻在它已經無法與其條件及其後果分開。在此同時，主要的爭論，亦於對人類持悲觀或樂觀看法之間展開。認爲對科學研究應該有所限制或自我限制的人士，他們的基本假定，在於依照人類目前的狀況，尙不足以處理自己手上這種旋乾轉坤，能以令地球改變的巨大能力；甚至連其中帶有的高度風險，也缺乏辨認能力。事到如今，即使連極力抵抗任何限制的魔法師們，也不敢相信他們的徒子徒孫了。他們表示，所謂無盡無涯的追求，「係指基本的科學研究，而非科學的技術應用，後者則應該有所限制。」(Baltimore, 1978)

其實，這些爭議根本無關宏旨。因爲科學家都知道，科學研究，絕非無邊無垠，完全自由。不論別的，單就研究本身，便必須仰賴有限資源的供應，即可見其分曉。因此，問題並不在於是否應該有人告訴科學家什麼可做，或什麼不可做；卻在提出限制及方向者，究竟屬誰，並依據何種標準提出。其實對多數科學家來說，他們身在的研究單位，往往係由公共資金直接間接支付，因此其監管大權，係在政府手中。但是不論政府多麼眞誠地戮力於自由研究的價値，它的取捨標準，自然與蒲朗克、拉塞福，或愛因斯坦所認定的尺碼不同。

政府取捨的標準，依據先天的定義，不在「純」研究本身的先後次序——尤其在這種研究所費不貲之際——更何況全球大景氣結束之後，甚至連最富有的國家，其收入也不再持續攀升，領先於它們的支出，人人都得開始做預算了。而其尺碼，不是也不能是「應用」研究的先後次序——儘管其中僱用了多數的科學家們。因爲總的來說，這一類研究並非以「拓展知識」爲動機(雖然有可能附帶達成)；它們的目標，乃是爲了實用目的的需要尋求解答——比方爲癌症或愛滋病找出某種治療方法。在這裡，研究人員追求的題目，並不一定是他們本人感到興趣的課題，可是卻具有社會功能或經濟效益——至少，也是那些項下有錢的研究科目(雖然私下裡他們也許希望，這些工作可以帶他們回到基本研究的本行上去)。在這種情況之下，如再徒言高調，主張人之爲物，天生就需要「滿足我們的好奇心、探索心、實驗心」(Lewis Thomas in Baltimore, p.44)，因此若對研究加諸限制，是可忍孰不可忍也云云。或夸夸而言，認爲知識大山的高峯，一定得去攀爬，不爲別的——借用典型登山迷的話——「就因爲它們在那裡」。這實在只是玩弄虛誇的辭令罷了。

事實的眞相，在於「科學」之海(所謂科學，多數人係指「硬性」的自然科學)實在太浩瀚了，它的力量實在太大。它的功能，實在不能爲社會及它的出錢人所缺少，因此實在不能任由它去自行設法，自行其是。科學所處狀況的弔詭，在於二十世紀的科技大發電廠，以及因它而生的經濟成就規模，愈來愈倚靠那相對而言人數甚少的科學中人。可是在後者心裡，因其活動而產生的巨大後果，卻屬於次要考慮，有時甚至近乎微不足道。對他們來說，人類能夠登月，或能將一場巴西足球大賽的影像，投射到人造衞星，再傳往遠在德國杜塞多夫(Dusseldorf)的一片螢幕上供人觀賞，實在無足興奮，遠不及下面這項發現有趣：在尋找傳播干擾現象的解答之餘，意外驗明，確有某些天體背景雜音存在，因此證實了某項有關宇宙起源的理論。然而，正如古希臘名數學家阿基米德(Archimedes)一般，科學家們知道，自己是生活在一個不能了解，也不在乎他們的作爲的世界，這種現象的促成，他們其實有分。科學家大聲疾呼要有研究自由，卻正如爲其城敍拉古(Syracuse)設計兵器御敵的阿基米德的抗議呼聲一般，對侵略者的兵丁毫無意義——這些敵兵，逕行將他殺死，對他的呼聲聽若罔聞(「看在老天分上，別把我的幾何作圖給搞壞了。」)——他的心意，固然可以了解，可是卻不見得有切實際。

唯一能夠保護他們的，只有他們手中那把鑰匙，那把可以釋開變動天地的巨大能力的金鎖。因爲這股力量的開展，似乎愈來愈得靠著這一小群令外人費解、卻擁有其特殊恩賜的菁英，並且得讓他們盡情發揮才成——跟一般人相比，他們對外在金權財富的興趣較低(不過到了二十世紀的後期也改觀了)，但是依然不減其令人費解之處。但凡在二十世紀之中不曾如此去行的國家，都因此懊悔不已。於是所有國家，不遺餘力，盡皆大力支持科學發展。因爲不像藝術及大多數人文活動，沒有如此維護支持，科學研究勢必無法有效進行，雖然它一方面也盡量避免外來的干涉。可是政府也者，對終極性的眞理沒有興趣(除了那些基於意識或宗教立國者外)，它們關心的對象，只是工具性、手段性的眞理。它們之所以也樂於助成「純」研究的項目(亦即那些眼前無用的研究)，充其量只是因爲有一天，這些研究可以產生某些有用的東西。或者，係爲了攸關國家名譽。因爲即使在今天，追求諾貝爾獎的重要性，畢竟依然優先於奧林匹克獎章，是一項甚爲世人所重的榮銜罷。因此，這才是今日科學研究及理論的勝利構造，所賴以立的根本基礎。也唯有藉著它們，二十世紀，才將於後世被人緬懷為一個人類創造了進步的世紀，而不只是一片人類悲劇的世代啊！

註釋

❶當時蘇聯的科學家人數比歐洲更高（約有一百五十萬人），可能也不是完全不能比較。

❷阿根廷共擁有三名諾貝爾獎得主，均得於一九四七年後。

❸麥卡錫白色恐怖時期，美國亦一度有過人才外流。此外蘇聯集團（匈牙利於一九五六年，波蘭及捷克於一九六八年，中國及蘇聯本身於一九八〇年代），亦不時偶有大批政治出奔事例。共產東德的人才，也有固定流向西德的現象。

❹圖靈於一九五四年自戕身亡，起因係被判定有同性戀的行為。在當時，同性戀猶被視為一項罪行，是一種可以藉醫藥及心理治療的病態。圖靈因無法忍受強制加諸於他的治療，結束了自己的性命。不過，與其說他是一九六〇年代之前視同性戀為罪犯的英國社會之下的受害者，不如說他被自己的無知所害。他的性愛癖向本身，不論是住校求學期間、國王學院、劍橋，以及戰時生活在布雷契萊（Bletchley）密碼破解部門那一群有名的畸人怪士之中，其實並不曾為他招來麻煩。總之，戰後在他前往曼徹斯特之前，他的生活方式，在他生活的小圈子裡始終安然無事。只有像他這種不知世事，不清楚多數人生活所在的眞實世界為何之人，才會糊塗到跑去向警察告狀，抱怨他一位（暫時）男友搶了他的公寓。警方才有機會一舉兩得，同時逮到兩名不法之徒。

❺基本上，現在可以看得很清楚，當時納粹德國所以造不出原子彈，並非因為德國科學家不知道如何去造，或不曾

嘗試去造(勉強程度不一)，卻是由於德國的戰爭機器，不願意或不能夠投入必須的資源所致。他們放棄了這項計畫，改製成本效益似乎較爲集中、回收也較快的火箭。

❻在這方面而言，理論與實際差距之大，實足驚人。因爲實際上並不怕擔冒相當風險的人們(如坐在行駛於高速公路之上的車內，或搭乘紐約地下鐵)，卻以阿斯匹靈在極少情況下可能有副作用之故，堅決拒服。

❼參與實驗者依據風險效益，對二十五項科技進行評估：冰箱、影印機、避孕藥、吊橋、核能發電、電動遊戲、診斷用X光、核子武器、電腦、疫苗、飲用水攙氟、屋頂太陽能採收器、雷射、鎮靜劑、拍立得相機、化石電力、汽車、電影特效、殺蟲劑、鴉片麻醉、食物防腐劑、開心手術、商業航空、遺傳科學及風車(Wildavsky, 1990, pp. 41-60)。

❽因此納粹德國雖允許海森伯格(Werner Heisenberg)教授相對論，卻有一個條件，就是不准他提及愛因斯坦的名字(Peierls, 1992, p.44)。

❾「大家可以高枕無憂，因爲造物主已經在他的手工裡預先設下安全機關，渺小的人造不了太大的反，闖不了天大的禍。」一九二三年諾貝爾獎得主密立根(Robert Millikan)於一九三〇年語。

❿一次大戰以來，榮獲諾貝爾物理化學獎項的得主當中，便有二十餘名，係全部或部分由於發展出新的研究方法、儀器或技術而得獎。

⓫「渾沌理論」在一九七〇及一九八〇年代的發展，與十九世紀初期科學界「浪漫」派的崛起有關。這支學派以德國爲重鎮(自然哲學運動〔Naturphilosophie〕)。係針對「古典」機械觀而發動，後者則係以英法爲發展中心。有趣的是，這門新學問中的兩大名家——費根波姆(Feigenbaum)與李布卡伯(Libchaber)——其靈感來源，則係因閱讀歌德(Goethe)兩篇大作而起(Gleick, pp.163, 197)。一是其強烈反牛頓的〈色彩論〉，一是其〈論植物演變〉，

後者可以視爲反達爾文／進化理論的一支（有關自然哲學運動，請參見《革命的年代》第十五章）。

⓬一九二四至二八年間發生的物理革命，係由一群一九〇〇至一九〇二年間出生者所發動造成——海森伯格、包利(Pauli)、狄瑞克、費米(Fermi)、約利埃(Joliot)。至於水丁格、布羅意(de Broglie)、鮑恩(Max Born)三人，當時也不過年方三十餘歲。

⓭李約瑟日後成爲研究中國科學史的名家。

⓮科學至上主義一詞，於一九三六年在法國首次出現(Guerlac, 1951, pp.93-94)。

⓯作者還記得，當時一位生化學家友人的窘況（原爲反戰人士，後轉爲共產黨員），他即在英國有關部門之內取得如此一個職位。

⓰吾友麥達克斯(John Maddox)則表示，這全視一個人對「發現」一詞的定義而定。有關夸克的某些效應，已經被辨認出來，可是卻非以「本來面目」單獨出現，而係「成對」或「搭三」的方式露面。令物理家迷惑的問題，並非夸克是否存在，而是爲什麼它們從不獨個存在。

⓱這種「初逢乍見」的新證據，主要包括⑴遙遠的兩塊大陸，彼此的海岸曲線卻分明「吻合」，尤其是非洲的西海岸，以及南美的東海岸；⑵這些事例的地質成分，亦極其類似；⑶地面動植物的地理分布狀況。一九五〇年代之際，某位地質物理學同僚即對此全然否定——這是在「板塊構造學」大突破即將出現以前不久——作者還記得當時感到的強烈驚訝，他甚至拒絕考慮這種現象有必要加以解釋。

⓲聯合國《世界資源報告》(UN *World Resources*, 1986, Table 11.1, p.319)

⓳「生態學……也是一項主要的知識學科及工具，賜給我們一股希望：也許人類進化可以予以改變，可以使之轉向，走上一條新的路途。如此，人類就不會再對他自己未來所賴的環境，隨便胡搞瞎搞了。」

⑳「在生命體特定的空間範圍之內，所發生的時空事項，如何可以用物理化學釋之？」(E. Schrödinger, 1944, p.2)

㉑它也與實驗科學的一種——數學機械——「有關」。這也許就是爲什麼在其他不能完全量化或實驗的生命科學學科裡面——如動物學及古生物學——它未能引起百分之百熱情歡迎的原因罷。參見勒文亭(R. C. Lewontin)所著《進化演變的基因基礎》(*The Genetic Basis of Evolutionary Change*)。

㉒「從目前可得的資料當中，我的一般印象係如此：人類，就具有影響行爲的遺傳多樣性的質度與廣度而言，係一種典型的動物物種。如果這種比較不失正確，人類的精神面，已由過去的教條定理減化成可檢驗的假說。但是在目前美國社會這種政治氛圍之下，這番話實在很難啓口，在學術界某些部門當中，甚至被視爲罪無可逭的異端邪說。但是，社會科學若要完全誠實，就需要公允地正視這項觀念……科學家應該對遺傳性行爲的多樣化加以研究，總比出於好意，故意同謀沉默爲佳。」(Wilson, 1977, 'Biology and the Social Sciences, p.133) 以上這段拐彎抹角的談話，若翻成口語就是這個意思：世上有種族，並且由於遺傳的緣故，在某些特定方面，種族之間天生就永遠不平等。

㉓比方說，最重要的一項，便是對人體實驗的嚴格限制。

第十九章 邁向新千年

我們正處在一個新紀元的開端，它的大特色，便是極度的不安、永久的危機，並缺乏任何「不變的現狀」……我們一定要了解一件事，我們正處在布克哈特(Jakob Burckhardt)所形容的世界歷史一大危機關頭。這個關頭的意義，絕不遜於一九四五年後的那一回——雖然克服種種困難的條件，似乎較以往爲佳。可是如今世界，既沒有勝利的一方，也有被擊敗的一方，甚至在東歐亦復如此。

——司徒馬 (M. Stürmer in Bergedorf, 1993, p.59)

雖然社會主義—共產主義今生的理想已告解體，它們打算解決的問題卻依然存在：社會優勢地位的忝顏濫用，金錢勢力的無法無天，金權力量相結合，在在引導著世事的發展方向。如果二十世紀爲全球帶來的歷史教訓，尚不足爲世人產生防患未然的預防作用，那麼赤紅的呼嘯旋風，勢將捲土重來，再度全部重演。

能夠身經三次改朝換代——威瑪共和國、法西斯國度，以及德意志民主共和國——實在是作爲一名作家難得的榮幸。我想，本人大概還活不了那麼長的歲數，能夠親見聯邦共和國也壽終正寢罷。

——穆勒(Heiner Müller, 1992, p.361)

——索忍尼辛(*New York Times*, 28/11/1993)

1

短促的二十世紀，遂在問題重重聲中落幕。沒有人有解決方案，甚至沒有人敢說他有答案。於是世紀末的人類，只好在瀰漫全球的一片迷霧中摸索前進，透著朦朧足音，跌撞入第三個千年紀元的開始。我們只能肯定一件事，那便是一頁歷史已告結束。除此之外，所知甚稀。

兩百年來第一次，一九九〇年代的世界，是一個毫無任何國際體系或架構的世界。一九八九年起，新興領土國家林立，國際間卻沒有任何獨立機制爲它們決定疆界——甚至沒有立場超然，可資委託的第三者中介調停——足證國際結構缺乏之一斑。過去出面「排難解紛」確定未定之界，或至少認可未定之界的超級大國，都上哪兒去了？一次大戰之後，在它們的監督之下，重劃歐洲及世界版圖，這裡畫一條國界，那兒堅持辦一場「公民自決」，這些昔日的勝利者，又到何方去了？(說眞的，往日外交場上視爲家常便飯的國際工作會議，多實在，多有成效。哪像今天那些高峯會，只不過打打公關，照幾張相，就匆匆了事。）怎麼也不見蹤影了呢？

千年將即，眞的，那些國際新舊強權，到底都在哪裡呢？唯一還能留下撐撐場面，尙能被人用一九一四年超級大國定義看待的，也就只有美國一國了。而實際上呢，情況卻很曖昧。俄國經過一場地動山搖，版圖大爲縮水，回復十七世紀中期的大小，自彼得大帝以來，它的地位還沒有這麼渺小過。而英法兩國也一落千丈，降格爲地區性的勢力，即使手上再有核子武力，也不能掩飾此中落魄。至於德國日本，的確堪稱經濟兩「強」，可是兩國不都覺得有必要像以往一般，加強武備以助其經濟聲勢——就算現在沒人管它們了，可以自由行事——不過世事難測，它們未來意向如何，無人敢予保證。至於新成立的歐盟組織，雖然一心以其經濟合作爲範例，進一步尋求政治同步，但在事實上卻連裝都裝不出來。老實說，今日世上的大小老少眾國，除了極少數外，等到二十一世紀度完頭一個二十五年之際，能以目前狀況繼續存世者恐怕幾希矣。

如果說國際舞台上的演出者妾身未明，世界面對的種種危機也同樣面目不清。短促的二十世紀時期，大戰連連；世界級的戰爭，不管冷戰熱戰，均係由超級強國偕其盟友發動，每一回的危機都愈形升高，大有最後核武相見，不毀滅世界不罷休的態勢。所幸悲劇終能避免，這股危險顯然已告遠颺。未來如何，猶未可知。但是世界劇場上的眾家要角，如今不是悄然下台，就是黯然退居陪襯，意味著一場如舊日形態的第三次世界大戰，勢必極不可能發生。

然而舊戰雖了，並不表示從此世間再無戰爭。一九八〇年代之際，即有一九八三年的英阿福克蘭之戰，以及一九八〇至一九八八年的兩伊戰爭作證，人世間永遠會有與超級強權國際對峙無關的戰火。一九八九年以後，歐、亞、非各地軍事行動頻仍，多至不可計數，雖非件件正式列爲戰爭——在利比亞、安哥拉、蘇丹、非洲合恩角，在前南斯拉夫、摩達維亞，以及高加索山與外高加索區的多國，在永遠蓄勢待爆的中東地區，以及前蘇維埃的中亞及阿富汗。在此起彼落，一國接一國崩潰解體之中，經常弄不清楚到底誰在交手，而且爲何交手。因此一時之間，這些軍事動作很難界定，極不符合傳統「戰爭」的定義，既不是國際交戰，也非國中內戰。然而黎民百姓身在其間，烽火之中何來安寧？當然不可能覺得天下太平。尤其像波士尼亞、塔吉克、賴比瑞亞幾地，不久前還在和平度日，此刻自然深感離亂之痛。除此之外，一九九〇年代巴爾幹局勢的動盪，更證明地區性的相殘殺戮，與較易辨識的舊式戰爭之間，並無明顯界限，隨時可以變成後者。簡單地說，全球大戰的危機並未消失，只是戰爭的性質已變而已。

至於那些國勢較強、較穩、較受老天照顧的幾個國家——如歐盟組織，則與隔鄰地帶的烽火連天有雲泥之判；斯堪地那維亞的北歐國家，也與波羅的海對岸的前蘇聯地區命運有別——眼見倒楣的第三世界，騷動不安、屠殺慘酷，它們可能滿以爲自己倖得豁免，殊不知此想大錯特錯。傳統民族國家的紛爭，也足夠使它們惹火上身。其中關鍵所在，倒不是它們會解體分家，而是本世紀下半期新起的一種風氣，亦即毀滅的力量已經進入民間或落入私人之手，遂使暴力與破壞處處可見，世上無一地可以倖免。不知不覺之間，已經削弱了這些國家，至少，也剝奪了它們有效運作的獨霸能力，而這項威能，原是世上所有疆界已定的地區當中，一國國家權力之立的主要憑藉。

時至今日，一小群政治不滿團體，或其他任何異議組織，無時無地，都可以造成破壞毀滅，如愛爾蘭共和軍在英國本土的行動，恐怖分子爆破紐約世貿大樓之舉(一九九三)。不過及至短促二十世紀結束，這些破壞活動導致的損失，除了保險公司所費不貲以外，整體而言還算客氣。因爲跟一般的想法相反，其實這種零星式的個別行動，論殺傷對象、範圍，比起國家級發動的正式戰火，遠不及後者不分青紅皂白殃及無辜的程度。也許正因爲前者的目的(如果有其目的)在於政治，而不在軍事之故罷。此外，除去使用爆炸物之外，這類恐怖行動多以手上型武器出之，較適合小規模的殺戮，而非大肆屠殺的重型砲火。不過有朝一日，將核子武器設計成小團體武器也非沒有可能，只看製造核武的材料及知識唾手可得，已經在世界市場上滿天飛的情況便可知曉。

更有甚者，毀滅力的普及化及民間化，愈使治安鎮暴的成本增加。正因此故，當面對著北愛爾蘭境內天主教徒與新教徒民兵間的正式開火，雖然雙方人數不過數百，英國政府也不得不到場坐鎮，派遣約兩萬名的部隊，以及八千名武裝警察，長期駐紮，年耗費高達三十億英鎊。而國境之內的小規模擾亂不安，換在國外發生自然更爲頭痛。甚至連相當富有的國家，碰到國際間這種煩惱情事，也不得不考慮茲事體大，是否花得起這種沒有限制的代價。

冷戰結束之後，立即發生數起事件，愈發凸顯國家威力日萎的現象，波士尼亞及索馬利亞就是兩個最明顯的例子。此中狀況，更點明新千年中，最大的可能衝突來源，即是貧富地區之間愈形快速加深的巨大鴻溝。貧與富，富與貧，彼此相互憎恨。於是伊斯蘭基本教義派的興起，顯然並非只是抵制「現代化即西方化」的意識思維，而且更進一步，根本便反對「西方」本身。因此這一類運動的行動家們，便著手破壞西方旅客的遊蹤以達目標（如在埃及），或大舉謀殺當地西方住客（如在阿爾及利亞）。反之，西方富國之內則盛行仇外思想，其最激烈處亦直接指向第三世界的外來者，歐體國家壩堤高築，阻擋第三世界前來覓工的貧民洪流。甚至在美國境內，事實造成的無限制移民雅量，也開始遭到嚴重的反對聲浪。

不過就政治及軍事而言，雙方都遠在對方勢力所及之外。雖然在任何可想見的南北公開對抗之中，北方諸國仗其科技優勢及財富強大，往往勢在必贏，如一九九一年的波灣戰爭即爲鐵證。某些第三世界國家，即使擁有核子飛彈——假定它亦有維修及發射的能力——也不能造成有效嚇阻。因爲西方國家，如以色列、波灣戰事中的聯軍勢力，有打算也有能力，在後者尚未造成眞正威脅之前，先發制人，揮動大軍，摧毀力弱不堪匹敵的對手。從軍事觀點而言，第一世界實在可以把第三世界視爲毛澤東所說的「紙老虎」。

然而，在短促的二十世紀後半期裡，情況卻愈來愈清楚，儘管第一世界可以在戰役中擊敗第三世界，卻無法贏得戰爭。或者換個角度，就算贏得戰爭——即使可以——卻也不能眞正保證可以進行軍事性的佔領。早先帝國主義的最大資產，在於被殖民者一旦成擒，往往願意俯首稱臣，乖乖地聽命行事，讓少數佔領者居高管轄，可是這項上風已經不復存在。因此回到哈布斯堡王朝時代，將波士尼亞—赫塞哥維納納入帝國統治可以無虞；但是到了一九九〇年代初期，論到如何綏靖這不幸爲戰火蹂躪的國家，所有政府的軍事顧問，都主張非數十萬大軍長駐不可。換句話說，等於動員一場大戰所需的兵力。當年的索馬利蘭（Somaliland）殖民地，向來難搞，一度甚至得勞駕英國軍隊出動，由一位少將領軍。但是終殖民時期，倫敦及羅馬當局，卻從來不曾閃過該處會鬧出令英國及義大利殖民政府大爲棘手麻煩的念頭，甚至連素有「瘋子馬拉」(Mad Mullah，編註：「馬拉」係回教神職人員之稱)之稱的阿布杜勒(Muhammad ben Abdallah)，也不在它們眼下。然而日換星移，到了一九九〇年代初期，美國及聯合國兩方數十萬的佔領部隊，一旦面對著目的不明、時間不確的長期佔領的選擇，竟然便立即不名譽地打退堂鼓了。甚至連大美國的無邊威力，碰上隔鄰的海地事件，也不得不退避三舍。傳統上原是華府衛星附庸的海地，在當地一名將領的指揮之下，領著由美方一手裝備培養的部隊，悍拒一位美國(勉強)支持的民選總統歸國，並挑戰美國前來進佔。但是美國一口拒絕，正如它當年在一九一五至一九三四年間的決定一般。倒不是因爲一千餘名的海地軍隊難以對付，而是因爲如今美方根本就不知道如何用外力平息海地問題。

簡單地說，這個世紀係在全球秩序大亂中落下帷幕。這股亂象，性質不明確，控制無方法，止息更遙遙無期。

2

此中的無能爲力，非因問題本身的難度，及世界危機的複雜性；卻在不分新舊，一切對策顯然均已失靈，無法對人類進行任何管理改進。

短促的二十世紀，是一個宗教性思想大戰的年代。但是其中最凶殘血腥的一宗，卻來自十九世紀遺下的世俗宗教意識思想，如社會主義及民族(國家)主義。箇中的神祇，則是抽象的教條，或被當作神人般的政治人物。這種獻身世俗宗教的虔敬熱誠之極致，也許在冷戰步入尾聲之際即已漸走下坡(包括五花八門的個人崇拜)，至少原本屬於普世教會的現象，已經減爲零星對立的宗派。然而世俗宗教的力量，不在其能夠動員如同傳統宗教般所能激發的熱情——其實自由主義意識形態者幾乎從未做此嘗試——卻在它們一口一聲，應許著爲危機中的世界提出永久性的答案。糟糕的是，隨著本世紀的告終，它們的失敗之處，卻正在其不克提供這個答案。

蘇聯的垮台，自然使眾人將注意力集中在蘇維埃共產主義的失敗，蘇式共產不支倒地，正表示全面國有制度的不彰。舉凡生產的手段，以及無所不包的計畫，俱在國家及中央的手裡，完全不藉助市場或價格機制的調節，這種制度，如今已全盤失敗。而歷史上各式各樣的社會主義，也都主張將生產、分配及交換的手段由社會一體擁有，並全面鏟除私有企業，不再以市場競爭進行資源分派。因此蘇聯共產的失敗，亦即非共產社會主義希望的破滅——不論馬克思派抑或其他——雖然環顧世上，並無一國或政權眞正宣稱屬於社會主義經濟。不管任何形式的馬家學說，這個共產主義的理論基礎及精神鼓舞之所在，未來能否繼續存在，勢將屬於世人爭辯的題目。但是顯然易見，如果馬老爺子一直活著，而且繼續作爲一位大思想家(此事想來無人懷疑)，那麼自一八九〇年代以來，爲號召政治行動並掀起社會主義運動而形成的馬氏思想眾版本中，恐怕沒有一家能以其原有面目出現吧。

而在另一方面，與蘇維埃制度相反的另一種烏托邦思想，也顯然破產崩潰。亦即對完全自由經濟的迷信堅持，認爲經濟資源的分配，應該**全部**由毫無限制的市場，與完全開放的競爭決定。因爲唯有如此，方能產生最高效益，不但提供最多的財貨與勞務，且能帶來最大幸福，並是唯一配得「自由」之名的社會形式。事實上如上所述的「完全放任」社會，從來就不曾存在。還好，不像蘇維埃式的烏托邦，在一九八〇年代之前，世上還沒有人試圖建立過極端自由主義的理想國。自由主義的精神，舉短促二十世紀時期，都只是作爲一種原則而存在，乃係針對現存經濟制度的不彰與國家權力的膨脹提出批評。西方國家裡面，以英國的柴契爾夫人政權對此最爲嚮往，一再衝鋒嘗試，及至夫人下台，其經濟之頹勢已爲一般所公認。但是甚至連英國的嘗試，也只敢漸進爲之。待得前蘇維埃社會主義經濟向外求醫診治，西方顧問提出的藥方卻是「震盪療法」(shock therapies)，立刻以「自由放任」的特效藥取代舊制。結果自是慘不忍睹，造成經濟上、社會上、政治上的多方大災難。新自由主義神學所倚賴的理論基礎，徒然好看，卻與實際完全脫節。

蘇維埃模式的不濟，肯定了資本主義支持者的信念：「沒有股票市場，就沒有經濟社會。」而極端自由主義的失敗，卻證實社會主義的看法比較合理：人類事務之重要，包括經濟在內，的確非比尋常，絕不可盡付市場處理。而一國經濟之成功，顯然更與其經濟大家的名望無關❶。不過站在歷史的角度言之，所謂資本主義與社會主義勢不兩立，各爲不能共存的兩個極端，諸如此類的爭執辯論，看在未來世代眼裡，恐怕只是二十世紀意識宗教冷戰的餘緒吧。在三千年紀元的歲月裡，資本主義對社會主義之爭，也許正像十六、十七世紀的天主教及宗教改革者互辯孰爲眞基督教的爭論一般，到了十八、十九世紀，卻全屬無謂的辯論罷。

較之兩極制度的明顯崩潰，最大的危機，卻在於實行中間路線或混合經濟者，同樣亦陷茫然。這一類的政策，主導了本世紀中最予人深刻印象的多項經濟奇蹟。它們以實際手法，配合個別條件及思想意識，結合公有及私有、市場與計畫、國家和企業。但是這裡的問題，卻不在某些高明的知識學理在應用上出了毛病，因爲這些政策的長處，不在學理的周延完整，卻在實際運作的成功——問題的癥結，就出在連這些實際的成果，如今也已遭到侵蝕。危機二十年的出現，證明黃金時代的各項政策也有限制，可是卻找不出他種令人信服的方法取代。同時暴露無遺的，則是一九四五年來，因世界經濟革命，而對社會、文化產生的種種衝擊，以及爲生態帶來的潛在毀滅效果。簡單地說，這一切都足證明，人類的集體建制，已經不能再控制人類行動造成的共同後果。事實上新自由主義烏托邦之所以流行一時，在思想上的吸引力之一，亦即它係以「越過人類集體決定」爲宗旨。讓每一個個人追求他或她的快樂滿足，了無限制阻礙，如此不論結果爲何，必將是所能達成的最佳後果。換作另外任何一條路——這些人竟然主張——效果都將不及這個最佳手段。

如果說誕生於革命年代及十九世紀的意識思想，到了二十世紀末期，發現自己已瀕臨窮途末路；那麼人類最古老的指路明燈，亦即傳統式的宗教，狀況也好不到哪裡去，同樣不能爲世人提出可行之路。西方宗教已陷一場糊塗，雖然在少數幾國——最奇怪的係由美國領軍——隸屬某教堂並經常行宗教儀式，依然爲一般生活的固定習慣(Kosmin/Lachmann, 1993)。總之，新教教派的力量急速下墜，大小教堂，立於世紀之初，及至世紀之末，俱已眾去堂空，於是不是出售，便改做他種用途。甚至如英國威爾斯一帶，這個當初藉新教建立起國家認同的地方，也同樣一蹶不振。而從一九六〇年代始，如前所見，羅馬天主教之衰落更是急轉直下。甚至在天主教享有反抗極權象徵地位的前共產國家，共產敗去之後，此地的羊群也與他處一般，漸有背離牧者遠去的跡象。有些時候，一些宗教觀察家們以為在後蘇聯的東正教地區，捉住了幾許回歸宗教的蛛絲馬跡。可是在世紀末的此刻，這種發展趨勢卻不大可能，缺乏強烈的證據佐證——雖然絕非無稽。各式基督教派的諄諄教誨，不管其佳言美意，願意靜心聆聽的善男信女如今均已減少。

傳統宗教力量的衰亡，並不因戰鬥性強的宗派興起而有所彌補，至少在已開發世界的都市社會中如此。各種新異宗派及聚教眾而居的現象流行，世間男女逃脫他們不再能理解的世界之餘，紛紛投入各種以無理性為最大訴求的怪異信仰；凡此種種，亦不能挽回宗教勢力的流失於萬一。社會上雖然充滿了這一類奇宗異派，但是事實上其群眾基礎卻很薄弱。英籍猶太人當中，只有百分之三至四屬於任何一支極端保守型宗派或團體。美國成人人口裡面，隸屬於好戰式宣教派者也不到百分之五(Kosmin/Lachmann, 1993, pp.15-16)❷。

至於居於邊緣位置的第三世界，情況自然大不相同。不過遠東地區的廣大人口照例要排除在外，因為他們在孔老夫子的傳統教誨之下，幾千年來，即已與正式的宗教無緣——雖然其中不乏非正式的民間宗派。除此而外，在其他的第三世界裡面，宗教傳統，向為其世界觀的骨幹。此時此刻，隨著一般平民亦成主角常客，自然令人以為傳統宗教在這個舞台上的勢力亦應愈發強大。這種揣測，事實上也正是本世紀最後數十年的動態，因為主張並倡導其國家現代化的少數俗家菁英，畢竟只是廣大人民群眾裡的邊緣人士(見第十二章)。政治化宗教的訴求，於是愈發強大，正因為舊有宗教依其本質，便與西方文化及無神富國爲敵。在舊宗教的眼裡，後者不但是導致社會紊亂的觸媒，而且壓榨淩逼窮國日盛。這一類運動在本國境內攻擊的目標，便是那些開著賓士轎車、女子亦皆解放的西化富人階級，這種現象，不啻更添幾分階級鬥爭意味。這群宗派團體，在西方遂以「基本教義派」而傳名（此名其實有誤導作用）。名字也許新潮，論其性質本源，卻來自一個人爲想像的「過去」；在那裡，不再飄迷虛無，一切都比較穩定可靠。但是一來時光不能倒轉，二來（比方說）古中東牧民社會的意識思想，與今日社會的實際問題根本不能掛鉤，因此這類觀念，自然無法發生絲毫啓迪作用。所謂基本教義派的現象，正如維也納機智大家克勞斯對「心理分析」（psychoanalysis）一事所下的註解：「它的本身，正是它所要治療的對象。」

而那一時之間，彷彿熱鬧成一片的口號思想雜燴——簡直令人難以將它們稱之爲意識形態——也陷在同樣萎頓不振的局面裡。它們生長在舊制度舊意識的灰燼之上，正像二次大戰之後，蔓蔓雜草叢生於砲火之後的歐洲各大城市殘垣一般。這便是仇外思想與認同政治的興起。但是拒絕接受那難以接受的眼前，卻無助於現實問題的解決（見第十四章）。事實上隨著新千年的開始，最能接近這類思想的政治手段，亦即威爾遜—列寧式的主張，認爲所謂擁有同質族裔語言文化的民族，應擁有「民族自決權利」，如今卻已淪爲野蠻悲慘的一幕荒謬劇。一九九〇年代初期，許多理性的觀察人士，開始將政治因素排除（除了某些主張民族主義的行動分子）——也許是頭一回開始公開提出——或許放棄「民族自決權利」，此其時矣❸。

知性思考宣告失效，群情卻愈發激烈，這種情形並不是第一次。於是走投無路之下，在這個危機年代，以及各地國家、制度紛紛崩解之際，遂在政治上擁有極大的爆發力量。正如兩戰之間年代的憎恨情緒，曾經造成法西斯思想的猖獗一般；在這個分崩離析的世界裡面，第三世界發出的宗教性政治抗議，以及迫切尋求認同安全感與社會秩序的飢渴呼聲，遂爲某些政治力量提供了茁長的沃土(建立「社區家園」的呼求，習慣上恰與建立「法律與秩序」的呼籲相提攜)。這些力量遂進而推翻了舊有政權，成立了新的政權。然而，正如法西斯亦不曾爲大災難的時代提供解決一般，它們也不能爲新千年的世界提出答案。在短促二十世紀的末了，甚至看不出它們能否組織出全國性的群眾力量，一如當年在法西斯攫得決定性的國家權力之前，即已將法西斯思想捧上政治強權的那股群眾勢力。細數其最大資產，恐怕只在它可以不受那與自由主義形影不離的學院派經濟學的干擾，以及反政府者的滔滔言論罷了。因此，如果政治的氣候決定工業應該收歸國有化，就絕不會有亂議國是的相反意見前來阻擾，尤其是在它們根本不懂這些「胡說八道」有何意義之際。其實，大家都不知如何是好，不論由誰去做，也都不見得比別人更知道該做些什麼。

3

當然，本書作者同樣也不知如何是好。不過，某些長期的發展態勢極爲明確，在此可就其中幾項問題略作陳述，至少，也可以尋索出可能解決之道的條件所在。

長期而言，未來兩大中心議題將是人口及生態。世界人口自從二十世紀中期以來，即已呈爆炸性的成長，一般認爲，將於二〇三〇年左右在百億邊緣穩定下來，亦即一九五〇年人口總數的五倍。主要的緩慢因素，將來自第三世界出生率的降低。如果這些預測爆出冷門，世人對未來所做的一切賭注估計都將出差錯。但是即使這個推算大致不離譜罷，屆時人類也將面對一個歷來不曾面臨的全球性大問題：亦即如何維持世界人口穩定。或者更可能的情況是，如何保持世界人口在一定級數的上下，或以一定趨勢稍許增減（至於全球人口劇降的情況，雖然不大可能，卻非完全不能想像，「不過」將會使問題更加複雜）。然而，不管人口是否穩定，世界人口必然繼續向外遷移，使得不同區域之間已有的不均衡狀態愈形惡化。總的來說，未來也將如短促的二十世紀時期一般，已開發的富國，將是人口首先達到穩定的國家，甚至還會趨於減少。即如一九九〇年代之際，已有數國出現這種現象。

若以薩爾瓦多或摩洛哥的標準而言，那麼富國中的男女，人人都稱得上是有錢人家。擁有大量年輕勞力的窮國國民，必在富有世界中共爭那卑微工作。後者則長者日增，孩童日少，勢將在㈠大量開放門戶歡迎移民，㈡於必要時高築柵欄防範移民（長期而言此舉可能不切實際），或㈢另謀他法之間作一選擇。最可能的途徑，也許是頒授暫時性的工作許可，及有條件的移民，不授予外來者以公民的社會及政治權利，亦等於創造出一個根本上不平等的社會。這種安排，從乾脆表明態度的南非、以色列兩國的「隔離政策」（這種極端的狀況，雖然在某些地區日漸減少，卻尚未完全由地表失蹤），一直到非正式的容忍移民（只要他們不向移入國有所要求），情況不一。因爲這些勞動性的移民，純係將此地視爲不時前來工作掙錢之處，基本上仍以本國本鄉爲立根之地。二十世紀後期交通運輸進步，再加上貧富國家之間收入懸殊，這種住家與就業兩地分別並行的現象遂愈可行。長此以往(甚至就中期而言)，本地居民與外來客之間的摩擦是否因而更巨，未來發展仍未可知，將在永遠的樂觀者與幻滅的懷疑者之間，成爲爭辯不休的題目。

這類分歧，勢必於未來數十年之間，在各國政治及國際政治上扮演重大角色，自是無庸置疑。

至於生態問題，雖然就長期而言具有決定性的力量，卻沒有立即的爆炸作用。這個說法，並無小覷生態問題重要性的用意——不過自生態一事於一九七〇年代進入公共意識及公眾議論的領域以來，世人確有以末日立即臨頭的口吻來討論的錯誤傾向。然而，雖說「溫室效應」也許不會使西元二千年際的海平線，升高到足以淹沒孟加拉及尼德蘭全境的程度；而地球上每天每日，物種不知死多少的狀況也非沒有先例可循，但是這並不表示我們就可以高枕無憂。一個如短促二十世紀般的經濟成長，如果無限期地延續下去(假定有此可能)，對這個星球的自然環境，包括身爲其中一部分的人類而言，勢必造成無可挽回的災變。它不會使這個星球毀滅，也不會使其完全不可棲息，但是一定會改變這個生物圈內的生命形態，甚至有可能不適合我們今天所知的人類，以任何接近今天人數的狀況繼續居住。更有甚者，現代科技愈發加速了我們這個物種改變環境的能力，因此就算我們假定改變的速度不再加快，剩下能讓我們尋找對策的時間，也將只能以數十年而非數百年計了。

生態危機的腳步接近，究竟有何對策可行？關於這個答案，只有三件事可以肯定。第一，必須是全球性的努力，而非局部性的方案。當然，個別而言，如果全球汙染的最大製造者——亦即那僅佔全球人口百分之四的美國人——能夠將他們消費的油價提高到合理的程度，也許可以爲挽救地球的工作，多爭取一點時間。第二，生態政策的目的，必須「徹底」與「合理」雙管齊下。而藉諸市場性的解決，如將皮相的環境成本，加入消費者財貨與勞務的價格之內，便是既不徹底亦不合理的做法。美國之例可證：甚至稍微增加一點能源稅，都足以掀起軒然大波，引發成無可克服的政治阻力。一九七三年來的油價紀錄亦可佐證，在一個自由市場經濟的社會裡面，六年之間，能源成本暴增十二至十六倍的程度，也不足以減少能源的使用，卻只能使它的使用更有效率而已。同時反更鼓勵其他一些在環保上效果可疑的新能源——如化石燃料(fossil fuel)的投資。這些發展，勢將再度造成油價的下降，並鼓勵更多浪費。而在另一方面，種種諸如零成長世界的擬議——更遑論返璞歸眞，人類與自然共生的諸般幻想——也都根本不切實際。在目前這種狀況之下，所謂的零成長，勢必凍結各國之間已存有的不平等現象。瑞士一般居民自然可以忍受，印度的普通老百姓卻無法同做此想。難怪支持生態論調的主要來源，多係富有國家，以及所有國家之中那生活優渥的有錢人及中產階級(除了那些靠汚染賺錢的生意人例外)。而貧窮國家，人口繁增，普遍失業，自然要更多更大的「開發」了。

但是不論富有與否，支持生態政策絕對正確。就中期而言，開發成長的速率應該限制在「足以存活」的層次——不過這個名詞已經好用到無甚意義了——而自長期著眼，在人類與其消耗的(可更新的)資源，及其活動對環境產生的效果三者之間，必須找到一個平衡的立足點。但是沒有人知道，也沒有人敢推測，到底該如何達到這個目的？以及在何等的人口、科技與消費層級上，方可達成這項平衡？科學的專門知識，自然可以爲我們打造出避免那不可挽回的危機之鑰，可是此中平衡的建立，卻不屬科學與技術範疇，而是政治與社會議題。然而有一事絕對無可否認，一個建立在以無限謀利爲職志，並以彼此競爭於全球性自由市場爲手段的經濟事業之上的世界經濟，勢必與平衡與保育的理念不協。從環保的角度言之，如果人類還想要有未來，危機二十年式的資本主義就將沒有前途。

4

其實單獨而言，世界經濟的問題並不嚴重。若放手任其爲之，世界經濟必然繼續成長。如果康氏長周期理論出現任何波動（參見一二八頁），也必定是因爲世界再度於千年之末以前，進入了一個繁榮擴張的歲月。雖然這份繁榮，短期內將因蘇聯社會主義的解體餘震、世界部分地區陷入無政府的亂戰現象，以及世人過度投入全球自由貿易的無限熱情（對於此份幻想，經濟家似乎比歷史家要不切實際甚多）而暫時受挫。不過，經濟擴張的前景極其無限。我們在前面已經看見，黃金時代，基本上是「已開發市場經濟」的大躍進，這個經濟區域，亦即大約有六億人口居住的二十個國家（一九六〇）。全球國際化與國際生產的重新分配，將繼續促使世界六十億人口中的其餘大多數邁進全球經濟的領域。此情此景，相信連最悲觀的人士也得承認，企業的前途極爲光明。

但是其中卻有一大例外，亦即在貧富國家之間，差異的鴻溝不但日漸加深，而且無可反轉。這種貧富差異深化的現象，且因一九八〇年代加諸第三世界的重大打擊，以及前社會主義國家步入貧窮而愈形加速。而第三世界的人口成長始終不曾大幅滑落，這道差距看來好像只會有增無減。根據新古典經濟學派的理論，無限制的國際貿易，將使貧國與富國的距離逐漸接近；這種想法，不但與歷史事實正好相反，也不合一般常識判斷❹。一個建立在不平等愈爲深化的世界經濟體系，未來頭痛的問題只有日深一日。

經濟的活動，絕不能自外於它的大環境及它造成的後果而獨立存在。我們在前面已經看見，二十世紀後期的世界經濟，共有三大層面值得世人提高警覺。其一，科技不斷進步，愈使人類勞動力脫離財貨及勞務的生產過程，卻不曾爲這些被遺棄的勞力，提供足夠或類似的工作替代；也無法保證一定的經濟成長，足以吸納這些餘下的人工。黃金時代曾出現於西方的全面就業，如今甚至連短時間的回復也無人敢予預期。其二，人力雖然依舊是一大生產主力，經濟的全球化卻使工業中心開始轉移，由勞工成本昂貴的富國，移向在其他條件相同之下，卻擁有廉價勞力爲其最大優點的國家。於是遂造成以下諸端後果：工作由高工資地區轉向低工資地區；同時高工資地區的工資(基於自由市場運作的原則)，亦在全球工資市場的競爭壓力之下跌落。舊有的工業國如英國，只好也跟上廉價勞力的路子，卻在社會上帶來爆炸性的後果，以致無法在這個基礎上與新興工業國家競爭。歷史上諸如這一類的壓力，通常係由國家採取行動抗衡，如舉起保護主義大旗。然而，這正是世紀末世界經濟的第三項隱憂，亦即由於世界經濟的繁榮勝利，以及純粹自由市場意識的高舉，使得因經濟變動而產生的種種社會衝擊，不復有有效的工具予以處理，至少，也減弱了處理的力量。世界經濟，遂成爲一具力量日漸強大卻無法控制的發動機。這具引擎究竟能否控制？即或能夠，又由誰來控制？

這個現象，自然同時帶來了社會與經濟的問題。在某些國家裡面（如英國），其直接嚴重的程度，顯然更甚另外一些國家（如南韓）。

黃金時代的經濟奇蹟，係以「已開發市場經濟」實質收入的增高爲基礎，因爲大量消費的經濟，需要大批擁有足夠收入的消費者，消化高科技的消費耐久品❺。在高工資的勞工市場裡面，這類收入多屬勞動性的工資所得，而如今這筆收入面臨威脅，經濟對大量消費的倚賴卻更甚往昔。誠然，在富有國家的消費市場裡，其勞力已因由生產性工業移向第三類行業而形穩定——第三類行業的就業情況，一般而言亦較少變動——而移轉性收入的大幅增加（多數係社會安全暨福利收入），對消費市場的穩定亦不無貢獻。以上收入，約佔一九八〇年代後期西方已開發國家國民生產毛額總值的三成；回到一九二〇年代，卻僅不到百分之四（Bairoch, 1993, p.174）。此中變化，也許可以解釋當一九八七年華爾街股市大幅滑落之際，雖係自一九二九年以來的最大一次，卻不像一九三〇年代的那樣，造成了世界資本主義的重大蕭條。

然而，就連上述這兩項提供安定作用的收入形式，如今也正面臨破壞之中。隨著短促的二十世紀步入尾聲，西方政府及「正統」經濟學派開始一致同意，公共社會安全與福利的負擔太重，必須予以削減。在此同時，在第三類就業中向來最爲穩定的幾項行業裡面，大規模的人事縮減亦成家常便飯——如公家機關、銀行金融，以及就科技而言屬於重複多餘的大量辦公室型工作等等。不過對於全球性經濟而言，一時將不致造成立即威脅——只要舊市場的相對萎縮，可以由世界其餘地區的擴張相對彌補即可。或者說，從全球觀點而言，只要實質收入增加者的人數，其成長率始終超過其餘人口即可。用更殘酷的口吻點明，如果全球經濟可以無視一小群貧窮國家，逕將其列爲無關大局的經濟末節，那麼，它自然也可以視本國境內的窮人如敝屣不顧，只要那些值得看重的消費者人數夠大夠多即可。自企業經濟觀及公司會計學的高台鳥瞰下顧，誰需要那佔美國人口的百分之十，自一九七九年來實質鐘點收入直線下降幾達百分之十六的一群？

從經濟自由主義隱含的全球角度再度觀之，不平等的成長現象根本無關緊要——除非可以在全球的層面之上，顯示出負面多於正面的總體效果❻。從這個角度觀察，只要成本比較的結果許可，就經濟而言，法國便沒有理由不全面停止農業生產，而改向國外全面進口糧食。同樣的，只要科技及成本效益可行，也沒有理由不把全世界的電視生產，一律搬到墨西哥城製造。但是這種觀點，自然不能被此身同在「國家」經濟及「全球」經濟範疇之下生存的世人（亦即所有國家的政府及其境內居民）全盤接受。其中最大的原因，自是我們無法規避世界性變亂造成的社會政治後果。

不論這一類問題性質爲何，一個毫無限制，且無法控制的全球自由市場經濟，顯然不能爲它們提出解答；更有甚者，它極可能使得永久性失業及成長低落的現象愈形惡化。因爲一切以理性從事，專事追求利潤的公司企業，選擇途徑無他，自然是㈠盡可能裁減人員，要知道人事費用可比電腦昂貴多了；㈡盡可能削減社會安全稅負（或其他任何稅負）。全球性的自由市場經濟，同樣也不可能解決以上問題。其實直到一九七〇年代以前，不論係國家或世界資本主義，從未在完全自由開放的情況下運作一日——即使有過，也不見得曾經從中獲益。即以十九世紀爲例，就可以舉出一點質疑：當時眞正的狀況，「恰好與古典模式相反：自由貿易，與不景氣及保護主義同時發生，或者說，前者可能正是造成後兩項發生的主要因素。而最後一項，恐怕也正是今日多數已開發國家之所以能有今日開發程度的主因。」(Bairoch, 1993, p.164)至於二十世紀的經濟奇蹟，更非遵循「自由放任」所致，根本係反其道而行之。

因此，主導了一九八〇年代，並在蘇聯系統倒閉後達於意識自我滿足高峯的經濟自由化及「市場化」高調，事實上不能久續。一九九〇年代初期，世界經濟爆發危機，加以所謂「震盪療法」在前社會主義國家的實行一敗塗地，已經令許多前此興奮相隨者進行再思——一九九三年際的經濟專家顧問，竟宣稱「也許馬克思畢竟沒錯？」這種話在以前誰能料到？然而，回歸現實的道路上，卻又遭遇兩大阻礙。其一係缺乏重大的政治威脅，如共產主義及蘇聯集團，或如納粹之攫取德國政權在當時造成的重大危機。這一類的威脅，本書已經一再顯示，都是促使資本主義進行自身改革的重大促因。然而，如今蘇聯已然倒閉，工人階級及工人運動亦日趨沒落解體，第三世界在傳統戰爭中的軍事意義低微，以及已開發國家的眞正貧人，已經貶落而成少數的「下層階級」身分——凡此種種，都減低了主動改革的刺激。而極右派運動氣燄高張，前共黨國家境內對舊政權傳人的支持意外地幽靈復活，亦不啻世界的一大警訊。及至一九九〇年代，此中的警告意味更濃。其二，係全球化的過程本身，在國家保護機制的解體之下愈發強化。全球化的自由經濟體系，被得意地喻揚爲「財富的製造場，……被舉世視爲效果最宏巨的人類一大發明。」可是論到這項偉大發明的社會成本，其中的犧牲者卻不復有往日的國家手段保護了。

但是《財經時報》(*Financial Times*)的這同一篇社論，卻也同時表示(24/12/1993)：

然而，這股力卻有其不完美處……在快速的經濟成長之下，全球三分之二左右人口從中所得的益處卻很低微。甚至在已開發的經濟地區裡面，收入最低的四分之一人口，也不見利益涓滴下流，反見財富不斷向高處回流。

隨著新千年的腳步日進，眼前的第一要務愈爲明顯。我們沒有時間再對著蘇聯的殘骸幸災樂禍了。世人應該重新考慮：資本主義內在的缺陷究竟爲何？對症下藥，應當從何下手爲是？而缺陷若去，資本主義體系是否仍將恢復本來面目？正如美籍捷克裔經濟學家熊彼得（Joseph Schumpeter）曾經指出，資本主義的循環波動現象，「不似扁桃腺，可以單獨分離個別處理。相反地，卻如心跳，正是表現心跳徵候的機體的本質所在。」(Schumpeter, 1939, I, v)

5

蘇聯系統垮台了，西方評論家的立即反應，便是此事證實了資本主義及自由民主政治的永久勝利。但是在資本主義與自由民主政治之間，兩項觀念的分野卻常爲北美某些淺薄的世情觀察家所混淆。誠然，在短促二十世紀的末期，資本主義的體質固非處於最佳狀態；但是蘇式的共產主義，毫無疑問更已壽終正寢，回生乏術。但是在另一方面，自由民主政治的展望，卻不能與資本主義相提並論，但凡處於一九九〇年代初期的嚴肅觀察人士，都不能對它抱持同樣的樂觀態度。最大的指望，也只能稍帶信心地預測：就實際而言，世上各國（也許那些受神明啓示，堅持基本教義路線的國家得除去不計）都將繼續宣示全力擁護民主、舉辦某種形式的選舉、並對那些有時純屬理論性的反對意見予以容忍。在此同時，則大力粉刷門面，將它們各自的表飾加諸自由民主一詞的意義之上❼。

當前政治局勢的最大徵候，其實正是各國政局的不穩定。在絕大多數國內，現有政權能否安度未來的十或十五年，依最樂觀的估計，情況都不大可靠。甚至連相對之下，政府制度及政權移轉較爲穩定的國家，如加拿大、比利時，或西班牙，未來十或十五年內，它們能否依然保持其單一國家地位，亦成一大問號。其未來繼起政權的性質形式——若有任何繼起政權——也因此不能肯定。簡單地說，政治這門學問，「未來學」很難有用武之地。

不過全球政治景觀之上，卻有幾項特徵極爲突出。其一，正如前面已經指出，是爲民族式主權國家的衰頹。民族國家，乃是理性時代以來主要的政治建制，它的成立，一方面透過國家對公共權力及法律的壟斷，一方面則因爲就多數目的而言，它也是政治行動有效的行使場地。民族國家地位的銷蝕，來自上下兩項因素。在上而言，它的權力功能，正快速地讓與各種超國家級的組織機構。另一方面，亦由於大型國家及帝國的紛紛瓦解，小國林立，在國際無主的亂陣中缺乏自衛能力之故。而在國境之內，各國也逐漸失去對國事的傳統獨霸權力，私有保全及快遞服務的興起，在在證明原本普遍由國家級部會負責的事務，正大權旁落至民間手中。

不過這些發展，並未使國家成爲多餘或無效的一項存在。事實上就某些方面而言，在科技的相助之下，國家對個人的監督控制能力反而加強。因爲所有財務、行政事項、大小銀錢出入（除了小筆現金交易之外），可能都有電腦忠實記錄；而一切通訊對話（除了在戶外當面交談），也可以予以攔截記載。但是儘管如此，國家的形勢已經變了。本來自從十八世紀以來，一直到二十世紀的下半期爲止，民族國家的管轄範圍、勢力、功能，莫不持續擴增。這是「現代化」不可避免的主要特徵。不論個別政府的性質爲何——自由、保守、社會民主、法西斯，或共產黨——在現代化大勢攀於高峯之際，「現代」國民的生活種種，幾乎俱由本國政府的「所爲」或「所不爲」全面操縱（除了在兩國衝突之際，局勢就非本國政府單方面所能控制了）。甚至連全球性力量造成的衝擊，如世界經濟的興衰大勢，亦經由政府決策與建制的過濾方才及於民眾❽。然而及至本世紀末，民族國家卻開始被迫改取守勢，去面對一個它不再能控制的世界經濟；面對它自己一手創立，以解救本身國際弱勢的超國主體，如歐盟組織；面對財政上日漸明顯的無能爲力，再不能給予其公民區區幾十年前，猶能信心十足提供的各項服務；更有甚者，面對它再也無法依據它自己的標準，去維護公共法律及社會秩序的窘境，而這些正是它之所以存在的主要功能。當年在國家權力蒸蒸日上的年代，它將如此眾多的功能大包大攬，集於一身，並爲自己設下如此雄心目標，維持絕對的公共秩序與控制。昔日何等風光，與今天的落魄衰頹兩相對照，愈使其無能爲力的痛苦加重。

然而，世人如要向市場經濟造成的社會不平等及環境問題挑戰，國家及政府——或其他某種代表公共利益的公權力形式——就愈發不可缺少。或如一九四〇年代的資本主義改革所示，如果經濟體系打算繼續差強人意地運行下去，國家的存在更不可少。若無政府機制在上，對國家所得進行配置及重分配，(比方說)舊有已開發國家內的人民將落於何種下場?它們的經濟，全繫於一個所得者日益稀少的基礎之上。緊夾在這群有限所得者的兩邊，一邊是人數益眾、不再爲高科技經濟需要的勞動人口；一邊是人數亦同樣膨脹、卻不再有工作收入的年老公民。當然，若說歐盟組織的民眾，在其每人收入總值平均於一九七○至一九九○年之間躍升了百分之八十的條件之下，卻於一九九○年之際，「供不起」他們在其一九七○年視爲當然的收入及福利水準，此話自是虛妄(World Tables, 1991, pp.8-9)。但是這種局面，若無國家居間，絕無可能存在。假定——並非全無可能——目前的趨勢繼續下去，到達只有四分之一的人口工作有得，其餘四分之三則全無入息的狀況，如此這般二十年後，經濟發展也足以產出雙倍餘以往的全國收入總值。在這種情況之下，除了公權力外，誰會且誰能保證，全民皆有保障，至少可擁有最低限度的收入及福利?誰能夠力抗那在危機二十年中，如此顯著，急趨於一方的不平等大勢?根據一九七○及一九八○年代的經驗判斷，馳援來救者絕非自由市場。如果那些年的教訓帶給世人任何證據，那就是世間最大的政治課題——自然包括已開發的世界在內——不在如何擴增國家財富，卻在如何分配財富，以利人民福祉。分配的課題，對急需更多經濟成長的「開發中」國家更爲重要。巴西，就是忽略社會問題後果的最大例證。一九三九年際，巴西的平均國民所得幾爲斯里蘭卡的兩倍半；一九八○年代結束之時，更高達六倍有餘。可是斯里蘭卡的居民,在主食補助及免費的教育醫療之下(直到一九七九年末期)，其新生兒的平均預期壽命，卻比巴西高出數年;它的嬰兒夭折率，於一九六九年也僅有巴西半數，一九八九年更減爲巴西三分之一(World Tables, pp.144-47, 524-27)。若比較兩國的文盲人數，一九八九年際，巴西更幾達亞洲這個島國的兩倍。

社會財富的分配，而非成長，勢將主導著新千年的政治舞台。非市場性的資源配置分派——或至少對市場性配置分派予以毫不留情的限制——是防止未來生態危機的主要途徑。不管採取哪一種手段，人類在新千年裡的命運前途，端在公權力的重新恢復。

6

於是我們便面臨著一個雙重難題。決策權力單位的性質、範疇——無論係超國級、國家級，國家以下次級，或國際級的權限，單獨運作或聯合行之——此中分際究竟爲何？與其決策所關乎的民眾之間，又將屬何種關係？

第一個問題，就某種角度而言，係一種技術性的問題。因爲公權力的機構早已各就各位，而且它們之間的關係模式，在原則上也早已存在。不斷擴張之中的歐盟組織，即爲這方面的議題提供了許多材料，雖然就國際級、超國級、國家級，以及國家以下次級單位組織之間彼此的實際分工而論，任何特定的建議、方案，必然爲某人某國所憎恨抵制。現有的國際權力機構，其功能顯然太過專門，即使它們也試圖伸張權限，對上門借錢的國家強制其政治或生態主張。可是歐盟這個組織，恐怕將持續其只此一家、別無分號的獨特地位，因爲它是歐洲歷史情境之下的特殊產物，除非在前蘇聯的殘垣斷片之中，會重新組成某種類似的整合組織。除此之外，一般超國級決策的進展速度固會增加，其速卻無可預測，不過我們可以一窺其可能的運作狀況。事實上，它早已經在運轉之中，經由大規模國際貸款機構的全球銀行經理人，代表著最富國家資源的寡頭集合，剛巧也包括了世上最強盛的國家。隨著貧富之間的差距日增，行使這一類國際權勢的範圍也似乎更爲擴大。頭痛的問題卻出在這裡：自一九七〇年代以來，世界銀行及國際貨幣基金這兩家擁有美國政治後台支持的國際機構，開始有系統地鍾情於符合自由市場「正統」學說、私有企業，以及全球自由貿易的經濟政策。不但正合二十世紀後期美國的經濟口味，而且也甚有十九世紀英國的經濟風格，可是卻不見得切合世界的眞正需要。如果全球性的決策作業欲發揮其潛在功能，這一類偏頗政策勢非有所改變不可。然而短期之內，卻不見有這種可能。

第二個問題，卻與技術性的處理無關。此中問題所在，係出於値此世紀之末世界所面臨的兩難之局。今日的世界，一方面致力於某種特殊品牌的政治民主，同時卻又碰上與總統及多黨選舉無關的根本政策難題——即使這類選舉不曾使問題更形複雜亦然。已過的這個世紀，是一個凡「夫」俗「子」的世紀——至少在女性主義興起之前係如此——因此概括地說，這個難題根本便是身在其中者的兩難之局。這是一個政府可以——有人會說，一定得——爲「民有」、「民享」的時代；可是卻又是一個在實際作業層次上，完全無法交由「民治」的年代，甚至不能由那些經由競選選出的代議會來治理。這種爲難矛盾，其實由來已久。自從全民投票政治逐漸成爲常態，不僅僅爲美國一國特有以來，民主政治的難處（本書在前已經有所討論）即已成爲政治學者及諷刺家熟悉的題目。

然而民主的困局，現今卻變得愈形尖銳，一方面係由於在民意調查的時時監看，以及無所不在的媒體刻刻煽風點火之下，輿論變成上天下地，無可逃遁之事。另一方面，則由於公家當局需要做出更多的決定，卻非區區民意輿論可以爲其指點方向。經常的情況是，它們可能得做出爲大多數選民所不喜的決定，而各個選民，則出於私人原因予以反對，雖然在總體上，他們也許認爲這些決定有益全體。因此到了世紀之末，某些民主國家的政治人物便得到一個結論：任何主張加稅的提議，無異是在選票上的自殺。選舉，遂成爲參選人競相對財政漫天扯謊的舞台。在此同時，選民與國會——包括絕大多數投票人及當選人在內——卻得時時面對外行人根本不具資格發表意見的決定：比方說，核能發電的何去何從。

不過甚至在民主國家裡面，也有過民眾與政府的目標一致，政府享有合法地位並擁有人民信託的時刻，雙方和衷共濟，擁有強烈的禍福與共感：如二次大戰期間的英國軍民即是。除此之外，也有過其他時候，由於狀況特殊，遂使政壇大敵之間產生基本共識，讓政府放手而爲，追求眾人皆無基本歧異的政策實現：如黃金年代的西方國家即是。而政府也常常需要仰賴專家意見，這類意見係外行的行政當局所不可少。當這些科技顧問開口之際，只要口徑一致——或至少同多於異——政策上的爭議往往得以減縮。只有在專家學者意見分歧之時，外行的決策者才陷入黑暗，彷彿陪審團碰上檢辯雙方分別召來心理專家作證一般，兩方莫衷一是，只有胡亂摸索。

但是我們也已看見，危機的二十年，破壞了政治事務的共識，以及一向以來爲知識界共知共認的眞理，尤其在那些與政策制定相關的學科裡面，更是如此。至於全民攜手，軍民一體，站在政府背後共赴國艱的光景（或反過來政府與人民強烈認同），到了一九九〇年代也變得極爲稀有。誠然，世上的確仍有許多國家的人民，認爲一個強力、活躍、負有社會責任、配得某種自由行動程度的大有爲政府乃勢不可缺，因爲它的任務係求全民福祉。不幸的是，在世紀末的今天，眞正符合這種理想的政府卻很少見。即或有，卻多出在以美國式個人至上爲立國典型的國家，並不時爲訴訟糾紛及政黨酬庸式的輸送利益所污染。更多國家的政府，則軟弱或腐敗到人民根本不期待它能爲公共福祉有所建樹的地步。這一類國家往往在第三世界屢見不鮮，不過正如一九八〇年代的義大利，在第一世界也非聞所未聞。

因此，所有的決策者中，最不受民主政治頭痛問題干擾的便是以下諸端了：私營大企業、超國級組織當局——非民主政權自然也包括在內。在民主政治的體制裡面，決策過程很難不受政客插手，唯一的例外，只有在某些國家裡面，中央銀行的行動總算可以逃其掌握（一般可眞希望這種例子也能在他處如法炮製）。不過越來越普遍的狀況，卻是政府先斬後奏，盡量繞過選民或議會的途徑；或者做了再說，造成既成事實，讓前者去頭痛是否推翻定局的難題。因爲民意難測，且又分歧不一，更常有遲鈍惰性，因此或者就此輕騎過關也未可知。於是政治愈發成爲規避逃遁的手法，因爲政治人物豈敢說出逆選民之耳的建議。更何況冷戰結束，政府再不能輕易以「國家安全」爲藉口從事祕密行動，因此這種規避隱晦的策略，想當然爾將會愈發流行。甚至在民主國家，越來越多的決策體也將脫離選票掌握，唯一留下的間接聯繫，只有任命這些單位的政府本身，當初總算是由選民選出而已。政府權力的中央化和集中化，如一九八〇年代及一九九〇年代初期英國的所爲，更有增加這類不需聽從選民意志行事的特別任命單位的趨勢——渾稱「類非官方機構」（quasi nongovernmnet organization, quango)，甚至連權限分立不曾有效確立的國家，也發現這種悄然鏟除民主的伎倆甚爲方便好用。至於如美國之類的國家，此舉更不可缺。因爲在體制內行政立法天生分立之下，若循正常途徑——除了幕後協商之外——有時根本不可能做成任何決議。

及至本世紀末，甚多選民已經決定放棄政治，乾脆讓「政治階級」(political class) 去爲國事操心——「政治階級」一詞，似乎源於義大利。這些政治階級，彼此互相研讀對方的講辭、評論，是一群特殊利益的職業政治人、新聞從業者、政治說客，以及其他種種在社會信任度調查中敬陪末座的職業中人。因爲對多數人而言，政治過程與其根本毫不相干，最多只對個人生活有些影響而已。而且在此同時，生活的富裕、生活空間及娛樂形式的私人化、再加上消費者的自我本位，已經佔滿了一般人日常的生活內容，遂使政治變得愈發不重要與無趣。而另外有一些選民，發現從選舉中一無所得，也斷然決意棄政治而去。一九六〇至一九八八年間，前往美國總統大選投下一票的藍領工人比率，跌落了三分之一 (Leighly, Naylor, 1992, p.731)。此外，由於組織性群眾政黨的衰落——不論係階級或意識形態取向——將匹夫匹婦轉爲熱情政治公民的大動力遂亦從此告終。對於多數百姓而言，如今甚至連那種與國家認同的集體意識，也已改頭換面，得藉由全民性的運動、球隊，或種種非政治性的象徵來號召，其所能贏取的向心力遠比國家機制爲大。

也許有人會想，如此一來，民眾的政治熱情既失，當局應該無虞掣肘，大可放手制定政策才是；事實上效果剛好相反。剩下來繼續熱心鼓吹的人士——有時也許係出於公共福祉，更多時候卻是爲了個別群體利益——對政府的掣肘程度，不下於一般性目的的政治黨派，有時甚至可能更甚。因爲壓力團體與一般性政黨不同，它們可以個別集中火力，專注在特定的單一目標之上。更有甚者，由於政府有系統地採取迴避選舉過程的手段，愈發擴大了大眾媒體的政治功能。媒體深入每一家庭，在公共事物與一般男女老少之間，提供了到目前爲止最爲有力的傳播工具。媒體無孔不入的能力，對當政者希望保持沉默的話題挖掘報導不遺餘力，同時亦給予一般大眾發表其感想，發洩其感情，一吐在正式民主管道設計中不能暢所欲言的心聲的機會。媒體，遂因此成爲公共事務舞台上的要角；政客利用它們，也顧忌它們。科技的進步，愈使得媒體的威力難於控制，甚至在高度獨裁的國家亦然。而國家權力的沒落，更使得非獨裁國家對媒體力量難以壟斷。隨著本世紀的結束，媒體在政治過程中的地位，顯然比政黨及選舉系統更爲重要，並極有可能如此持續下去——除非政治之路突然轉彎，遠離民主而去。然而媒體對抗政府祕密政治的效果固然宏大，卻絕非實現民主政體精義的手段。

媒體、全民選出的代議機構、甚至連「人民」本身，都無法以「治理」一詞的實際意義進行「治理」。而在另一方面，擁有「治權」的政府，或任何從事公共決策的類似形式體，卻也不再能反民意或無民意而行之，一如人民也無法反政府或無政府而生存。不管好或壞吧，二十世紀的凡夫俗子，勢將以集體勢力的角色留名青史。除去神權式的政府之外，每一個政權，如今都得向人民處取得其權力來源，甚至連那些大規模凌虐殘殺本國百姓的國家也不例外。一度流行的「極權主義」稱謂，即意謂著民粹主義的觀念。因爲如果「人民」的想法無關緊要——亦即他們對那些假其名統治他們者做何感想一事——又何必麻煩「人民」去思索其統治者認爲恰當的看法呢？對老天、對傳統、對上級，甘心服從，社會上階級分明，政府從中獲取百姓一體遵從的時代，已經漸成過去式了。甚至連伊斯蘭的「基本教義派」政權，目前最興旺的神權政治，也不是以阿拉的旨意行之，而係在普通百姓大量動員，向不受歡迎的政府進行抗爭之下方才獲得。不論「人民」是否有權選出自己的政府，「人民」力量對公眾事務的干涉能力——不論主動抑或被動——都扮演著決定性的角色。

事實上，正因為遍數二十世紀史，無比凶殘的暴政層出不窮，欲以少數勢力強加多數的事例亦歷歷俱在——如南非的隔離政策——更證明威權壓迫力量的有限。甚至連最無情、最殘忍的統治者，也警覺到徒有無限大權，並不能取代政治資產及權力技巧：亦即公眾對政權當局的合法認同意識，相當程度的主動支持，以及統治者的決策治理能力。此外，人民並需有服從意願——尤其於危急之刻——這種意願一旦消失(如一九八九年間的東歐)，政權便只有下台一途，雖然它們仍然擁有政府中文武及特勤單位的全面擁護。簡單地說，正與表面的現象相反，二十世紀的歷史告訴我們，一個獨裁者盡可以在有違「全體」民眾的情況下掌權「一段」時間，或在違反「部分」民眾之下「永久」掌權，卻不能「永久」地違反「所有」民眾。誠然，對處在長期被壓迫狀態下的少數弱勢者，或那些遭受了一代以上普遍苦難的可憐人而言，這種真相並不能帶來任何安慰。

這一切，不但不能答覆早先提出的問題，亦即在決策者與人民百姓之間，關係究應為何？相反地，反而愈發增加尋找答案的難度。有關當局的政策，必須考量人民的愛憎(或至少多數公民的意願)——即使它們的目的，事實上並不在反映民意。在此同時，它們卻也不能單憑民意便制定方針。更有甚者，那些不受歡迎的政策，若在一般大眾身上實行起來，比強加於「有力群體」更要難上三分。

命令少數幾家巨型汽車公司遵守硬性規定的排氣標準，可比說服數百萬駕駛人減半其耗油量容易多了。歐洲每一家政府也都發現，將歐盟未來的前途交諸選民之手，成算必然不佳，至少難於測度。每一位觀察世局的有心人也都知道，步入二十一世紀的初期，許多勢在必行的決策都必將不受歡迎。也許只有另一個繁榮進步時代的再臨——如本世紀的黃金時代——才能減低這種箭在弦上的壓力，軟化人民大眾的心情。可是不論是回歸一九六〇年代的繁華，或危機二十年社會文化緊張不安狀態的放鬆，依目前看去都不甚可能。

如果全民投票權依然是普遍的政治原則——看來應該如此——世人似乎便只有兩項選擇。凡在現有決策過程尚未離逸政治軌道的地方，遲早都會避開選舉，繞道而行——或者說，擺脫那因選舉而不斷進行的對政府的監督。有賴選舉產生的機構，行事也會越來越形隱晦，躲躲藏藏，如同烏賊一般，在濃濁黑暗的瘴氣之後，混淆一般選民大眾的視聽。而另外一項選擇，即是重新建立共識，容許當局擁有適量的行動自由，至少在眾多公民不致感到不適的範圍之內行事。其實這種政治模式，自十八世紀中期拿破崙三世以來，已有先例可循：經由民主選舉，為人民選出一位救主，或為國家選出一個救國政權——亦即「國民投票表決式民主」(plebiscitary democracy)。這種政權，不一定經由憲法執政，可是若在旗鼓相當的候選人競選之下，透過一場誠實合理的選舉確認，並容許某些反對聲音的存在，確可以合乎世紀末民主合法政權的標準。不過這種方式，卻對自由主義式國會政治的前景缺乏鼓勵。

7

作者一路寫來，並不能爲人類提出解答。世人能否解決、如何解決千年末面臨的問題，此處並沒有答案。本書或許可以幫助我們認識我們面臨的問題爲何，解決的條件何在；卻不能指出這些條件已經具備幾何，或有幾分正在醞釀之中。本書提出的討論，也可以讓我們恍然我們所知何其有限，以及本世紀擔負決策重任諸人的認知何等貧乏（已過種種，尤其是本世紀下半期發生的諸般情事，他們事先幾乎毫無所知，更遑論有所預測）。更進一步，亦證實了許多人早已疑心的事實：所謂歷史——在其他許多更重要的事情以外——乃是人類罪行與愚行的記錄。我們只能記錄，卻不能預測。預言，一點用處也沒有。

因此，本書若以預測結束，自是愚不可及。發生於短促二十世紀的地殼變動，已經使得世事難以辨認；而目前正在發生的種種變相，愈將使其更難釐清。妄做揣測，豈非癡人說夢！依照眼前的情勢看來，似乎比一九八〇年代更令人感到前途黯淡。而當時作者正以下面的一段話，結束對「漫長十九世紀」歷史三部曲的長卷論述：

> 二十一世紀的世界，將是一個比較美好的世界；此中證據確在，不容人所忽略。如果世人能夠避免毀滅自己的愚行（亦即以核子戰爭自殺），這個成就獲得實現的百分比必將甚高。

然而，史家在此雖然年事已高，不復能期待在其僅餘的有生之年，尚可親見重大的好轉立時發生。卻也不能否認假以時日，給世界以二十五年或半個世紀，事情也許會有轉機的可能。無論如何，眼前這後冷戰時期的分崩離析，很可能只是暫時性的階段——雖然在世人眼裡看來，比起在兩度世界「熱」戰之後出現的崩潰破壞，這段時間似乎已經拖得更長了。然而不論希望抑恐懼，都不屬於預言的範疇。我們知道，雖然人類對細部的結果茫然無知、惶惑不確；但是在這不透明的遮雲背後，那股形成二十世紀種種的歷史力量，仍將繼續進行。資本主義的發展，帶來了巨大的經濟科技變遷，這個過程，已成爲過去兩三百年人間的主調。我們所生活的動盪世界，被它深陷活捉，被它連根拔起，被它完全改變。但是我們深深知道，至少有理由假定，這種現象不可能無限期永久繼續下去；未來，不是過去的無限延續。而且種種內外跡象已經顯示，眼前我們已經抵達一個歷史性危機的關鍵時刻。科技經濟產生的力量，如今已經巨大到足以毀滅環境，亦即人類生存所寄的物質世界基礎。我們薪傳自人類過去的遺產，已遭融蝕；社會的結構本身，甚至包括資本主義經濟的部分社會基石，正因此處在重大的毀滅轉捩點上。我們的世界，既有由外炸裂的危險，亦有自內引爆的可能。它非得改變不可。

我們不知道自己正往何處去。我們只知道，歷史已經將世人帶到這個關口，以及我們所以走上這個關口的原因——如果讀者同意本書的論點。然而，有件事情相當簡單。人類若想要有一個看得清楚的未來，絕不會是靠著過去或現在的延續達成。如果我們打算在這個舊基敗垣上建立新的千年，必將注定失敗。失敗的代價，亦即人類社會若不大事改變，將是一片黑暗深淵。

註釋

❶其實若眞有任何關聯，恐怕也正好相反。奧地利曾一度擁有最負盛名的經濟理論家龍頭老大之一，可是當時其經濟狀況(一九三八年前)，卻絕對沒有成功之實。及至一次大戰之後，奧國經濟開始步上成功，卻沒有一名足以載譽國外的經濟學家。至於德國，甚至拒絕在它的大學裡承認國際間認可的名牌經濟學說，它的經濟成就也不曾因此受挫。再論每一期《美國經濟評論》(*American Economic Review*)裡面，引用過多少名日韓經濟學者的理論？不過反觀斯堪地那維亞國家，實行社會民主制度，國內欣欣向榮，自十九世紀後期以來，即出過多名享譽國際的經濟理論大家。這是反面亦可成立的例子。

❷在此列入者，包括自稱爲五旬節派(Pentecostal)、基督會(Churches of Christ)、耶和華見證會(Jehovah's Witnesses)、安息日基督復臨派(Seventh Day Adventists)、神召會(Assemblies of God)、聖潔教會(Holiness Churches)、「重生派」(Born Again)、「神授派」(Charismatic)等。

❸試比較一九四九年際，一位俄籍流亡反共人士伊林(Ivan Ilyin, 1882-1954)，曾作以下預言。如果「後布爾什維克」的俄羅斯境內，「依族裔及領土進行不可能的嚴格劃分」，後果將不堪設想。「最保守的假定，我們將會有二十個個別『國家』，無一國疆界沒有爭議，無一國政府擁有實權，無法、無律、無軍，更無眞正可依族裔界定的人口，只有二十個空洞的掛名而已。而且慢慢地，在接下來的幾十年裡，新國家將會繼續成形，出之以地區分離或原國解

體。這一個個的新國，又將再度爲了人口及領土與鄰舍發動長期鬥爭，至終俄羅斯必將陷入永無止盡的連年內戰。」(Chiesa, 1993, pp.34, 36-37)

❹一般最常提起的成功實例，以出口爲導向的第三世界地區如香港、新加坡、台灣、南韓，其人口尚不及第三世界總數的百分之二。

❺其實除美國以外的所有已開發國家，其出口總額之中，於一九九〇年輸往第三世界的比例竟低於一九三八年際。包括美國在內的西方各國，其一九九〇年的輸出總額只有不到五分之一係銷往第三世界地區(Bairoch, 1993, Table 6.1, p.75)。這種情形，一般均不明瞭。

❻事實上原係經常如此。

❼因此，某位新加坡外交官員即宣稱，開發中國家或許可因「延後」實施政治的民主而受惠。等到政治民主終於到來之際，他們還表示，也不會如西式民主般那麼放任隨便。它們的民主，應該較具有幾分威權色彩，強調共同福祉而非個人權利，通常係一黨獨大，並幾乎一律擁有中央式的官僚體制，及「大有爲的強力政府」。

❽因此貝羅赫(Bairoch)表示，瑞士的國民生產毛額之所以於一九三〇年代低落，瑞典卻反而增高——雖然大蕭條對瑞士的衝擊其實較不嚴重——其中原因，「主要係由於瑞典政府採取了廣泛的社會與經濟措施；而瑞士的聯邦當局，卻無爲而治，缺乏從中干預的手段所致。」

引用書目

Abrams, 1945: Mark Abrams, *The Condition of the British People, 1911-1945* (London, 1945)

Acheson, 1970: Dean Acheson, *Present at the Creation: My Years in the State Department* (New York, 1970)

Afanassiev, 1991: Juri Afanassiev, in M. Paquet ed. *Le court vingtième siècle,* 'preface' d'Alexandre Adler (La Tour d'Aigues, 1991)

Agosti/Borgese, 1992: Paola Agosti, Giovanna Borgese, *Mi pare un secolo: Ritratti e parole di centosei protagonisti del Novecento* (Turin, 1992)

Albers/Goldschmidt/Oehlke, 1971: *Klassenkämpfe in Westeuropa* (Hamburg, 1971)

Alexeev, 1990: M. Alexeev, book review in *Journal of Comparative Economics* vol. 14, pp. 171-73 (1990)

Allen, 1968: D. Elliston Allen, *British Tastes: An enquiry into the likes and dislikes of the regional consumer* (London, 1968)

Amnesty, 1975: Amnesty International, *Report on Torture* (New York, 1975)

Andrić, 1990: Ivo Andrić, *Conversation with Goya: Bridges, Signs* (London, 1990)

Andrew, 1985: Christopher Andrew, *Secret Service: The Making of the British Intelligence Community* (London, 1985)

Andrew/Gordievsky, 1991: Christopher Andrew and Oleg Gordievsky, *KGB: The Inside Story of its Foreign*

Operations from Lenin to Gorbachev (London, 1991)

Anuario, 1989: *Comisión Economica para America Latina y el Caribe, Anuario Estadistico de America Latina y el Caribe: Edición 1989* (Santiago de Chile, 1990)

Arlacchi, 1983: Pino Arlacchi, *Mafia Business* (London, 1983)

Armstrong, Glyn, Harrison: Philip Armstrong, Andrew Glyn, John Harrison, *Capitalism Since 1945* (Oxford, 1991 edn)

Arndt, 1944: H.W. Arndt, *The Economic Lessons of the 1930s* (London, 1944)

Asbeck, 1939: Baron F. M. van Asbeck, *The Netherlands Indies' Foreign Relations* (Amsterdam, 1939)

Atlas, 1992: A. Fréron, R. Hérin, J. July eds, *Atlas de la France Universitaire* (Paris, 1992)

Auden: W. H. Auden, *Spain* (London, 1937)

Babel, 1923: Isaac Babel, *Konarmiya* (Moscow, 1923); *Red Cavalry* (London, 1929)

Bairoch, 1985: Paul Bairoch, *De Jéricho à Mexico: villes et économie dans l'histoire* (Paris, 1985)

Bairoch, 1988: Paul Bairoch, *Two major shifts in Western European Labour Force: the Decline of the Manufacturing Industries and of the Working Class* (mimeo) (Geneva, 1988)

Bairoch, 1993: Paul Bairoch, *Economics and World History: Myths and Paradoxes* (Hemel Hempstead, 1993)

Ball, 1992: George W. Ball, 'JFK's Big Moment' in *New York Review of Books,* pp. 16-20 (13 February 1992)

Ball 1993: George W. Ball, 'The Rationalist in Power' in *New York Review of Books,* 22 April 1993, pp. 30-36

Baltimore, 1978: David Baltimore, 'Limiting Science: A Biologist's Perspective' in *Daedalus,* 107/2 spring 1978, pp. 37-46

Banham, 1971: Reyner Banham, *Los Angeles* (Harmondsworth, 1971)

Banham, 1975: Reyner Banham, in C.W.E. Bigsby ed. *Superculture: American Popular Culture and Europe*, pp. 69-82 (London, 1975)

Banks, 1971: A.S. Banks, *Cross-Polity Time Series Data* (Cambridge MA and London, 1971)

Barghava/Singh Gill, 1988: Motilal Barghava and Americk Singh Gill, *Indian National Army Secret Service* (New Delhi, 1988)

Barnet, 1981: Richard Barnet, *Real Security* (New York, 1981)

Becker, 1985: J. J. Becker, *The Great War and the French People* (Leamington Spa, 1985)

Bédarida, 1992: François Bédarida, *Le génocide et la nazisme: Histoire et témoignages* (Paris, 1992)

Beinart, 1984: William Beinart, 'Soil erosion, conservationism and ideas about development: A Southern African exploration, 1900-1960' in *Journal of Southern African Studies* 11, 1984, pp. 52-83

Bell, 1960: Daniel Bell, *The End of Ideology* (Glencoe, 1960)

Bell, 1976: Daniel Bell, *The Cultural Contradictions of Capitalism* (New York, 1976)

Benjamin, 1961: Walter Benjamin, 'Das Kunstwerk im Zeitalter seiner Reproduzierbarkeit' in *Illuminationen: Ausgewählte Schriften*, pp. 148-184 (Frankfurt, 1961)

Benjamin, 1971: Walter Benjamin, *Zur Kritik der Gewalt und andere Aufsätze*, pp. 84-85 (Frankfurt, 1971)

Benjamin, 1979: Walter Benjamin, *One-Way Street, and Other Writings* (London, 1979)

Bergson/Levine, 1983: A. Bergson and H. S. Levine eds. *The Soviet Economy: Towards the Year 2000* (London, 1983)

Berman: Paul Berman, 'The Face of Downtown' in *Dissent*, autumn 1987, pp. 569-73

Bernal, 1939: J. D. Bernal, *The Social Function of Science* (London, 1939)

Bernal, 1967: J. D. Bernal, *Science in History* (London, 1967)

Bernier/Boily, 1986: Gérard Bernier, Robert Boily et al., *Le Québec en chiffres de 1850 à nos jours*, p. 228 (Montreal, 1986)

Bernstorff, 1970: Dagmar Bernstorff, 'Candidates for the 1967 General Election in Hyderabad' in E. Leach and S. N. Mukhejee eds. *Elites in South Asia* (Cambridge, 1970)

Beschloss, 1991: Michael R. Beschloss, *The Crisis Years: Kennedy and Khrushchev 1960-1963* (New York, 1991)

Beyer, 1981: Gunther Beyer, 'The Political Refugee: 35 Years Later' in *International Migration Review* vol. XV, pp. 1-219

Block, 1977: Fred L. Block, *The Origins of International Economic Disorder: A Study of United States International Monetary Policy from World War II to the Present* (Berkeley, 1977)

Bobinska/Pilch, 1975: Celina Bobinska, Andrzej Pilch, *Employment-seeking Emigrations of the Poles World-Wide XIX and XXC* (Cracow, 1975)

Bocca, 1966: Giorgio Bocca, *Storia dell' Italia Partigiana Settembre 1943-Maggio 1945* (Bari, 1966)

Bokhari, 1993: Farhan Bokhari, 'Afghan border focus of region's woes' in *Financial Times,* 12 August 1993

Boldyrev, 1990: Yu Boldyrev in *Literaturnaya Gazeta,* 19 December 1990, cited in Di Leo, 1992

Bolotin, 1987: B. Bolotin in *World Economy and International Relations* No. 11, 1987, pp. 148-52 (in Russian)

Bourdieu, 1979: Pierre Bourdieu, *La Distinction: Critique Sociale du Jugement* (Paris, 1979), English trs: *Distinction: A Social Critique of the Judgment of Taste* (Cambridge MA, 1984)

Bourdieu, 1994: Pierre Bourdieu, Hans Haacke, *Libre-Echange* (Paris, 1994)

Britain: *Britain: An Official Handbook* 1961, 1990 eds. (London, Central Office for Information)

Briggs, 1961: Asa Briggs, *The History of Broadcasting in the United Kingdom* vol. 1 (London, 1961); vol.2 (1965); vol.3 (1970); vol.4 (1979)

Brown, 1963: Michael Barratt Brown, *After Imperialism* (London, Melbourne, Toronto, 1963)

Brecht, 1964: Bertolt Brecht, *Über Lyrik* (Frankfurt, 1964)

Brecht, 1976: Bertolt Brecht, *Gesammelte Gedichte,* 4 vols (Frankfurt, 1976)

Brzezinski, 1962: Z. Brzezinski, *Ideology and Power in Soviet Politics* (New York, 1962)

Brzezinski, 1993: Z. Brzezinski, *Out of Control: Global Turmoil on the Eve of the Twenty-First Century* (New York, 1993)

Burks, 1961: R.V. Burks, *The Dynamics of Communism in Eastern Europe* (Princeton, 1961)

Burlatsky, 1992: Fedor Burlatsky, 'The Lessons of Personal Diplomacy' in *Problems of Communism*, vol. XVI (41), 1992

Burloiu, 1983: Petre Burloiu, *Higher Education and Economic Development in Europe 1975–80* (UNESCO, Bucharest, 1983)

Butterfield 1991: Fox Butterfield, 'Experts Explore Rise in Mass Murder' in *New York Times,* 19 October 1991, p. 6

Calvocoressi, 1987: Peter Calvocoressi, *A Time for Peace: Pacifism, Internationalism and Protest Forces in the Reduction of War* (London, 1987)

Calvocoressi, 1989: Peter Calvocoressi, *World Politics since 1945* (London, 1989 edn)

Carritt, 1985: Michael Carritt, *A Mole in the Crown* (Hove, 1980)

Carr-Saunders, 1958: A. M. Carr-Saunders, D. Caradog Jones, C. A. Moser, *A Survey of Social Conditions in England and Wales* (Oxford, 1958)

Catholic: *The Official Catholic Directory* (New York, annual)

Chamberlin, 1933: W. Chamberlin, *The Theory of Monopolistic Competition* (Cambridge MA, 1933)

Chamberlin, 1965: W. Chamberlin, *The Russian Revolution, 1917-1921*, 2 vols (New York, 1965 edn)

Chandler, 1977: Alfred D. Chandler Jr, *The Visible Hand: The Managerial Revolution in American Business* (Cambridge MA, 1977)

Chapple/Garofalo, 1977: S. Chapple and R. Garofalo, *Rock'n Roll Is Here to Pay* (Chicago, 1977)

Chiesa, 1993: Giulietta Chiesa, 'Era una fine inevitabile?' in *Il Passagio: rivista di dibattito polittico e culturale*, VI, July-October, pp. 27-37

Childers, 1983: Thomas Childers, *The Nazi Voter: The Social Foundations of Fascism in Germany, 1919-1933* (Chapel Hill, 1983)

Childers, 1991: 'The Sonderweg Controversy and the Rise of German Fascism' in (unpublished conference papers) *Germany and Russia in the 20th Century in Comparative Perspective,* pp. 8, 14-15 (Philadelphia, 1991)

China Statistics, 1989: State Statistical Bureau of the People's Republic of China, *China Statistical Yearbook 1989* (New York, 1990)

Ciconte, 1992: Enzo Ciconte, '*Ndrangheta dall' Unita a oggi* (Barri, 1992)

Cmd 1586, 1992: British Parliamentary Papers cmd 1586, *East India (Non-Cooperation)*, XVI, p. 579, 1992. (Telegraphic Correspondence regarding the situation in India.)

Considine, 1982: Douglas M. Considine and Glenn Considine, *Food and Food Production Encyclopedia* (New York, Cincinnati etc., 1982). Article in 'meat', section, 'Formed, Fabricated and Restructured Meat Products'.

Crosland, 1957: Anthony Crosland, *The Future of Socialism* (London, 1957)

Dawkins, 1976: Richard Dawkins, *The Selfish Gene* (Oxford, 1976)

Deakin/ Storry, 1966: F. W. Deakin and G. R. Storry, *The Case of Richard Sorge* (London, 1966)

Debray, 1965: Régis Debray, *La révolution dans la révolution* (Paris, 1965)

Debray, 1994: Régis Debray, *Charles de Gaulle: Futurist of the Nation* (London, 1994)

Degler, 1987: Carl N. Degler, 'On re-reading "The Woman in America"' in *Daedalus*, autumn 1987

Delgado, 1992: Manuel Delgado, *La Ira Sagrada: Anticlericalismo, iconoclastia y antiritualismo en la España contemporanea* (Barcelona, 1992)

Delzell, 1970: Charles F. Delzell ed., *Mediterranean Fascism, 1919-1945* (New York, 1970)

Deng, 1984: Deng Xiaoping, *Selected Works of Deng Xiaoping (1975-1984)* (Beijing, 1984)

Desmond/Moore, 1991: Adrian Desmond and James Moore, *Darwin* (London, 1991)

Destabilization, 1989: United Nations Inter-Agency Task Force, Africa Recovery Programme/Economic Commission for Africa, *South African Destabilization The Economic Cost of Frontline Resistance to Apartheid* (New York, 1989)

Deux Ans, 1990: *Ministère de l'Education Nationale: Enseignement Supérieur,* Deux Ans d'Action, 1988-1990 (Paris, 1990)

Di Leo, 1992: Rita di Leo, *Vecchi quadri e nuovi politici: Chi commanda davvero nell'ex-Urss?* (Bologna,

1992)

Din, 1989: Kadir Din, 'Islam and Tourism' in *Annals of Tourism Research,* vol. 16/4, 1989, pp. 542ff.

Djilas, 1957: Milovan Djilas, *The New Class* (London, 1957)

Djilas, 1962: Milovan Djilas, *Conversations with Stalin* (London, 1962)

Djilas, 1977: Milovan Djilas, *Wartime* (New York, 1977)

Drell, 1977: Sidney D. Drell, 'Elementary Particle Physics' in *Daedalus* 106/3, summer 1977, pp. 15-32

Duberman et al, 1989: M. Duberman, M. Vicinus and G. Chauncey, *Hidden From History: Reclaiming the Gay and Lesbian Past* (New York, 1989)

Dutt, 1945: Kalpana Dutt, *Chittagong Armoury Raiders: Reminiscences* (Bombay, 1945)

Duverger, 1972: Maurice Duverger, *Party Politics and Pressure Groups: A Comparative Introduction* (New York, 1972)

Dyker, 1985: D. A. Dyker, *The Future of the Soviet Economic Planning System* (London, 1985)

Echenberg, 1992: Myron Echenberg, *Colonial Conscripts: The Tirailleurs Sénégalais in French West Africa, 1857-1960* (London, 1992)

EIB Papers, 1992: European Investment Bank, Cahiers BEI/EIB Papers, J. Girard, *De la recession à la reprise en Europe Centrale et Orientale,* pp. 9-22 (Luxemburg, 1992)

Encyclopedia Britannica, article 'war' (11th edn, 1911)

Ercoli, 1936: Ercoli, *On the Peculiarity of the Spanish Revolution* (New York, 1936); reprinted in Palmiro Togliatti, *Opere* IV/i, pp. 139-54 (Rome, 1979)

Esman, 1990: Aaron H. Esman, *Adolescence and Culture* (New York, 1990)

Estrin/Holmes, 1990: Saul Estrin and Peter Holmes, 'Indicative Planning in Developed Economies' in *Journal of Comparative Economics* 14/4, December 1990, pp. 531-54

Eurostat: *Eurostat. Basic Statistics of the Community* (Office for the Official Publications of the European Community, Luxemburg, annual since 1957)

Evans, 1989: Richard Evans, *In Hitler's Shadow: West German Historians and the Attempt to Escape from the Nazi Past* (New York, 1989)

Fainsod, 1956: Merle Fainsod, *How Russia Is Ruled* (Cambridge MA, 1956)

FAO, 1989: FAO (UN Food and Agriculture Organization), *The State of Food and Agriculture: world and regional reviews, sustainable development and natural resource management* (Rome, 1989)

FAO Production: FAO *Production Yearbook*, 1986

FAO Trade: FAO *Trade Yearbook* vol. 40, 1986

Fitzpatrick, 1994: Sheila Fitzpatrick, *Stalin's Peasants* (Oxford, 1994)

Firth, 1954: Raymond Firth, 'Money, Work and Social Change in Indo-Pacific Economic Systems' in *International Social Science Bulletin,* vol. 6, 1954, pp. 400-10

Fischhof et al., 1978: B. Fischhof, P. Slovic, Sarah Lichtenstein, S. Read, Barbara Coombs, 'How Safe is Safe Enough? A Psychometric Study of Attitudes towards Technological Risks and Benefits' in *Policy Sciences* 9, 1978, pp. 127-52

Flora, 1983: Peter Flora et al., *State, Economy and Society in Wetern Europe 1815–1975: A Data Handbook in Two Volumes* (Frankfurt, London, Chicago, 1983)

Floud et al., 1990: Roderick Floud, Annabel Gregory, Kenneth Wachter, *Height, Health and History: Nutri-*

tional Status in the United Kingdom 1750-1980 (Cambridge, 1990)

Fontana, 1977: Alan Bullock and Oliver Stallybrass eds., *The Fontana Dictionary of Modern Ideas* (London, 1977 edn)

Foot, 1976: M. R. D. Foot, *Resistance: An Analysis of European Resistance to Nazism 1940-1945* (London, 1976)

Francia, Muzzioli, 1984: Mauro Francia, Giuliano Muzzioli, *Cent'anni di cooperazione: La cooperazione di consumo modenese aderente alla Lega dalle origini all'unificazione* (Bologna, 1984)

Frazier, 1957: Franklin Frazier, *The Negro in the United States* (New York, 1957 edn)

Freedman, 1959: Maurice Freedman, 'The Handling of Money: A Note on the Background to the Economic Sophistication of the Overseas Chinese' in *Man,* vol. 59, 1959, pp. 64-65

Friedan, 1963: Betty Friedan, *The Feminine Mystique* (New York, 1963)

Friedman 1968: Milton Friedman, "The Role of Monetary Policy' in *American Economic Review*, vol. LVIII, no. 1, March 1968, pp. 1-17

Fröbel, Heinrichs, Kreye, 1986: Folker Fröbel, Jürgen Heinrichs, Otto Kreye, *Umbruch in der Weltwirtschaft* (Hamburg, 1986)

Galbraith, 1974: J. K. Galbraith, *The New Industrial State* (2nd edn, Harmondsworth, 1974)

Gallagher, 1971: M. D. Gallagher, 'Léon Blum and the Spanish Civil War' in *Journal of Contemporary History*, vol. 6, no. 3, 1971, pp. 56-64

Garton Ash, 1990: Timothy Garton Ash, *The Uses of Adversity: Essays on the Fate of Central Europe* (New York, 1990)

Gatrell/Harrison, 1993: Peter Gatrell and Mark Harrison, 'The Russian and Soviet Economies in Two World Wars: A Comparative View' in *Economic History Review* XLVI, 3, 1993, pp. 424-52

Giedion, 1948: S. Giedion, *Mechanisation Takes Command* (New York, 1948)

Gillis, 1974: John R. Gillis, *Youth and History* (New York, 1974)

Gillis, 1985: John R. Gillis, *For Better, For Worse: British Marriages 1600 to the Present* (New York, 1985)

Gillois, 1973: André Gillois, *Histoire Secrète des Français à Londres de 1940 à 1944* (Paris, 1973)

Gimpel, 1992: 'Prediction or Forecast? Jean Gimpel interviewed by Sanda Miller' in *The New European*, vol. 5/2, 1992, pp. 7-12

Ginneken/Heuven, 1989: Wouter van Ginneken and Rolph van der Heuven, 'Industrialisation, employment and earnings (1950–87): An international survey' in *International Labour Review*, vol. 128, 1989/5, pp. 571-99

Gleick, 1988: James Gleick, *Chaos: Making a New Science* (London, 1988)

Glenny 1992: Misha Glenny, *The Fall of Yugoslavia: The Third Balkan War* (London, 1992)

Glyn, Hughes, Lipietz, Singh, 1990: Andrew Glyn, Alan Hughes, Alan Lipietz, Ajit Singh, *The Rise and Fall of the Golden Age* in Marglin and Schor, 1990, pp. 39-125

Gómez Rodríguez, 1977: Juan de la Cruz Gómez Rodriguez, 'Comunidades de pastores y reforma agraria en la sierra sur peruana' in Jorge A. Flores Ochoa, *Pastores de puna* (Lima, 1977)

González Casanova 1975: Pablo González Casanova, coord. *Cronologia de* la *violencia politica en America Latina* (1945–1970), 2 vols (Mexico DF, 1975)

Goody, 1968: Jack Goody, 'Kinship: descent groups' in *International Encyclopedia of Social Sciences*, vol. 8, pp. 402-03 (New York, 1968)

Goody, 1990: Jack Goody, *The Oriental, the Ancient and the Primitive: Systems of Marriage and the Family in the Pre-Industrial Societies of Eurasia* (Cambridge, 1990)

Gopal, 1979: Sarvepalli Gopal, *Jawaharlal Nehru: A Biography, vol. II, 1947-1956* (London, 1979)

Gould, 1989: Stephen Jay Gould, *Wonderful Life: The Burgess Shale and the Nature of History* (London, 1990)

Graves/Hodge, 1941: Robert Graves, and Alan Hodge, *The Long Week-End: A Social History of Great Britain 1981-1939* (London, 1941)

Gray, 1970: Hugh Gray, 'The landed gentry of Telengana' in E. Leach and S. N. Mukherjee eds. *Elites in South Asia* (Cambridge, 1970)

Guerlac, 1951: Henry E. Guerlac, 'Science and French National Strength' in Edward Meade Earle ed., *Modern France: Problems of the Third and Fourth Republics* (Princeton, 1951)

Guidetti/Stahl, 1977: M. Guidetti and Paul M. Stahl eds., *Il sangue e la terra: Comunità di villagio e comunità familiari nell Europea dell 800* (Milano, 1977)

Guinness, 1984: Robert and Celia Dearling, *The Guinness Book of Recorded Sound* (Enfield, 1984)

Haimson, 1964/5: Leopold Haimson, 'The Problem of Social Stability in Urban Russia 1905-1917' in *Slavic Review,* December 1964, pp. 619-64; March 1965, pp. 1-22

Halliday, 1983: Fred Halliday, *The Making of the Second Cold War* (London, 1983)

Halliday/Cumings, 1988: Jon Halliday and Bruce Cumings, *Korea: The Unknown War* (London, 1988)

Halliwell, 1988: *Leslie Halliwell's Filmgoers' Guide Companion,* 9th edn, 1988, p. 321

Hȧnak, 1970: 'Die Volksmeinung während des letzten Kriegsjahres in Österreich-Ungarn' in *Die Auflösung des Habsburgerreiches. Zusammenbruch und Neuorientierung im Donauraum, Schriftenreihe des österreichischen Ost-und Südosteuropainstituts* vol. III, Vienna, 1970, pp. 58-66

Harden, 1990: Blaine Harden, *Africa, Despatches from a Fragile Continent* (New York, 1990)

Harff/Gurr, 1988: Barbara Harff and Ted Robert Gurr, 'Victims of the State: Genocides, Politicides and Group Repression since 1945 in *International Review of Victimology,* I, 1989, pp. 23-41

Harff/Gurr, 1989: Barbara Harff and Ted Robert Gurr, 'Toward Empirical Theory of Genocides and Politicides: Identification and Measurement of Cases since 1945', *International Studies Quarterly,* 32, 1988, pp. 359-71

Harris, 1987: Nigel Harris, *The End of the Third World* (Harmondsworth, 1987)

Hayek, 1944: Friedrich von Hayek, *The Road to Serfdom* (London, 1944)

Heilbroner, 1993: Robert Heilbroner, *Twenty-first Century Capitalism* (New York, 1993)

Hilberg 1985: Raul Hilberg, *The Destruction of the European Jews* (New York, 1985)

Hill, 1988: Kim Quaile Hill, *Democracies in Crisis: Public policy responses to the Great Depression* (Boulder and London, 1988)

Hilgerdt: See League of Nations, 1945

Hirschfeld, 1986: G. Hirschfeld ed., The *Policies of Genocide: Jews and Soviet Prisoners of War in Nazi Germany* (Boston, 1986)

Historical Statistics of the United States: Colonial Times to 1970, part lc, 89-101, p. 105 (Washington DC, 1975)

Hobbes: Thomas Hobbes, *Leviathan* (London, 1651)

Hobsbawm 1974: E.J. Hobsbawm, 'Peasant Land Occupation' in *Past & Present,* 62, February 1974, pp. 120-52

Hobsbawm, 1986: E. J. Hobsbawm, 'The Moscow Line and international Communist policy 1933-47' in Chris Wrigley ed. *Warfare, Diplomacy and Politics: Essays in Honour of A.J.P. Taylor*, pp. 163-88 (London, 1986)

Hobsbawm, 1987: E. J. Hobsbawm, *The Age of Empire 1870-1914* (London, 1987)

Hobsbawm, 1990: E. J. Hobsbawm, *Nations and Nationalism Since 1780: Programme, Myth, Reality* (Cambridge, 1990)

Hobsbawm, 1993: E. J. Hobsbawm, *The Jazz Scene* (New York, 1993)

Hodgkin, 1961: Thomas Hodgkin, *African Political Parties: An introductory guide* (Harmondsworth, 1961)

Hoggart, 1958: Richard Hoggart, *The Uses of Literacy* (Harmondsworth, 1958)

Holborn, 1968: Louise W. Holborn, 'Refugees I: World Problems' in *International Encyclopedia of the Social Sciences* vol. XIII, p. 363

Holland, R. F., 1985: R. F. Holland, *European Decolonization 1918-1981: An introductory survey* (Basingstoke, 1985)

Holman, 1993: Michael Holman, 'New Group Targets the Roots of Corruption' in *Financial Times,* 5 May 1993

Holton, 1970: G. Holton, 'The Roots of Complementarity' in *Daedalus*, autumn 1978, p. 1017

Holton, 1972:Gerald Holton ed., *The Twentieth-Century Sciences: Studies in the Biography of Ideas* (New York, 1972)

Horne, 1989: Alistair Horne, *Macmillan*, 2 vols (London, 1989)

Housman, 1988: A. E. Housman, *Collected Poems and Selected Prose* edited and with an introduction and

notes by Christopher Ricks (London, 1988)
Howarth, 1978: T.E.B. Howarth, *Cambridge Between Two Wars* (London, 1978)
Hu, 1966: C.T. Hu, 'Communist Education: Theory and Practice' in R. Mac-Farquhar ed., *China Under Mao: Politics Takes Command* (Cambridge MA, 1966)
Huber, 1990: Peter W. Huber, 'Pathological Science in Court' in *Daedalus*, vol. 119, no. 4, autumn 1990, pp. 97-118
Hughes, 1969: H. Stuart Hughes, 'The second year of the Cold War: A Memoir and an Anticipation' in *Commentary*, August 1969
Hughes 1983: H. Stuart Hughes, *Prisoners of Hope: The Silver Age of the Italian Jews 1924-1947* (Cambridge MA, 1983)
Hughes, 1988: H. Stuart Hughes, *Sophisticated Rebels* (Cambridge and London, 1988)
Human Development: United Nations Development Programme (UNDP) *Human Development Report*, (New York, 1990, 1991, 1992)
Hutt, 1935: Allen Hutt, *This Final Crisis* (London, 1935)
Ignatieff, 1993: Michael Ignatieff, *Blood and Belonging: Journeys into the New Nationalism* (London, 1993)
ILO, 1990: *ILO Yearbook of Labour Statistics: Retrospective edition on Population Censuses 1945-1989* (Geneva, 1990)
IMF, 1990: International Monetary Fund, Washington, *World Economic Outlook: A Survey by the Staff of the International Monetary Fund,* Table 18: Selected Macro-economic Indicators 1950-1988 (IMF, Washington, May 1990)

Investing: *Investing in Europe's Future* ed. Arnold Heertje for the European Investment Bank (Oxford, 1983)

Isola, 1990: Gianni Isola, *Abbassa la tua radio, per favore. Storia dell'ascolto radiofonico nell'Italia fascista* (Firenze, 1990)

Jacobmeyer, 1985: Wolfgang Jacobmeyer, *Vom Zwangsarbeiter zum heimatlosen Ausländer: Die Displaced Persons in Westdeulschland, 1945-1951* (Gottingen, 1985)

Jacob, 1993: Margaret C. Jacob, 'Hubris about Science' in *Contention*, vol. 2, no. 3 (Spring 1993)

Jammer, 1966: M. Jammer, *The Conceptual Development of Quantum Mechanics* (New York, 1966)

Jayawardena, 1993: Lal Jayawardena, *The Potential of Development Contracts and Towards sustainable Development Contracts, UNU/WIDER: Research for Action* (Helsinki, 1993)

Jensen, 1991: K. M. Jensen ed., *Origins of the Cold War: The Novikov, Kennan and Roberts 'Long Telegrams' of 1946*, United States Institute of Peace (Washington, 1991)

Johansson/Percy 1990: Warren Johansson and William A. Percy ed., *Encyclopedia of Homosexuality,* 2 vols (New York and London, 1990)

Johnson, 1972: Harry G. Johnson, *Inflation and the Monetarist Controvery* (Amsterdam, 1972)

Jon, 1993: Jon Byong-Je, *Culture and Development: South Korean experience,* International Inter-Agency Forum on Culture and Development, September 20-22 1993, Seoul

Jones, 1992: Steve Jones, review of David Raup, *Extinction: Bad Genes or Bad Luck*? in *London Review of Books,* 23 April 1992

Jowitt, 1991: Ken Jowitt, 'The Leninist Extinction' in Daniel Chirot ed., *The Crisis of Leninism and the Decline of the Left* (Seattle, 1991)

Julca, 1993: Alex Julca, From the highlands to the city (unpublished paper, 1993)

Kakwani, 1980: Nanak Kakwani, *Income Inequality and Poverty* (Cambridge, 1980)

Kapuczinski, 1983: Ryszard Kapuczinski, *The Emperor* (London, 1983)

Kapuczinski, 1990: Ryszard Kapuczinski, *The Soccer War* (London, 1990)

Kater, 1985: Michael Kater, 'Professoren und Studenten im dritten Reich' in *Archiv f. Kulturgeschichte* 67/1985, no. 2, p. 467

Katsiaficas, 1987: George Katsiaficas, *The Imagination of the New Left: A global analysis of 1968* (Boston, 1987)

Kedward, 1971: R. H. Kedward, *Fascism in Western Europe 1900–1945* (New York, 1971)

Keene, 1984: Donald Keene, *Japanese Literature of the Modern Era* (New York, 1984)

Kelley, 1988: Allen C. Kelley, 'Economic Consequences of Population Change in the Third World' in *Journal of Economic Literature,* XXVI, December 1988, pp. 1685-1728

Kerblay, 1983: Basile Kerblay, *Modern Soviet Society* (New York, 1983)

Kershaw, 1983: Ian Kershaw, *Popular Opinion and Political Dissent in the Third Reich: Bavaria 1933–1945* (Oxford, 1983)

Kershaw, 1993: Ian Kershaw, *The Nazi Dictatorship: Perspectives of Interpretation,* 3rd edn (London, 1993)

Khrushchev, 1990: Sergei Khrushchev, *Khrushechev on Khrushchev: An Inside Account of the Man and His Ear* (Boston, 1990)

Kidron/Segal, 1991: Michael Kidron and Ronald Segal, *The New State of the World Atlas*, 4th ed (London, 1991)

Kindleberger, 1973: Charles P. Kindleberger, *The World in Depression 1919-1939* (London and New York, 1973)

Koivisto, 1983: Peter Koivisto, 'The Decline of the Finnish-American Left 1925-1945' in *International Migration Review*, XVII, 1, 1983

Kolakowski, 1992: Leszek Kolakowski, 'Amidst Moving Ruins' in *Daedalus* 121/ 2, spring 1992

Kolko, 1969: Gabriel Kolko, *The Politics of War: Allied diplomacy and the world crisis of 1943-45* (London, 1969)

Köllö, 1990: Janos Köllö, 'After a dark golden age-Eastern Europe' in *WIDER Working Papers* (duplicated), (Helsinki, 1990)

Kornai: Janos Kornai, *The Economics of Shortage* (Amsterdam, 1980)

Kosinski, 1987: L. A. Kosinski, review of Robert Conquest, 'The Harvest of Sorrow: Soviet Collectivisation and the Terror Famine' in *Population and Development Review*, vol. 13, no. 1, 1987

Kosmin/Lachman, 1993: Barry A. Kosmin and Seymour P. Lachman, *One Nation Under God: Religion in Contemporary American Society* (New York, 1993)

Kraus, 1922: Karl Kraus, *Die letzten Tage der Menschheit: Tragödie in fünf Akten mit Vorspiel und Epilog* (Wien-Leipzig, 1922)

Kulischer, 1948: Eugene M. Kulischer, *Europe on the Move: War and Population Changes 1917-1947* (New York, 1948)

Kuttner, 1991: Robert Kuttner, *The End of Laissez-Faire: National Purpose and the Global Economy after the Cold War* (New York, 1991)

Kuzents, 1956: Simon Kuznets, 'Quantitative Aspects of the Economic Growth of Nations' in *Economic Development and Culture Change,* vol. 5, no. 1, 1956, pp. 5-94

Kyle, 1990: Keith Kyle, *Suez* (London, 1990)

Ladurie, 1982: Emmanuel Le Roy Ladurie, *Paris-Montpellier: PC-PSU 1945-1963* (Paris, 1982)

Lafargue: Paul Lafargue, *Le droit à la paresse* (Paris, 1883); *The Right to Be Lazy and Other Studies* (Chicago, 1907)

Land Reform: Philip M. Raup, 'Land Reform' in art. 'Land Tenure', *International Encyclopedia of Social Sciences*, vol. 8, pp. 571-75 (New York, 1968)

Lapidus, 1988: Ira Lapidus, *A History of Islamic Societies* (Cambridge, 1988)

Laqueur, 1977: Walter Laqueur, *Guerrilla: A historical and critical study* (London, 1977)

Larkin, 1988: Philip Larkin, *Collected Poems* ed. and with an introduction by Anthony Thwaite (London, 1988)

Larsen E., 1978: Egon Larsen, *A Flame in Barbed Wire: The Story of Ammesty International* (London, 1978)

Larsen S. et al., 1980: Stein Ugevik Larsen, Bernt Hagtvet, Jan Petter, My Klebost et. al., *Who Were the Fascists?* (Bergen-Oslo-Tromsö, 1980)

Lary, 1943: Hal B. Lary and Associates, *The United States in the World Economy: The International Transactions of the United States during the Interwar Period,* US Dept of Commerce (Washington, 1943)

Las Cifras, 1988: *Asamblea Permanente para los Derechos Humanos, La Cifras de la Guerra Sucia* (Buenos Aires, 1988)

Latham, 1981: A.J.H. Latham, *The Depression and the Developing World, 1914-1939* (London and Totowa

NJ, 1981)

League of Nations, 1931: *The Course and Phases of the World Depression* (Geneva, 1931; reprinted 1972)

League of Nations, 1945: *Industrialisation and Foreign Trade* (Geneva, 1945)

Leaman, 1988: Jeremy Leaman, *The Political Economy of West Germany 1945-1985* (London, 1988)

Leighly, Naylor, 1992: J. E. Leighly and J. Naylor, 'Socioeconomic Class Bias in Turnout 1964-1988: the voters remain the same' in *American Political Science Review*, 86/3 September, 1992, pp. 725-36

Lenin, 1970: V. I. Lenin, *Selected Works in 3 Volumes* (Moscow, 1970) 'Letter to the Central Committee, the Moscow and Petrograd Committees and the Bolshevik Members of the Petrograd and Moscow Soviets', October 1/14 1917, V. I. Lenin op. cit, vol. 2, p. 435; Draft Resolution for the Extraordinary All-Russia Congress of Soviets of Peasant Deputies, November 14/27, 1917, V. I. Lenin, loc. cit, p. 496; Report on the activities of the Council of People's Commissars, January 12/24 1918, loc. cit., p. 546

Leontiev, 1977: Wassily Leontiev, 'The Significance of Marxian Economics for Present-Day Economic Theory' in *Amer. Econ. Rev. Supplement* vol. XXVIII, 1 March 1938, republished in *Essays in Economics: Theories and Theorizing,* vol. 1, p. 78 (White Plains, 1977)

Lettere: P. Malvezzi and G. Pirelli eds., *Lettere di Condannati a morte della Resistenza europea,* p. 306 (Turin, 1954)

Lévi-Strauss: Claude Lévi-Strauss, Didier Eribon, *De Près et de Loin* (Paris, 1988)

Lewin, 1991: Moshe Lewin, 'Bureaucracy and the Stalinist State' unpublished paper in *Germany and Russia in the 20th Century in Comparative Perspective* (Philadelphia, 1991)

Lewis, 1981: Arthur Lewis, 'The Rate of Growth of World Trade 1830-1937' in Sven Grassman and Erik

Lundberg eds. *The World Economic Order: Past and Prospects* (London, 1981)

Lewis, 1938: Cleona Lewis, *America's Stake in International Investments* (Brookings Institution, Washington, 1938)

Lewis, 1935: Sinclair Lewis, *It Can't Happen Here* (New York, 1935)

Lewontin, 1973: R. C. Lewontin, *The Genetic Basis of Evolutionary Change* (New York, 1973)

Lewontin, 1992: R. C. Lewontin, 'The Dream of the Human Genome' in *New York Review of Books,* 28 May 1992, pp. 32-40

Leys, 1977: Simon Leys, *The Chairman's New Clothes: Mao and the Cultural Revolution* (New York, 1977)

Lieberson, Waters, 1988: Stanley Lieberson and Mary C. Waters, *From many strands: Ethnic and Racial Groups in Contemporary America* (New York, 1988)

Liebman/Walker/Glazer: Arthur Liebman, Kenneth Walker, Myron Glazer,*Latin American University Students: A six-nation study* (Cambridge MA, 1972)

Lieven, 1993: Anatol Lieven, *The Baltic Revolution: Estonia, Latvia, Lithuania and the Path to Independence* (New Haven and London, 1993)

Linz, 1975: Juan J. Linz, 'Totalitarian and Authoritarian Regimes' in Fred J. Greenstein and Nelson W. Polsby eds. *Handbook of Political Science,* vol. 3, *Macropolitical Theory* (Reading MA, 1975)

Liu, 1986: Alan P. L. Liu, *How China Is Ruled* (Englewood Cliffs, 1986)

Loth, 1988: Wilfried Loth, *The Division of the World 1941-1955* (London, 1988)

Lu Hsün: as cited in Victor Nee and James Peck eds, *China's Uninterrupted Revolution: From 1840 to the Present*, p. 23 (New York, 1975)

Lynch, 1990: Nicolas Lynch Gamero, *Los jovenes rojos de San Marcos: El radicalismo universitario de los años setenta* (Lima, 1990)

McCracken, 1977: Paul McCracken et al., *Towards Full Employment and Price Stability* (Paris, OECD 1977)

Macluhan, 1962: Marshall Macluhan, *The Gutenberg Galaxy* (New York, 1962)

Macluhan, 1967: Marshall Macluhan and Quentin Fiore, *The Medium is the Massage* (New York, 1967)

McNeill, 1982: William H. McNeill, *The Pursuit of Power: Technology, Armed Force and Society since AD 1000* (Chicago, 1982)

Maddison, 1969: Angus Maddison, *Economic Growth in Japan and the USSR* (London, 1969)

Maddison, 1982: Angus Maddison, *Phases of Capitalist Economic Development*(Oxford, 1982)

Maddison, 1987: Angus Maddison, 'Growth and Slowdown in Advanced Capitalist Economies: Techniques of Quantitative Assessment' in *Journal of Economic Literature,* vol. XXV, June 1987

Maier, 1987: Charles S. Maier, *In Search of Stability: Explorations in Historical Political Economy* (Cambridge, 1987)

Maksimenko, 1991: V. I. Maksimenko, 'Stalinism without Stalin: the mechanism of "zastoi"' unpublished paper in *Germany and Russia in the 20th Century in Comparative Perspective* (Philadelphia, 1991)

Mangin, 1970: William Mangin ed., *Peasants in Cities: Readings in the Anthropology of Urbanization* (Boston, 1970)

Manuel, 1988: Peter Manuel, *Popular Musics of the Non-Western World: An Introductory Survey* (Oxford, 1988)

Marglin and Schor, 1990: S. Marglin and J. Schor eds, *The Golden Age of Capitalism* (Oxford, 1990)

Marrus, 1985: Michael R. Marrus, *European Refugees in the Twentieth Century* (Oxford, 1985)

Martins Rodrigues, 1984: 'O PCB: os dirigentes e a organização' in *O Brasil Republicano*, vol. X, tomo III of Sergio Buarque de Holande ed., *Historia Geral da Civilizacão Brasilesira* pp. 390-97 (Saõ Paulo, 1960-84)

Mencken, 1959: Alistair Cooke ed. *The Viking Mencken* (New York, 1959)

Meyer, Jean A. *La Cristiada*, 3 vols (Mexico D.F., 1973-79); English: *The Cristero Rebellion: The Mexican People between Church and State 1926-1929* (Cambridge, 1976)

Meyer-Leviné, 1973: Rosa Meyer-Leviné, *Leviné: The Life of a Revolutionary* (London, 1973)

Miles et al., 1991: M. Miles, E. Malizia, Marc A. Weiss, G. Behrens, G. Travis, *Real Estate Development: Principles and Process* (Washington DC, 1991)

Miller, 1989: James Edward Miller, 'Roughhouse diplomacy: the United States confronts Italian Communism 1945-1958' in *Storia delle relazioni internazionali,* V/1989/2, pp. 279-312

Millikan, 1930: R.A. Millikan, 'Alleged Sins of Seience' in *Scribners Magazine* 87(2), 1930, pp. 119-30

Milward, 1979: Alan Milward, *War, Economy and Society 1939-45* (London, 1979)

Milward, 1984: Alan Milward, *The Reconstruction of Western Europe 1945-51* (London, 1984)

Minault, 1982: Gail Minault, *The Khilafat Movement: Religious Symbolism and Political Mobilization in India* (New York, 1982)

Misra, 1961: B. B. Misra, *The Indian Middle Classes: Their Growth in Modern Times* (London, 1961)

Mitchell/Jones: B. R. Mitchell and H. G. Jones, *Second Abstract of British Historical Statistics* (Cambridge, 1971)

Mitchell, 1975: B. R. Mitchell, *European Historical Statistics* (London, 1975)

Moisí, 1981: D. Moisí ed., *Crises et guerres au XXe siècle* (Paris, 1981)

Molano, 1988: Alfredo Molano, 'Violencia y colonización' in *Revista Foro: Fundación Foro Nacional por Colombia*, 6 June 1988, pp. 25-37

Montagni, 1989: Gianni Montagni, *Effetto Gorbaciov: La politica internazionale degli anni ottanta. Storia di quattro vertici da Ginevra a Mosca* (Bari, 1989)

Morawetz, 1977: David Morawetz, *Twenty-five Years of Economic Development 1950-1975* (Johns Hopkins, for the World Bank, 1977)

Mortimer, 1925: Raymond Mortimer, 'Les Matelots' in *New Statesman*, 4 July 1925, p. 338

Muller, 1951: H. J. Muller in L. C. Dunn ed. *Genetics in the 20th Century: Essays on the Progress of Genetics During the First Fifty Years* (New York, 1951)

Müller, 1992: Heiner Müller, *Krieg ohne Schlacht: Leben in zwei Diktaturen* (Cologne, 1992)

Muzzioli, 1993: Giuliano Muzzioli, *Modena* (Bari, 1993)

Nehru, 1936: Jawaharlal Nehru, *An Autobiography, with musings on recent events in India* (London, 1936)

Nicholson, 1970: E. M. Nicholson cited in *Fontana Dictionary of Modern Thought: 'Ecology'* (London, 1977)

Noelle/Neumann, 1967: Elisabeth Noelle and Erich Peter Neumann eds, *The Germans: Public Opinion Polls 1947-1966*, p. 196 (Allensbach and Bonn, 1967)

Nolte, 1987: Ernst Nolte, *Der europäische Bürgerkrieg, 1917-1945: Nationalsozialismus und Bolschewismus* (Stuttgart, 1987)

North/Pool, 1966: Robert North and Ithiel de Sola Pool, 'Kuomintang and Chinese Communist Elites' in Harold D. Lasswell and Daniel Lerner eds, *World Revolutionary Elites: Studies in Coercive Ideological*

Movements (Cambridge MA, 1966)

Nove, 1969: Alec Nove, *An Economic History of the USSR* (London, 1969)

Nwoga, 1970: Donatus I. Nwoga, 'Onitsha Market Literature' in *Mangin*, 1970

Observatoire, 1991: *Comité Scientifique auprès du Ministère de l'Education Nationale*, unpublished paper, *Observatoire des Thèses* (Paris, 1991)

OECD Impact: OECD, *The Impact of the Newly Industrializing Countries on Production and Trade in Manufactures: Report by the Secretary-General* (Paris, 1979)

OECD National Accounts: *OECD National Accounts 1960-1991*, vol. 1 (Paris, 1993)

Ofer, 1987: Gur Ofer, 'Soviet Economic Growth, 1928-1985' in *Journal of Economic Literature*, XXV/4, December 1987, p. 1778

Ohlin, 1931: Bertil Ohlin, for the League of Nations, *The Course and Phases of the World Depression* (1931; reprinted Arno Press, New York, 1972)

Olby, 1970: Robert Olby, 'Francis Crick, DNA, and the Central Dogma' in Holton 1972, pp. 227-80

Orbach, 1978: Susie Orbach, *Fat is a Feminist Issue: the anti-diet guide to permanent weight loss* (New York and London, 1978)

Ory, 1976: Pascal Ory, *Les Collaborateurs: 1940-1945* (Paris, 1976)

Paucker, 1991: Arnold Paucker, *Jewish Resistance in Germany: The Facts and the Problems* (*Gedenkstaette Deutscher Widerstand*, Berlin, 1991)

Pavone, 1991: Claudio Pavone, *Una guerra civile: Saggio storico sulla moralità nella Resistenza* (Milan, 1991)

Peierls, 1992: Peierls, 'Review of D. C. Cassidy, *Uncertainty: The Life of Werner Heisenberg*' in *New York*

Review of Books, 23 April 1992, p. 44

People's Daily, 1959: 'Hai Jui reprimands the Emperor' in *People's Daily*, Beijing, 1959, cited in Leys, 1977

Perrault, 1987: Giles Perrault, *A Man Apart: The Life of Henri Curiel* (London, 1987)

Peters, 1985: Edward Peters, *Torture* (New York, 1985)

Petersen, 1986: W. and R. Petersen, *Dictionary of Demography*, vol. 2, art: 'War' (New York-Westport-London, 1986)

Piel, 1992: Gerard Piel, *Only One World: Our Own To Make And To Keep* (New York, 1992)

Planck, 1933: Max Planck, *Where Is Science Going?* with a preface by Albert Einstein; translated and edited by James Murphy (New York, 1933)

Polanyi, 1945: Karl Polanyi, *The Great Transformation* (London, 1945)

Pons Prades, 1975: E. Pons Prades, *Republicanos Españoles en la 2a Guerra Mundial* (Barcelona, 1975)

Population, 1984: UN Dept of International Economic and Social Affairs, *Population Distribution, Migration and Development. Proceedings of the Expert Group, Hammament (Tunisia) 21-25 March 1983* (New Yokr, 1984)

Potts, 1990: Lydia Potts, *The World Labour Market: A History of Migration* (London and New Jersey, 1990)

Pravda, 25 January 1991

Proctor, 1988: Robert N. Proctor, *Racial Hygiene: Medicine Under the Nazi* (Cambridge MA, 1988)

Programma 2000: PSOE (Spanish Socialist Party), *Manifesto of Programme: Draft for Discussion,* January 1990 (Madrid, 1990)

Prost: A. Prost, 'Frontières et espaces du privé' in *Histoire de la Vie Privée de la Première Guerre Mondiale à nos Jours* vol. 5, pp.13-153 (Paris, 1987)

Rado, 1962: A Rado ed., *Welthandbuch: internationaler politischer und wirtschaftlicher Almanach 1962* (Budapest, 1962)

Raw, Page, Hodgon, 1972: Charles Raw, Bruce Page, Godfrey Hodgson, *Do You Sincerely Want To Be Rich?* (London, 1972)

Ranki, 1971: George Ranki in Peter F. Sugar ed., *Native Fascism in the Successor States: 1918–1945* (Santa Barbara, 1971)

Ransome, 1919: Arthur Ransome, *Six Weeks in Russia in 1919* (London, 1919)

Räte-China, 1973: Manfred Hinz ed., *Räte-China: Dokumente der chinesischen Revolution* (1927–31) (Berlin, 1973)

Reale, 1954: Eugenio Reale, *Avec Jacques Duclos au Banc des Accusés à la Réunion Constitutive du Cominform* (Paris, 1958)

Reed, 1919: John Reed, *Ten Days That Shook The World* (New York, 1919 and numerous editions)

Reinhard et al, 1968: M. Reinhard, A. Armengaud, J. Dupaquier, *Histoire Générale de la population mondiale*, 3rd edn (Paris, 1968)

Reitlinger, 1982: Gerald Reitlinger, *The Economics of Taste: The Rise and Fall of Picture Prices 1760–1960* 3 vols (New York, 1982)

Riley, 1991: C. Riley, 'The Prevalence of Chronic Disease During Mortality Increase: Hungary in the 1980s' in *Population Studies*, 45/3 November 1991, pp. 489-97

Riordan, 1991: J. Riordan, *Life After Communism*, inaugural lecture, University of Surrey (Guildford, 1991)

Ripken/Wellmer, 1978: Peter Ripken and Gottfried Wellmer, 'Bantustans und ihre Funktion für das südafrikanische Herrschaftssystem' in Peter Ripken, *Südliches Afrika: Geschichte, Wirtschaft, politische Zukunft*, pp. 194-203 (Berlin, 1978)

Roberts, 1991: Frank Roberts, *Dealing with the Dictators: The Destruction and Revival of Europe 1930-1970* (London, 1991)

Rosati/Mizsei, 1989: D. Rosati and K. Mizsei, *Adjustment through opening* (1989)

Rostow, 1978: W.W. Rostow, *The World Economy: History and Prospect* (Austin, 1978)

Russell Pasha, 1949: Sir Thomas Russell Pasha, *Egyptian Service, 1902-1946* (London, 1949)

Samuelson, 1943: Paul Samuelson, 'Full empolyment after the war' in S. Harris ed., *Post-war Economic Problems,* pp. 27-53 (New York, 1943)

Sareen, 1988: T. R. Sareen, *Select Documents on Indian National Army* (New Delhi, 1988)

Sassoon, 1947: Siegfried Sassoon, *Collected Poems* (London, 1947)

Schatz, 1983: Ronald W. Schatz, *The Electrical Workers. A History of Labor at General Electric and Westinghouse* (University of Illinois Press, 1983)

Schell, 1993: Jonathan Schell 'A Foreign Policy of Buy and Sell', *New York Newsday,* 21 November 1993

Schram, 1966: Stuart Schram, *Mao Tse Tung* (Baltimore, 1966)

Schrödinger, 1944: Erwin Schrödinger, *What Is Life: The Physical Aspects of the Living Cell* (Cambridge, 1944)

Schumpeter, 1939: Joseph A. Schumpeter, *Business Cycles* (New York and London, 1939)

Schumpeter, 1954: Joseph A. Schumpeter, *History of Economic Analysis* (New York, 1954)

Schwartz, 1966: Benjamin Schwartz, 'Modernization and the Maoist Vision' in Roderick MacFarquhar ed., *China Under Mao: Politics Takes Command* (Cambridge MA, 1966)

Scott, 1985. James C. Scott, *Weapons of the Weak: Everyday Forms of Peasant Resistance* (New Haven and London, 1985)

Seal, 1968: Anil Seal, *The Emergence of Indian Nationalism: Competition and Collaboration in the later Nineteenth Century* (Cambridge, 1968)

Sinclair, 1982: Stuart Sinclair, *The World Economic Handbook* (London, 1982)

Singer, 1972: J. David Singer, *The Wages of War 1816–1965: A Statistical Handbook* (New York, London, Sydney, Toronto, 1972)

Smil, 1990: Vaclav Smil, 'Planetary Warming: Realities and Responses' in *Population and Development Review,* vol.16, no. 1, March 1990

Smith, 1989: Gavin Alderson Smith, *Livelihood and Resistance: Peasants and the Politics of the Land in Peru* (Berkeley, 1989)

Snyder, 1940: R. C. Snyder, 'Commercial policy as reflected in Treaties from 1931 to 1939' in *American Economic Review,* 30, 1940, pp. 782-802

Social Trends: UK Central Statistical Office, *Social Trends 1980* (London, annual)

Solzhenitsyn, 1993: Alexander Solzhenitsyn in *New York Times,* 28 November 1993

Somary, 1929: Felix Somary, *Wandlungen der Weltwirtschaft seit dem Kriege* (Tübingen, 1929)

Sotheby: *Art Market Bulletin*, A Sotheby's Research Department Publication, End of season review, 1992

Spencer, 1990: Jonathan Spencer, *A Sinhala Village in Time of Trouble: Politics and Change in Rural Sri*

Lanka (New Dehli, 1990)
Spero, 1977: Joan Edelman Spero, *The Politics of International Economic Relations* (New York, 1977)
Spriano, 1969: Paolo Spriano, *Storia del Partito Comunista Italiano* vol. II (Turin, 1969)
Spriano, 1983: Paolo Spriano, *I comunisti europei e Stalin* (Turin, 1983)
SSSR, 1987: *SSSR v Tsifrakh v 1987*, pp. 15-17, 32-33
Staley, 1939: Eugene Staley, *The World Economy in Transition* (New York, 1939)
Stalin, 1952: J.V. Stalin, *Economic Problems of Socialism in the USSR* (Moscow, 1952)
Starobin, 1972: Joseph Starobin, *American Communism in Crisis* (Cambridge MA, 1972)
Starr, 1983: Frederick Starr, *Red and Hot: The Fate of Jazz in the Soviet Union 1917–1980* (New York, 1983)
Stat, Jahrbuch: Federal Republic Germany, Bundesamt für Statistik, *Statistisches Jahrbuch für das Ausland* (Bonn, 1990)
Steinberg, 1990: Jonathan Steinberg, *All or Nothing: The Axis and the Holocaust 1941–43* (London, 1990)
Stevenson, 1984: John Stevenson, *British Society 1914–1945* (Harmondsworth, 1984)
Stoll, 1990: David Stoll, *Is Latin America Turning Protestant: The Politics of Evangelical Growth* (Berkeley, Los Angeles, Oxford, 1992)
Stouffer/Lazarsfeld, 1937: S. Stouffer and P. Lazarsfeld, *Research Memorandum on the Family in the Depression*, Social Science Research Council (New York, 1937)
Stürmer, 1993: Michael Stürmer, in '*Orientierungskrise in Politik und Gesellschaft? Perspektiven der Demokratie an der Schwelle zum 21. Jahrhundert*' in *Bergedorfer Gesprächskreis, Protokoll Nr 98* (Hamburg-

Bergedorf, 1993)

Stürmer, 1993: Michael Stürmer, *99 Bergedorfer Gesprächskreis* (22-23 May, Ditchley Park): *Wird der Westen den Zerfall des Ostens überleben? Politische und ökonomische Herausforderungen für Amerika und Europa* (Hamburg, 1993)

Tanner, 1962: J. M. Tanner, *Growth at Adolescence*, 2nd edn (Oxford, 1962)

Taylor/Jodice, 1983: C. L. Taylor and D. A. Jodice, *World Handbook of Political and Social Indicators*, 3rd edn (New Haven and London, 1983)

Taylor, 1990: Trevor Taylor, 'Defence industries in international relations' in *Rev. Internat. Studies* 16, 1990, pp. 59-73

Technology, 1986: US Congress, Office of Technology Assessment, *Technology and Structural Unemployment: Reemploying Displaced Adults* (Washington DC, 1986)

Temin, 1993: Peter Temin, 'Transmission of the Great Depression' in *Journal of Economic Perspectives*, vol. 7/2, spring 1993, pp. 87-102

Terkel, 1967: Studs Terkel, *Division Street: America* (New York, 1967)

Terkel, 1970: Studs Terkel, *Hard Times: An Oral History of the Great Depression* (New York, 1970)

Therborn, 1984: Göran Therborn, 'Classes and States, Welfare State Developments 1881-1981' in *Studies in Political Economy: A Socialist Review*, no. 13, spring 1984, pp. 7-41

Therborn, 1985: Göran Therborn, 'Leaving the Post Office Behind' in M. Nikolic ed. *Socialism in the Twenty-first Century*, pp. 225-51 (London, 1985)

Thomas, 1971: Hugh Thomas, *Cuba or the Pursuit of Freedom* (London, 1971)

Thomas, 1977: Hugh Thomas, *The Spanish Civil War* (Harmondsworth, 1977 edn)

Tiempos, 1990: Carlos Ivan Degregori, Marfil Francke, José López Ricci, Nelson Manrique, Gonzalo Portocarrero, Patricia Ruíz Bravo, Abelardo Sánchez León, Antonio Zapata, *Tiempos de Ira y Amor: Nuevos Actores para viejos problemas*, DESCO (Lima, 1990)

Tilly/Scott, 1987: Louise Tilly and Joan W. Scott, *Women, Work and Family* (second edition, London, 1987)

Titmuss, 1970: Richard Titmuss, *The Gift Relationship: From Human Blood to Social Policy* (London, 1970)

Tomlinson, 1976: B. R. Tomlinson, *The Indian National Congress and the Raj 1929–1942: The Penultimate Phase* (London, 1976)

Touchard, 1977: Jean Touchard, *La gauche en France* (Paris, 1977)

Townshend, 1986: Charles Townshend, 'Civilization and Frightfulness: Air Control in the Middle East Between the Wars' in C. Wrigley ed. (see Hobsbawm, 1986)

Trofimov/Djangava, 1993: Dmitry Trofimov and Gia Djangava, *Some reflections on current geopolitical situation in the North Caucasus* (London, 1993, mimeo)

Tuma, 1965: Elias H. Tuma, *Twenty-six Centuries of Agrarian Reform: A comparative analysis* (Berkeley and Los Angeles, 1965)

Umbruch: See Fröbel, Heinrichs, Kreye, 1986

Umbruch, 1990: Federal Republic of Germany, *Umbruch in Europa: Die Ereignisse im 2. Halbjahr 1989. Eine Dokumentation, herausgegeben vom Auswärtigen Amt* (Bonn, 1990)

UN Africa, 1989: UN Economic Commission for Africa, Inter-Agency Task Force, Africa Recovery Programme, *South African Destabilization: The Economic Cost of Frontline Resistance to Apartheid* (New

York, 1989)

UN Dept of International Economic and Social Affairs, 1984: See Population, 1984

UN International Trade: UN *International Trade Statistics Yearbook*, 1983

UN Statistical Yearbook (annual)

UN Transnational, 1988: United Nations Centre on Transnational Corporations, *Transnational Corporations in World Development: Trends and Prospects* (New York, 1988)

UN World Social Situation, 1970: UN Department of Economic and Social Affairs, *1970 Report on the World Social Situation* (New York, 1971)

UN World Social Situation 1985: UN Dept of International Economic and Social Affairs, *1985 Report on the World Social Situation* (New York, 1985)

UN World Social Situation 1989: UN Dept of International Economic and Social Affairs, *1989 Report on the World Social Situation* (New York, 1989)

UN World's Women: UN Social Statistics and Indicators Series K no. 8, *The World's Women 1970–1990: Trends and Statistics* (New York, 1991)

UNCTAD: UNCTAD (UN Commission for Trade and Development), *Statistical Pocket Book 1989* (New York, 1989)

UNESCO: UNESCO, *Statistical Yearbook,* for the years concerned.

US Historical Statistics: US Dept of Commerce. Bureau of the Census, *Historical Statistics of the United States: Colonial Times to 1970,* 3 vols (Washington, 1975)

Van der Linden, 1993: 'Forced labour and non-capitalist industrialization: the case of Stalinism' in Tom

Brass, Marcel van der Linden, Jan Lucassen, *Free and Unfree Labour* (IISH, Amsterdam, 1993)

Van der Wee, 1987: Herman Van der Wee, *Prosperity and Upheaval: The World Economy 1945-1980* (Harmondsworth, 1987)

Veillon, 1992: Dominique Veillon, 'Le quotidien' in *Ecrire l'histoire du temps présent. En hommage á Francois Bédarida: Actes de la journée d études de l'IHTP*, pp. 315-28 (Paris CNRS, 1993)

Vernikov, 1989: Andrei Vernikov, 'Reforming Process and Consolidation in the Soviet Economy', *WIDER Working Papers WP 53* (Helsinki, 1989)

Walker, 1988: Martin Walker, 'Russian Diary' in the *Guardian,* 21 March 1988, p. 19

Walker, 1991: Martin Walker, 'Sentencing system blights land of the free' in the *Guardian,* 19 June 1991, p. 11

Walker, 1993: Martin Walker, *The Cold War: And the Making of the Modern World* (London, 1993)

Ward, 1976: Benjamin Ward, 'National Economic Planning and Politics' in Carlo Cipolla ed., *Fontana Economic History of Europe: The Twentieth Century,* vol. 6/1 (London, 1976)

Watt, 1989: D.C. Watt, *How War Came* (London, 1989)

Weber, 1969: Hermann Weber, *Die Wandlung des deutschen Kommunismus: Die Stalinisierung der KPD in der Weimarer Republik,* 2 vols (Frankfurt, 1969)

Weinberg, 1977: Steven Weinberg, 'The Search for Unity: Notes for a History of Quantum Field Theory' in *Daedalus*, autumn 1977

Weinberg, 1979: Steven Weinberg, 'Einstein and Spacetime Then and Now' in *Bulletin, American Academy of Arts and Sciences*, vol. xxxiii, 2 November 1979

Weisskopf, 1980: V. Weisskopf, 'What Is Quantum Mechanics?' in *Bulletin, American Academy of Arts and*

Sciences, vol. xxxiii, April 1980

Wiener, 1984: Jon Wiener, *Come Together: John Lennon in his Time* (New York, 1984)

Wildavsky, 1990: Aaron Wildavsky and Karl Dake, 'Theories of Risk Perception: Who Fears What and Why?' in *Daedalus*, vol. 119, no. 4, autumn 1990, pp. 41-60

Willett, 1978: John Willett, *The New Sobriety: Art and Politics in the Weimar Period* (London, 1978)

Wilson, 1977: E. O. Wilson, 'Biology and the Social Sciences' in *Daedalus,* 106/4, autumn 1977, pp. 127-40

Winter, 1986: Jay Winter, *War and the British People* (London, 1986)

'Woman', 1964: 'The Woman in America' in *Daedalus,* 1964

The World Almanack (New York, 1964, 1993)

World Bank Atlas: *The World Bank Atlas 1990* (Washington, 1990)

World Development: World Bank, *World Development Report* (New York, annual)

World Economic Survey, 1989: UN Dept of International Economic and Social Affairs, *World Economic Survey 1989: Current Trends and Policies in the World Economy* (New York, 1989)

World Labour, 1989: International Labour Office (ILO), *World Labour Report 1989* (Geneva, 1989)

World Resources, 1986: *A Report by the World Resources Institute and the International Institute for Environment and Development* (New York, 1986)

World Tables, 1991: The World Bank, *World Tables 1991* (Baltimore and Washington, 1991)

World's Women: see UN World's Women

Zetkin, 1968: Clara Zetkin, 'Reminiscences of Lenin' in *They Knew Lenin: Reminiscences of Foreign Contemporaries* (Moscow, 1968)

Ziebura, 1990: Gilbert Ziebura, *World Economy and World Politics 1924-1931: From Reconstruction to Collapse* (Oxford, New York, Munich, 1990)
Zinoviev, 1979: Aleksandr Zinoviev, *The Yawning Heights* (Harmondsworth, 1979)

延伸閱讀

二十世紀世界史基本入門

R. R. Palmer and Joel Colton, *A History of the Modern World* (6th edn, 1983)．．這本大學用教科書列有極爲精采的參考書目。

地區單卷佳作

Ira Lapidus, *A History of Islamic Societies* (1988).

Jack Gray, *Rebellions and Revolutions: China from the 1800s to the 1980s* (1990).

Roland Oliver and Anthony Atmore, *Africa since 1800* (1981).

James Joll, *Europe since 1870*.

一九四五年後之專著

Peter Calvocoressi, *World Politics since 1945* (6th edn, 1991)．．係專論此時期歷史的好書，並可與下列二書參照對讀。

Paul Kennedy, *The Rise and Fall of the Great Powers* (1987).

Charles Tilly, *Coercion, Capital and European States AD 900–1990* (1990).

其他單卷專著

W. W. Rostow, *The World Economy: History and Prospect* (1978)‥雖然論點可議，內容艱深，資料卻極爲詳盡。
Paul Bairoch, *The Economic Development of the Third World since 1900* (1975)‥立論中肯的佳作。
David Landes, *The Unbound Prometheus* (1969)‥此書專論科技與工業發展。

資料性參考書

Historical Statistics of the United States: Colonial Times to 1970 (3 vols, 1975).
B. R. Mitchells, *European Historical Statistics* (1980).
B. R. Mitchells, *International Historical Statistics* (1986).
P. Flora, *State, Economy and Society in Western Europe 1815–1975* (2 vols, 1983).
Chambers *Biographical Dictionary*‥內容廣泛，查閱方便。

一般圖誌類

Times Atlas of World History (1978)‥極富想像創新力。
Michael Kidron and Ronald Segal, *The New State of the World Atlas* (4th edn, 1991)‥精采力作。
World Bank Atlas（社經圖表，一九六一年後年鑑）。
Andrew Wheatcroft, *The World Atlas of Revolution* (1983).

Colin McEvedy & R. Jones, *An Atlas of World Population History* (1982 edn).
Martin Gilbert, *Atlas of the Holocaust* (1972).

地區圖誌

G. Blake, John Dewdney, Jonathan Mitchell, *The Cambridge Atlas of the Middle East and North Africa* (1987).
Joseph E. Schwarzberg, *A Historical Atlas of South Asia* (1978).
J. F. Adeadjayi and M. Crowder, *Historical Atlas of Africa* (1985).
Martin Gilbert, *Russian History Atlas* (1993 edn).

歷史系列叢書

此中新版好書甚多，可是說也奇怪，專論歐洲及世界的英文佳作卻不多見，只有經濟史是例外。以下由企鵝(Penguin)出版的五卷《二十世紀世界經濟史》(*History of the World Economy in the Twentieth Century*)，可算不可多得的高品質好書。

Gerd Hardach, *The First World War 1914-1918.*
Derek Aldcroft, *From Versailles to Wall Street, 1919-1929.*
Charles Kindleberger, *The World in Depression 1929-1939.*
Alan Milward, *War, Economy and Society,1939-45*··特別精采。
Herman Van der Wee, *Prosperity and Upheaval: The World Economy 1945-1980.*

地區歷史叢書

Cambridge Histories of Africa (vols 7-8).
Cambridge Histories of China (vols 10-13).
Cambridge Histories of Latin America (vols 6-9).
以上爲精妙編史鉅著，唯卷帙浩大，只可抽讀，無法完册。
New Cambridge History of India：大膽新嘗試，惜內容過淺，不夠完備。

世界大戰

Marc Ferro, *The Great War* (1973).
Jay Winter, *The Experience of World War I* (1989).
Peter Calvocoressi, *Total War* (1989).
Gerhard L. Weinberg, *A World at Arms: A Global History of World War II* (1994).
Alan Milward, *War, Economy and Society, 1939-1945.*
Gabriel Kolko, *Century of War: Politics, Conflict and Society since 1914* (1994).

世界革命

John Dunn, *Modern Revolutions* (2nd edn, 1989).
Eric Wolf, *Peasant Wars of the Twentieth Century* (1969).
William Rosenberg, Marilny Young, *Transforming Russia and China: Revolutionary Struggle in the*

Twentieth Century (1982).
E. J. Hobsbawm, *Revolutionaries* (1973).

俄國革命

此中專題論文可謂車載斗量，卻缺乏如法國大革命方面的宏觀角度，而且這段歷史不斷改寫。

Leon Trotsky, *A History of The Russian Revolution* (1932)：此係馬克思派的觀點。
W.H.Chamberlin, *The Russian Revolution 1917–21* (2 vols, 1965)：此乃當代人的觀點。
Marc Ferro, *The Russian Revolution of February 1917* (1972).
Marc Ferro, *October 1917* (1979)：以上兩書爲入門好書。
E. H. Carr, *History of Soviet Russia* (1950–78)：重量級多卷鉅作，但以參考用爲佳，而且只論及一九二九年即止。

實存社會主義

Alec Nove, *An Economic History of the USSR* (1972).
Alec Nove, *The Economics of Feasible Socialism* (1983)：以上兩部係一探「實存社會主義」的入門好書。
Basile Kerblay, *Modern Soviet Society* (1983)：探討蘇聯社會成效，客觀公平，不可多得的佳作。

中國

Stuart Schram, *Mao Tse-tung* (1967).
John K. Fairbank, *The Great Chinese Revolution 1800–1985* (1986).

Jack Gray, *Rebellions and Revolutions: China from the 1800s to the 1980s* (1990).

世界經濟

Penguin *History of the World Economy in the Twentieth Century.*
P. Armstrong, A. Glyn and J. Harrison, *Capitalism since 1945* (1991).
S. Marglin and J. Schor eds, *The Golden Age of Capitalism* (1990).

以下國際組織出版物，爲不可或缺的資料來源：

國際聯盟：一九四五年前。
世界銀行：一九六〇年迄今。
經濟合作暨發展組織（OECD）：一九六〇年迄今。
國際貨幣基金（IMF）：一九六〇年迄今。

兩戰之間的政治暨自由主義制度危機

Charles S. Maier, *Recasting Bourgeois Europe* (1975).
F. L. Carsten, *The Rise of Fascism* (1967).
H. Rogger and E.Weber eds, *The European Right: A Historical Profile* (1965).
Ian Kershaw, *The Nazi Dictatorship: Problems and Perspectives* (1985).

反法西斯主義及戰端之啓

P. Stansky and W. Abrahams, *Journey to the Frontier: Julian Bell and John Cornford* (1966).

Donald Cameron Watt, *How War Came* (1989).

冷戰

Martin Walker, *The Cold War and the Making of the Modern World* (1993).
F. Halliday, *The Making of the Second Cold War* (2nd edn, 1986).
J. L. Gaddis, *The Long Peace: Inquiries into the History of the Cold War* (1987).

歐洲新貌

Alan Milward, *The Reconstruction of Western Europe 1945–51* (1984)

一般政治與福利國家

P. Flora and A. J. Heidenheimer eds, *Development of Welfare States in America and Europe* (1981).
D. W. Urwin, *Western Europe since 1945: A Short Political History* (revised edn, 1989).
J. Goldthorpe ed, *Order and Conflict in Contemporary Capitalism* (1984).
W. Leuchtenberg, *A Troubled Feast: American Society since 1945* (1973).

帝國敗亡

Rudolf von Albertini, *Decolonization: the Administration and Future of Colonies, 1919–1960* (1961).
R. F. Holland, *European Decolonization 1918–1981* (1985)··精采佳作。

第三世界

Eric Wolf, *Europe and the People without History* (1983)：雖係側面描寫，但是基本必讀，不過涵蓋面僅及本世紀。

Philip C. C. Huang, *The Peasant Family and Rural Development in the Yangzi Delta, 1350–1988* (1990)：縱觀古今，旁及資本主義及共產主義。Robin Blackburn 引介筆者發現該書，可與下列之書參照對讀。

Clifford Geertz, *Agricultural Involution* (1963)：主題爲印尼。

Paul Bairoch, *Cities and Economic Development* (1988)：有關第三世界都市化基本入門。

Joel S. Migdal, *Strong Societies and Weak States* (1988)：主論政治，實例與構想並重，有些極具說服力。

科學、知識與藝術

Gerald Holton ed, *The Twentieth-Century Sciences* (1972)：入門書。

George Lichtheim, *Europe in the Twentieth Century* (1972)：人類知識的發展概論。

John Willett, *Art and Politics in the Weimar Period: The New Sobriety, 1917–1933* (1978)：前衛藝術入門好書。

至於本世紀下半期的社會文化變遷，雖然有關的意見評論及文件史料不勝枚舉，並且一般取得極易，足供我們參考立論（見引用書目），可是合用的歷史論著卻仍匱乏。讀者閱讀這些著作之際，應當不要盡信其書，被白紙黑字上振振有詞的口氣誤導（包括本人的觀察心得在內），反而對既定的事實眞理發生疑惑。

479,487,491,498,545,554,556,565-568,570,572,574,576,593,615-619,636,655,659,660,663,672-675,681,688,689,698,703,704,731,842,843,845,854
World Bank，世界銀行／412,542,544,627,699,713,886,897,900
World Council of Churches，世界基督教會協會／649
world economy，世界經濟／xxii,12,16,17,18,24,27,50,51,75,122,126-138,141,142,144,145,192,261,307,309,310,318,320,321,358,360,364,372,374,381,391,395,404,407,408,412,415,416,417,422,428,430,431,525,543,544,546,560,561,562,596,603,605,608,612,614,617,621,628,698,762,788,803,834,841,842,845,848
World Institute for Development Economic Research of the UN University, UNU/WIDER，聯合國大學世界開發經濟研究協會／xxi
world revolution，世界革命／xiii,95,101-120,126,152,213,250,337,366,370,525,561,562,646,649,662,663,664,665,762
Wozzek，《伍采克》／282
Wright, Frank Lloyd，萊特／277

Y

Yalta，雅爾達／61,348,349
Yeats, W. B.，葉慈／278,297
Yeltsin, Boris，葉爾欽／715,716,717,728,729,730
Yemen，葉門／161,555,665,671
Young Plan，楊格計畫／143
youth culture，青少年文化／xix,295,430,451,462,486-499,509,511,625,635,681,760
Yugoslavia，南斯拉夫／17,48,60,62,76,96,104,116,119,165,187,205,207,240,246,248,249,252,342,346,352,355,377,421,439,449,494,536,555,559,590,591,592,595,596,630,631,633,665,699,718,722,737,756,828,873

Z

zadruga，共同家庭／483
Zaghlul, Said，札格盧勒／315
Zambia，尚比亞／546,627
Zapata, Emiliano，薩帕塔／96,285
Zinoviev，季諾維也夫／706,898
Zionist Revisionism，錫安復國修正主義／170
Zulus，祖魯族／668

Vallejo, César，瓦利霍／270
vanguard party，先鋒黨／110,247,576
Vanity Fair，《浮華世界》／497
Vargas, Getulio，瓦加斯／154,197,200,656
Vavilov, Nikolai Ivanovich, 瓦維洛夫／787
Venturi, Franco，文圖里／5
Verne, Jules，韋恩／783
Vertov, Dziga，維多夫／287
Vichy，維琪政府／55,182,255
Vietnam War，越戰／8,40,63,71,354,364,365,414,427,428,453,537,663
Vietnam，越南／117,254,258,322,325,326,327,333,343,354,360,366,382,555,559,645,646,650,654,657,664,669,670,709,719,738
Visconti, Lucchino，維斯康堤／768
Vladivostok，海參崴／17,98,629,730
voluntarism，唯意志論／584
Voronov，弗羅諾夫／240
Voznesensky, A. A，沃茲涅先斯基／746

W

Wafd，華夫脫黨／315
Wajda, Andrzej，瓦伊達／749
Waley, Arthur，韋理／694
War Communism，戰時共產主義／564,566
Warhol, Andy，沃荷／759
warm autumn，炎熱的秋天／487,659
Wartime,《戰時記實》／248,870
Washington Naval Agreement，華盛頓海軍協定／53
Watson，沃森／203,779,815
Waugh, Evelyn，沃氏／284
wave mechanics，波動力學／795
Weber, Max，韋伯／175
Webern, Anton von，魏本／267
Wegener, Alfred，韋格內／810
Weill, Kurt，韋爾／280,282,297,783
Weimar Republic，威瑪共和／189,191,203,207,278,280,826
welfare system，福利制度／xvi,139,140,241,360,371,401,404,425,427,430,448,463,464,479,504,508-511,603,608,610-612,617,630,905
Wells, H. G.，韋爾斯／783
West African Pilot,《西非導航報》／324
West African Students Union, 西非學生聯盟／324
Wilder, Billy，威爾德／274
Wilson, E. O.，威爾森／790,816,824,836,897
Wilson, T. W.，威爾遜／8,46,49,98
Wolf, Christa，吳爾夫／749
women，婦女／87,88,173,264,292,400,422,440,460-478,483-485,503,505,509,515,522,552,625,643,673,694
  emencipation，解放／467,474
  feminism，女性主義／468,473,474,505
  movement，運動／476,477
working classes，工人階級／xi,20,35,57,64,67,73,81,86-108,117,118,121,123,124,131,136,137,139,151,152,154,155,161,163,166,168,172-179,183,185,188,191,200-212,219,220,242,248,251,258,259,277,296,305,316,319,320,322,323,334,337,341,400,401,408-410,415,418,423-425,428,429,441,448,450-469,475,

Tito (Josef Broz)，狄托／96,97,240,246,252,264,342,352,355,489,536,590,592,595
Togliatti, P.，陶里亞蒂／158,240,382
topology，拓樸學／812
Torres, Camilo，托雷斯／654
total war，總體戰／63,65,67,68,71,80
totalitarianism，極權主義／163,855
Touré, Sekou，杜瑞／333,647
transnational economy，跨國經濟／417,622
Treay of Versailles，凡爾賽和約／8,45,46,49,50,52,54,56,76,631
Trinidad，千里達／322
Trotsky, Leon，托洛斯基／85,106,108,279,285,566,572,577,654,699
Trujillo，眞理城／xxii
Truman Doctrine，杜魯門主義／342
Tsar，沙皇／13,14,22,24,37,41,46,49,64,83-89,94,99,123,176,347,471,472,558,566,571,572,575,582,586,706,710,724,730
Tsvetayeva, Marina，茨薇塔葉娃／746
Turing, Alan，圖靈／778,821
Turkey，土耳其／xxii,35,37,47,48,52,72,76,85,87,94,96,99,102,151,160,161,163,206,285,302,311,314,316,348,382,439,465,468,536,538,539,552,556,558,635,640,681,749,756
Turkmenistan，土庫曼／737
Two-Thirds Society，三分之二的社會／466,510
Tien An Men Square，天安門廣場／450,678,719

U

UNESCO，國際教育科學文敎組織／399,750,774,867,895
UNITA，安哥拉全國獨立民族同盟／379,671
UNWRA，近東巴勒斯坦難民救濟工作署／74
Uganda，烏干達／530
Ukraine，烏克蘭／92,102,202,208,346,634,706,730,737
uncertainty principle，測不準原理／792,793
underclass，下層階級／463,510,511,618,619,845
unemployment，失業／17,126,131-149,156,203,324,344,388,401,402,408,415,425,429,454,458,490,511,601-606,614,615-619,639,672,840,844
United Arab Republic，阿拉伯聯合共和國／665
United Front，聯合陣線／103,220
United Nations，聯合國／ix,xxi,xxii,61,70,73,354,379,388,389,412,413,432,437,637,641,647,730,750,823,831,869,877,895
Uruguay，烏拉圭／162,296,525,540,655,657
Ustashi，烏斯達莎／170,196,252
Uzbekistan，烏茲別克／551,737

V

Valencia，瓦倫西亞／xxi,436
Valera, de，瓦勒拉／155
Valiani, Leo，瓦利安尼／5

440,470,471,552,555,607,683,849,891
stagflation，停滯性通貨膨脹／609
Stalin, Joseph，史達林／8,36,56,57,58,104,108,123,128,140,163,186,213,219,224,230,231,241,243,249,250-254,263,264,272,279,280,284,285,326,339,346,347,348,355,361,362,489,566-596,660,665,687,692,693,694,700-715,724,745,748,756,786,787
Stalingrad，史達林格勒／8,36,58,123
State Capitalism，國家資本主義／566
State Planning Commission, Gosplan，國家計畫委員會／566
Strategic Arms Limitation Treaty, SALT，美蘇戰略武器限制條約／363
Stravinskey, Igor，史特拉汶斯基／271,296,772
strike，罷工／88,97,176,316,322,323,450,454,457,460,593,659,674,675,703,704,728
student movenment，學生運動／95,109,428,430,449,450,454,487,595
Stürgkh, Count，史德格伯爵／86
Stürmer, Michael，史德姆／18,892,893
Suez War，蘇彝士戰爭／331,332,360
Sufi，蘇菲派／334
Sukarno, Achmad，蘇卡諾／489,536
Sun Yat-sen，孫逸仙／102,646,689
surrealism，超現實主義／265,267,268,269,270,279
Swahili，斯華希里語／529
Sweden，瑞典／9,35,50,76,77,121,122,132,135,136,147,151,155,156,162,427,430,437,446,460,464,479,484,493,555,610,612,639,640,683,861
Switzerland，瑞士／35,37,87,121,139,143,150,162,267,339,446,468,479,555,607,630,640,683,840,861
Sylhet，夕爾赫特／465

T

Tadjiks，塔吉克／551,737,828
Tailand，泰國／134,162,163,325,421,522,537,542
Taiwan，台灣／254,309,440,532
Tatlin, Vladimir，塔特林／267
Taut, Bruno，塔特／267,279
television，電視／25,174,293,296,364,389,396,398,434,461,462,481,491,492,619,626,677,678,713,718,741,742,753,757,758,768,783,844
tertiary occupation，第三類職業／466
Tennyson，丁尼生／275
Thackeray，薩克萊／497
Thatcher, Margaret，柴契爾夫人／371,463,464,505,603,610,613,614,631,833
Third International，第三國際／101,108
Third World，第三世界／xiii,xv,xxii,18,75,105,110,113,261,262,303,305,306,312,314,321,326,340,342,343,362,366,370,373,377,378,389,391,395,404,406,421,430,436,441,443,444,456,457,467-478,495,499,504,510,514,517-557,560,589,608,615,617,626-639,643-685,696,700,701,722,738,750,758,763,828,830,835,837,838,841,842,845,853
Threepenny Opera，《三便士歌劇》／280,282,297
Tilak, Bal Ganghadar，提拉克／312,313
Titmuss, R. M.，狄特姆斯／611,640

Second World War, 第二次世界大戰／x, xiii-xv,xxiii,7,9,11-14,18,35-37,39, 40-42,44,45,51-53,57,59,61,64,66-71, 73-76,113,114,116,117,122,123,132, 137,139,141-143,145,154-156,158,162, 164,169,170,176,181,182,189,190,191, 194,196,198,201-203,209,212-214,217, 218,225,226,233,240,244,251,253,258, 288,291,292,317,318,324,327,328,334, 338,339,340,344,347,375,376,386,394, 397,398,422,424,437,438,445,453,457, 461,467,471,491,518,531,533,535,536, 554,563,572,584,589,635,636,638,649, 667,671,683,708,734,743,784,787,797, 804,805,809,814,836,852
secularist, 政教分離主義／303
self-determination, 民族自決／46,631, 634,836
Semprún, Jorge, 森普隆／751
Sendero Luminoso, 光明之路／451,644, 675
Serbia, 塞爾維亞／33,36,40,47,86,92,165, 187,202,252,264,641,676
Shamir, Yitzhak, 謝米爾／255
Sharpeville massacre, 沙佩維爾大屠殺／667
Shiite, 什葉教派／311,673,674
shock therapies, 震盪療法／833,845
Shostakovich, 蕭士塔高維契／772
Simenon, Georges, 西默農／298
Sinhalese, 僧伽羅人／194,683
Slovenia, 斯洛文尼亞／47,264,633
Smith, Adam, 亞當斯密／302,507,512, 513,610
Sneevliet, Henk, 史尼維勒特／96
Social Democrats, 社會民主黨派／88,98, 100,121,122,123,140,152,161,179,192, 219,221,247,370,409,426,578,619,648
Social Security Act, 社會安全法案／139
socialist realism, 社會主義寫實／745
Solzhenitsyn, Alexander, 索忍尼辛／737,738,746,747,756,826,891
Somalia, 索馬利亞／206,261,379,521,523, 544,546,555,626,627,667,671,829
Somoza, 索摩查家族／669
Sorge, Richard, 索吉／215,263
South Africa, 南非／44,58,105,163,194, 315,331,332,352,370,379,421,470,495, 526,548,627,667,668,671,676,681,748, 775,838,856
South-East Asia Treaty Organization, SEATO, 東南亞公約組織／537
Soutine, 史丁／755
Soweto, 索維托／495
Soyinka, Wole, 索因卡／743
Spain, 西班牙／xi,xii,xxi,3,5,35,53,54,95, 107,111,114,151,164-169,172,181,187, 196,198,203,211,215,217,220,233-243, 248,250,254,263,269,272,275,284,296, 297,318,357,366,391,392,395,401,404, 416,436,437,445,446,451,456,479,493, 523,529,530,542,556,630,633,639,661, 664,666,677,720,738,751,755,796,847
Spanish Civil War, 西班牙內戰／53,54, 107,114,172,196,217,233,234,238,239, 240,248,250,254,272
Spartacist, 斯巴達克思主義者／279
Speer, Albert, 斯皮爾／280
Sputnik, 史波尼克／807
Sri Lanka, 斯里蘭卡／194,326,328,390,

800,822
Remarque, Erich Maria，雷馬克／297
Renoir, Jean，尙雷諾／71,273
reportage，報導文學／286,287
revisionism，修正主義／579
revolution of carnations，康乃馨革命／113
revolution，革命／xiii,xvi,xxii,4,9,12-34,42-52,60-76,79-124,126-133,142,151-154,159-210,643-684
Rexist，雷克斯特運動／167
Rif，里夫共和國／318,804
Rilke, Rainer Maria，里爾克／282
Rivera, Diego，里維拉／285
Road to Serfdom, the,《到奴役之路》／407,875
Robbins, Loinel，羅賓斯／410
Robinson, Mary，瑪麗羅賓遜／469
rock music，搖滾樂／488,491,493,498,657,723,753,760,770
Rocque, La，拉羅克上校／186
Rokossovsky，羅柯索夫斯基／240
Rolling Stones，滾石樂團／488,498,771
Romania，羅馬尼亞／37,40,47,48,76,92,98,170,176,179,187,252,377,391,437,439,456,555,559,590,595,598,605,677,700,702,706,718,721,745
Rommel, Erwin，隆美爾／56
Roosevelt, Franklin O.，羅斯福／55,58,59,126,147,153,154,199,204,212,221,225,229,241,295,326,339,348,356,371,406,425
Rostand, Edmond，羅斯當／84,497
Roth, Joseph，羅斯／102
Rothermere, Lord，羅得莫爾爵士／183
Rouault, Georges，魯奧／755
Rowland, Henry Augustus，羅蘭／813
Roy, M. N.，洛伊／95,96
Royal Buddhist socialism，佛教社會主義／536
Ruthenia，羅塞尼亞／48
Rutherford, Ernest，拉塞福／791,794,801,818
Ryan, Frank，芮恩／196

S

Sadat, Anwar，沙達特／677
Sakharov, Andrei，沙卡洛夫／806
Salazar, Oliveira，薩拉查／167,171
Salter, Sir Arthur，索特爵士／140
Sandinista Front of National Liberation，桑定民族解放陣線／116,383
Sandino, César Augusto，桑定／116,198,383
Sarajevo，薩拉耶佛／6,32,74
Sarekat Islam，回教聯盟／96,329,330
Sassoon, Siegfried，薩松／xxiv,31,890
Satie, Erik，沙提／271
Saudi Arabia，沙烏地阿拉伯／161,378,393,420,526,542,675
Schönberg, Arnold，荀白克／267,296,764,767
Schrödinger, Erwin，水丁格／793,795,823,890
Schufftan, Eugen，史方登／274
Schumpeter, Joseph A.，熊彼得／148,846
science fiction，科幻小說／783,784
secessionism，分離主義／620
second economy，次級經濟／557,711,714
Second International，第二國際／578

699,702-704,707,718,720,723,735,748,749,750,782,821
Polanyi, Karl，博藍尼／513,888
Polish Solidarity，波蘭團結工聯／556,704
pop art，普普藝術／739,759,764
Popper, Karl，巴柏／807
Popular Front，人民陣線／111,153,186,220,226,234,235,236,324,656,803,804
Popular Party，人民黨／168,313,552,554
population growth，人口成長／519,555,639
Porfiriato，波菲里奧政權／117
Porgy and Bess，《乞丐與蕩婦》／297
Porter, Cole，波特／496,498,540
Portugal，葡萄牙／35,37,113,167,171,201,207,233,297,307,332,357,365,366,416,437,465,479,524,530,542,556,641,649,666,667
post colonial，後殖民／340,668
Post-Impressionist，後期印象派／271,751
post-modern，後現代／434,508,762,763,765,766,767,770
Potsdam，波茨坦／61
Poulenc, Francis，普朗克／271,272
Pound, Ezra，龐德／266,275,278,297
Powell, Baden，貝登鮑威爾／488
Prague Spring，布拉格之春／595
Prestes, Luís Carlos，普雷斯特／107,115
Prévert, Jacques，普維／270,273
Prokofiev, Sergei，普羅高菲夫／772
proletariat，普羅／80,83,84,99,110,178,186,286,305,346,355,450,455,456,458,466,562,566,568,583,663,665,686,772
Proust, Marcel，普魯斯特／296,297
Puccini, Giacomo，普西尼／271,753

Q

quantum mechanics，量子力學／777,793
quark，夸克／808,823

R

racism，種族主義／167,171,173,175,176,178,190,197,209,222,256,305,464,620,786,815
Radetskymarsch，《憂傷的悲歌》／282
radio，無線電廣播／291-294,461,492,740,777
Raman, C.，拉曼／775
Ransome, Arthur，藍山姆／79,97,889
Rashid Ali，拉須德阿里／58
Rauschenberg，勞申伯格／759
Ray, Satyadjit，薩耶吉雷／743
Rájk, Laszló，萊耶克／590
ready-made art，現成藝術／268
Reagan, Ronald，雷根／369,370,371,372,603,613,614,670,712
really existing socialism，實存社會主義／15,26,557,559,561,562,596,602,605,698,700,701,702,703,710,733,734,735,750,903
record，唱片／147,293,294,398,429,487,492,493,498,501,741,760
Red Brigades，紅色旅隊／655,661
Red Cavalry，《紅色騎兵》／102,282,864
Red Khmer，紅色高棉／669
refugee，難民／x,72,73,74,130,239,240,248,415,545,682,749,804
relativity theory，相對論／773,777,792,

O P E C，石油輸出國組織／364,365,369,393,418,431,526,541,670,671,672,701
Oppenheimer, Robert，歐本海默／802
organic statism，組織化國家統制／166
Organization for Economic Cooperation and Development, OECD，經濟合作暨發展組織／388,431,518,541,555
Organization of American States, OAS，美洲國家組織／540
Orwell, George，歐威爾／587
Ostpolitick，東進政策／230,378
Ottoman，鄂圖曼／46,94,98,272,302,311,315,316,558
ozone，臭氧層／394,813

P

Pabst, G. W.，派斯特／280
Pahlavis，巴勒維王朝／673
Palermo，巴勒摩／xxi,436
Palestine，巴勒斯坦／46,74,194,255,302,316,326,538,539,661,664,676,677,678,682
Palma, Brain de，狄帕馬／771
Paradjanov, Sergei，帕拉加諾夫／746
Paraguay，巴拉圭／36,161,162
Paris Commune，巴黎公社／93
Parker, Charlie，派克／770
Pasha, Russell，盧塞爾巴夏／517,890
Pasionaria, La，拉帕修娜莉亞／473
Passos, John Dos，多斯帕索斯／287
Pasternak, Leonid，巴斯特納克／746
Patel, Vallabhai，帕特爾／304
Pauker, Anna，玻卡爾／473
Pauling, Linus，鮑林／802,814
Pavelich, Ante，帕韋利奇／170
peasantry，小農階級／90,199,437,445,534,569
Penzias, Arno A.，彭齊亞斯／790
People's Democratic Party，人民民主黨／709
People's Freedom League，人民自由聯盟／328
performance art，表演藝術／764
Perón, Isabel，伊莎蓓拉貝隆／471
Perón, Juan Domingo，貝隆／197,198,200,655,679
Pessoa, Fernando，佩索亞／297
Péru，祕魯／xxii,154,198,270,319,392,421,436,442,446,451,452,453,525,534,540,547,548,549,607,620,626,649,654,675,750
Pétain，貝當元帥／182
Philippines，菲律賓／36,198,233,326,390,440,445,446,470,471,537,542,607
photons，光子／791
Picasso, Pablo，畢卡索／271,296,755
Pilsudski，畢蘇斯基上校／165
Pinkerton，平克頓／298
Pinochet, General，皮諾切特／153,449,656
Planck, Max，蒲朗克／790,791,795,800,809,818,888
plate tectonics，板塊構造學／811,823
Pol Pot，波布／669
Poland，波蘭／40,47-49,53-61,62,67,72,73,92,98,101,102,132,134,165,174,175,187,201,202,207,217,227,230,231,245,248,252,264,376,439,449,456,457,506,555-559,590,592-597,605,625,629,682,

Neapolitan Camorra, 那不勒斯卡莫拉祕密會黨／190
Nechaev，尼察也夫／109
Needham, Joshef，李約瑟／802,823
Nehru, Jawaharlal，尼赫魯／256,489,536,553,874,886
neo-Nazi teenage skinheads，新納粹青少年光頭黨／681
neo-liberalism，新自由主義／412,462,510,514,609,610,612-614,617,833,834
neo-realism，新寫實／744
Nepal，尼泊爾／161,440,494,640
Neruda, Pablo，聶魯達／270
Netherlands，荷蘭／35,55,58,96,98,138,168,194,201,246,263,310,318,322,327,357,390,422,427,479,483,484,493,555,640,648
New Economic Policy, NEP，新經濟政策／565,566,567,568,569,713
newly industrialising countries, NIG, 新興工業國家／391,554,604
newspaper，報紙／36,96,148,192,287,288,290,291,753,769
Nicaragua，尼加拉瓜／116,198,383,669,671,676
Niemeyer, Oscar，尼邁耶爾／744
Nixon, Richard，尼克森／365,366,369,383
Nkrumah, Kwame，恩克魯瑪／333,526,647
Nolde, Emil，諾爾德／273
nomenklatura，當權階級／571,699,699,700
non-aligned，不結盟／340,536,537
non-figurative art，非造形藝術／762
Non-InterventionAgreement，不干預協定／236
Nordic，北歐民族／174
Normandy，諾曼第／36,248
North American Free Trade Area, NAFTA，北美自由貿易區／633
North Ireland，北愛爾蘭／206,479,511,649,661,662,682,683,829
Northern League，北方聯盟／620
Norway，挪威／55,73,101,122,133,135,140,215,278,408,446,471,483,555,631,639,640
nouveau roman，新小說／744
nuclear energy，核能／68,354,397,822,852
nuclear weapon, 核子武器(戰略,競賽)／33,40,61,68,72,338,342,343,348,351,354,365,366,372,383,782,788,793,802,804,811,813,821

O

O'Casey, Sean，奧凱希／282
Ochoa, Severo，奧喬亞／5
October Revolution，十月革命／9,13,14,16,34,43,50,72,75,79-85,87,90-92,95,96,99,101,103,105,106,108,112,117,120-123,183,212,214,241,279,282,306,315,334,468,557,558,561,562,564,577,580,583,648,660,670,692,722,734,735,903
October,《十月》／90,264,867,868,882,903
offshore finance，境外融資／417
offshore，境外／35,193,289,417,418,422,423,628,775
Oldenburg，歐登伯格／759
Omar Torrijos，托里霍斯將軍／669

Mobutu, Sese S.，莫布杜／668
modernism，現代主義／190,199,222,266,269,271,275-276,285,556,751,760-762,765,766
Moholy-Nagy, Laszlo，莫霍伊那吉／278
Molotov, V.，莫洛托夫／348
Mongolia，蒙古／161,555,559,646,719
Monnet, Jean，墨內／410
monolithic，獨石文化／589
Montalcini, Rita Levi，蒙塔琪尼／4
Montenegro，門地內哥羅／48
Montseny, Federica，蒙塞妮／473
Moore, Henry，亨利摩爾／284
Moro, Aldo，莫洛／348,655
Moslem League，回教聯盟／96,329,330
Mosley, Oswald，摩斯里爵士／183
Mozambique，莫三比克／367,555,627,646,667,671
Munich Agreement，慕尼黑協定／54
music，音樂／5,266,272,273,274,281,293-295,462,487,491,493,497,498,514,550,625,635,641,657,740-747,750,753,756,758,762-770
Musil, Robert，慕席爾／282
Mussadiq, Muhammad，莫沙德／331
Mussolini, Benito，墨索里尼／58,61,106,152,162,165,168,169-172,182,183,185,187,188,190,193,201,209,217,227,232,245,260,280
Müller, Heiner，穆勒／749,826,886
Myrdal, Gunnar，米爾達／156,430

N

Nagy, Imre，納吉／592,680
Najibullah，納吉布拉／680
Nansen passport，南森護照／72,73
Nansen, Fridtjof，南森／72,73
Narodniks，民粹派／90,197,472,655,755
Nasser, Gamal Abdel，納瑟／331,332,536
National Aeronautics and Space Administration, NASA，美國國家航空暨太空總署／806
National Front，民族陣線／220
National Socialist Workers Party，國家社會主義工人黨（國社黨，納粹黨）／x,10,52,59,61,66,68,71,72,136,137,141,159,164,167,172-173,176,178,179-182,188,189,192,196-198,201,202,203,210,215,217-219,222,224,227,229,245,247,250,255-257,259,260,263,264,279,280,345,407,582,594,635,681,786,787,803,805,815,821,822,845
National Union for the Total Independence of Angola, UNITA，安哥拉全面獨立聯盟／671
nationalism，民族主義／xv,xvi,41,98,195,305,312,314,316,317,321-329,330,346,356,357,423,451,525,595,625,631,634,636,641,642,662,673,687,703,707,716,726,730,738,746,836
nation-states，民族國家／18,46,94,97,98,620,624,629-632,637,828,847,848
NATO，北大西洋公約組織／353,358,359,370,537
nature science，自然科學／21,475,736,773,774,776,783,789,790,800,801,803,806,807,808,813,819
Nazarbayev, Nursultan，那札巴耶夫／718,725

Malaparte, Curzio，馬拉帕特／522
Malaysia，馬來西亞（馬來亞）／319,440,542,544,545,607,696
Malevich, Casimir，馬勒維奇／278
Malinovsky, B.，馬林諾夫斯基／240
Malraux, André，馬爾羅／751
Man without Qualities，《無行之人》／282
Mandela, Nelson，曼德拉／495
Mann, Thomas，湯瑪斯曼／297
Mannerheim，曼納林元帥／165
Mao Tse-tung，毛澤東／107,115,116,118,258,382,437,447,487,489,523,584,589,591,650,654,660,667,675,689,690,692,695,696,697,713,731,745,747,830
Marc, Franz，馬爾克／273
Marcuse, Herbert，馬庫色／657,662
Marshall Plan，馬歇爾計畫／358,359,414
Martí, José，馬帝／471,652
Marx, Karl，馬克思／x,xi,xiv,xvii,27,84,85,88,95,96,101,105-114,124,128,150,155,161,163,188,193,248,279,283,305,308,309,324,419,434,437,458,473,479,515,553,557,560,562,564,567,576-588,593,597,598,646,647,652-673,692,693,695,704,732-734,796,803,805,832,845
Mascagni, Pietro，馬斯卡尼／271
mass art，大眾藝術／274,288,289
mass media，大眾媒體／290,291,295,855
Matisse, Henri，馬蒂斯／296,755
Matteotti, Giacomo，馬泰奧蒂／185
Mau Mau Movement，毛毛運動／333,650
Maxism-Leninism，馬列主義／106,582,588,667,685,692,731
Mayakovsky, Vladimir，馬雅可夫斯基／746
Márquez, Carcía，馬奎斯／553,757
McCarthy, Joseph，麥卡錫／350,652,821
media，媒體／148,175,288,290,291,292,294,295,429,481,630,659,677,717,741,852,855
Mengistu，曼吉斯都／261
Menshevik，孟什維克／88
Menuhin, Yehudi，曼紐因／5
meteorology，氣象學／799
Mexico，墨西哥／34,95,96,108,117,121,127,134,153,169,198,254,281,282,285,303,334,421,436,437,443,445,449,450,452,456,486,519,520,522,525,527,532,535,540,542,544,595,607,616,627,628,633,641,652,655,659,744,749,755,844
Meyer, Hannes，梅耶／279
Middle East，中東／35,46,49,56,73,113,130,176,177,207,257,280,281,284,331,332,365,366,439,537,538,539,545,598,627,645,828,836
Mies van der Rohe, Ludwig，密斯范德羅厄／277-279,296,762
migration，移民／xxii,12,23,96,129,130,174,175,194,196,248,258,319,322,332,333,350,400,415,416,429,464,465,466,510,518,540,545,547,560,615,641,642,668,681,721,775,776,830,838
Mihailović，米哈伊洛維奇／246
Milhaud, Darius，米堯／271
Milton，彌爾頓／275,609,872
minimal art，最低限藝術／764
Miró, Joan，米羅／270
Mitterrand, François，密特朗／6,612

League of Nations，國際聯盟／xxii,37,49,50,54,72,75,77,134,158,163,165,217,223,240,250,331,350,355,371,555,637,641,664,682,904
Leavis, F. R.，利維斯／275
Leguía，萊古亞／525
Lenin, V. I.，列寧／47,51,56,62,81,83,85,87,88-110,120,123,163,183,185,186,247,267,279,281,285,301,472,500,560-567,576,577-588,623,631,646,661,678,691,692,693,699,717,731,786,802,836
Leningrad，列寧格勒／56,62,93,123,717
Leoncavallo, Ruggiero，萊翁卡瓦洛／271
Leopard, the,《花豹》／756
Lesotho，賴索托／627
Levi, Primo，李威／3
Lewis, Sinclair，辛克萊路易斯／133,208,287,743,883
Lewis, Wyndham，路易士／266
Lévi-Strauss, Claude，李維史陀／773,882
liberalism，自由主義／xiii,xiv,12,49,84,85,149,150,154-157,159-210,234-257,300,302,371,406-412,426,462,476,499,508,510,514,552,609-617,656,766,805,832-834,837,844,857
Liberal-Democratic Party，自民黨／356
Liberia，賴比瑞亞／418,440,546,626,828
Lichtenstein, Roy，利希登斯坦／759,871
Liebknecht, Karl，李卜克內西／100,184,279,578
life science，生命科學／790,803,814,815,816,817,824
Lipietz, Alain，李比茨／479
Lissitzky, El，李西茨基／278
Lithuania，立陶宛／47,102,177,202,376,471,716,726,737,750,883
Litvinov, Maxim，李維諾夫／223
Loas，寮國／258,326,555,669
London, Artur，阿圖爾倫敦／264
Long, Huey，朗格氏／197
long march，長征／107,115,689
long wave，長周期理論／15,128,157,403,841
Lorca, F. G.，洛爾卡／269,297
Low, David，大衛羅／570
Lubitsch, Ernst，劉別謙／274
Lumumba, Patrice，盧蒙巴／647,682
Lunacharsky, Anatol，盧納察爾斯基／281
Luxemburg, Rosa，羅莎盧森堡／100,184,279,473,578
Lysenko, Trofim Denisovich，李森柯／787,805

M

MacArthur, General Douglas，麥克阿瑟／342
Macluhan, Marshal，麥克魯漢／25,663,884
Macmillan, Harold，麥克米倫／141,345,387,406,426,563
Mad Mullah，瘋子馬拉／831
Maghreb，馬格雷布／127,472,545
Magritte, René，馬格利特／269,270
Mahagonny,《馬哈哥尼城的興衰》／282,297
Main d'Oeuvre Immigrée, MOI，移民勞工組織／248

Kenyatta, Jomo，肯亞達／324
Kenya，肯亞／324,332,399,442,650
Keynes, John Maynard，凱因斯／45,66,139,144,146,148,150,156,401,407,410,411,412,423,426,609,610,612,613,639
KGB，蘇聯國家安全局／342,728
Khilafat，基拉法／302,885
Khmer，高棉／258,326,536,555,669
Khomeini, Ayatollah Ruholla，柯梅尼／674,741,782
Khrushchev, Nikita，赫魯雪夫／105,362-364,368,382,383,489,563,570,574,591,592,646,647
kibbuzim，屯墾制度／573
Kim Il Sung，金日成／258,261,745
Kipling，吉卜齡／298
Kisch, Egon Erwin，克希／287
Kissinger, Henry，季辛吉／xiv,365,366
Klee, Paul，克利／278,283,755
Klemperer, Otto，克萊姆珀雷／281
Kondratiev, N. D.，康朵鐵夫／128,403
Korea，南韓／9,117,334,404,440,450,486,534,542,543,554,626,641,697,713,725,843,861
Korean War，韓戰／36,63,73,341,342,343,354,361,382,414,537,645,691
Kornai, János，柯耐／623,737
Kostov, Traicho，柯斯托夫／590
Kosygin，柯錫金／596
KPD，德國共產黨／100,137,152,184,263,279,479,480
Kraus, Karl，克勞斯／33,281,282,297,836,880
Krleža, Miroslav，克爾萊札／756
Kropotkin，克魯泡特金／514
Krupskaya，克露普絲卡雅／472
Kubrik, Stanley，庫柏力克／785
Kurds，庫德族／539
Kurosawa, Akira，黑澤明／743,768
Kursk，庫斯克／36

L

La Grande Illusion，《大幻影》／71
Lafargue, Paul，拉法吉／707,881
laissez-faire，自由放任／17,406,409,483,614,640,833,845
Lamarck，拉馬克／787
Lampedusa, G. P.，蘭佩杜薩／756
Lampião，藍皮歐／116
land reform，土地改革／98,153,531,532,533,534,535,656,674
Lang, Fritz，朗格／274,735
Lange, Oskar，藍之／735
Lansbury, George，蘭斯伯里／226
Last Days of Humanity, the，《人類文明末日》／33,282
Latin-American，拉丁美洲／xx,20,35,59,95,107,113,121,130,135,151,153,154,163,164,169,197-204,208,253,270,294,295,310,315,322,363,389,390,391,395,437,438,442-449,468,470,486,491,521,522,529-545,554,556,589,604,627,628,633,640,641,645,649-657,662,663,664,670,671,675,743,749,750,756,775
Latvia，拉脫維亞／47,716,737,883
Laue, Max von，勞厄／803
Lavoisier, Antoine Laurent，拉瓦錫／782
Le Roy Ladurie，勒魯瓦拉迪里／119,120,881

IRA，愛爾蘭共和軍／196,299,661,677,682,829
Iran-Iraq War，兩伊戰爭／41,645,828
Iran，伊朗／112,160,162,258,311,314,330,331,348,367,369,439,472,537,538,539,646,649,672,673,674,675,677,678,681,701,741,782
Iraq，伊拉克／41,58,113,162,257,258,316,331,361,370,377,439,521,532,536,538,539,598,637,646,665,671,680
Ireland，愛爾蘭／22,35,96,155,162,196,206,278,282,297,299,315,328,353,357,437,446,469,479,506,511,555,642,649,661,662,677,682,683,745,829
Iron Guard，鐵衛隊團體／170
Islam，伊斯蘭（回教）／xxiv,81,96,112,155,194,254,257,258,295,301,302,306,311,313,314,316,318,320,322,326,329,330,334,438,443,468,472,528,532,538,540,541,544,546,550,552,636,649,673-677,709,731,782,829,831,856
Islands, Aland，阿蘭群島／50,76,77
isolationism，孤立主義／59,197,350
Israel，以色列／73,74,170,255,326,331,332,352,363,365,379,471,538,573,625,636,677,679,757,830,838
Istria，伊斯特里亞／17
Ivory Coast，象牙海岸／324,526,546,627,644

J

Jabotinsky, Vladimir，傑保汀斯基／170,193
Janacek, Leos，雅那切克／271
Japan，日本／xiv,xv,9,33-37,40,43,49,52-62,74,76,84,126,131,134,139,147,151,155,162,189,193,194,195,196,214,215-217,253-259,263,286,291,305,308,309,314,322-328,339,348,356,357,358,360,368,373,376,387,401-408,414,416,420,422,426,437,455,471,486,490,492,494,504,505,513,514,532,533,534,540,550,555,558,563,603,605,611,632,640,686,687,690,697,701,741,743,775,827
jazz，爵士樂／147,273,274,275,294,770
Jews，猶太人／x,xi,22,46,61,62,67,72,73,74,98,170,175,176,177,182,191,194,202,209,222,248,252,507,538,625,642,835
Jinnah, Muhammad Ali，眞納／304,329,330
Johnson, L. B.，詹森／660
Joliot-Curie, Irene，約利埃一居里／804
Joyce, James，喬艾思／275,286,297,754,767,808
Juárez, Benito，胡亞雷斯／169,540,616

K

Kádár, János，卡達爾／593
Kadaré, Ismail，卡達瑞／749
Kadet，立憲民主黨／84
Kafka, Franz，卡夫卡／282,297,767
Kandinsky, Vassily，康丁斯基／278
Kapitsa, Peter，卡皮察／779
Kelvin, Lord，凱爾文／811
Kemel, Mustafa (Atatürk)，凱末爾／102,163,285,314,690
Kennan, George，肯楠／347,348,349
Kennedy, J. F.，甘迺迪／345,353,362,363,382

272,278,280,281,289,348,582,681,694,745,757,762,801,803
Ho Chi Minh, 胡志明／258,326,489,657
homosexuality, 同性戀／481,485,499,501,634,635,779,821
Horthy, Admiral, 霍爾蒂／165,179
Houphouet-Boigny, M. Felix, 烏弗埃博瓦尼／645
Housman, A. E., 豪斯曼／283,876
Hoxha, Enver, 霍查／749
Hubble, Edwin, 哈伯／766,789,800
Hungary, 匈牙利／xxiii,47,48,62,76,100,124,132,134,165,166,170,176,179,187,207,208,252,276,341,377,447,555,559,563,588,590,592,593,594,595,596,597,623,677,699,700,702,703,705,707,709,718,720,723,737,748,821
Hussein, Saddam, 海珊／680

I

Ibañez, Carlos, 伊瓦涅斯／153
identity group, 認同群體／634
identity politics, 認同性政治／512,620
Ilyin, Ivan, 伊林／860
imperialism, 帝國主義／xv,12,44,46,47,49,52,58,76,154,198,229,244,254,255,256,257,260,305,306,309,311,317,318,324,339,377,428,432,525,533,535,537,563,647,648,653,669,687-690,830
Independent Social Democratic Party, USPD, 獨立社會民主黨／100,123
Indian National Army, 印度國民軍／114,325,865,890
Indian National Congress, 印度國大黨／255,302,304,316,325,678,894
Indian, 印第安／35,95,96,199,319,436,531,534,540,547
India, 印度／25,34,58,73,114,116,127,134,155,172,194,196,254-257,285,291,299,300-333,352,367,382,399,437,440,442,445,456,465,470,471,472,492,494,504,520-532,536,537,538,542,552,553,556,559,590,626,636,641,642,644,665,676,677,678,683,697,743,744,775,778,840
Indochina, 中南半島／58,258,522,524,645,669
Indonisia, 印尼／96,103,134,255,322,325,327,330,382,440,529,536,628,646,648,697,778
Industrial-Scientific Union, NPS, 工業科學聯盟／715
inflation, 通貨膨脹／132,157,180,410,429,430,609,610,673,702
information theory, 資訊理論／780,809
International Bank for Reconstruction and Development, 國際復興開發銀行／412
International Brigade, 國際旅／196,492
International Monetary Fund, IMF, 國際貨幣基金／412,638,851,904
International Workingmen's Association, 國際勞工協會／124
inter-war, 兩戰之間／17,50,74,75,103,126,127,129,136,141,145,148,150,161-164,180-182,187,193,202,205,208,251,261,262,273,275,293,309,317,396,397,399,401,406-408,415,428,429,457,459,461,491,497,558,563,603,621,700,743,744,755,757,763,837,904
intifada, 不合作運動／313,316,321,677

Gorbachev, Mikhail, 戈巴契夫／372,566,568,585,596,623,703-717,724,725,728-730,737,738
Götterdämmerung,《諸神的黃昏》／60
Gramsci, Antonio, 葛蘭西／xi,479
Grass, Gunter, 葛拉斯／745
great slump, 大蕭條／14,130,134-157,180,188-193,198,203,204,207,241,278,279,284,292,293,295,320,321,344,373,390,407,408,412,433,525,536,602-605,624,700,801,843,861
Great Terror, 大恐怖時期／573
Greek, 希臘／37,40,56,60,72,92,116,134,246,252,297,357,416,439,446,468,524,539,556,558,649,666,791,820
green revolution, 農業革命(綠色革命)／397,441,478,533,548,617
greenhouse effect, 溫室效應／813,839
Grenada, 格瑞那達／369,669,670
Grey, Edward, 葛雷／32
Gris, Juan, 葛里斯／271
Gropius, Walter, 葛羅培亞斯／267,277,278,279,296
Grosz, George, 葛羅茲／281
Group of Seven, 七大工業國／638
Grove, Marmaduke, 葛洛夫／153
Guatemala, 瓜地馬拉／161,377,544,607,652
guerrila, 游擊隊／80,105,114,115,118,252,264,354,548,655,657,658,669,674,676,682,731
Guevara, Che, 蓋瓦拉／650,651,654,656,657,663,664
gulags, 古拉格／57,569,585,586
Guyana, 蓋亞那／539,555,683

H

Habermas, Jürgen, 哈伯瑪斯／766
Habsburg, 哈布斯堡／40,41,46,47,48,56,87,97,98,102,177,227,272,282,464,471,558,559,723,830,875
Hahn, Otto, 哈恩／778
Haldane, J. B. S., 霍爾丹／802
Hammett, Dashiell, 哈梅特／298
Hamsun, Knut, 漢姆生／278,279
Hard Times,《苦難時代》／275,433,893
Hardy, G. H., 哈代／497,802
Harriman, Averell, 哈里曼／410
Hašek, Jaroslav, 哈謝克／97,282
Havel, Vaclav, 哈維爾／723
Hawking, Stephen, 霍京／798
Haya de la Torre, Victor Raul, 阿亞德拉托雷／198
Hayek, Friedrich von, 海耶克／xiv,261,371,406,410,609,623,727,875
Heidegger, 海德格／171
Heisenberg, Werner, 海森伯格／792,793,822,823,887
Hemingway, Ernest, 海明威／41,272,287,297
Henze, Hans Werner, 亨策／756
Hindemith, Paul, 興德米特／272
Hindenburg, Field Marshal, 興登堡元帥／180
Hindu, 印度教／194,257,312,313,329,552,553,683
Hitler, Adolf, 希特勒／8,13,14,39,45,52,54-60,71,104,107,108,116,122,126,137,152,158,163-173,180-184,188-196,201,204,213-232,241,242,243,260-264,

First World War, 第一次世界大戰／6,35,43,52,56,61,65,66,267,315
Firth, Raymond, 弗思／5,871
Fischer, Ruth, 費雪／473,500
Fitzgerald, Scott, 費滋傑羅／272
Five-Year Plans, 五年計畫／68,140,308,569,583,586,698,714,735
Fleming, Ian, 佛萊明／341
fluid dynamics, 流體力學／799
Ford, Henry, 亨利福特／146,320,395,603
Franco, General, 佛朗哥／5,114,164-169,172,181,187,196,203,233,236,238-240,280,366,489,523,655,666,720,738
Frankenstein, 《科學怪人》／274
Frankfurt School, 法蘭克福學派／766
Free Officer Revolution, 義勇軍官革命／113
French Community, 法蘭西共同體／333
Freund, Karl, 弗洛因德／274
Friedman, Milton, 弗里德曼／609,613,623,727,872
fundamentalism, 基本教義派／174,257,258,303,314,472,474,546,556,580,636,675,676,709,783,786,829,836,856
Future of Socialism, the, 《社會主義的前途》／430,869
futurism, 未來派／266,268,277,280,286

G

Gallipoli, 加里波里之役／35
Gandhi, Indira, 甘地夫人／304,470,677
Gandhi, Mohandas Karamchand, 聖雄甘地／304,312,313
gas dynamics, 氣體動力學／773
GDP, 國內生產毛額／373,387,431,520,543,603,604,605,629,641
General Agreement on Tariffs and Trade, GATT, 關稅暨貿易總協定／413
General Theory of Employment, Interest and Money, 《就業、利息和貨幣的一般理論》／156
general systems theory, 總系統學／809
genetics, 遺傳學／173,777,778,786,787,802,814,815,822
Geneva Convention, 日內瓦公約／41,637
Gentile, Giovanni, 秦悌利／171
Georgia, 喬治亞／47,276,576,726,737,738
German Democratic Republic, 東德／107,261,341,381,389,467,473,479,555,559,563,591,595,622,677,683,698,718,723,745,748,749,821,826
German Federal Republic, 西德／9,44,73,144,180,189,203,207,334,357,375,376,381,389,405,408,414,425,426,427,445,446,456,467,468,479,484,493,555,639,640,677,718,745,748,749,821
Ghanan, 迦納／135,323,333,440,526,529,546,551,647
Gidaspov, 吉達斯波夫／717,718
Gift Relationship, the, 《贈與關係》／611,894
Gladio, 劍／264
Glotz, Peter, 葛勒茲／510
GNP, 全國國民生產毛額／386,641
Godel, Kurt, 哥德爾／796
Gold Coast, 黃金海岸／135,323,333
Gold Pool, 黃金總庫／361
Golding, William, 高汀／4
Gombrich, Ernst, 岡貝克／4

E

ecological，環境生態／394,637
ecology，生態學／4,799,813,816,823
economist，經濟學家／45,128,139,145-150,156,308,344,371,385,403,406,411,430,557,603,608,734,735,815,846,860
Ecuador，厄瓜多爾／16,134,421,446,544
Eden, Anthony，艾登／332
education，教育／x,12,20,112,115,160,161,176,178,255,257,261,272,288-304,323,334,377,383,423,427,445-454,467-477,503,529-531,550-554,567,570,571,587,588,617,630,646,659,669,673,686-696,705,708,747-759,768,774,776,816,849
Ehrenburg, Ilya，埃倫貝格／589
Eisenhower, Dwight，艾森豪／351,426
Eisenstein, Sergei，艾森斯坦／90,273,282,768,771
electrodynamics，電動力學／791
electron microscope，電子顯微鏡／789
Eliot, T. S.，艾略特／20,266,275,278
Ellington, Duke，艾林頓／275
Eluard, Paul，艾呂雅／269
End of Ideology, the，《意識形態之死》／430,865
Engels, Frederick，恩格斯／22,108,564,578,588
Ernst, Max，恩斯特／270
Estonia，愛沙尼亞／47,91,209,716,737,883
ＥＴＡ，西班牙自由黨／451
Ethiopia，衣索比亞／34,53,161,217,261,322,325,367,379,521,555,643,667,671
eugenics，優生學／173,786
Eurocommunism，歐洲共產主義／665
Eurodollars，歐洲美元／418
European Coal and Steel Community，歐洲煤鋼組織／359
European Community，歐洲共同體／24,357,359,637,871
European Economic Community, Common Market，歐洲共同市場／359
European Union，歐洲聯盟／359,638
Éclaireur de la Côte d'Ivoire，《象牙海岸斥候報》／324
École de Paris，巴黎派／273,744,755
expressionism，表現主義／266,273,274,755

F

Falange，長槍黨／181,235,236
Falkland Islands，福克蘭群島／35
Falla, Manuel del，法拉／271,782
famines，饑荒／21,93,389,545,572,667,692,694,696
ＦＡＲＣ，哥倫比亞革命武裝部隊／548
fascism，法西斯／xiii,13,14,18,52,56,61,108,116,121,132,150,152,153,156,157,160-210,213-264,272-288,328,355,356,357,365,383,424,468,485,586,660,667,744,762,766,775,803,804,805,815,826,837,848
Feininger, Lyonel，費寧格／278
Ferdinand, Archduke Franz，斐迪南大公／6
Finland，芬蘭／47,50,56,76,77,81,93,96,98,103,122,134,143,162,165,187,355,383,391,437,446,467,542,562,602,622,640,699,738

601,607,608,614-621,626,629,631,633,637,638,834,841,849,857
Croatia，克羅埃西亞／47,96,170,179,187,196,216,245,252,263,264,633
Croix de Feu, Fiery Cross，火十字團／186
Crosland, Anthony，克羅斯蘭／402,406,430,869
Cuba Crisis，古巴危機／341,343,365,367,382,537
Cuba，古巴／95,110,114,116,121,134,154,158,233,341,343,362-370,377,379,382,486,490,522,532,537,539,540,559,589,590,593,646,647,650-656,664,669,670,671,676,699,719
cubism，立體派／266,268,271,761
Culture Revolution，文化大革命／447,667,692,694,696,697,736,747
culture revolution，文化革命／272,274,478,481,482,496,503,634,660,687,817
cybernetics，控制學／809
Cyprus，塞浦路斯／539,649,650
Czech，捷克／48,53,54,73,97,134,187,201,207,208,217,228,231,248,252,264,271,287,297,377,379,447,449,450,555,559,563,590,594,595,596,605,629,633,665,698,707,710,718,723,748,749,750,821,846

D

Dadaism，達達主義／267,268
Dahomey，達荷美／668
Daladier, Edouard，達拉第／218
Dali, Salvador，達利／269,270
Dawes Plan，道斯計畫／143
de Gaulle, Charles，戴高樂／113,215,241,244,246,331,333,352,360,426,433,450,489,660,741,869
Debray, Regis，德布雷／434
deconstruction，解構主義／765
Degrelle, Léon，德格雷爾／167
Den Xiaoping，鄧小平／686,697
Denmark，丹麥／55,122,133,135,246,247,357,460,483,555,630,640
dētente，低盪／362,366,374
Diaghilev, Sergei，佳吉列夫／xxiv,271,272,274
Dickens, Charles，狄更斯／275,297,393,768
Die Massnahme，《採取的手段》／282
Dimitrov, Georgi，迪米特羅夫／219
Dirac, Paul，狄瑞克／794,802,823
divorce，離婚／469,479,483,485,486,506,619
Djilas, Milovan，吉拉斯／119,248,699,870
DNA，去氧核糖核酸／779,780,794,814,815
Donne, John，多恩／275
Döblin, Alfred，德布林／282
Dr. Strangelove，《奇愛博士》／785
Dreiser, Theodore，德萊賽／287
Dreyfus，德雷福斯／182
drugs，毒品／500,501,502,657
Dubček, Alexander，杜布切克／594
Dubuffet，杜比飛／764
Duchamp, Marcel，杜象／268,761
Duino Elegies，《杜伊諾哀歌》／282
Dumont, René，迪蒙／4

653,664,668,670,671,672,676,709,720,802,805,812,827,829,832,833,853,859
Second Cold War, 二度冷戰／363,366,671,709
collective farm, 集體農場／551,570,695,717
Colombia, 哥倫比亞／134,154,162,197,199,204,437,442,542,548,553,654,670,757
colony, 殖民地／ix,xiv,xv,12,34,35,41,49,58,73,75,96,113,114,119,121,127,135,154,217,229,254-258,262,299,301,305,309-318,324-328,332,333,334,340,362,363,367,422,449,468,472,489,518,524,525,527,528,535,536,550,644,646,647,650,664,667,683,698,830
communication, 傳播／21,25,292,293,373,421,449,477,492,560,630,678,777,809,819,855
Communist Information Bureau, Cominform, 共黨情報局／355,382,592
Communist International, 共產國際／82,96,101-104,107-109,116,133,151,152,158,170,219,234,240,242,243,246,249,255,263,264,267,500,562,592,648
communism, 共產主義(共產黨)／x,xiii,13,18,47,48,50,60,82,96,101-106,108-111,115-117,119,121,131,150,152,155,158,163,168,183,185,186,193,201,215,224,234,235,236,240,242,244,245-249,250,252,257,259,261-263,287,300,303,305,318,322,324,326,327,339,341,342,344-348,351,353-355,362,371,372,380,382,383,387,389,407,413,424,428,450,459,472-474,478,500,506,514,521,523,524,538,550,551,553,555,556,559,563,564,566,575,578,581,589,590-593,595-598,614,622,623,624,625,626,630,645-647,652,654,656,665,669,675,676,685,686-689,690-693,695,699,704,705,708,709,715,717-724,729,731-733,738,748,750,771,787,805,825,832,845,846,906
Community of Independent States, 獨立國家國協／725,730
community, 社群／19,634
complementarity, 互補論／795
comunidades, 合作社區／535
Conan Doyle, A., 柯南道爾／289
concentration camp, 集中營／3,65,72,107,120,191,195,222,245,248,362
Congress of the Union of Soviet Writers, 蘇聯作家協會代表會議／737
constructivism, 構成主義／267,277
containment, 圍堵／xiii,47,98,219,347,348,349,353,409
Corbusier, Le, 柯比思耶／277,279,297,744,761
corporatism, 統合主義／166,167,171,201,424,463
Cortes, 西班牙國會／235
cosmology, 天體學／789
Costa Rica, 哥斯大黎加／162,655
Coué, Emile, 庫埃／158
Coughlin, 庫格林神父／197
Crick, Francis, 克里克／779,814,887
Crimean War, 克里米亞戰爭／34
Crisis Decades, 危機二十年／15,18,417,

Castro, Fidel，卡斯楚／370,490,532,589,647,650-654,663,664,671,682,700
catastrophe theory，災變說／812
catholic church，天主教／xii,96,160,167,168,169,179,197,201,203,209,215,220,234,236,245,357,469,472,479,483,485,486,506,507,540,554,556,558,581,625,670,703,704,708,782,829,833,835,
Caucasus，高加索／36,47,57,76,92,550,706,828
Caudwell, Christopher，考德威／796
Cavafy, C. P.，卡瓦非／297
Ceauçescu, Nicolae，西奧塞古／595,700,721,745
Celan, Paul，策蘭／745
Central Asian Soviet common market，中亞蘇維埃共同市場／725
Central Powers，同盟國／36
Central Treaty Organization, CENTO，中部公約組織／537
Ceylon，錫蘭／326,328
Céline, Louis Ferdinand，謝林／279,284
Chaco War，廈谷戰爭／36
Chadwick, Sir Edwin，查德維克／797
Chagall, Marc，夏卡爾／755
Chamberlain, Neville，張伯倫／221,228,230,231
Chang Kai-shek，蔣介石／102,115,382,689,690
chaos theory，渾沌理論／799
Chaplin, Charlie，卓別林／273
Chassidic，猶太哈錫德派／636
Chechen，車臣／551
Chekhov, Anton，契訶夫／286
chemical warfare，化學戰／41,51,74,539,637
Chile，智利／134,153,158,204,270,377,449,531,609,648,652,656
China，中國／xvi,xxiv,34,35,53,55,62,80,87,95,102-107,115-127,152,161,195,216,227,249,253,254,286,307-311,320,322,325,340,342,343,351,354,362,363,366,368,377,382,389,404,440,442,447,450,467,478,487,494,520,521,528,532,542,544,555,559,589-592,605,614,621,641,646,647,664-667,671,678,686-702,713,719,722,731-737,747,775,776,806,821,823,861
Christian Democrats，基督教民主黨／356,357,425,479
Christie, Agatha，克莉絲蒂／289
Churchill, Winston，邱吉爾／xiv,12,56,60,165,215,220,229,232,241,246,249,251,293,317,339,348,489,569,694
ＣＩＡ，美國中央情報局／264,342,652
cinema，電影／124,145,148,270-276,280,282,287,288,290-297,334,461,491,492,496,497,598,619,694,741-748,753-758,767,768,777,783,822
civil society，市民社會／19,723,738
Clair, René，克萊爾／273
clericalism，護教主義／303,869
cocain，古柯鹼／502,548,757
Cocteau, Jean，科克托／271
Cold Peace，冷和／341
Cold War，冷戰／xiii,xiv,xx,xxiv,9,14,15,89,120,213,224,243,245,249,250,264,327,334,337-344,350,352,354-383,387,412,414,424,426,523,536-539,544,556,561,590,592,609,619,622,644,645,

Bosnia，波士尼亞／6,206,264,641,828,829,830
Botswana，波札那／607
Bourdieu, Pierre，波笛爾／481,866
Bourgeois class，布爾喬亞階級／xiii,12,14,26,45,84,85,92,107,119,127,157,161,181,202,205,206,223,234,266,268,276,296,300,301,303,451,472,482,488,489,497,508,566,581,648,744,761,768,769,777,810
Braque, Georges，布拉克／271
Brazil，巴西／9,103,107,110,115,116,134,135,154,197,200,294,295,305,399,421,438,444,445,456,457,486,499,503,511,514,527,534,540,542,544,554,556,607,611,616,620,627,633,641,648,655,656,741,744,819,849
Brecht, Bertolt，布萊希特／79,105,280,282,297,298,500,867
Bretton Woods Agreements，布雷頓森林協約／412
Breuer, Marcel，布羅伊爾／276
Brezhnev, Leonid，布里茲涅夫／105,364,366,367,573,621,671,700,701,705,707,708,714,715,737,746
Britain，英國／x,xi,xiii,xvii,4,5,16,22,31,32,37-59,63-68,86,121,122,130,131,135-156,181-186,190,191,204,208,210,219-237,241-252,264,271-279,284,287-317,321-337,341-352,357,358,371,377,379,386-396,402-437,446,456,458,459,460,463-471,479,483-493,498,504,505,511,515,530,533,555,556,563,584,603-620,630-640,649,677,679,741-745,751,752,753,761,762,770,784,792,796,801-807,815,821,823,829-834,842,843,851-853
British Commonwealth，大英國協／328,415
British Union of Facists，英國法西斯聯盟／183
Britten, Benjamin，布瑞頓／284,297,756,757
Brodsky, Joseph，布羅斯基／746
Broz, Josef，布洛茲（狄托）／96
Buchan, John，約翰布肯／181
Bukharin, Nikolai，布哈林／79,564,566,598,735
Buñuel, Luis，布紐爾／270
Burckhardt, Jakob，布克哈特／825
Burma，緬甸／36,58,134,255,325,326,328,470,521,555

C

Cancer Ward, The，《癌症病房》／747
capitalism，資本主義／xi,xiii,xiv,xxiv,9,12,13-19,25-27,52,75,81-84,103-128,135-148,155,168,174,188,202,203,204,213,214,250,261,262,291,296,300,302,306,309,334-347,362,371-417,423-426,432,473,486,489,512-515,536,542-550,557-568,593,597,604-640,647-670,686,699,712,722,733,737,775,776,833,841-848,859
Cardenas, Lázaro，卡德納斯／153,254
Carlist，王室正統派／172,234,236,263
Carné, Marcel，卡內／273
Carré, John Le，勒卡雷／341
Cartier-Bresson, Henri，卡蒂埃布烈松／270

Babel, Isaac，巴伯爾／102,282,297,864
Bacon, Francis，培根／755
Bahasa，印尼官話／529
Bakunin, M. A.，巴枯寧／109,514
ballet，芭蕾／271,272
Banda Dr.，班達／470,471,644
Bandaranaike, Sirimavo，班達拉奈克夫人／470,471
Bandung，萬隆／536,537
Bangladesh，孟加拉／255,285,304,312,316,390,440,465,538,553,555,743,839
Bank of International Settlements，國際清算銀行／143
Bantu，班圖人／440
Baroja, Julio Caro，巴若哈／3
Barre, Siad，巴烈／261,667
Batista, Fulgencio，巴蒂斯塔／650
Battleship Potemkin，《波坦金戰艦》／273,282,771
Bauhaus，包浩斯／267,274,278,279
Ba'ath，阿拉伯復興社會黨／257,521,665,675
Begin, Menachem，比金／170
Belgium，比利時／36,37,55,122,135,138,140,160,167,201,246,269,298,332,357,359,426,427,437,456,479,483,550,555,630,640,647,847
Belize，貝里斯／539
Bell, Daniel，貝爾／4,5,26,32,73,156,344,430,609,640,743,775,779,786,789,801,802,804,820,821,822,865
Ben Badis, Abdul Hamid，巴迪斯／314
Benin，貝南／521,546,555,668
Benjamin, Walter，班雅明／265,283,284,685,768,865
Berg, Alban，柏格／267,282,297
Berlin, Isaiah，伯林／3
Berlin-Alexanderplatz，《柏林亞歷山大廣場》／282
Bernal, J. D.，伯諾／779,802,803,804,815,865,866
Bernstein, Eduard，伯恩斯坦／579
Bernstein, Leonard，伯恩斯坦／756
Bessarabia，比薩拉比亞／47,76,706
Beveridge Report，貝弗里奇報告／241
Bhutan，不丹／683
Bhutto, Benazir，碧娜芝布托／470
Big Bang，大爆炸／800,817
B J P，印度人民黨／313,552
black economy，黑市經濟／510,526,574,618
Blackett, Patrick M. S.，布萊克特／802
Blanco, Carrero，布蘭科／655
Blanquist，布朗基派／584
Blast，《鼓風》／266
blitzkrieg，閃擊戰／37,230
Blok, Alexander，布洛克／297,746
Blum, Léon，布魯姆／220,872
Bogart, Humphrey，亨佛萊鮑嘉／281
Bohr, Niels，波耳／778,791,792,795
Bolivia，玻利維亞／36,121,134,199,532,548,649,654,656,662
Bolshevik，布爾什維克／42,45-49,79,81,83,86-101,107,114,122,173,185,224,232,236,255,259,279,347,558,562,564,566-568,573,575-583,589,661,689,691,724,733,860,882
Bond, James，龐德／341
Borges, Jose Luis，波赫斯／297
Bose, Subhas，博斯／255,325,553

無戰事》／297
Allende, Salvador，阿葉德／656
American Civil Rights Act，美國民權法案／475
Amnesty International，國際特赦組織／662,863
Amritsar Massacre，阿木里查大屠殺／316
anarchism，無政府主義／91,95,97,107,108,111,186,234,236,514,515
Andrić, Ivo，安德里奇／756,863
Andropov, Yuri，安德洛波夫／704
Angola，安哥拉／367,379,555,626,646,664,667,669,671,676,828
Anti-Ballistic Missiles, ABM，反彈道飛彈武器／363
anti-colonism，反殖民主義／155
Anti-Comintern Pact，反共公約／217
anti-imperialism，反帝國主義／58,154,198,255,305,306,377,525,563,647,688,689,690
anti-semitism，反猶太主義／175
anti-warfare，反戰／31,33,39,40,71,86,97,123,184,226,330,354,364,453,660,802,823
antisemitism，反猶／x,169,170,175-177,182,190,194,197,200,252,255,590,703
apartheid，黑白隔離政策／667
Apollinaire, Guillaume，阿波里耐／271
Arabian American Oil Co., ARAMCO，阿拉伯美國石油公司／525,526
Aragon, Louis，阿拉貢／269
architecture，建築／144,181,202,265,266,267,275-280,296,297,392,393,436,444,525,569,588,743,744,746,752,755,761-765,769,777
Argentina，阿根廷／95,134,153,155,197,198,200,294,297,421,470,525,540,555,627,641,651,655,658,679,682,775,821
Armed Forces of the Colombian Revolution, FARC，哥倫比亞武裝革命部隊／548,654
Armenia，亞美尼亞／47,72,248,716,737,738,746
Armstrong, Louis，路易阿姆斯壯／770
Aron, Raymond，阿宏／449,450,663
Arrow Cross，箭十字黨派／170
art brut，原生藝術／764
Art Deco，裝飾藝術／277
art nouveau，新藝術／277,496
arts-and-crafts，美術工藝／277
astronomy，天文學／789,799,800
Auden, W. H.，奧登／211,237,284,297,864
Aung San Suu Kyi，翁山蘇姬／470
Auric, Georges，奧瑞克／273,757
Austen, Jane，珍奧斯汀／63
Austro-Hungarian Empire，奧匈帝國／6,34,36,40,41,47,56,85,86,87,94,97,99,130,706,728
avant garde art，前衛藝術／190,267-285,764,765,766
Axis，軸心／58,60,61,117,162,194,196,198,202,216,217,218,220,225,237,241,244,246,251,254,256,258,259,262,264,272,279,324,326,804,892
Azerbaijan，亞塞拜然／47,716,737,738
Azikiwe, Namdi，阿奇克偉醫生／324

B

Babbitt，《巴比特》／133

索　　引

A

A Day in the Life of Ivan Denisovich, 《伊凡杰尼索維奇的一天》／747
A Farewell to Arms,《戰地春夢》／41
A Hundred Years of Solitude,《百年孤寂》／757
APRA，美洲人民革命聯盟黨／xxii
Abd-el-Krim，阿布杜勒克里姆／318
Abdallah, Muhammad ben，阿布杜勒／318,831
Abduh, Mohammed，阿布達／314
abortion，墮胎／469,479,485,505,506,515
abstract expressionism，抽象表現派／755
Acquino, Corazon，柯拉蓉艾奎諾／470
Action Française，法蘭西行動派／186
Adler, Friedrich，阿德勒／86
Adventures of the Good Soldier Schwejk, The,《好兵帥克》／97,282
affirmative action，反歧視行動／480
Afghani, Jamal al-Din al，哲馬魯丁阿富汗尼／314
Afghanistan，阿富汗／35,161,314,354,367,380,445,537,551,630,671,673,680,709,828
African Morning Post,《非洲晨郵報》／324
African National Congress，非洲民族議會組織／105
Africa，非洲／11,20,35,56,105,127,135,163,206,237,263,317,323-326,332,333,334,363,367,370,389,390,391,439,440,445,467,472,482,491,518,519,524-528,534,537,544,546,547,550,551,556,559,590,604,626-630,640,645,646,647,657,664,667-671,676,696,743,775,823,828
agriculture，農業／xi,xii,xvi,16,64,68,79,84,89,94,96,98,112,114,138,139,145,154,179,303,307,310,311,319-321,323,324,334,391,393,397,415,436-442,451,458,494,507,525,526,528,531-533,535,543,563,565-568,572,573,575,579,580,591,593,617,632,652,654,655,658,663,669,672,673,688,691,694,695,697,698,700,713,731,733,747,780,787,844
Akhmadulina, Bella，阿赫瑪杜琳娜／746
Akhmatova, Anna，阿赫馬托娃／297,746
Alamos, Los，阿拉摩斯／793
Albania，阿爾巴尼亞／53,60,116,217,246,249,252,377,383,555,559,590,635,665,718,722,737,749
Algeria，阿爾及利亞／113,127,257,261,314,322,331,428,438,521,524,532,545,552,555,646,650,681,830
All Quiet on the Western Front,《西線

國家圖書館出版品預行編目資料

極端的年代 / 艾瑞克•霍布斯邦(Eric J. Hobsbawm)著；鄭明萱譯. --初版.--臺北市 : 麥田，民 85
冊 ; 公分. -- (歷史選書 ; 14-15)
譯自 : Age of extremes : the short twentieth century 1914-1991
ISBN 957-708-448-6(一套 : 平裝)

1. 世界 - 歷史 20 世紀

712.8 85010979